U0132596

秦漢歷史故事大全

本書由和平公司公眾號 "青禾田講古" 整理而成

秦漢歷史故事大全

作　　者：李永田

責任編輯：徐昕宇

裝幀設計：麥梓淇

排　　版：周　榮

校　　對：趙會明

出　　版：商務印書館 (香港) 有限公司

　　　　　香港筲箕灣耀興道 3 號東滙廣場 8 樓

　　　　　http://www.commercialpress.com.hk

發　　行：香港聯合書刊物流有限公司

　　　　　香港新界荃灣德士古道 220−248 號荃灣工業中心 16 樓

印　　刷：美雅印刷製本有限公司

　　　　　九龍觀塘榮業街 6 號海濱工業大廈 4 樓 A

版　　次：2022 年 1 月第 1 版第 1 次印刷

　　　　　© 2022 商務印書館 (香港) 有限公司

　　　　　ISBN 978 962 07 4625 3

　　　　　Printed in Hong Kong

目錄

輝煌的盛世，先輩的肩膀

當歷史的車輪行駛過公元前 221 年的時候，大秦帝國的始皇帝贏政，併吞六國、北築長城、南收兩越，第一次實現了真正意義上的中國統一。之後，秦始皇實行中央集權，廢除分封，設立郡縣，書同文，車同軌，統一貨幣，統一度量衡，使中國成為一個全方位的、完全意義上的統一的國家，為日後中華文明的全面發展打下基礎。繼秦而起的漢朝，在很大程度上延續並發展了秦朝的制度，故有"漢承秦制"之說。

秦漢時期，是之前兩千多年中華文明的結局和延續，又是接下來兩千多年中華文明的起點和基礎。這一時期，是中華文明發展史上的一個高峯，同時也是其向新的高峯發展的基石。

萬里長城、兵馬俑，這一時期，我們的先輩用自己的雙手和智慧，建造了無數的奇跡；封狼居胥、勒石燕然，這一時期，我們的先輩用自己的熱血和生命，鑄就了無數的輝煌；開通絲綢之路的"鑿空之旅"，和西域各國聯繫的加強，促進了貿易的發展，密切了中華大地和世界的聯繫；造紙術的改進，渾天儀、地動儀的製造，推動了中華文明乃至世界文明的進步……輝煌的時代、輝煌的盛世、輝煌的民族、輝煌的文化。

我們講述先輩的風采，是要了解先輩曾經達到過的高度。我們不應該忘記先輩曾經創造過的輝煌，但也不應該沉溺於先輩的榮光中。我們現在是站在先輩的肩膀上，先輩的高度，就是我們的起點；因為先輩的輝煌，所以我們的起點更高，眼界更廣，能走得更遠。至於能不能達到新的巔峯，就要靠我們這些後輩的努力了。

秦始皇的是非功過 | 01

秦統一六國之後，最高興的當然是秦王嬴政了。遙想當年，秦國的先祖憑藉着給周天子養馬、駕車，再加上周平王東遷時曾出兵相助，就這樣一點點積累下來的功勞，才被分封為諸侯。而且，最初的封地只不過是西陲的彈丸之地。其後數百年，秦國君民掙扎求存、努力發展，才漸漸強大起來。到了秦王嬴政這一代，秦國終於吞併六國、一統天下，建立了一個亙古未有的王朝 —— 秦朝，這一切的一切，怎不讓秦王嬴政志得意滿、躊躇滿志。

"皇帝"的由來

即使如此，仍有令秦王嬴政不如意的地方。而當時最讓他不滿的，就是"王"這個稱呼。最初只有一個天下共主的周王，但在過去的百多年裏，"王"這個頭銜已經"氾濫"，不管大小強弱，是個國家的國君就敢稱王。所以嬴政認為，"王"這個頭銜，已經不能代表現在自己天下共主、唯我獨尊的高貴身份了，必須換一個更加尊貴的頭銜。

嬴政找來手下幾個重臣，商量這個問題。大家當然順着嬴政的思路來發揮，紛紛盛讚他的功德。認為自上古以來，所有的君主都比不上他，是應該換一個更尊貴的稱號，"古有天皇，有地皇，有泰皇，泰皇最貴。臣等昧死上尊號，王為'泰皇'。"這意思就是，這些大臣認為，上古的時候有天皇、地皇、泰皇，其中泰皇的稱號最尊貴，嬴政應該用"泰皇"這個稱號。沒想到在嬴政眼裏，"泰皇"這個稱呼還是不夠。王曰："去'泰'，著'皇'，採上古'帝'位號，號曰'皇帝'。"意思就是，嬴政最終決定，去掉"泰皇"的"泰"字，只留下"皇"字，再加入"五帝"的"帝"字，合在一起，稱號為"皇帝"。自此開始，直到清朝滅亡，歷朝歷代的君主都稱"皇帝"。

嬴政還有一個夢想，就是讓秦朝的統治永遠繼續下去。於是他設定，自己為第一代的皇帝，稱為"始皇帝"（因此歷史上稱嬴政為"秦始皇"），接下來，他的兒子是"二世皇帝"，孫子是"三世皇帝"……，子子孫孫，直到萬世，永遠相傳，沒有窮盡。當然，這只是嬴政的夢想。他不知道的是，大秦帝國只傳承了兩代，並且他的兒子秦二世胡亥只做了三年皇帝，秦朝的江山就土崩瓦解了。

這裏還有一個小知識，就是"朕"這個稱呼，在秦始皇之前，是不分身份地位，所有人都可以使用的。先秦時期，"朕"只是表示第一人稱代詞，相當於現今"我的"的意思。像屈原在《離騷》中就提到過，"朕皇考曰伯庸"，意思是"我已去世的父親字伯庸"。但是從秦始皇開始，"朕"這個字被規定為皇帝專用的自稱，"天子自稱曰朕"。從此之後，除了皇帝和其他極少的，身份不低於皇帝的人，例如太上皇或者皇太后之類，其他人就再也不能用"朕"了。

始皇帝的內政

皇帝稱號的確定，只是一個開始，是秦始皇在統一六國之後所採取的眾多舉措中的一項。為了能有效地管理這個龐大的帝國，秦始皇吸取了周代分封制的教訓，重新規劃了一套更加合理和先進的管理制度。那就是：在中央，實行中央集權；在地方，實行郡縣制。

在中央，秦始皇將最高官職設置為丞相、太尉和御史大夫。丞相有左右兩名，管理全國政事，太尉負責國家軍事，御史大夫作為丞相的副手，負責監察百官。其中，丞相和御史大夫為常設職位，太尉這個職位則非常設，有時會空缺。因為軍權是最敏感的，很多時候都是皇帝親自掌握，或者由較低級別的多名官員分別掌握。

丞相、太尉和御史大夫之下，設置分管具體政務的各級官吏，包括治粟內史、郎中令、衛尉、少府等等。日常政務由丞相、太尉、御史大夫和各級官吏商議並執行，而丞相、太尉、御史大夫直接對皇帝負責、向皇帝匯報，皇帝有最終裁決權。重大事務則由皇帝直接決定。

地方上，秦始皇廢除之前的分封制和世襲制，將全國的土地劃分為36個郡。後來隨着領土的擴大，增加到46個郡。郡設郡守、郡尉、郡監（監御史）。郡守負責掌管全郡事務，郡尉輔佐郡守，並主要負責軍事方面的事務，郡監負責監察。郡下設縣、鄉、亭、里、閭等機構。其中，郡、縣的主要官吏均由中央任免。這一點非常重要，這意味着中央的權力可以直接掌控、管理到地方。

按照《漢書》記載的秦漢制度：縣一般方圓百里，按照縣內戶口的多少，萬戶以上的縣設縣令，萬戶以下的縣設縣長。縣令、縣長以下設有縣丞、縣尉及其他屬員。縣令、縣長負責一縣的所有事務，主要是政務，縣尉掌握軍事，縣丞掌管司法。

縣下設鄉，鄉的負責人分為三老、有秩、嗇夫、游徼等，負責教化、賦稅、訴訟、治安等各方面事務。鄉下設亭，亭的負責人稱亭長，一亭大約負責十里範圍。亭下設里，里的負責人稱里典，或里正、里魁，一里百家。里正一般由當地的豪強、富戶擔任。再往下是閭，25家為一閭。下面則為什伍的戶籍組織，屬於最基層的戶籍組織單位。同時，什伍內部各戶實行互相監督的政策，就是連坐制度。如果其中有人犯罪，其餘人等必須舉報，否則連坐。也有資料認為"亭"不屬於這個設置範圍，而是單獨設立的專門機構，主要負責治安管理、接待往來官吏、替官府傳遞文書等事務。每隔十里設置一亭。

郡縣制的設立，打破了之前分封制帶來的貴族世襲制的禁錮，大大加強了中央對地方的管理。此後歷朝歷代的管理制度，基本上都是在此基礎上加以改進而成。代秦而起的漢朝，更是基本上照搬秦制。

接下來，秦始皇又實行了一系列新的政策。主要有：

書同文。秦統一六國之前，各諸侯國基本上都有各自的文字，有些文字大同小異，有些文字卻是大相徑庭。混亂的文字，對中央政令的推行和各地之間文化的交流、發展造成了嚴重阻礙。秦始皇命丞相李斯、中書府令趙高和太史令胡毋敬等人對文字進行整理，李斯以秦國文字為基礎，參照六國文字，創造出“秦篆”，又稱“小篆”，作為官方的標準文字。又在此基礎上，整理出更加簡化、便於書寫的“隸書”。兩種文字在全國範圍內推廣開來。文字的統一，大大促進了各地區之間的文化交流。

車同軌。原來各個諸侯國馬車的大小、寬窄都不一樣，車道的寬窄也各不相同，馬車在不同地區的道路上行駛就非常不方便。秦始皇規定，車輛兩個輪子之間的距離必須相同，一律為六尺。這樣一來，就有了全國統一標準的道路，不同地區的車輛往來就比較方便了。

統一貨幣。春秋戰國時期，各諸侯國的貨幣不但形狀各異，而且計價、換算標準也不同。秦統一後，將這些貨幣全部廢除，發行新貨幣。新貨幣分兩種，黃金和銅幣。其中，黃金為上幣，以鎰為單位（秦制 20 兩為一鎰）；銅幣為下幣，每枚重半兩，為外圓內方的方孔圓錢，“秦錢半兩，徑一寸二分，重十二銖。”這種方孔圓錢的制式一直沿用了兩千多年，只是大小、重量有所不同而已。按照當時的消費水平，銅幣是主要的流通媒介。

統一度量衡。度是指長度，以尺、寸為單位；量是指容量，以升、斗為單位；衡是指重量，以斤、兩為單位。秦國早在商鞅變法時，就統一了國內的度量衡。統一六國之後，為了保證國家的賦稅收入，秦始皇命令由國家製造標準的度量衡器作為範本，並在全國範圍內推廣、執行。按史料估算，秦制一尺約為現今的23 厘米，一升約為現今的 0.2 公升（200 毫升），當時以 16 兩為一斤，一斤約為現今的 256 克。度量衡的統一，客觀上促進了商業活動的發展。

始皇帝的軍事

對於秦始皇來說，軍事方面的考慮當然更是重中之重。其主要舉措有三：

其一，修築萬里長城。中原農耕民族的主要對手，一直是北方的遊牧民族，當時遊牧民族中最強大的是匈奴。戰國時期，秦、趙、燕這三個靠近中國北方和西北的國家，就不斷和遊牧民族發生衝突。因為遊牧民族具有強大的機動性，戰爭的主動權大部分時間掌握在他們手中。為了自保，秦、趙、燕就分別在自己國家和匈奴接壤的地方，修築了防禦性質的長城。這些長城，短的有數百里，長的有兩三千里。當然，這些長城有的是為了防禦匈奴；有的則是為了防禦其他諸侯國。

統一之後，秦始皇派大將軍蒙恬率領 30 萬秦軍北擊匈奴，取得了輝煌的成果，但是並沒有徹底解除匈奴的威脅。為了保障國家邊境的安全，公元前 214 年前後，秦始皇下令修築萬里長城。所謂的修築，主要是在原來的秦、趙、燕為防禦遊牧民族而修築的舊長城的基礎上，進行大規模的修復，並將其連接起來。最終的秦長城起於現今的甘肅臨洮一帶，經甘肅、寧夏、陝西、內蒙、河北、山西、北京、遼寧等地，到達當時的遼東地區，現今朝鮮半島的清川江入海處。與此同時，秦始皇還下令，將各諸侯國當初用來防禦其他諸侯國的長城全部拆除。

需要說明的是，現在我們看到的長城，大部分是明長城，秦長城大多損毀於時光的流逝和其後無數次的戰火之中，能夠留存至今的遺址已經非常少了。

其二，修建馳道。為了加強國家的管理能力，便於中央政令迅速下達到地方，也為了各地公文能及時上達中央，尤其是為了秦軍能迅速到達帝國的每一個角落，公元前220年，秦始皇下令以國都咸陽為中心，在全國範圍內大規模修建馳道。

馳道就是當時的"高速公路"。據《漢書》記載，秦馳道在平坦之處的修建標準是道寬五十步。秦制的一步，合秦尺六尺。五十步換算成現今的數值就是大約69米寬。道路要夯砸得平坦結實，道路兩邊每隔三丈（約6.9米）栽一棵樹，特殊路段旁邊還築起了圍牆。在秦馳道中，以咸陽為中心的有東方大道（由咸陽出函谷關，通河南、河北、山東）、西北大道（由咸陽至甘肅臨洮）、秦楚大道（由咸陽至湖北江陵）、川陝大道（以咸陽為起點，橫越秦嶺，在崇山峻嶺間修築數百里長的棧道，直通巴蜀）。此外還有江南新道、上郡道、臨晉道、武關道等。

與馳道同時修築的還有秦直道，秦直道起自咸陽附近的淳化，終點為九原郡（今內蒙包頭附近），並與北方大道（起點為九原，基本上沿長城走向，終點為河北）相連。為了有效控制夜郎、滇等地區，秦始皇還派人修建了"五尺道"。五尺道又稱僰道，路寬五尺，是為了連接川滇漢人與古僰人地區修建的。雖然大部分是在舊有的基礎上拓寬、修整，且道路只有五尺寬，但是因為沿途山勢險峻，也花費了大量的人力、物力。

其三，修建靈渠。統一六國後，秦始皇再派大軍南下平定"百越"。為了方便轉運軍需糧草輜重，秦始皇下令開鑿靈渠。歷經三年艱辛，靈渠於公元前214年左右開鑿成功。靈渠在今廣西興安縣境內，是世界上最古老的運河之一。其工程主體包括鏵堤、南北渠、秦堤、陡門等，溝通了湘江、灕江，連接了長江和珠江兩大水系，打通了南北水上通道，為秦王朝統一嶺南提供了重要的保證。

靈渠開通後，大批糧草輜重通過水路方便快捷地運輸到嶺南地區。有了後勤保證的秦軍，在戰場上勢如破竹。靈渠開通的當年，秦軍就攻破嶺南地區，將之正式納入大秦版圖。因為靈渠的重要，歷朝歷代對其皆有修整。時至今日，靈渠仍然在發揮着作用。

十二銅人的秘密

為了秦王朝的長治久安，盡可能消除長時間割據及戰爭對統治的影響，秦始皇又採取了兩項措施：

其一，遷六國之民。因為六國貴族在自己的家鄉頗有勢力和號召力，為了防止這些人日後作亂，便於監視，同時為了充實關中地區的經濟實力，秦始皇下令將六國舊族大姓、天下富豪等 12 萬戶，舉家搬遷到咸陽。更有些六國貴族和平民被遷移到西南邊遠地區做苦役。命令一下，可謂是哀鴻遍野。

其二，收天下之兵，就是收繳、銷毀流散於民間的大量兵器。因為春秋戰國數百年的不斷征戰，導致無數的兵器流散於民間。老百姓手裏有武器，就是不安定因素。於是，秦始皇防患於未然，"收天下兵，聚之咸陽，銷以為鐘鐻、金人十二，各重千石，置廷宮中。"就是說，秦始皇將流散於天下的兵器都收繳上來，銷毀、熔化後重新鑄造成大鐘和 12 個銅人。關於鑄成的大鐘，好像沒怎麼引起後人的注意，倒是那 12 個銅人在後世頗為著名。

關於這些銅人的高度和重量，史料中記載不一。其高度，有些記載為三丈，或者坐高三丈，有些記載為五丈。秦時的一丈合現今長度約為 2.3 米，所以即使是三丈，也要 6.9 米高，五丈更是達到 11.5 米，快趕上 4 層樓的高度了。其重量，也有"千石"、"二十四萬斤"、"三十四萬斤"幾種說法。秦時的一石為 120 斤，1 斤約合現在的 256 克。那麼，千石就是 30 噸，二十四萬斤就是 61 噸，而三十四萬斤更是高達 87 噸。絕對的龐然大物。

為甚麼會出現這些數字上的差異呢？一則可能是記載有誤（比如“二”、“三”是缺筆或衍筆所致），二則應該是這些數字本身就是估計的，尤其是重量。在當時的條件下，高度還可以比較準確地測量，而幾十噸的重量，幾乎不可能準確稱重。所以說，這些數字有可能是個估值。另外一個更可能的原因是，這12個銅人的大小、輕重並不一樣，有高三丈的，有高五丈的；有重二十四萬斤的，有重三十四萬斤的……，所以會出現記載的差異。這樣解釋，似乎就比較合理了。

這些體積巨大無比，工藝精緻考究，雕刻着精美花紋的銅人製成之後，就放置在咸陽的秦王宮中。可惜的是，它們早已消失於戰火紛飛之中，其真正的樣貌後人是無緣得見了。

除了上述這些舉措之外，秦始皇還啓動了兩項浩大的工程，那就是修建自己陵墓和阿房宮。

始皇帝的驪山陵

古代君主多有生前就修建陵墓的習慣。極端點的，甚至從一即位就開始修。當然，自己活着的時候，陵墓一般不能完工，哪怕是完成了99%，剩下的部分也得一直慢慢修，一直到他死去（駕崩），才能最後竣工。秦始皇陵墓的修建就是如此。

秦始皇陵始建於公元前247年，也就是秦王嬴政元年。直到公元前208年，秦二世二年，才最終竣工完成，前後歷時39年。其陵址位於驪山北麓（因此也被稱為驪山陵），南依驪山，北臨渭水，風水絕佳。為了修建自己的陵寢，統一六國之後，秦始皇共徵集了72萬人力，最多時甚至超過了80萬。即使動用了如此之多的人力、物力，在秦始皇死的時候，其陵寢還有大量工程沒有完工。為了趕工期，秦二世暫停了阿房宮的修建，將修建阿房宮的人力都調集來修建驪山陵。就這樣，也還又用了一年多的時間才勉強竣工。

就在驪山陵最後緊張修建的時候，已經爆發了陳勝、吳廣起義。起義軍一度攻打到了距離驪山陵咫尺之遙的臨潼附近。為了擊退義軍，秦國將領章邯建議，將在驪山修陵的囚徒組織起來，赦免他們的罪責，讓他們加入軍隊作戰。秦二世同意了。大量修建陵墓的罪囚被編入秦軍，但是這樣一來修建陵墓的人手就更加不足了，最終不得不草草收尾完工。

秦始皇陵的規模之大，耗時之長，消耗的人力、物力之多，都是舉世罕見的。據史料記載，陵墓最深處向下鑿地有三重泉水那麼深，然後灌注入銅水填塞縫隙，放入外棺。又在外面修造各種宮室，還設置了百官的位次，並放入了大量金銀珠寶、奇珍異玩。又用水銀做成江河大海，用機器遞相灌注輸送。墓頂裝飾有天文圖象，地面佈置有山川地貌。

秦二世下令，凡是沒有為秦始皇生育過子女的妃嬪全部要殉葬。為了防止陵墓中的各種機關埋伏的消息洩露，在秦始皇下葬後，秦二世更是下令將那些工匠悉數封閉在陵墓之中，給秦始皇做了陪葬。雖然為防止後人盜墓，秦始皇為自己的陵寢設置了大量防範措施，但是顯然，這一切措施並沒有達到預期的目的，其陵墓曾屢遭劫難。

公元前 206 年，秦始皇的陵寢就遭遇了第一次毀滅性的劫難。當時，項羽率軍佔領了咸陽，對驪山陵進行了大規模破壞，陵寢的地面建築被全部摧毀，地宮也遭到挖掘。雖然《史記》、《漢書》上都曾記載此事，但是按照後人的分析，以及現今的考古發現證實，驪山陵的地下建築似乎並未遭到大規模的損毀。這是為甚麼呢？有分析認為，項羽確實損毀了陵寢的地面建築，也挖掘了陵寢地宮，但是他並沒有找到陵寢地宮的準確位置，因此只是毀壞了找到的部分。到了漢代，劉邦曾經有過一些簡單的保護秦始皇陵的措施，但是還是出過事。《漢書·楚元王傳》記載："牧兒亡羊，羊入其鑿，牧者持火照求羊，失火燒其藏槨。"一個放羊的小孩，羊跑丟了，掉進一個地洞中，小孩打着火把進入地洞中去找羊，結果卻是誤打誤撞，進了秦始皇陵的地宮中。更不幸的是，火把還在地宮中引起了大火，將秦始皇的棺槨都燒掉了。按照《水經注》記載，這場大火燒了 90 天都沒有熄滅，"牧羊人尋羊燒之，火延九十日不能滅。"那個小孩和他的羊有沒有安全地從地洞中跑出來，史書沒有記載，但是如果此處的記載真實的話，可見秦始皇陵的保護工作做得確實不怎麼樣。

後來，秦始皇陵還曾經多次遭遇盜挖。例如西漢末年的赤眉軍、十六國時期後趙的石虎、唐朝末年的黃巢等都曾經盜挖過。當然，也有很多學者對這些記載表示懷疑。真相如何，還需要更多的考古學證據來證明。

未能竣工的阿房宮

秦朝剛剛建立的時候，秦始皇住在咸陽的秦王宮中。但是隨着時間的推移，咸陽人口急劇增加，秦始皇越來越覺得都城和王宮都太狹小了，"始皇以為咸陽人多，先王之宮廷小。"於是在公元前 212 年下令，在今日咸陽城東南大約 15 公里的龍首原西側修建阿房宮。

秦始皇修建阿房宮的時候，是希望將其修建成天下朝宮，就是將這裏作為秦朝的政治中心。同時，為了彰顯自己天下共主至高無上的地位，阿房宮的設計規模非常宏大。按照《史記・秦始皇本紀》記載，"先作前殿阿房，東西五百步，南北五十丈，上可以坐萬人，下可以建五丈旗。周馳為閣道，自殿下直抵南山。表南山之顛以為闕。為複道，自阿房渡渭，屬之咸陽。"意思就是，光這個宮殿的前殿，就東西長五百步，南北寬五十丈，其中可以坐一萬人，下面可以豎立五丈高的大旗。然後在四周還修建有天橋，從宮殿一直通到南山。在南山頂上修建門闕作為標誌。又修造天橋，從阿房跨過渭水，與咸陽城連接起來。為此，秦始皇調集了 70 多萬刑徒參與阿房宮的修建。為了充實附近的人口,秦始皇又下令遷徙 3 萬家到驪邑,5 萬家到雲陽。作為補償,這些人家都免除 10 年的賦稅和徭役。

可惜,還沒等阿房宮落成,秦始皇就於公元前 210 年七月死於沙丘宮,當時他正在第六次巡遊返程途中。秦始皇死時,其陵寢也尚未竣工。為此,秦二世將阿房宮的修建暫停下來,將勞力全部調往驪山修陵。在驪山陵建成之後,阿房宮的建造工程再度上馬。不過直到公元前 207 年秦二世被逼自殺,秦朝滅亡,阿房宮也沒有最後修建完成。

有史料記載,阿房宮被項羽一把大火燒毀了,但是經考古學家勘測,阿房宮遺址的大部分地方都沒有被火燒過的痕跡。《史記·項羽本紀》中,也只是記載"燒秦宮室,火三月不滅",並沒有點出燒的就是阿房宮。所以,有學者認為,項羽燒的應該是咸陽城中的秦國王宮。而且秦咸陽宮遺址考察,也發現了大面積被火燒過的痕跡。其實,後人之所以多認為阿房宮是被項羽燒毀的,主要來自於唐代大詩人杜牧的《阿房宮賦》:"戍卒叫,函谷舉;楚人一炬,可憐焦土。"因為這篇賦寫的氣勢雄健、風格豪放、流傳極廣,對後世影響巨大,也就坐實了項羽火燒阿房宮這件事。當然,也有學者認為,因為阿房宮遺址面積巨大,現在還有很多地方沒有勘測完成,所以也不能完全確定阿房宮的毀壞和項羽無關。這裏,同樣需要更多的考古學證據。

用兵、巡遊與**永生** | 02

秦朝建立後,秦始皇一面大刀闊斧改革制度、治理國家,一面大規模對外用兵。秦軍的兵鋒,分別指向了南方的百越和北方的匈奴。

公元前 218 年，秦始皇派出 50 萬大軍南征百越。因為當地地理環境複雜，秦軍南征遇到了糧草供應的困難，最初是損兵折將、進展緩慢。為了扭轉這種不利的局面，秦始皇下令開鑿靈渠。公元前 214 年前後，靈渠開鑿成功，軍隊輸送及軍需糧草的轉運得到極大緩解。解決了後顧之憂的秦軍，很快擊潰了當地各部族的反抗，將整個嶺南地區劃入秦朝的版圖。

公元前 214 年，秦始皇命令大將軍蒙恬率領 30 萬秦軍北擊匈奴。在此之前，包括秦國在內的各諸侯國，主要精力都集中於應對各國之間的混戰，所以和匈奴接壤的秦、趙、燕等國家，對匈奴基本上是以守勢為主。在這種情況下，匈奴當然是趾高氣揚，儼然將各國的邊境地區當成了自家的後花園和倉庫，需要的時候，就來劫掠一番。秦始皇怎麼可能長時間容忍匈奴人如此挑釁？以前沒辦法也就算了，現在，新賬舊賬一起算的時候到了。此外，秦始皇又聽到了所謂的預言，“亡秦者胡也”，他理解為將來覆滅秦朝天下的很可能是胡人。為此，秦始皇更是決定儘早消滅胡人（匈奴）的有生力量。秦軍分兩路出征，連戰連捷，將匈奴殺得不斷敗逃。公元前 213 年，秦始皇再次命令蒙恬攻擊匈奴，這次取得的成果更加輝煌。匈奴被打得不斷向北遷移，秦軍控制了大片原來被匈奴佔領的土地，設置九原郡。

匈奴人作為遊牧民族，有着強大的機動性，在當時的條件下，秦軍不可能將其徹底消滅。為了防止匈奴人再次南下，秦始皇命令蒙恬徵發大量民夫，在原來各國長城的基礎上修築萬里長城。漢代賈誼在《過秦論》中盛讚此舉，“乃使蒙恬北築長城而守藩籬，卻匈奴七百餘里；胡人不敢南下而牧馬，士不敢彎弓而報怨。”秦軍的勝利，遏止了匈奴南下騷擾的勢頭，為北方邊境贏得了較長的和平期。

秦始皇巡遊天下

就在一系列舉措幾乎調動了全國大半人口的同時，秦始皇自己也沒有踏踏實實呆在咸陽，而是開始了巡遊天下的步伐。

從統一六國的第二年，也就是公元前 220 年開始，一直到公元前 210 年，短短的 11 年間，秦始皇一共進行了五次半的巡遊。這最後的半次，是因為他死於巡遊返程的路上，沒有走完全程。

秦始皇的巡遊可不僅僅是為了欣賞大好江山，而是有着幾重目的。

其一，彰顯威勢、炫耀武力。秦始皇每次出巡，都是前呼後擁，兵甲層層。這樣做的目的，當然是為了保護自己的安全，但同時也是為了炫耀大秦的武力，震懾六國貴族。因為此時雖然已經消滅了六國，但是還有大量六國舊貴族存在，而且，原來六國地區的民眾，也遠沒有完全接受秦朝的統治。這一切的改變，都需要時間。所以，秦始皇就藉助巡遊來炫耀武力，希望能震懾住那些圖謀不軌之輩，讓他們慢慢地接受秦國的統治。

其二，為了得到天上地下各路神仙的認可。為了表示自己是得到天地認可的正統統治者，秦始皇在巡遊的過程中不停地祭祀天地鬼神。不管是名山大川，還是江河湖海，幾乎是走一路祭祀一路，有時還要專門跑到特定的地方去祭祀。尤其是在泰山，秦始皇專門舉行了隆重的封禪典禮，就是通過向上天匯報自己的功績，來表明自己這個皇帝是受命於上天的。他還"刻石頌秦德"，就是將自己的功績刻在泰山的石頭上，一是讓上天看到，二是希望永遠流傳下去。

其三，為了探求長生不老的秘密。大規模祭祀天地鬼神的活動，在宣揚自己正統地位的同時，還讓秦始皇產生了奇妙的想法，那就是自己要是也能像神仙那樣飛天遁地、長生不老該多好。於是，登上了人間權力巔峰的秦始皇，開始夢想再進一步。

即使不能做神仙，只要能長生不老，永遠當皇帝也是好的。但是，神仙在哪呢？怎麼才能長生不老呢？

徐福與長生不老藥

時隔不久，神仙來了。當然，不是神仙本尊蒞臨，而是自稱能夠和神仙聯繫的方士來了。所謂的方士，就是一些自稱有特殊本領和玄妙的道術，能夠聯繫神仙，和神仙直接交流的人。因為春秋戰國時期的燕國、齊國臨海，沿海而居的百姓經常能看到海市蜃樓。慢慢地，當地就廣泛流傳着海外仙山等美麗的傳說，與神仙有關的方術文化也極為盛行。

公元前 219 年，秦始皇第二次巡遊到達山東琅邪齊國故地時，徐市主動找上了秦始皇。徐市，就是後世著名的徐福。他給秦始皇上書說，大海裏面有蓬萊、方丈、瀛洲三座神山，上面都居住着神仙。這些神仙手裏有長生不老的仙藥。只要能滿足這些神仙的要求，就能得到這些仙藥。人吃了這些仙藥，就能長生不老了。

當時，秦始皇登山面海，眼前是雲霧繚繞的大海，雲遮霧繞之間，隱隱約約能看到仙山在海上緩緩漂移，山上仙人時隱時現，變幻莫測，耳邊的海風中，似乎還能隱約聽到仙樂傳來；身邊呢，則是大袖飄飄、仙風道骨的方士在描繪着神仙之事，將一幅幅世人從沒見過的仙境，在秦始皇面前緩緩展開。此時此刻，此情此景，怎不令這位一心尋求長生的始皇帝心潮澎湃，興奮不已？長生不老的大門已經在自己面前打開了，剩下的，就是達成條件，順利通關了。

滿懷憧憬的秦始皇當即同意了徐福的所有請求，派出龐大的船隊、童男童女及大量隨從共計數千人，帶着無數的奇珍異寶，在徐福的帶領下，浩浩蕩蕩揚帆出海，"於是遣徐市發童男女數千人，入海求仙人"。秦始皇則懷着焦急的心情，等候着徐福勝利歸來的消息。但接下來的故事，略有差別。

　　一種說法是一年後徐福歸來。徐福表示，自己已經登上了仙山，見到了神仙，神仙也給自己看了長生不老藥。但是因為自己攜帶的禮物太輕，神仙不滿意，所以沒把長生不老藥給自己。另一種說法是，一直到公元前 210 年，臨死前不久，秦始皇再次到達琅琊，派人傳召徐福。徐福折騰好幾年，一點成果也沒有，只好找了個理由說蓬萊仙山中真的有長生不老藥，但是因為海上有大蛟魚作怪，所以船隊損失很大，沒能順利達到仙山。秦始皇勃然大怒，區區怪魚焉敢阻擋自己長生之路？當即親自指揮，率領船隊，帶足連弩，入海殲滅怪魚。船隊果然在大海上見到了大蛟魚，當即連弩齊射，將大蛟魚射死。秦始皇認為這下再無阻擋，於是命令徐福再次入海求仙藥。接下來的故事又一樣了。

　　這次徐福要求更大的船隊、更多的東西。這些東西包括三千童男童女、各種能工巧匠、各種穀物蔬菜的種子，當然也少不了各種奇珍異寶。同時，為了確保安全，還有大量的神射手、精銳士卒及出海用的配套物品。秦始皇為了長生不老藥，甚麼都不在乎了，大手一揮，當即同意。其實，這裏的秦始皇也不想想，有些東西徐福要的還算合理，可能是神仙需要，可有很多東西，根本不可能是給神仙用的。就說那各種穀物蔬菜的種子吧，難道是神仙想吃點人間的食品嚐個新鮮？

　　秦始皇再次滿懷希望，憧憬着徐福成功帶回長生不老藥。當然，他注定要失望了，因為徐福出海後就再也沒回來。秦始皇就這樣眼巴巴地盼望着、盼望着，直到自己病死於沙丘。

　　有人認為，徐福本來就是六國遺民，不願意在秦始皇統治下生活，他是有目的的欺騙秦始皇。第一次出海時，徐福是為了尋找未來的落腳之地。找好目的地後，徐福才回來，而回來就是為了將來做準備的，所以他才會向秦始皇索要那些足以在落腳點生存、繁衍，甚至建立政權的物品。據說，徐福率領着這支龐大的艦隊輾轉到達了日本。因為當時的日本還處於未開化狀態，所以徐福到來後，即以碾壓的態勢取得了統治權，同時又依靠帶去的中國先進文化、工藝技術和醫藥技術等等站穩了腳跟。現今在日本還能找到徐福墓和徐福祠。

　　秦始皇當然不會將希望全部寄託在徐福身上。他也曾經派方士盧生、韓終、侯公、石生等人，或進山，或入海，尋求長生不老藥。可惜，最終都是無功而返。

博浪沙張良刺秦

　　一心尋求長生不老的秦始皇，對自身的安全非常看重。畢竟，在得到長生不老藥之前，生老病死固然無法控制，但是保護好自己不被別人刺殺，還是能夠做到的。在還是秦王時，他就已經非常重視個人安全了。而且，他對幾乎所有人，都保持着懷疑和警惕之心。所以才有任何大臣上殿面君時，都不得攜帶兵器；手持兵器的侍衛，沒有秦王的親自命令，不得進入秦王辦公的大殿等規定。在歷次巡遊中，秦始皇身邊也都是兵甲層層、防護嚴密。即使這樣，秦始皇至少也曾經遭遇過三次刺殺。

　　第一次，就是荊軻刺秦。

　　第二次，來自於荊軻當年在燕國的好友，那位善於擊築的樂師高漸離。因為荊軻的緣故，嬴政對所有和荊軻有關聯的人都非常痛恨，皆欲殺之而後快。所以，秦統一六國之後，高漸離改名換姓，隱居起來。不過，在聽別人擊築的時候，高漸離忍不住技癢，顯露出高超的技藝而名聲大噪。秦始皇聽說後，就將他招入皇宮表演。這時，秦始皇身邊有人認出了高漸離。作為荊軻的好友，高漸離本應被處死，但秦始皇很愛惜他的才華，就赦免了他的死罪，將他留在身邊，擊築給自己欣賞。不過，秦始皇熏瞎了他的雙眼。這樣一來，高漸離甚麼都看不見，秦始皇也就放心了。高漸離的技藝確實高超，每次擊築，秦始皇都非常滿意，也就慢慢放鬆了警惕。高漸離卻一直在準備。他悄悄地把鉛放入自己所擊的築中，這樣，他手中的築，就變成了一件能置人於死地的武器了。一次，高漸離擊築到高潮，秦始皇忍不住拍案喝彩。高漸離聽到秦始皇的聲音，估摸着距離，舉起手中的築，向秦始皇猛地砸了過去。可惜，畢竟眼睛看不見，這一下沒有砸到秦始皇。憤怒又後怕的秦始皇當即殺了高漸離。而且，從此之後，秦始皇再也不敢輕易接近六國的遺民了。

秦始皇第三次遇到刺殺，是在公元前 218 年，秦始皇第三次巡遊之時。當隊伍走到博浪沙這個地方的時候，突然淩空飛來一把 120 斤重的大鐵椎，直奔秦始皇乘坐的車駕砸來，車隊中間一輛豪華的馬車霎時被砸碎。按照當時的禮制，天子出行乘坐六匹馬拉的車，大臣乘坐的是四匹馬拉的車。所以，秦始皇的車駕非常好認。但是，為了安全起見，秦始皇早就命人製作了好幾輛和自己的車駕一模一樣的副車，而且，他還經常更換自己的車駕。這樣一來，誰也不能確定他到底乘坐的是哪輛車。可以説，秦始皇的多疑救了自己一命。那個從天而降的大鐵椎，只是砸壞了一輛副車。成語"誤中副車"就來源於此。

秦始皇怒火中燒，"乃令天下大索十日"。當然，最後也沒有抓到主謀。那麼，這次刺殺是由誰策劃的呢？

這次刺殺案的主謀是張良。張良，字子房，韓國人。他的祖父和父親，都曾經是韓國的相國。韓國滅亡後，張良的家族一下由豪門世家變成了亡國的沒落貴族。國仇家恨，促使張良萌生了強烈的滅秦願望。年輕時的張良，離開家鄉、周遊各地。後來在東方拜見了滄海君，和滄海君共同制定了刺殺秦始皇的計劃。接下來，張良散盡家財，尋求能行刺的力士。在滄海君的幫助下，張良還真的找到了一個大力士，並且為力士量身打造了一柄 120斤重的大鐵椎。雖然秦制的一斤只大約合現今的 256 克，但是120 斤也折合我們現在 30 多公斤。有了計劃、力士和武器，剩下的就是具體實施了。

　　張良和力士埋伏在秦始皇巡遊的必經之地，只待其隊伍走入有效攻擊距離後，就實施刺殺計劃。可惜的是，因為秦始皇準備了幾輛一模一樣的車駕，使得張良也不知道應該攻擊哪一輛。機會只有一次，只能猜了。於是張良指揮力士將大鐵椎砸向中間的一輛馬車。可惜，張良選錯了目標。按照《史記·留侯世家》記載："（張良）東見滄海君，得力士，以鐵椎重百二十斤。秦皇帝東遊，良與客狙擊秦皇帝博浪沙中，誤中副車。"

　　趁着混亂，張良順利脫身。至於那位力士是逃走了還是被抓住了，史料沒有記載。不過即使被抓住殺死了，應該也是早在力士的預料之中吧。畢竟刺客這個行當，死亡的概率太高了，肯於接受任務，應該就做好了再也回不來的心理準備了。逃走的張良更名換姓，逃到下邳隱居起來。

秦始皇的"兩宗罪" | 03

　　歷史上對於秦始皇的評價有褒有貶。褒揚的，讚其為千古一帝；貶低的，罵其為萬古暴君。尤其是在"焚書坑儒"這件事上，很多史料典籍中更是把這位始皇帝寫成了歷史罪人。其實，即使按照以儒家學者為主體寫就的史書來看，"焚書坑儒"也並不是人們簡單理解的那樣。而且，"焚書"和"坑儒"是兩回事。

其一：焚詩書

　　焚書，發生在公元前 213 年。

　　事情緣起於秦始皇大宴羣臣的一次宴會。當時，有一個叫淳于越的博士，原來是齊國人，給秦始皇提了一個建議。這裏的博士，不是我們今天所指的學歷、學位，而是秦漢時期的官職名稱，負責掌管書籍文典，一般擔任博士的都是飽學之士。這位淳于越博士認為，秦始皇實行郡縣制不對，應該效仿夏、商、周實行分封制。他說：“事不師古而能長久者，非所聞也。”意思就是做事必須效法古人，凡是不效法古人的，都是錯誤的。

秦始皇讓各位大臣發表看法。丞相李斯當即站出來表示反對。其實，這個問題早在當年商鞅變法的時候，已經在秦國朝堂之上辯論過，並且統一了認識，形成了正確的決議。不然，也沒有秦國的今天。這位淳于越博士如今又提出來，要麼是不知情，要麼是“炒冷飯”。而和商鞅一脈相承的李斯，當然不可能同意這種說法。

李斯認為，古人的制度也不是一成不變的，也都是適應當時的發展。現在，時代已經有了很大的改變，不可能完全照搬古人的制度。而且，正因為分封制，才使國家出現大量諸侯。而諸侯並起，戰亂不止，使得大家思想混亂。大家都只知道自己私下學到的知識，指責朝廷所建立的制度，導致國家更加混亂不堪。現在國家統一，天下平定，所有法令出自皇帝一個人。這時候，百姓就該在家安居樂業，專注於農工生產；讀書人應該學習法令刑禁，輔助皇帝和官吏治理好國家。可是現在的私學也好，儒生們也好，卻偏偏反其道而行之，這樣是不允許的。

李斯建議秦始皇，只保留秦國的史書典籍，其他國家的史書典籍全部燒毀。以三十天為期限，將天下所有私人收藏的《詩》、《書》和諸子百家的著作，全部上繳，集中燒毀。超過這個時間，卻不將手中藏有的這些書上繳的，臉上刺字，發配邊疆。以後再有膽敢議論《詩》、《書》和諸子百家著作等毀禁之書的一律處死，借古諷今的滿門抄斬。官吏如果知情卻不懲罰、不上報的，以同罪論處。但是，李斯同時建議，醫藥、占卜、種植之類的書，不在取締範圍之內。另外，如果有人想要學習法令，去向各級官吏學習，以官吏為師。

秦始皇同意了李斯的建議。

從這裏就可以看出，首先，"焚書"是以淳于越錯誤的提議為導火索，由李斯提出，秦始皇同意的。就是說，應該是秦始皇就事論事的決定，而不是蓄謀已久的行為。當然，也可能是秦始皇和李斯早就商量好的，只是等到了這個機會而已。不過，以秦始皇剛愎的性格和絕對的權威性來說，應該不需要這麼處心積慮。其次，秦始皇並沒有甚麼書都燒掉，在保留了以秦國角度記載的史書典籍之外，醫藥、占卜、種植之類的書，也都保留了下來。第三，秦始皇焚書的目的，不是為了毀滅文化，而是為了統一文化、統一思想，防止六國的復辟。

從客觀上來說，秦始皇焚書的做法，當然是為了愚民，為了禁錮人們的思想，但是如果換個角度考慮，春秋戰國五百餘年，思想混雜、社會紛亂，為了統一帝國的長治久安，當時這樣做也是必然之舉。

秦始皇此舉，對後世最大的、最惡劣的影響，應該是正式打開了"文字獄"這個罪惡的魔盒。如果從這個角度看待的話，將秦始皇冠之以任何罪名，都是輕的。當然，即使秦始皇沒有打開這個罪惡的盒子，也還是會有其他君主打開。無他，上位者認為需要而已。

那麼，李斯為甚麼要跳出來做這個"惡人"呢？從李斯的角度來看，恐怕他的目的是希望藉此確立法家思想的正統地位，徹底壓制甚至消滅其他學派的思想。李斯的做法和漢代提出的"罷黜百家，獨尊儒術"，不管是原理上還是作用上幾乎都是一模一樣的。只不過，儒家的做法相較法家而言溫和了一些而已。

其二：坑術士

再說說"坑儒"。實際上，所謂的"坑儒"，開始的說法是"坑術士"；也有說法為"坑述士"。這個"述士"，指的才是儒生。

這事發生在"焚書"之後的第二年，也就是公元前 212 年。

當時正是秦始皇寵信術士，讓他們替自己尋找或者煉製長生不老藥的時候。其中的侯生、盧生等人，上山下海，一頓折騰，也沒有得到長生不老藥。為了撇清責任，他們開始從秦始皇自身找原因。

他們對秦始皇說，之所以他一直沒能見到神仙，也沒能得到長生不老藥，是因為有甚麼不好的東西，例如鬼怪之類的，阻礙了秦始皇和神仙之間的聯繫。他們建議秦始皇應該經常秘密行動，就是把自己藏起來，不讓手下臣子知道自己所在的地方，這樣就能避開或者驅逐鬼怪，見到神仙了。秦始皇信以為真，下令任何人不得洩露自己的行蹤，為此還殺了大批洩密的手下。折騰了一番之後，秦始皇當然還是沒有見到神仙。侯生、盧生見實在編不下去了，只好找了個藉口，說秦始皇兇狠殘暴、驕橫無比，而且極度貪戀權勢，神仙根本就不會來見他，自己也不能再繼續助紂為虐，不能再幫他尋找仙藥了。然後，這二位就逃跑了。

秦始皇知道後勃然大怒，"我徵召了大量的博學之士和有各種技藝的方術之士，希望用他們來振興國家。這些方術之士聲稱自己有特殊的本領，這個說能找到神仙得到長生不老藥，那個說能夠煉製仙丹神藥。結果呢？徐福，我給了他龐大的船隊和大量的人員，花費了無數的金銀財寶，一無所獲。侯生、盧生等人，我非常尊重、信任他們，賞賜也非常豐厚，這些人不但沒有絲毫的成果，竟然敢誹謗我，詆毀我，企圖通過四處散播我的無德來掩蓋自己的無能。太可惡了。"

暴怒的秦始皇派人將還在咸陽的儒生、術士全都看押起來，一一審問，將其中亂說話者，都以妖言惑眾、擾亂民心的罪名定罪。這些人之間也是勾心鬥角、矛盾重重，再加上貪生怕死，於是互相告發，你揭露我，我檢舉他，最終一共有 460 多人被判有罪。秦始皇親自將這些人從名籍上除名，然後將他們殺死在咸陽城外，以此來威懾天下人，"犯禁者四百六十餘人，皆坑之咸陽。"同時，將更多的罪行較輕的人流放到邊境去戍守。

需要解釋一下，所謂的"坑殺"，不是字面意思的活埋，而是指殺死敵人後，將屍體堆積起來，覆土夯實，形成一個個金字塔形狀的土堆，用以震懾敵人、誇耀武功。如果"坑殺"就是活埋，那"長平之戰"秦國的白起坑殺40萬趙國降卒，得挖多大的坑？"坑殺"這種做法在很早以前就已經形成（具體時間不可考），並且一直延續到後世，有關的記載史書上比比皆是，而且，"坑殺"也並非中國歷史所獨有。

秦始皇的長子扶蘇不贊成父親的做法，他認為天下剛剛平定，人心還沒有歸附，這些儒生們效法孔子、誦讀詩書、教化百姓，是有利於秦朝的統治的，不應該用這麼嚴酷的法律制裁他們。秦始皇聽了扶蘇的話，很生氣，就將他派到駐守在北方的蒙恬軍中，讓他和蒙恬一起監督長城的修建。

從這些史料來看，秦始皇所坑殺的大部分是蒙騙了自己的術士之類。那其中有沒有儒生呢？估計應該有，但是不會佔太大的比例。那為甚麼後來被傳成了"坑殺儒生"呢？主要原因就是扶蘇勸秦始皇的那番話，《史記·秦始皇本紀》是這樣記載的，"天下初定，遠方黔首未集，諸生皆誦法孔子，今上皆重法繩之，臣恐天下不安，唯上察之。"而"諸生"是專指儒生，還是一種泛指，並不確定。另外，除了"坑殺"之外，還有大量被流放的。也許被流放之人中儒生所佔比例較大，扶蘇話裏的"重法繩之"，也可能是指的是這些流放之人中的儒生呢？

不管怎樣，西漢之後，"焚詩書，坑術士"，變成了"焚書坑儒"。西漢劉向的《〈戰國策〉序》中已經明確記載為"遂燔燒詩書，坑殺儒士"了。另外，"焚書坑儒"的真實性也一直存在爭議。有學者認為，這是後世儒家弟子故意歪曲史實，給秦始皇抹黑，目的就是為了襯托秦始皇的殘暴。

秦始皇之死 | 04

公元前 210 年，49 歲的秦始皇開始了他人生中的第六次巡遊。照樣是旗幡招展，照樣是鐵騎相隨，不同的是，這次的隊伍中多了個年輕人 —— 秦始皇的小兒子胡亥。

秦始皇有 20 多個兒子，大兒子扶蘇非常賢能，但是因為多次直言勸諫，所以很不得秦始皇的歡心。而小兒子胡亥雖然沒甚麼本領，但是頗擅長討好父親，所以秦始皇反而最喜歡他。

秦始皇身邊比較貼心的臣子有兩個，一個是左丞相李斯，一個是中車府令趙高。李斯是他的左膀右臂，輔助他處理國家政務；趙高則負責掌管皇帝的車駕、印璽、兵符和發佈詔令等事情。另外，趙高還有一個身份，那就是胡亥的法律老師。因為趙高平時和胡亥接觸較多，教給他一些法律方面的知識，也不時地給他出一些主意，所以胡亥非常信任和倚重趙高。

秦始皇出遊前，趙高極力鼓動胡亥跟隨前往。胡亥無可無不可地去向父親請求。理由當然是可以就近照顧父親，在父親膝前承歡盡孝。趙高在旁邊也是極盡所能地勸說。不知道是趙高的勸說起了作用，還是確實疼愛這個小兒子，或者是年紀大了，開始重視起親情來了，總之，秦始皇答應了胡亥的請求，讓他隨同自己一起巡遊天下。李斯和趙高當然也跟隨在側。這一走，又是大半年時間。當大隊人馬在返程途中到達平原津的時候，秦始皇病倒了。

秦始皇的遺囑

秦始皇一直憧憬着哪一天能得到長生不老藥，甚至有點"百折不撓"的精神了，雖屢屢受挫、上當而癡心不改。所以，現在越是生病，他就越是厭惡別人說關於死亡的問題。

秦始皇一直沒有確立繼承人，如今他病倒了，大臣們都非常着急，但是誰也不敢提這個問題。因為一提繼承人，必然是提到了秦始皇死後如何，現在他正煩着呢，你去提這件事，不是自己將腦袋主動送給死神做禮物嗎？就這樣，秦始皇拖着病體，堅持着走到了沙丘，終於堅持不住了。秦始皇也知道，自己這次真的不行了，長生不老藥是沒希望了，必須得立遺囑，確定繼承人了。

在繼承人的問題上，秦始皇還是很明智的。他知道，自己的長子扶蘇雖然很多時候和自己的政見不和，而且不討自己喜歡，但是"為人仁"，並且"剛毅而武勇，信人而奮士。"同時，大將軍蒙恬和他關係非常好，深得蒙恬的信任和支持，所以，將皇位傳給扶蘇，無疑是最好的選擇。於是，秦始皇找來趙高，命令趙高給扶蘇寫詔書，表示自己已經不行了，讓扶蘇將軍隊交給蒙恬率領，然後立刻趕回都城咸陽，主持自己的喪事。其實就是確立了扶蘇作為自己的繼承人。

趙高當着秦始皇的面寫好詔書，用璽並將之封好。秦始皇又命令趙高將這封詔書以最快的速度送到公子扶蘇手中。看着趙高領旨退下，秦始皇長出了一口氣，這下，後事算是安排好了。不久，他就病死於沙丘行宮。這個時間是公元前 210 年陰曆七月。然而，秦始皇不知道的是，就在他還活着時候，就在他的眼皮底下，趙高就開始搞鬼了。

趙高的陰謀

趙高退下之後，根本就沒有派遣使者將這封關係着秦國未來命運的詔書送到公子扶蘇手中，而是將它悄悄藏了起來，就當沒這回事一樣。因為公子扶蘇和趙高的關係一直不好，趙高和蒙恬更是不睦，所以趙高擔心，一旦公子扶蘇即位，自己一定沒甚麼好果子吃。而胡亥年紀不大，天資不高，又對自己信任有加，如果能讓胡亥即位，秦國朝堂豈不是任憑自己橫行了嗎？鑑於此，趙高動了壞心思，利用自己特殊的地位和秦始皇對他的信任，將詔書扣押了下來。

秦始皇病死，最着急的是丞相李斯。因為此時他們的車隊正在返回都城咸陽的路上，距離咸陽還有很長一段距離。如果秦始皇病死的消息迅速傳出去，難免有人會興風作浪。所以李斯在與胡亥、趙高等人商量後作出決定，秘不發喪。

李斯命人悄悄將秦始皇的屍體裝入棺材中，又將棺材放入特製的輬輬車中。這種輬輬車能稍微調節一下車中溫度，減緩屍體的腐壞速度。然後，李斯安排平常一直侍候秦始皇的幾個宦官在車上陪伴。其他所有一切行動照常，包括每天給秦始皇傳膳、用膳，隨行官員匯報國家大事等等。只是這些人都見不到秦始皇，所有事情都是由那幾個宦官代轉，或者由李斯、趙高等出面解決。秦始皇死亡的消息，只有胡亥、李斯、趙高及那幾個陪伴在輬輬車上的宦官知道。

趙高扣留了秦始皇臨死前留下的詔書，暫時處理好秦始皇的屍體後，便來找胡亥商量。胡亥為人糊塗，但並沒有甚麼野心。當知道父親準備將皇帝的位子傳給自己的哥哥扶蘇的時候，沒覺得任何不對，反倒樂呵呵地表示，這是應該的啊。趙高都快氣樂了，只得耐着性子繼續解釋，"現在，決定繼承人的大權，甚至決定天下人生死的大權，就在你、我和丞相李斯手裏。只要你同意，我們可以輕輕鬆鬆地讓你當皇帝。"

沒想到胡亥還不同意。胡亥認為，廢長立幼是不義，篡改父親的遺詔是不孝，自己沒甚麼本領，即使勉強被人扶上皇帝的寶座，但是治理不好國家，是無能。這三件事都是大逆不道的，天下人不會服從我，我自己也將遭受災禍，而且這樣下去，會導致國家滅亡。從這番言語來看，胡亥還不算是徹底糊塗，還是頗有幾分自知之明的。然而，胡亥的這一點點自知之明，在趙高花言巧語的蠱惑之中，很快就迷失了。最後，他稀裏糊塗地就答應了。

　　趙高見胡亥已經同意，就立刻去找李斯。趙高明白，更換太子這件事，除了胡亥和自己之外，無論如何避不開李斯，必須取得李斯的同意。見到李斯後，趙高開門見山地說：「始皇帝在去世前留下遺詔，讓扶蘇繼承皇帝之位。但是現在始皇帝已經去世，遺詔還在我手裏，沒有遞送出去，也沒有其他人知道這件事。而且現在皇帝的印璽、兵符都在我手裏，所以說立誰為太子，就是你我一句話的事。你看這件事該怎麼辦？」

　　李斯對秦始皇還是比較忠心的，聽到這番話，當即怒斥趙高：「你怎麼能說出這種亡國的話呢！這不是我們做臣子的應該討論的事！」

　　趙高卻慢條斯理地說：「您先別着急，聽我說。你覺得你和大將軍蒙恬比，無論是本領、功勞、謀略、聲望，還是和公子扶蘇的關係來看，誰更勝一籌呢？」

　　李斯沉默了一下，表示自己在這五個方面都不如蒙恬。

　　趙高繼續說：「所以啊，如果扶蘇當了皇帝，那麼一定會任用蒙恬做丞相，到時候，您可能就只能黯然退職還鄉了。而且我知道，您和公子扶蘇，還有蒙恬將軍的關係都不怎麼好。您也知道，在您之前的很多被罷免的丞相，結局可都不怎麼樣。到那時候，您恐怕也難逃悲慘結局。而且可能不光是您的性命難保，您的家族都將受到牽連啊！」

　　趙高的話打動了李斯。是啊，一朝天子一朝臣。自己的手腳也不是那麼乾淨，秦始皇只是沒打算處置自己罷了。真要是換了皇帝，如果有心處置自己的話，理由是一抓一大把的。

　　趙高見李斯已經心動，繼續趁熱打鐵，大讚胡亥性格寬厚、仁義愛人、輕視錢財、尊重士人，內心聰明但是又不善言辭，恪守禮儀又重視賢士，是繼承皇位的最佳人選。然後趙高又拍着胸膛保證，胡亥和自己學習法律好幾年了，和自己的關係非常好。只要李斯能幫助自己扶持胡亥即位，那麼李斯一定可以保住自己的官職、爵位，並能永遠傳下去。但是如果不聽從的話，大禍可就不遠了，而且會禍及子孫。

以口才便給、能言善辯著稱的李斯，被趙高說得沉默不語。終於，架不住私心作祟，邊仰天長歎、垂淚歎息，邊點頭同意了趙高的決定。

這下，最後的障礙消除了。

趙高回報胡亥後，三人聚在一起，偽造了一份秦始皇的遺詔，立胡亥為太子，繼承皇帝之位。為了斬草除根，他們同時又偽造了一份秦始皇給公子扶蘇的詔書，詔書中斥責扶蘇和蒙恬統領大軍在外，毫無建樹。扶蘇還多次上書誹謗皇帝的所作所為，且心懷怨恨，作為兒子，毫無孝心。現在賜給扶蘇寶劍一口，勒令他立刻自盡。蒙恬不能匡正扶蘇的錯誤，是為臣不忠，勒令他和扶蘇一起自盡。將大軍交給副將王離指揮。詔書偽造好，蓋好印璽，趙高命人立刻送到公子扶蘇手中。

公子扶蘇接到詔書，痛哭不已。因為此時，秦始皇死亡的消息一絲一毫也沒有洩露，別說遠在邊疆的扶蘇，連秦始皇巡遊車隊中的大臣還都不知道，所以扶蘇絲毫沒有懷疑這封詔書的真實性。此時的扶蘇，理所當然地認為，自己徹底激怒了父親。既然父親震怒，讓自己去死，那自己只能去死了。

大將軍蒙恬卻堅決反對，坦言自己並不想接受這份詔書，同時勸阻扶蘇，不要自殺。這倒不是說蒙恬睿智到能猜到秦始皇已死，這是一封偽造的詔書。蒙恬只是從常理上推斷，這件事情有蹊蹺。蒙恬認為："既然始皇帝能夠派我率領三十萬大軍駐守邊境，派您來擔任監軍，就說明他信任你我。因為這都是天下重任，只有非常信任我們才會這樣安排。"當着使者的面，蒙恬不好直說，但是也是委婉地提醒扶蘇，皇帝巡遊在外，國家沒有太子。現在莫名其妙來了這麼一個使者，就讓我們自盡，其中難免有詐。最後，蒙恬建議扶蘇，我們並不是不執行詔書的命令，而是需要核實一下。哪怕只是再和皇帝確認一下，然後再死，也好啊。

　　不得不說，百勝名將果然不簡單。蒙恬的勸阻，理由簡潔而直指問題的核心，建議更是抓住了事件的關鍵。如果扶蘇同意，別的不說，一來一往的，至少需要一個月以上的時間，那時候，恐怕秦始皇的死訊已經無法隱瞞。這樣，也就能判斷出這封詔書有問題了。然後以扶蘇的威望，以蒙恬的實力，事情很可能會向着另一個方向發展。然而，在政治上還比較稚嫩的扶蘇卻聽不進蒙恬的建議，只是搖着頭表示："父親讓兒子去死，兒子就應該去死。這還有甚麼好再次請示的呢？"

　　趙高派來的使者當然是不斷催促扶蘇和蒙恬儘快遵旨自盡。於是，扶蘇舉劍自刎。蒙恬還是不服氣，不願意這麼糊裏糊塗地自盡。但是對秦始皇頗為忠心的他，也絲毫沒有起兵造反的念頭。於是蒙恬將兵權交出，自己則被使者派人關押在陽周。

秦二世胡亥

　　這時，十萬火急趕回咸陽的巡遊車隊又出了狀況：炎炎夏日，輬輬車只能稍稍減緩屍體的腐壞，可架不住時間越來越長，秦始皇的屍體開始散發出越來越大的臭味，並且引起了部分大臣的懷疑。還是趙高的鬼主意多，他命人從市場上買來好多鮑魚，每輛車上都放一些。鮑魚這種東西，做好了吃起來非常美味，但是它的味道確實很大，而且很難聞，所謂"入芝蘭之室，久而不聞其香；入鮑魚之肆，久而不聞其臭。"夏天的臭鮑魚，其味道之難聞，更是無以復加。這時候別說一個秦始皇的屍體腐壞，就是再加上三五個，別人也聞不出來了。

　　就這麼緊對付慢對付的，車隊終於返回咸陽。此時，扶蘇自刎的消息也已經傳回咸陽。胡亥、趙高、李斯等人長出一口氣，至此再無阻礙了。一直到此時，胡亥等人才向天下宣佈秦始皇已經去世的消息，大辦喪事，同時將假詔書拿出，立胡亥為太子，即皇帝位。這就是秦二世皇帝。

胡亥即位後，任命趙高為郎中令。秦朝的郎中令可是個不得了的官職，既是皇帝的心腹，又手握生殺大權。按照秦制，郎中令屬於九卿之一，主要掌管宮廷侍衛，隨時能接近皇帝，同時還有部分冊封、罷免官員的權力。最主要的，趙高這個郎中令深得胡亥的信任，在胡亥面前說一不二。這樣，趙高就相當於“二號皇帝”了。當然，胡亥也沒忘了李斯的功勞。雖然李斯已經是丞相，位極人臣，沒辦法再升官了，但是讓他繼續留任，李斯已經相當滿意了。

胡亥畢竟得位不正，心裏一直不太踏實。在安葬完秦始皇之後，在趙高的鼓動下，他先是效法自己的父親，出外巡遊了一圈，彰顯一下自己的威勢；然後就在趙高的挑唆下，對原來的大臣和自己的兄弟姐妹下起了毒手。首先遭到殺戮的，當然是大將軍蒙恬及蒙氏家族的其他重臣。蒙恬被逼得吞藥自殺，蒙氏家族多人被殺，其他官員也大批死於非命。接下來，胡亥對自己的兄弟姐妹舉起了屠刀。按照史料記載，至少有 12 個兄弟、10 個姐妹被殺。這下，秦始皇的子女，不說死得乾乾淨淨，也是所剩無幾了。

感覺踏實了的胡亥，終於可以安心享受美好的皇帝生活了。趙高早就盼望着這一天呢。他一方面竭盡所能，哄胡亥高興；一方面大權獨攬、排除異己、任用私人。秦國的朝廷，幾乎快姓趙了。

就在這些人肆意妄為的時候，這個強大的大秦帝國，開始亂了。

篝火狐鳴 | 05

　　如果把秦朝的迅速滅亡全都歸罪到秦二世頭上的話，其實也不太公允。因為在秦始皇統治時期，就一直採取的是高壓政策。人們的不滿，就如同火山內的岩漿在慢慢積累，只不過秦始皇這塊鎮壓着火山口的巨石，太過巨大而沉重，岩漿噴發不出來而已。

　　秦始皇其實也知道這一點，也一直在想辦法解決。如果真的給秦始皇足夠的時間，以他的文韜武略，也未嘗不能找到適合的辦法。而且，秦始皇也意識到自己的長子扶蘇因為頗為仁義愛人，所以在民間的聲望很高，在治理國家方面，甚至比自己更合適。這也是為甚麼秦始皇臨死前要傳位給扶蘇的原因。如果真的讓扶蘇即位的話，確實是有化解這些矛盾的可能的，從而讓大秦帝國傳承下去。即使不能完全化解，至少也可以緩解一下這些矛盾，使得大秦帝國不至於迅速消亡。可惜，偏偏上台的是胡亥，加上趙高的肆意妄為，在社會矛盾愈演愈烈之時，鎮壓在火山口的石頭卻是輕飄飄的，從而導致憤怒的火山瞬間爆發。

　　摧毀這個貌似強大無比的大秦帝國的起因，只是大澤鄉這個地方小到不起眼的一場叛亂：900名幾乎手無寸鐵的民夫，走投無路之下造反了。按說900人規模的叛亂，而且叛亂者既沒有武器，也沒經過甚麼正規的訓練，在數十萬秦國鐵騎面前應該是連個浪花都翻不起來，算他是個火星都很勉強。但就是這小小的一點火星，卻燃起熊熊大火，並且迅速將大秦帝國徹底燒毀。

　　這次造反的領導者是陳勝、吳廣。

燕雀安知鴻鵠之志

陳勝，陽城人，字涉，所以史書上有時稱其為陳涉。吳廣，陽夏人，字叔。兩個人都是農夫出身。陳勝年輕時生活窮困，自己連土地都沒有，不得不去給當地的富戶做傭工，就是靠幫別人種地，掙一點點錢來勉強維持生活。

別看陳勝混到這麼悲慘的地步了，志向還頗為遠大。一天，耕作之餘，陳勝和其他傭工一起在田壟之上休息，他感慨良久，然後對大家說："苟富貴，無相忘。"意思就是將來誰要是富貴了，可不要忘了現在一起種地的這些窮哥們啊。其他人一聽，轟的一聲全笑了。有人笑着對陳勝說："你說咱們就是一些窮得連地都沒有，靠給別人做傭工生活的人，能吃頓飽飯就不錯了，還想要富貴，別逗了。"陳勝卻非常蔑視地看着他們，搖頭歎息說："燕雀安知鴻鵠之志哉？"你們這羣小麻雀、小燕子，怎麼知道我這隻大雁、天鵝的高遠志向啊！當然，遠大的理想並不能解決現實生活問題，陳勝依然在鄉村裏替雇主種地。

公元前 209 年的一天，陽城這一帶的地方官接到命令，需要徵發 900 名民夫到漁陽（在今北京密云）去戍邊。陳勝、吳廣都在其中。陳勝和吳廣原來並不認識，但因為這兩人都身高體壯、頭腦靈活，也比較能幹，所以被任命為屯長，負責管理這 900 人的日常事務。這樣，負責押送的兩名軍官就輕鬆多了。

開始的時候，隊伍的行程還算順利，但是當他們到達大澤鄉這個地方的時候，卻趕上了天降暴雨，發了大水，道路也被沖毀了。大家只得在高崗處安營紮寨，等待雨過天晴，洪水退去。沒想到這一等就是好幾天。陳勝暗暗計算日期，即使馬上天晴，他們以最快的速度趕到漁陽，也已經耽誤了規定的日期，也就是說，無論如何不能按時到達漁陽了。而按照秦朝的規定，不管有甚麼理由，只要是過了規定的期限，就是死罪，就要被殺頭。走投無路的陳勝來找吳廣商議，二人很快達成共識，"今亡亦死，舉大計亦死，等死，死國可乎？"現在即使趕到漁陽，也因為誤了期限會被處死；不去漁陽，大家逃走，被抓住也是死。既然都是死，不如索性造反，幹一番大事業，哪怕最後死了，也算是死得轟轟烈烈。

大楚興，陳勝王

在商議造反這件事的時候，就充分體現出陳勝的才智要略勝吳廣一籌。陳勝建議，咱們就這樣不明不白地造反，得不到多少人的響應，應該打出一個名號。因為胡亥是秦始皇的小兒子，不應該由他來即位，即位的應該是公子扶蘇，而且公子扶蘇在民間威望素著。另外，原來楚國的大將軍項燕，深得楚國人愛戴。因而陳勝提議，我們可以假冒扶蘇和項燕的名義，號召天下人都起來反抗秦二世的暴政，應該能得到很多人的響應。吳廣舉雙手贊成。其實，陳勝和吳廣也不好好想想，扶蘇和項燕這兩人怎麼可能聯合起來呢？不管怎麼說，他們也是敵對關係呀！不過事後來看，陳勝的辦法，效果還真不錯。

光有了名號也不行，怎麼能讓同行的那些戍卒和他們一起造反呢？陳勝、吳廣想到了借用鬼神的辦法。他們先用朱砂在一塊白綢子上寫上"陳勝王"三個字，然後塞進一條大魚的肚子裏。等負責採買的人買回魚，做好，大家吃飯的時候，突然發現了魚肚子裏的白綢子，當然是驚異非常，私下裏議論紛紛。當天晚上，這些戍卒圍着篝火閒坐時，突然從不遠處的一座破廟後面傳來狐狸尖銳的叫聲，叫着叫着，狐狸突然開始說人話了："大楚興，陳勝王！大楚興，陳勝王！"當然，這個狐狸是吳廣假扮的。

戍卒們是又新奇又驚恐，紛紛看着陳勝，指指點點。看到大家的情緒已經調動得差不多了，陳勝、吳廣開始行動。第二天，吳廣故意在兩個押送的軍官面前揚言要逃跑。喝得醉醺醺的一個軍官當即掄起鞭子抽打吳廣，另一個軍官拔出佩劍，要殺死吳廣。因為吳廣平時比較關心大家，所以在戍卒中人緣很好。現在見吳廣被打，甚至有生命危險，戍卒們羣情激憤。陳勝、吳廣激怒眾人的目的達到了。

吳廣當即反抗，搶過佩劍，殺了這個軍官。陳勝也不含糊，殺死了另一個軍官。陳勝召集大家說："我們因為遇上大雨，已經耽誤了日期，按照規定會被殺頭。即使不被殺頭，戍邊的士卒，死去的也得佔十之六七。既然都是死，我們為甚麼不做一番大事業，即使死了，也能揚名於後世。這樣不是比白白地去送死強得多嗎？王侯將相寧有種乎？"陳勝的最後一句話，就是說那些王侯將相們，難道都是天生的嗎？他們不也是靠着他們的祖先一點點拼搏出來的嗎？我們為甚麼不可以？只要我們敢去拼命，我們也能成為王侯將相。

戍卒們的情緒被徹底調動起來，紛紛振臂高呼，願意和陳勝吳廣一起造反。他們打出公子扶蘇和項燕的名義，袒露右臂作為標誌，號稱"大楚"。陳勝自封為將軍，吳廣做都尉。這個時間，是公元前 209 年七月，距離秦始皇病死沙丘，過去了剛剛一年。

起義軍很快佔領大澤鄉。附近活不下去的民眾聽到這個消息，紛紛前來投奔，起義軍的隊伍迅速擴大。但是大家都沒有兵器，除了那兩個押送軍官手裏的武器以外，其他的都是些鋤頭、耙子、扁擔之類的，就這還有很多人是空着手的。不得不說，秦始皇收天下之兵的策略，執行得還是真夠徹底。無奈之下，大家削好木棍做武器，砍斷竹子做旗幟，浩浩蕩蕩從大澤鄉殺奔蘄縣。這就是成語"揭竿而起"的來歷。

起義軍順利攻克蘄縣後，又繼續攻打蘄縣以東的地方，就這樣一邊攻城奪寨，一邊擴張隊伍。等他們打到陳縣的時候，已經擁有兵車六七百輛，騎兵一千多人，步兵數萬人。佔領陳縣後，陳勝召集當地的父老鄉紳共商大事。參加會議的人都盛讚陳勝："將軍身披堅執銳，伐無道，誅暴秦，復立楚國之社稷，功宜為王。"意思就是稱讚陳勝的功勞太大了，應該稱王。陳勝遂自立為王，國號張楚。至此，倒也算是應驗了陳勝當初自詡有鴻鵠之志的説法。

　　陳勝吳廣在大澤鄉起義，開啟了秦末亂世的大幕。各地活不下去的農民也好，原來的六國貴族也好，紛紛起兵響應。在大澤鄉起義之後不到五個月的時間內，原來的趙、齊、魏、燕、韓等地，都有人打着恢復六國的旗號割地稱王。

陳勝吳廣之死

　　陳勝、吳廣的起義軍迅速擴大。陳勝派出手下將領周文率軍向西進攻，這支軍隊在西進過程中迅速壯大，巔峯時達到戰車上千輛，兵卒數十萬人。周文所部很快攻進關中，直逼咸陽，其先頭部隊已經到了距離咸陽咫尺之遙的臨潼。形勢危急，秦二世不得不讓大將軍章邯把正在修建驪山陵的囚徒、奴隸等人組織起來，赦免他們的罪責，將他們強行編入軍隊，與義軍展開戰鬥。

　　可惜就在這個時候，起義軍內部問題開始暴露。起義軍將領的能力和水平差別巨大，彼此之間爭權奪利、自相殘殺，再加上別有用心的人撥弄是非，很快，隊伍就出現分裂。周文所部孤軍深入，得不到友軍的協助，最終被章邯打得大敗，周文自殺。吳廣率軍進攻滎陽。滎陽守將是丞相李斯的兒子李由。滎陽城下，吳廣久攻不下，結果被手下有異心的將領田臧殺死。

　　更糟糕的是，那位陳勝王也不是甚麼英明的領袖。陳勝在陳地稱王以後，將陳城作為自己的都城，所以歷史資料中稱陳勝為陳王。這時，有當年和陳勝一起種地的夥伴聽説了陳勝稱王的消息，記得當年他説過"苟富貴，勿相忘"的話，於是前來投奔。陳勝招待了這位舊日朋友，並將他收留了下來。可惜，此人沒甚麼文化，不懂得替這位老朋友編造一些甚麼神光天降之類的祥瑞來吹噓，反而不時和別人説起陳勝當年窮困潦倒的往事。陳勝覺得有損自己的威嚴，就把這位老朋友給殺了。這一下，傷了很多故人的心，紛紛離開了陳勝。

陳勝用人也是不明，派遣了兩名非常苛刻的心腹負責督查大家。這兩個人是"順我者昌，逆我者亡"，濫用手中權力。有人向陳勝反映，陳勝還不理睬，非常信任這二位。如此以來，眾將領也就和陳勝離心離德了。

尤其讓人寒心的是，陳勝對吳廣也不怎麼樣。田臧假冒陳勝的命令殺死吳廣，並將人頭獻給陳勝後，陳勝不但沒有為吳廣報仇，反而封田臧為令尹、大將軍，將吳廣所部的軍權交給了田臧。不過，這位田臧的結局也不怎麼樣，在隨後的戰鬥中被章邯擊敗殺死。

章邯在打敗幾路義軍後，率軍直撲陳縣而來。陳勝手下將領都不是章邯的對手，陳勝親自出馬督戰也不敵秦軍，陳縣丟失，陳勝先是敗退到了汝陰，繼而又退到下城父這個地方，最終被自己的車夫莊賈殺死。這個時間，是公元前 209 年十二月。

莊賈殺死陳勝後，還拿着陳勝的人頭去向秦軍請功請賞。當然，像這樣的叛徒一般結局都好不到哪去，因為這些人比敵人還可恨，是首要的誅殺對象。沒過多久，陳勝舊部呂臣組織人馬再次攻克陳縣，殺死了莊賈。

楚雖三戶，亡秦必楚 | 06

雖然陳勝吳廣的起義失敗了，但它拉開了秦末亂世的大幕。這時的大秦帝國實際已經分崩離析，各地義軍、各路諸侯紛紛趁勢而起，一時間風起雲湧、亂成一團。

在各路義軍中，實力最強大的是在吳中起兵的項梁。項梁最得力的膀臂，就是自己的姪子項羽，也就是後來那位著名的西楚霸王。項梁和項羽都不是等閒之輩，他們真正是楚國大將軍項燕的後人。項梁是項燕的次子，項羽則是項燕長子的兒子。按照史料記載，項燕共有三個兒子，長子（就是項羽的父親）早亡，其名字在史料中沒有明確記載，次子項梁，三子項伯。在《項氏宗譜》中倒是明確記載着項羽父親的名字，但是不同地區的《項氏宗譜》記載的又不一樣，有記載為項超的，有記載為項榮、項渠、項嬰或者項英的，具體事跡也不可考。

項羽因為父親死的很早，所以主要是由項梁拉扯長大。楚國滅亡之初，他們在老家下相這個地方生活，後來因為項梁殺了人，不得不舉家搬到了會稽郡的郡治吳中。在吳中，因為家大業大，加上本領過人，所以項梁的威望非常高，連會稽郡的郡守都會不時地找他商議郡中大事。

不同凡響的項羽

項羽，名籍，字羽。史書中一般稱其為項籍。項羽自幼聰慧，而且身高體壯，力大絕倫。為了將這個姪子培養成人，項梁先是教他讀書識字。開始的時候，項羽態度還頗為認真，可沒幾天就煩了，不想學了。項梁又教他學習劍術。對於項羽來說，這個比單純的讀書識字有意思一些，興趣也大一些。可是沒過多久，項羽又煩了，不想學了。項梁非常生氣，責怪項羽如此懶散，將來怎麼滅秦報仇。項羽不服氣地說：「學這些有甚麼用？讀書識字不過是認識個人名而已。而劍術，練得再好也不過是一人敵。要學我就要學萬人敵。」項梁見此，轉怒為喜，暗讚自己的姪子有志氣，於是開始花費更多的心血來培養他。

項梁一方面請名師教項羽馬上的功夫，一方面教項羽學習兵法。項家畢竟是武將世家，雖然國破家亡，但是底蘊還在。不過項羽的性格還是有些浮躁，雖然喜歡學習兵法，但也不太認真，不能徹底靜下心來深入研究。

一次，秦始皇巡遊到會稽郡，項梁和項羽隨着人羣去觀看。看到秦始皇耀武揚威、氣勢煊赫的樣子，項羽頗為羨慕，毫不顧忌地感慨道："彼可取而代也。"意思就是説："我要取代他！"項梁嚇了一跳，急忙捂住項羽的嘴，低聲呵斥他説："你不要命了，敢這樣胡言亂語？這樣下去，會給我們家族招來禍患。"雖然項梁不讓項羽亂説話，但心裏其實是很高興。項梁內心也一直希望能有機會滅秦復楚。之所以攔着項羽，只是想告誡他，咱們可以悄悄地做，千萬別亂説而已。

長大後的項羽，身高八尺多，折合現今的身高就是大約 1.85 米到 1.9 米的樣子，高大威猛、力大絕倫，有拔山舉鼎之力，且武藝高強、熟諳兵法，在吳中年輕一代中屬於最拔尖的人物。

項梁起兵

公元前 209 年七月，隨着陳勝、吳廣在大澤鄉揭竿而起，反秦浪潮迅速席捲全國，各地活不下去的農民、舊日的六國貴族紛紛響應。看到秦國大勢已去，秦國各地的封疆大吏們也不願坐以待斃，紛紛準備自立為王。會稽郡太守殷通也準備趁着亂世起兵，他思忖着，自己萬一要是成功了，也能混個割據一方的諸侯王，甚至也有做皇帝的可能。但是，鑑於項梁在當地巨大的聲望和人脈，不説動項梁和自己一起起兵，是萬萬沒有成功機會的。於是，這年九月，殷通請來項梁商議大事。

殷通哪裏曉得，項梁正等這個機會呢。二人在密室中相見，殷通邀請項梁和自己一起起兵，並説自己非常器重他。項梁則趁機讓項羽進到室內。在項梁的暗示下，項羽拔出寶劍，在殷通錯愕之中，一劍砍下了他的首級。

項梁一手拎着殷通的人頭，一手拿着太守印信，在項羽的保護下，大踏步走出密室，高呼殷通已死，讓殷通手下的人不要頑抗，聽從自己的命令，跟隨自己一起起兵。此時，殷通手下士兵已亂成一團，一些親衛一擁而上，要替殷通報仇。項羽揮動寶劍，連殺百餘人。餘下的士兵都被震懾住了，皆跪伏於地，表示願意服從項梁的命令。接下來，項梁召集吳中的各級官吏和地方豪強，以道理鼓動，以利益誘惑，勸說大家和自己一起起兵造反。這些人紛紛高呼贊成。於是，項梁正式在吳中起兵。

由此可見，項梁在吳中的確是威望不低，一呼百諾。但是要說項梁真的威望高到振臂一呼，萬眾景從的地步，也有些誇張。那為甚麼項梁堂上一呼，下面的這些官吏、豪傑就都聽從了呢？

一來，現在天下大亂，大家都知道秦國大勢已去，哪怕為了自保，也必須起兵造反，宣佈脫離秦國，這樣可以避免其他起義軍來攻打；二來，項梁在當地威望素著，手下人多勢眾，再加上項羽手裏拎着還在滴血的寶劍，瞪大眼睛盯着大家，大家不敢不聽從；三來，他們當中也不乏懷有趁着亂世，成就一番事業念頭的人。

起兵後，項梁將吳中各縣的士兵都集中起來，從中挑選出精銳八千人，這就是後來項羽最為倚重的八千子弟兵。項梁自領會稽郡守，讓項羽做了自己的副將，其他跟隨自己起兵的各路豪傑也都逐一封官。

此後，項梁領着項羽和八千子弟兵四處征戰，聲名鵲起。名門之後的顯赫出身，加上智勇雙全，項梁的實力發展很快，不久就從眾多義軍中脫穎而出，像陳嬰、季布、蒲將軍等各路豪傑紛紛帶着部眾前來投奔，項梁麾下很快就達到了六七萬人。

扶立楚懷王

就在項梁、項羽叔姪不斷發展壯大的時候，還有幾位日後的風雲人物也來到了項梁軍中，其中包括范增、劉邦、張良、韓信。

先說說居鄛人范增。范增生於公元前 277 年，這時已經是將近 70 歲的老人了。他很有學問，但是因為不滿秦朝的暴政，一直閒居家中。現在看到項梁起兵反秦，便主動前來投奔。范增對項梁說："楚雖三戶，亡秦必楚"，但是要想讓天下英雄景從，最好不要自立為王，而應立楚國國君的後代為王，藉以號召天下豪傑。

項梁非常贊同范增的建議，派人四處尋找楚國王室的後裔。功夫不負有心人，還真找到了一個放羊娃。這個放羊娃可是正宗的楚國王族之後，只是在楚國滅亡後，隱居在鄉間牧羊為生。項梁將他立為楚王，因為他是楚懷王的直系後代，為了提高影響，就襲用了楚懷王的諡號，也稱為楚懷王。藉助着楚懷王的名義，項梁這支義軍的號召力更強，實力再次大漲。范增因為足智多謀，也深得項梁的信任和敬重。

劉邦也是當時的一支起義軍首領，自封為"沛公"。但因為兵微將寡、勢單力薄、生存艱難，所以就半是聯合，半是投靠地來到了項梁的隊伍裏。項梁見劉邦也是一位豪傑，便為他增兵五千人，協助他打敗對手。劉邦也就算正式投入了項梁麾下。特別值得一提的是，劉邦手下有一位了不起的人物，就是曾經在博浪沙刺殺秦始皇的張良。

項梁的軍隊在路過淮陰，準備渡淮河北上的時候，有一個叫韓信的年輕人也前來投奔。不過，因為他是單身一人，又沒有任何顯赫的身世，所以絲毫沒有引起項梁的注意。

劉邦登場 | 07

劉邦，也就是日後開創了大漢四百年基業的漢高祖，卻是個混混出身。劉邦，字季，生於公元前 256 年，沛縣（或為沛郡）豐邑人。他出生時，六國尚在，沛縣屬於楚國。劉邦出生在一個普通的農民家庭，但他從小就不喜歡種地，比較懶散，所以經常被父親訓斥，說他不務正業。

　　劉邦為人倒是豁達大度，性格也十分開朗、寬厚。年輕時的劉邦十分仰慕魏國信陵君的為人，於是千里迢迢趕到魏國大梁。可惜當時信息不暢，到了大梁才知道信陵君早就死了。好在曾為信陵君門客的張耳當時頗為發達，也在招攬門客。於是劉邦便投到張耳門下。二人頗為投緣，相交莫逆。但時隔不久，秦滅魏，張耳被秦國通緝，被迫逃亡，劉邦只得黯然返回家鄉。

　　回到沛縣的劉邦還是不愛勞作，到處混吃混喝，但也結交了很多朋友，包括官府中一些大大小小的官吏，都和他交情不錯。終於，在朋友的引薦和幫助下，劉邦當官了，可惜只是級別很低的泗水亭亭長。本以為他好歹有了俸祿，至少能勉強養活自己了。可劉邦依舊是好酒貪杯、喜好女色，入不敷出也是常態。

　　當地還有個人物叫樊噲，長得頗為威武，力氣也不小。因為生活所迫，靠屠狗賣肉為生。劉邦時常光顧樊噲的狗肉攤。有錢的時候好辦，沒錢的時候呢？賒賬唄。時間長了，樊噲也十分無奈，找劉邦要錢吧，沒有，而且劉邦來了，不給狗肉還不行。有時候，樊噲簡直看見劉邦就躲。

　　除了混吃混喝、結交朋友之外，作為亭長，劉邦還是有不少工作要完成的。一次，劉邦奉命將一些服徭役的民夫送去咸陽。到了咸陽，交接完畢後，閒暇無事，劉邦就在咸陽城內閒逛，恰好碰到秦始皇出巡。看到秦始皇的車隊旌旗招展、護衛森嚴，秦始皇則是高坐輦車之內，威風凜凜，不可一世。劉邦大生豔羨，忍不住脫口而出：「大丈夫當如此也。」男子漢大丈夫就得像這樣威風，才算不枉活一世。當然，此時劉邦也只是感慨一下而已。畢竟連他自己都不可能想到，他日後真的能這樣威風。

呂公的眼光

　　誰成想，整天混吃混喝的劉邦居然走桃花運了，而且是被岳父呂公一眼看中。呂公是山東人，和沛縣的縣令是好友，因為在家鄉得罪了人，不得不舉家遷到沛縣隱居，躲避仇人的報復。呂公剛到沛縣時，沛縣的大小官吏、豪強，知道了呂公和縣令的關係，紛紛登門拜望。當然，基本上都帶着禮物。呂公也是大排筵宴，招待來客。負責記錄禮物清單、安排坐席等事務的是沛縣的主簿蕭何。因為來客眾多，所以蕭何規定，只有賀禮超過一千錢的，才能到廳堂中就坐飲宴；不夠一千錢的，只能在堂下就坐。來訪的客人也沒甚麼意見，規規矩矩落座就是了。

　　劉邦聽到消息也趕來了，打算湊個熱鬧，混一頓酒飯。但是劉邦還特別愛面子，到了之後，一聽，呦，還有這規矩，不夠一千錢賀禮的，都得堂下就坐，那多沒面子啊。不行，我得出個風頭。於是劉邦張口就來："我出一萬錢賀禮。"連呂公在內，大家都嚇了一跳，這麼多錢？不過劉邦的大話，哄別人行，可哄不了蕭何，蕭何深知，劉邦別說一萬錢，就是一百錢估計都沒有，而且還指不定在外面欠着多少酒飯錢呢？

　　果然，劉邦口氣很大，可就是一文錢沒往外掏。蕭何來找他討要，劉邦滿不在乎地揮揮手說："記賬，記賬。"蕭何差點沒被氣暈了，頭回聽說送賀禮還帶記賬的。不過，呂公並沒有介意，反而將劉邦請到大堂中的上座，又是斟酒又是佈菜，熱情得不得了，而且越看劉邦越順眼。等到酒宴結束，呂公特意將劉邦留下，商量着要將自己的女兒呂雉嫁給劉邦。這個呂雉，就是後來的呂后。劉邦當然是大喜過望，暈暈乎乎地離開了呂公的家。

　　等外人都離開後，呂公的夫人可不幹了，當時就和呂公吵了起來："你這個老頭是不是瘋了？你總說要將女兒許配個貴人，連沛縣縣令來求親你都不同意。現在倒好，你居然要將女兒嫁給那個劉邦。你難道不知道，他就是個混混，整天吃了上頓沒下頓的，這算那號的貴人？"

不怪呂夫人生氣，換成哪個當媽的，也不可能同意將閨女嫁給劉邦。首先說，門不當戶不對。呂家雖然談不上豪門，至少算得上富戶，呂公更是交遊廣闊，交往的都是些達官貴人。劉邦呢？就是一普通的農民家庭出身，雖然有個亭長的職務，但那點俸祿連自己吃飯都不夠，根本談不上養家。其次，年貌不相當。劉邦生於公元前 256 年，呂雉生於公元前 241 年，二者相差 15 歲。

那麼，呂公要將女兒呂雉嫁給劉邦是甚麼時間呢？因為史書上並沒有明確記載，所以只能大概估計。秦朝在全國範圍內推行郡縣制，是在公元前 221 年滅六國後，那麼，劉邦擔任秦朝的亭長，只能在此時間之後；而公元前 209 年秦始皇一死，劉邦就起兵造反了。由此可推知，呂公將女兒許配給劉的時間應該是在公元前 221 年到公元前 209 年之間。那個時代，人們結婚都比較早，尤其是女孩，一般不到 20 歲就嫁人了，超過 20 歲絕對屬於"大齡剩女"。而到公元前 221 年，呂雉就已經 20 歲了。看呂公還有心思挑來揀去，說明當時呂雉即使超過 20 歲，也大不了多少。由此推斷，這個時間應該是比較接近公元前 221 年，至少不會晚太多。那麼當時劉邦多大呢？應該是在 36 歲到 40 歲之間。這個年齡即使放在現在，也是地地道道的中年人了，更別說在秦朝了，怕是不少人都已經做祖父了。

最重要的一點是劉邦的人品、名聲都不怎麼好，好吃懶做、好酒好色。在娶呂雉之前，劉邦有多少女人，史書上沒有記載，但是能被記作"好色"，估計不是一個兩個。更過分的是，劉邦的情婦曹氏還給他生了個兒子劉肥。所以呂雉嫁入劉家，就得當後媽。

所以說，不管從哪個角度看，這門姻緣都不怎麼樣。可是呂公卻輕飄飄的一句："你們婦人家懂甚麼。這事我做主了。"就這樣，這門親事就算確定了。這還不算完，接下來，呂公又將另一個女兒呂嬃，嫁給了那個賣狗肉的樊噲。這下，劉邦和樊噲成了連襟。這對劉邦倒是個好消息，從此之後，就可以大大方方地吃狗肉不給錢了。

不過，不得不佩服呂公的眼光，這倆女婿選的，一個是未來的大漢開國皇帝，一個是將來的舞陽侯。呂家也因此登上豪門世家的最高峯，最鼎盛時期，幾乎將大漢的天下改成呂姓。可惜的是，同樣因為這門婚姻，呂氏一門最終落得族誅的下場。

斬蛇起義，自稱沛公

呂雉嫁給劉邦之後，並沒有高門小姐的架子，也沒有哀怨父親將自己推入火坑，而是跟着劉邦踏踏實實過起了窮日子，稱得上賢惠。呂雉一邊代替劉邦孝順父母；一邊撫養劉邦的私生子劉肥；一邊還要自食其力、農桑針織，甚至還要給劉邦補貼生活。劉邦呢？並沒有甚麼大的改變，依舊遊手好閒、混吃混喝。不過時隔不久，劉邦的悠閒時光終於到頭了，風起雲湧的形勢，使得劉邦也身不由己地捲入其中，並且一飛衝天。

這一年，劉邦押送一批囚徒去驪山修建始皇陵。所有人都知道，到驪山修陵是九死一生，加上劉邦心軟，對這些囚徒看管不嚴，所以在路上的時候，很多囚徒都逃跑了。劉邦一看，這樣下去，到了驪山自己也沒法交代，乾脆準備了一些酒菜，請大家飽餐一頓，然後將囚徒全部釋放，自己也準備遠遁他鄉。有幾個走投無路的囚徒感激劉邦的恩德，願意追隨他。

劉邦趁着酒意領着大家前行，突然有一條白色的大蛇擋住去路。大家都嚇壞了。劉邦當時醉眼惺忪，估計都沒怎麼反應過來，所以並未害怕，而是趁着酒勁，拔出寶劍，一劍將大蛇砍成兩段。後來，這件事被傳説成，劉邦是天上赤帝的兒子，那條白蛇是白帝的兒子。白帝的兒子變成白蛇，要攔阻赤帝的兒子，結果被赤帝的兒子所殺，所以這個天下就該是赤帝兒子的了。實際上這應該是劉邦自己給自己造勢，或者乾脆就是後人牽強附會而已。後來的日子裏，劉邦領着大家藏身於芒碭山中，等待時機。説得直白一點，就是在芒碭山落草為寇，當起了土匪。慢慢的也聚集了數百之眾。

陳勝吳廣在大澤鄉起義，可謂"一石激起千層浪"。沛縣的縣令也趁亂想起兵，割據一方，但是一來自己手下無兵無將，二來又擔心其他人不願意跟隨自己造反，猶豫不決。縣史蕭何和曹參給他出主意，讓他召回本縣流亡在外的能人異士（實際就是亡命徒），以這些人為核心組成隊伍，再號令本縣所有人等，這樣就能成功了。縣令聽後大喜，當即應允。一番思慮之後，縣令覺得本縣拿得出手的"能人異士"，也就是在芒碭山落草的劉邦了，便派劉邦的妹夫樊噲代表自己，去芒碭山請劉邦回來共圖大事。

劉邦正有此心，所以痛快地答應了，帶領人馬返回家鄉。可縣令此時又後悔了。擔心萬一要是劉邦回來，自己控制不了他，那自己就等於是給劉邦忙活了，搞不好還有性命之憂。於是，他命令緊閉城門，嚴加防守，不讓劉邦的人馬進城，同時認為蕭何和曹參有可能是和劉邦一伙的，下令捉拿這兩個人。好在蕭何和曹參人緣都非常好，朋友眾多，所以有人迅速將消息告訴了二人。兩人怎麼也不能束手待斃啊，於是悄悄逃出縣城，投奔了劉邦。

劉邦聞聽，也很惱火，命令手下將縣城團團圍住，然後將一封信用弓箭射入城中。信中勸説大家，現在天下大亂，要想自保，必須殺了朝廷派來的縣令，然後舉兵造反，響應各路諸侯的號召。本來這個縣令平時就不得人心，現在又逢亂世，於是在劉邦的鼓動下，城內眾人一起動手，殺了縣令，大開城門，迎接劉邦進城。

　　佔據沛縣之後，藉助斬殺白蛇的壯舉，大家推舉劉邦為"沛公"，帶領大家起事。劉邦推辭一番後，便答應下來。這個時間是公元前 209 年十月，此時的劉邦已經 48 歲了。

　　自稱沛公後，劉邦重用蕭何、樊噲、曹參等人，隊伍也達到了兩三千人。接下來，劉邦也是四處攻城奪縣，不斷壯大力量、擴充隊伍。開始的時候，發展還頗為順利，不料手下將領雍齒在把守豐邑的時候叛變了，投降了魏國。劉邦大怒，率軍攻打豐邑，但是失敗了。

　　劉邦無奈，準備去別的地方求一些援兵。路上恰好遇到了張良，兩人一見如故。劉邦便將張良收入麾下，成了自己的左膀右臂。接下來，劉邦也不請援兵了，而是致力於拓展勢力範圍，壯大隊伍。後來，劉邦集結兵力再攻豐邑，可惜再次失敗。無奈之下，劉邦投奔了項梁，在項梁的幫助下終於攻克豐邑。自此，劉邦正式成為項梁的麾下。張良跟隨劉邦一起，也成了項梁的手下。

孺子可教也

　　劉邦做了項梁手下的將領，張良則一直追隨着劉邦。這個張良，就是當初在博浪沙刺殺秦始皇沒有成功的那位。博浪沙刺秦失敗之後，張良隱居在下邳城中。秦始皇曾大索天下，但是並沒有抓到他。

　　一天，張良在下邳城外的圯橋上散步，遇見了一個老頭。那個老頭走到張良身邊的時候，故意一抬腳，將一隻鞋子甩到橋下，然後直眉瞪眼地看着張良說："小家伙，下去給我把鞋撿上來。"張良很不高興，但是見對方是個老人家，無奈，只得下到橋下，將鞋撿了上來，然後恭恭敬敬地放在老人面前。張良以為這就好了，可沒想到，老頭衝着張良把腳一伸，又說到："年輕人，怎麼這麼不懂事？給我穿上啊。"張良只得半蹲半跪在地上，幫老人將鞋子穿好。老人家哈哈大笑，好像很滿意，但是連句道謝的話也沒有，揚長而去。張良目瞪口呆，半天沒反應過來。
正在張良琢磨着這個老頭怎麼這樣沒禮貌時，老人家又轉身回
來了。

老人回到張良面前，微笑着稱讚張良說："孺子可教也。"意
思就是你這個年輕人很好，值得教誨，可以造就。然後老人家和
張良約定，五天後的早晨，在這裏見面，老人有禮物要送給張良。
這就是成語"孺子可教"的來歷。

第五天早晨，張良早早出城來到橋邊，結果卻發現老人已經
早就等在橋上了。老人很不高興，訓斥張良說："和老人約定好
見面的時間，年輕人就應該早到。怎麼能讓我這個老人等你這
個年輕人呢？太不像話了。我今天不能給你禮物。這樣吧，五
天後再來這裏等我。"說完，老頭轉身氣呼呼地走了。張良非常
慚愧。

又到了第五天，張良起了個大早，城門一開，第一個出城，
急急忙忙趕到橋邊，發現老人又已經等在橋上了。老人家更生氣
了，批評了張良一頓之後，再次約定五天後橋上見。張良也很無
奈，想和老人解釋一下，但是老人根本不聽，轉身離去。

這一次，張良索性在第四天下午就出了城。剛剛半夜的時
候，就來到橋上。這次，終於是張良先到了。等了很長時間，老
人家來了。老人很滿意張良的態度，取出一卷書，送給張良說：
"你讀懂了此書，就可以成就一番大事業了。用不了太長時間，秦
國就會大亂。到那時，你可以憑此興邦立國。"張良跪問老人姓
名，得知老人就是當時天下著名的奇人黃石公。交代完畢，老人
飄然離去。

興奮的張良展開書卷，才知道此書乃是《太公兵法》，就是當
年輔助周文王、周武王興周滅商，開創周朝八百載天下的太公姜
子牙所寫的兵書。自此，張良苦讀《太公兵法》，不管是排兵佈陣，
還是韜略智謀，水平都大有長進。

先破秦入咸陽者王之 | 08

張良在下邳還遇到了一個故人，就是楚國大將軍項燕的第三子項伯。項伯早年間就和張良認識。這次，項伯因為殺了人，也逃到下邳躲藏。走投無路之際，正好遇到了張良，張良就將他收留下來，和自己一起在下邳城中隱藏。

項梁在吳中起兵之際，項伯趕去參與。張良也在下邳組織起一百多人，宣佈起事。後來，因緣巧合下，張良結識了劉邦，成了劉邦的手下，又跟隨劉邦一起，到了項梁麾下。因為和項梁的家世相當，加上項伯的關係，項梁對待張良也是頗為客氣和重視。

張良因為是韓國相國之後，所以一直希望復興韓國。待項梁立楚懷王，復興楚國後，張良更加心動。於是，張良來找項梁，希望項梁能支持自己復興韓國。張良對項梁提議：「您既然扶立了楚王的後人為王，那麼能不能也幫助韓國復國？韓國公子成，非常賢明，是一個很好的做韓王的人選。韓國復興，也能使楚國多一個盟國，您也能多樹黨羽。」項梁非常痛快地答應了。

在項梁的幫助下，張良找到公子成，扶立他為韓王。項梁同時舉薦張良擔任韓國司徒。於是，滿懷抱負和憧憬的張良辭別劉邦，輔助韓王成去了。劉邦雖然不捨，但也只得同意。

韓王成和張良聚集起一千多人，在潁川這一帶攻城略地，想打開局面。可惜的是，才攻佔下幾座城池，就遭到秦兵反撲而淪陷。重新建立的韓國，就這樣風雨飄搖，一直處於岌岌可危的狀態。張良才幹再高，也是巧婦難為無米之炊。

項梁之死

就在張良意圖復興韓國並掙扎求存的時候，項梁卻陷入了死地。

扶立楚懷王后，項梁的聲勢更盛，兵力也更強。這時，秦國大軍在章邯的率領下攻擊齊國。齊王派人向項梁求救。項梁領軍救援，在東阿大敗秦軍，殺得章邯狼狽而逃。楚軍乘勝追擊，在濮陽東面再次擊敗章邯。章邯再退。幸好此時援軍到達，章邯才穩住陣腳，守住濮陽等地。

與此同時，項梁又派項羽、劉邦率軍攻擊其他各路秦軍，同樣取得大勝，還在陣前斬殺了李斯之子李由。但當打到定陶城下時，楚軍的攻勢受阻。於是，項梁命項羽、劉邦去攻打外黃、陳留等地，自己則親率楚軍攻打定陶。

在定陶城下，項梁初戰告捷。因為屢戰屢勝，此時的項梁非常輕視秦軍，完全沒把章邯等人放在眼裏。然而，章邯的威名也是憑藉血戰和謀略殺出來的。就在楚軍到達定陶城下不久，立足未穩時，章邯率領大隊秦軍，人啣枚，馬勒口，乘夜偷襲楚軍營地。毫無防備的楚軍亂作一團，死傷慘重，項梁也死於亂軍之中。這個時間，是公元前 208 年九月。

項羽和劉邦本來攻打外黃、陳留等地就不順利，現在聽到項梁兵敗身死的消息，人心惶惶，只得也撤軍返回彭城。

章邯覺得楚國經此一敗，已經沒有威脅，加上此時的秦國處處起火，就暫時放下楚軍，轉而向北攻打趙國，趙軍大敗，趙王帶着殘兵敗將退守巨鹿城。章邯率領 40 萬秦軍，將巨鹿城團團圍住。趙王派人緊急向楚國求救，但此時的楚國也處於混亂之中。

項羽初露崢嶸

項梁兵敗身死，楚國軍隊處於羣龍無首的狀態，項羽雖然勇猛，但是資歷太淺，不能服眾。好在楚懷王還有幾分見識，一面安撫軍心，一面重新任命將領。

接到趙國的求救後，楚懷王召集眾人商議，最終決定發兵救趙。因為老將宋義頗有見識，所以楚懷王就任命宋義為上將軍，擔任楚軍主帥，總領各路人馬，號稱為"卿子冠軍"。意思就是居於諸將之上，為一軍之冠。之後，楚懷王又任命項羽為次將，范增為末將，協助宋義，率軍援趙。

可惜的是，這位老將宋義，在秦軍強大的攻勢面前已經嚇破了膽，不敢和秦軍硬碰硬。他在率領楚軍到達安陽之後，便命令大軍安營紮寨。這一停，就是 46 天。開始，大家都沒在意，畢竟讓士兵休整一下屬於正常狀況。但是時間長了，大家可就受不了了。這時已經到了公元前 208 年的十一月，已是冬季，天氣寒冷，而且不時下起大雨。再加上因為停留時間太長，糧草有些接濟不上，士兵們苦不堪言。項羽更是心急如焚。他着急一方面是為了救援趙國，更主要是想要殺掉章邯給項梁報仇。於是不斷催促宋義趕快進兵。

宋義端着老將的架子訓斥項羽："身披鎧甲、手持武器，衝鋒陷陣，我比不上你，但是比起運籌帷幄，決勝千里，你還年輕，差得遠啊。我們現在最好的辦法，就是坐山觀虎鬥，讓秦趙兩軍相鬥。如果秦軍勝了，也必然疲憊，我們可以輕鬆取勝；如果秦軍不能取勝，那就更簡單了，我們到那時再和趙軍聯手，一舉打敗秦軍。"然後特意當着項羽的面傳令，有敢不服從命令者，立斬。

當然，這只是宋義的藉口而已。宋義也明白，長時間這麼拖着也不是辦法。不過，宋義早就找好了退路，他已經和齊國商量好，準備將兒子派到齊國去做相國。臨行這一天，宋義大排筵宴，招待賓客，親自給兒子送行。

被徹底激怒的項羽，手指宋義大聲喝罵："你口口聲聲說甚麼要趁秦軍疲憊的時候攻擊，可是強大的秦軍攻打弱小的趙國，必然會輕鬆取勝，到那時秦軍必然勢頭更盛，哪來的疲憊可言？而我們現在糧草接濟不上，軍中沒有存糧，士兵只能吃芋頭、豆子之類的，時間長了，疲憊的是我軍。而且，你不想着如何打敗秦軍，竟然還在這裏大宴賓客，你是何居心？楚王將大軍交給你，你卻不體恤士兵，為了一己之私，置國家安危於不顧，是何道理？"項羽說着，拔出寶劍，一劍斬殺了宋義。然後假傳楚王的旨意說："宋義與齊國合謀，要造反，我奉楚王的密令殺了他。"眾將心裏都明白，這是項羽在假傳旨意，但是一來畏懼項羽的勇猛與威勢，二來很多將領原本就是項梁的部下，早就對宋義頗為不滿，於是紛紛表示支持，並一致推舉項羽為代理上將軍，統領全軍。

項羽一面派人追上宋義的兒子，將之斬首；一面向楚懷王報告自己斬殺宋義的緣由。楚懷王雖然並不滿意項羽擅自斬殺宋義的行為，但是事已至此，只得封項羽為上將軍，擔任楚軍統帥。

破釜沉舟，九敗秦軍

此時，趙國的形勢更加危急。秦軍主帥章邯命王離、涉間率軍圍攻巨鹿城，自己負責修築甬道，輸送糧草。當然，趙國上下也是拼死防守。所以，巨鹿城雖然一直岌岌可危，但是秦軍也一直未能攻克。

在向楚國求救的同時，趙國還向齊、燕等國求救。齊、燕當然懂得唇亡齒寒的道理，分別派軍前來援助。可是在見到秦軍的時候，各國的將領都和宋義一樣畏首畏尾，不敢與其交鋒，紛紛採取遠遠圍觀的策略。

各國救兵的未戰先怯，一度助長了秦軍的氣焰，但這種情況在項羽做了楚軍主將後立刻改觀。項羽執掌楚軍後，立即向秦軍發動攻擊。他派兵渡過黃河（或說漳河），攻擊秦軍的糧草運輸甬道。此舉雖然取得了一些效果，但是並沒有取得決定性的勝利，秦軍依然佔據絕對優勢。

此時，項羽採取了非常大膽的軍事行動，那就是歷史上著名的"破釜沉舟"之戰。項羽以八千子弟兵為核心，挑選出三萬精銳，渡過黃河（漳河）後，給每個士兵準備了三天的乾糧，然後命人鑿沉船隻，打碎做飯用的大鍋（釜），燒掉行軍帳篷，以示拼死一戰的決心。項羽的意思就是明確告訴手下所有士卒，我們不但要勝利，還必須在三天之內取勝。否則，大家即使沒有被敵人打敗，也會因為沒有糧食、體力不支而戰敗，而且，退路已斷，敗就是死。

正所謂"置之死地而後生"，被項羽激發起血性的楚軍，以迅雷不及掩耳之勢向秦軍發起猛攻。措手不及的秦軍連戰連敗，先是秦軍糧道被斷。接下來，包圍巨鹿城的秦軍被楚軍反包圍。趙軍也趁機裏應外合，發動了大規模的反擊。楚軍越戰越勇，士氣越打越高。接連九戰，楚軍九勝，秦軍一敗塗地。秦軍主將章邯率領殘兵敗將狼狽而逃，秦將王離被活捉，蘇角被殺，涉間走投無路，一把火燒死了自己。秦軍主力盡失、元氣大傷，巨鹿之圍化解。

此一戰，徹底打出了楚軍的威風，項羽更是名震天下。各諸侯國派來的援軍一直在周圍駐紮，作壁上觀，親見項羽如此勇猛，無不心驚膽顫、驚駭不已。打敗秦軍之後，項羽召集屯兵在此的各國將領議事，《史記》記載："項羽召見諸侯將，入轅門，無不膝行而前，莫敢仰視。項羽由是始為諸侯上將軍，諸侯皆屬焉。"意思是說：這些諸侯國的將領對項羽是既敬佩又害怕，在進入楚軍的轅門之時，都是跪伏於地，用膝蓋爬着前行，沒有人敢抬頭仰視項羽。大家共同推舉項羽為各諸侯國總的上將軍，各國的軍隊都接受項羽的節制。

說起來，類似項羽這次"置之死地而後生"的謀略，被運用的戰例頗為常見。其中，勝利者固然有之，失敗者，甚至因之而全軍覆沒者也比比皆是。項羽的成功，並不是表面上看起來，將所有士兵置於死地，激發起大家的鬥志，逼大家去拼命那麼簡單，而是有強大的實力在背後支持。

首先，項羽本身勇猛無敵。作為一軍統帥的同時，他還是一員無敵的勇將，臨陣之際往往衝殺在前，能最大限度調動起士兵的士氣。其次，楚軍數量雖少，但無一不是精兵，其中的八千子弟兵更是精銳中的精銳。反觀秦軍，已經長時間連續作戰，從身體到心理，都頗為疲憊，再加上糧道被斷，難免慌亂，士氣低落。第三，各諸侯國的援軍雖然沒有真的上陣廝殺，但是數十萬人馬駐紮在周圍，秦軍再怎麼看不起這些烏合之眾，也不能不分心提防。所以秦軍頗有多面樹敵，甚至被敵軍包圍的緊迫感。另外，因為前面剛剛大敗過楚軍，所以對楚軍的戰鬥力、項羽的勇猛，秦軍上下難免估計不足，從而被楚軍打了個措手不及。在這種種情況下，倉促應戰的秦軍，被背水一戰、準備充足的楚軍打敗，也就在情理之中了。

兩路攻秦

楚軍挾大勝之威繼續追擊，秦軍則在章邯的率領下固守棘原。此時的秦軍還有將近 30 萬，雖然遭逢慘敗，但是實力還在。章邯知道現在楚軍銳氣正盛，不能與之交戰，於是一面固守，一面派助手司馬欣前往咸陽向秦二世匯報。

章邯派司馬欣前往咸陽，應該是有兩個目的，一是解釋自己巨鹿之戰失敗的原因，希望取得皇帝的諒解；二是希望朝廷能派援軍、補充糧草，以提振士氣。

以楚軍為首的多國盟軍很快追擊到了棘原。不過，項羽在發動了幾次試探性攻擊無果之後，便暫停攻勢，邊休整兵馬，邊與秦軍對峙。

就在派出宋義救援趙國的同時，為了分散秦軍注意力，楚懷王還命劉邦率領另一路人馬，從西面向咸陽進軍。在兩路人馬出發前，楚懷王與各將領約定，"先破秦入咸陽者王之"。意思就是，最早兵進咸陽的人，就能做關中王。這裏的關中王，應該是有諸侯霸主的意思。

因為秦軍主力都被吸引在巨鹿附近，所以劉邦率部西進咸陽相對較為順利，雖然也有波折，但是其困難程度遠不及項羽所部。剛剛出發的時候，劉邦的兵力並不雄厚，不過劉邦一路走，一路收集原來陳勝、項梁等人兵敗後逃散的士卒，並不斷收服其他小股義軍人馬，實力越來越強。而且因為劉邦為人寬厚，所以一路上所過的州城府縣，並不是每城必戰，時不時的就能兵不血刃，令秦軍守將投降。

在劉邦經過高陽的時候，著名的舌辯之士酈食其主動來投。在酈食其的建議下，劉邦佔領陳留，獲得大量補給。之後一路高歌猛進，連敗秦軍。尤其令劉邦高興的是，在攻打到潁川一帶的時候，又遇到了張良。張良在輔佐韓王成重建韓國之後，一直用兵於潁川這一帶。但是因為兵微將寡，一直沒有真正打開局面。再次見到張良的劉邦興奮不已，以一些軍需物資、糧草的代價，將張良從韓王成手裏借調過來，留在了自己身邊。張良的到來，令劉邦的實力大漲。就這樣，在張良、酈食其等人的謀劃和輔助下，劉邦兵鋒直達武關城下，距離秦都咸陽已近在咫尺。

秦王朝的滅亡 | 09

就當各地義軍風起雲湧，秦軍主力連連敗退的時候，秦國朝堂上的君臣們在幹甚麼呢？

趙高自從扶立秦二世之後，一面不斷哄着他吃喝玩樂，不理朝政；一面大肆攬權，大量任用私人，殘害忠臣。他的目的是準備取秦二世皇帝而代之，也就是準備在時機成熟時，殺掉秦二世，自己當皇帝。有此野心，趙高當然是怎麼禍害怎麼辦，怎麼亂來怎麼來。秦二世偏偏對趙高言聽計從、寵信有加。

在趙高逐漸掌握朝政大權的過程中，那位當初合謀篡改秦始皇旨意的合作夥伴 —— 丞相李斯，也就成了攔路虎，他的丞相之位，趙高更是覬覦已久。

對於秦國現在的亂局，李斯心急如焚，多次求見皇帝，希望他能拿出辦法，解決紛亂的局勢。可是秦二世深居後宮，終日嬉戲遊樂，根本不予理睬。眾臣之中能夠隨意見到他的只有趙高。

這時，趙高開始逐步陷害李斯了。趙高先是假意答應幫助李斯找機會面見秦二世。李斯當然是感激不已。而趙高呢，每當秦二世尋歡取樂，正玩到興頭上的時候，就悄悄派人通知李斯，說皇帝有空，讓李斯來求見。李斯求見，感覺被掃了興的秦二世當然非常生氣，一來二去，越來越不待見李斯。再加上趙高在旁邊不時地說李斯的壞話，李斯最終被秦二世下令抓捕。

李斯也是久經風浪，明白了是趙高搞鬼，上書伸冤，可惜秦二世根本不信。公元前 208 年七月，李斯被腰斬於咸陽，夷三族。被押赴刑場的李斯，悔恨交加，後悔當初不該和趙高合謀改立胡亥為君。如果是公子扶蘇即位的話，以扶蘇的才幹和秉性，即使自己的相位不保，也不至於落得如此下場。不過，悔之晚矣。李斯臨死前，已經預料到秦國即將滅亡的命運。可惜，也只能仰天長歎，無能為力了。

李斯死後，趙高名正言順地當上了丞相。秦國朝堂，由其一言可決。

指鹿為馬

趙高當上丞相後，大權獨攬，更加肆無忌憚。不過趙高還是有點不放心，因為他不確定朝廷之中到底有多少人是真正站在自己這邊，多少人是站在皇帝一邊的。於是，他想了個辦法，試探一下。

一天，正趕上大朝會，秦二世上朝了。對於現在的秦二世來說，上一次朝可是不容易的事情。等大家都到得差不多了，趙高來了。就見趙高手裏牽着一頭鹿，大步走上朝堂。在秦二世莫其妙的眼光中，趙高向秦二世行完禮，恭恭敬敬地說，自己花了很大功夫，才找來這麼一匹千里馬，現在特意敬獻給皇帝。

秦二世當時就有點暈了，反應過來後，笑得前仰後合，指着鹿說："丞相你怎麼了？這明明是一頭鹿，你怎麼說是一匹馬呢？"趙高也裝作奇怪的說："這明明是一匹馬呀！您怎麼能說是鹿呢？不信，您問問大家。"

趙高的做派，羣臣早就明白，這是在站隊啊。於是，大批趙高的心腹紛紛鼓噪，說這就是一匹馬；也有些正直的大臣雖然看出了趙高的把戲，但是不願昧着良心說話，表示這就是鹿，根本不是馬；當然，也有一些大臣既不願昧着良心胡說八道，也不敢得罪趙高，只得沉默不語。最後，這次朝會就在紛紛擾擾中結束。

接下來，凡是直言說是鹿的臣子，都被趙高用各種手段陷害。自此，秦國朝廷再無人敢和趙高對抗。這就是"指鹿為馬"的故事。

秦軍主力降楚

就在秦國朝堂一片混亂之際，章邯派司馬欣來匯報前線戰況並求援。趙高早就有害章邯之心，早先章邯作戰不順利的時候，他就多次鼓動秦二世派使者責備章邯。這也是章邯急於派司馬欣來咸陽解釋的原因。

章邯大敗，正好給趙高送來把柄，他怎麼可能放手？只是一時太忙，準備緩幾天動手。當然，這也是因為趙高根本沒把司馬欣放在眼裏，認為那就是自己案板上的一塊肉，隨時想切，隨時可以切。

司馬欣抵達咸陽三天了，都沒能見到秦二世和趙高。這時，有人悄悄給他通風報信，讓他快點離開咸陽。司馬欣也發現朝堂局勢晦暗不明，不敢耽擱，立刻逃離咸陽，而且為防不測，他沒敢原路返回。

等到趙高準備對司馬欣動手時，才發現他已經跑了。趙高急忙派人去追，不過沒能追上。

返回軍營的司馬欣，將朝中的情況原原本本地告訴了章邯，同時勸章邯早謀出路。司馬欣認為：「現在朝中趙高掌權，下面的人不可能有所作為。我們打了勝仗，趙高會嫉妒我們，害我們；打了敗仗，趙高更是會處死我們，左右都是死。請將軍早做主張。」這時，趙國的陳餘也寫來勸降信，勸章邯與秦國決裂，自立為王，與其他諸侯聯合攻秦。章邯猶豫不決，不過開始和項羽接觸，商談締結盟約之事。

項羽也是心中猶豫。一方面，秦軍主力投降，不但自己損失最小，而且能最大限度削弱秦國；另一方面，自己叔父的仇怎麼辦？雖說是兩國相爭，各為其主，但就這麼眼睜睜看着仇人變盟友，又有點於心不甘。所以，項羽索性趁着談判還沒最後確定之際，發動猛攻，數次大敗秦軍，也算是又出了點胸中的悶氣。

章邯心中焦急，加快談判的進程。此時，盟軍的糧草有些接應不上，項羽也不得不最後接受了章邯的投降。項羽本來手中就有各國盟軍近 40 萬，現在章邯又率 20 多萬秦軍加入，使得項羽的兵力超過了 60 萬。這支大軍在項羽率領下，浩浩蕩蕩殺奔咸陽而去。

不過，畢竟曾經是仇敵，項羽對章邯並沒有徹底放心，章邯也明白這一點。締結盟約之後，項羽冊封章邯為雍王，但是將他安置在楚軍大營中。作為交換，項羽並沒有將 20 萬秦軍分散編入諸侯聯軍之中，而是保持着這支軍隊相對的完整性，並交由司馬欣統率。此舉令雙方都比較放心，基本處於相安無事的狀態。當然，矛盾也還是不少，主要是諸侯國多年積累的對秦國的怨恨。

以前沒辦法，現在仇人就在身邊，雖然也知道這些士兵有些無辜，但還是免不了將怨恨發洩到這些投降的秦軍士兵身上，對他們不時侮辱諷刺，甚至連打帶罵，基本是以對待奴隸的態度來對待這些秦國降卒。各國的將軍對秦國的怨恨更大，所以不但不阻止手下士兵虐待降卒，反而變本加厲，或親身參與，或熱情鼓動。秦軍降卒苦不堪言。

項羽坑殺降卒

這些秦軍降卒，大部分確實冤枉。他們很多也是奴隸、罪囚出身，在驪山修築秦始皇陵墓時，被章邯集體編入秦軍，糊裏糊塗地就成了秦國士兵。現在戰敗投降，又遭到這樣的待遇，難免心中怨恨，牢騷滿腹。很多人甚至後悔當初的投降行為，商量着鼓動將軍，發動叛亂，回歸秦國。

這些怨言傳到了項羽的耳朵裏，項羽大怒。項羽覺得，自己能放下仇恨，收留這些秦軍降卒，已經是格外開恩了。他們不思報答，居然還敢有怨恨之心，妄圖叛亂，豈能饒恕？項羽殺心大起。

大軍行進到新安，項羽找來手下心腹將領黥布（就是英布）和蒲將軍，命他們將秦軍降卒全部斬殺，只留下章邯、司馬欣、董翳等幾個將領就行了。黥布和蒲將軍率領楚軍精銳士卒，趁着黑夜將 20 萬秦軍降卒全部誅殺，並就地掩埋在新安城南。可憐的秦軍降卒，就這樣死於非命。項羽的殘暴也傳遍各諸侯國。

然而，這裏有一點奇怪的是，章邯、司馬欣等人居然集體失聲，不但沒有組織反抗，甚至連阻止或者替士兵求饒之類的舉動都沒有，似乎完全不知情一樣。是害怕牽連自己，只求保住自己的身家性命、榮華富貴就行，還是被楚軍的兇悍嚇住，不敢出聲？不得而知。總之，事情發生後，連各諸侯國將領、士兵，帶秦軍降將都毫無反應，似乎事情本該如此一樣。

　　殺完秦軍降卒，項羽率領大軍繼續殺向咸陽。項羽確實是
"殺"向咸陽的，因為其兵鋒所過的州城府縣，幾乎全都是殺過去
的，毫不留情，直殺得人頭滾滾、流血漂櫓。

秦二世之死

　　與此同時，項羽的目標對手秦二世，卻已經窩窩囊囊地死
了。他不是死於諸侯國的軍隊，而是死在自己的寵臣趙高手中。

　　秦二世確實不是明君，可是再糊塗，當章邯率領 20 萬秦軍士
兵投降項羽的消息傳到咸陽，他也嚇了一大跳，當即找來趙高，
大發脾氣。因為趙高一直哄騙秦二世，告訴他外面只不過是一羣
不成氣候的盜賊而已，無須介意。現在猛然得知這麼嚴重的情
況，怎麼可能不大吃一驚、氣急敗壞？

　　趙高見事情敗露，很難繼續蒙騙下去，索性準備殺死秦二
世，自己徹底掌握秦國的所有權力。趙高找來自己的弟弟趙成和
女婿咸陽令閻樂，一起商議行動方案。一切安排妥當之後，身為
郎中令的趙成在皇宮中作為內應，閻樂則率領親信千餘人，以追
捕盜賊的名義殺入皇宮。皇宮守衛猝不及防，被閻樂率領手下殺
入。他們逢人就殺，一時間，皇宮之中血肉橫飛。

　　這些人一直殺到秦二世胡亥面前。此時的胡亥，已經被嚇得
是目瞪口呆、不知所措。一直等到趙成和閻樂手拿着滴着鮮血
的寶劍逼近面前，胡亥才明白過來，驚慌失措地大喊救駕。可是，
忠於大秦的臣子早就被趙高剷除乾淨，宮中的衛士也被閻樂等人
殺得死走逃亡，又怎麼可能還有人前來救駕呢？胡亥喊了半天，
只有一個宦者站在他身邊。

　　閻樂歷數秦二世的罪狀後讓他自殺。胡亥當然不想死，哀
求閻樂，希望能見見趙高，被閻樂毫不猶豫地拒絕了。胡亥還想
乞求活命，哪怕是做個普通百姓都行。可是，事到如今，趙高怎
麼可能饒了他的性命？最終，在閻樂的逼迫下，胡亥舉劍自刎而

死。這個時間，是公元前 207 年九月。此時的胡亥，年僅 24 歲，做皇帝不過三年時間。

按說趙高殺了秦二世，應該自己坐到皇帝的寶座上。不過趙高也明白，自己雖然大權獨攬，但是畢竟所作所為不得民心，自己即使坐上去，也坐不牢靠。所以，趙高從秦國王室所剩無幾的成員中選出一個名叫子嬰的年輕人，將他推上皇帝的寶座做個傀儡，自己則繼續做這個站着的"皇帝"。

趙高之死

趙高這麼胡作非為，就不怕將秦朝江山徹底敗光後，自己也無路可走嗎？他還真不怎麼擔心這件事，因為他自認為留了後路。按照趙高的理解，自己如果能順利當上皇帝當然好，即使不能也沒關係，因為天下人怨恨的是秦國，所以即使自己將秦國的江山糟蹋得再厲害，對於天下人來說，自己也是有功無過。到時候，大不了將各諸侯國的土地還給他們，自己只要原來秦國的地盤就好了，而且自己也可以不當皇帝，只當個國王也不錯。

趙高是這麼想的，也是這麼做的。在扶立子嬰的時候，趙高就已經宣佈，"秦故王國，始皇君天下，故稱帝。今六國復自立，秦地益小，乃以空名為帝，不可。宜為王如故。便。"意思就是，秦國本來只是個諸侯國，後來秦始皇統一了天下，所以才稱皇帝。現在六國復國了，秦國的地盤越來越小，再這樣頂着個空殼稱皇帝已經不合適了，應該和過去一樣稱王。所以子嬰即位的時候，已經改稱"秦王"了。

與此同時，趙高還派人秘密聯繫楚軍，以主動殺盡秦國宗室為條件，換取楚國支持自己做關中王，"趙高乃與楚約，滅秦宗室而王關中。"至於趙高是和哪一位楚將聯繫的？應該是劉邦。因為此時劉邦的大軍已經到達武關，而項羽的人馬還距離咸陽非常遙遠。

　　不過，趙高沒機會去驗證自己留的後路是否可靠了，因為他小看了那個被他扶立起來的傀儡——子嬰。

　　在逼死胡亥之後，趙高用平民的葬禮將他草草埋葬，然後讓子嬰先齋戒，再去宗廟祭拜祖先，完成儀式後，子嬰就是秦國的國王了。按照禮儀規定，子嬰需要齋戒五天。就是在這個時間裏，子嬰與親信計劃好，準備先下手為強，殺死趙高。

　　到了第五天早上，趙高派人來催促子嬰動身，前去宗廟祭祖。子嬰推說身體有病不能前往。趙高的使者催促了好幾趟，子嬰就是不動身。趙高着急了，親自來找子嬰。見面之後，趙高頤指氣使地批評子嬰說：“這麼重要的國家大事，作為秦王的您怎麼能因為身體不舒服就不去呢？這可不行啊！”子嬰根本不和趙高廢話，衝着早就做好準備的宦官韓談一使眼色，韓談大步上前，手起一刀，將趙高斬殺當場。隨後，子嬰召集羣臣進宮，歷數了趙高的罪孽，夷趙高三族。

　　據說，趙高死後，咸陽城歡聲雷動。

白馬素車子嬰降

　　趙高雖死，秦國的滅亡還在眼前。對於子嬰來說，如何解決諸侯攻秦的大軍，是一道無解的難題。但是，不管怎麼難，也不能坐以待斃。於是，子嬰組織起咸陽城中殘餘的秦軍將士，準備抵擋離咸陽最近的劉邦所部。在子嬰看來，萬一贏了，自己或許還有機會將大秦的江山延續下去……

　　秦朝內部的混亂，對於劉邦來說當然是好消息。劉邦的人馬一直是在高歌猛進，雄偉的武關也沒能擋住他們的腳步。劉邦採用張良的計策，先派酈食其遊說武關守將投降，許以榮華富貴，又趁守將舉棋不定、猶豫不決之時，派兵偷襲，輕鬆奪取武關。

　　當劉邦的軍隊進攻到藍田的時候，遇上了子嬰派來的“最後的秦軍”。但是這些拼湊而成、毫無士氣的秦軍，顯然不是劉邦的對手，被張良略施小計，就大敗潰逃。至此，秦朝失去了所有的抵抗能力。通向秦國都城咸陽的大門，已在劉邦面前完全敞開。即位僅僅46天的秦王子嬰也明白大勢已去，在公元前207年十月，"繫頸以組，白馬素車，奉天子璽符，降軹道旁。"就是在自己的脖子上搭上絲帶，表示捆起來的意思，然後駕着由白馬拉的沒有任何裝飾的車子出城，手裏捧着天子的印璽、兵符等物，從軹道前往劉邦軍中，向劉邦投降了。

至此，秦朝徹底滅亡。這個秦始皇希望萬世永存的帝國，從公元前221年滅六國一統天下，到公元前207年滅亡僅僅存在了15年的時間。

西楚霸王**項羽** | 10

子嬰投降後，劉邦命人將其看押起來，然後揮師入城。劉邦的手下基本都是些沒怎麼見過世面的"土包子"，就連劉邦自己也不過是當年押解服徭役的民夫到過這裏，猛然見到這咸陽城中的繁華景象，大部分人都覺得眼花繚亂。尤其是，他們還是以勝利者的身份進來的，頓時覺得，這咸陽城中的一切都可以任他們為所欲為了。

劉邦進到豪奢無比的皇宮，也是志得意滿，躺在龍牀上就不想起來了。此時的劉邦，大發感慨，自己終於實現了當年立下的要學習秦始皇的夢想了，從此以後，自己就可以舒舒服服地享受生活了。劉邦如此，他手下的將士大部分也表現得十分不堪，大肆搶奪各種值錢的東西，毫無軍紀可言。

好在還有三個人是清醒的，那就是蕭何、張良和樊噲。蕭何沒有在意那些金銀珠寶，而是帶着幾個人第一時間衝進丞相府，將秦國的戶口、地形、法令等書冊、竹簡全部收繳，並派專人保管好。在當時，這可都是立國之本。樊噲別看是賣狗肉的出身，可是面對這繁華的咸陽城、豪奢的秦王宮，一直冷靜無比。不但如此，樊噲還找到劉邦，勸劉邦以大業為重，不要貪戀一時的享受，別忘了秦朝的前車之鑑，應該儘快回到灞上軍營。剛剛享受到豪華生活的劉邦，根本聽不進樊噲的逆耳忠言，繼續賴在龍牀上。這時，張良也找來了，用同樣的道理勸諫劉邦。張良在劉邦心目中的地位可不是樊噲能比擬的。張良的話，讓劉邦意識到問題的嚴重性。於是，他立刻作出決定，將皇宮中的貴重器物和府庫都封存好，除了留下必要的維持治安的少量人馬之外，其餘所有人，包括自己，都回到灞上的軍營之中。

　　不得不說，劉邦最後能取得成功，知錯能改，是很重要的一個原因。

約法三章

　　為了籠絡人心，劉邦佔據咸陽之後沒幾天，就召集當地父老豪傑，向大家宣佈："父老苦秦苛法久矣，誹謗者族，偶語者棄市。吾與諸侯約，先入關者王之，吾當王關中。與父老約，法三章耳：殺人者死，傷人及盜抵罪。餘悉除去秦法。諸吏人皆案堵如故。凡吾所以來，為父老除害，非有所侵暴，無恐！"劉邦的意思是說，父老鄉親們遭受秦朝嚴苛的法令已經很久了，批評朝政的被滅族，偶然聚集在一起說話的都要處以死刑。此前各諸侯曾經有過約定，誰先進入關中，誰就能做關中的王，所以現在我以關中王的身份和父老們約定，法令只有三條：殺人者死，傷人者和盜竊者依法治罪，其餘原來秦朝嚴苛的法令全部廢除。接下來，劉邦安撫大家，讓大家放心生活，安居樂業，自己來到這裏，是為了替父老鄉親除害的，不會對百姓造成任何侵害。劉邦的話，引起百姓的陣陣歡呼，由此，關中民心皆向劉邦。這就是"約法三章"的典故。

應該說，自劉邦領軍西進以來，所作所為基本都是正確的，頗有點高瞻遠矚的味道，尤其是"約法三章"的舉措，更是將自己的威望推向頂峯。然而，接下來，劉邦卻作了一件主動授人以柄的錯誤決定。

劉邦的一系列舉措，使得關中的各色人等都熱切盼望他能真的坐上關中王的寶座，留在關中。於是有人給他出主意："關中物阜民豐，地勢險要，是絕好的稱王稱霸的地方。而項羽將投降於他的章邯封為雍王，那可就是關中王的意思啊。所以說，如果項羽來了，關中地區可就不屬於您了。為今之計，最好的辦法就是您派兵守住函谷關，不讓諸侯兵馬入關。然後逐步徵集關中士卒，充實實力，最後徹底佔據關中。"劉邦認為這個建議非常有理，於是命人執行。

派人把守函谷關這個舉動談不上對錯，關鍵在於劉邦錯誤估計了自己的實力。如果他的實力能守住函谷關，那還真有可能徹底佔據關中之地，從而像當年的秦國一樣，外有雄關天險，內有富足的關中平原，慢慢發展壯大。但是如果守不住的話，可就是主動將把柄送到項羽面前，等着人宰割了。

那劉邦能不能守住函谷關呢？當然守不住。劉邦此舉，除了激怒項羽，給項羽送上剷除自己的理由外，毫無意義。

項羽欲殺劉邦

項羽得知劉邦兵進咸陽的消息，非常着急，催促人馬日夜兼程，以最快的速度向關中地區殺來。為了儘快到達關中，項羽也變得愈發的殘暴。

公元前 207 年十一月中旬，在比劉邦晚了一個多月後，項羽率領 40 萬大軍抵達函谷關，卻發現關門緊閉，戒備森嚴。守關將士宣稱，自己奉沛公劉邦的將令把守此關，不管哪路人馬，沒有沛公的同意不得入關。項羽勃然大怒，立刻命令手下將士攻打。

守關的將士哪是項羽手的敵手，沒用三招兩式，函谷關就被項羽攻下。劉邦的兵將死的死、逃的逃、降的降，項羽兵進函谷，在新豐鴻門駐紮下來。

項羽的謀士范增覺得劉邦志向遠大，如果不能儘早剷除，將來一定是項羽的大敵，因此他一直將劉邦視為眼中釘、肉中刺，欲除之而後快。范增曾不止一次建議項羽殺掉劉邦，雖然項羽尊稱范增為"亞父"，也知道范增對自己是一片忠心，但在對待劉邦的問題上，卻一直沒聽從范增的建議。而且因為當初在楚懷王的安排下，項羽與劉邦曾"約為兄弟"，所以項羽雖然有些看不上劉邦，但是對他也沒有殺心。可是現在劉邦一系列的做法，尤其是派兵把守函谷關的做法，卻令項羽大怒。

就在這個關鍵時刻，劉邦手下的左司馬曹無傷秘密派人來見項羽。曹無傷告訴項羽："沛公欲王關中，使子嬰為相，珍寶盡有之。"意思就是，劉邦準備做關中王了，讓原來的秦王子嬰為國相，要將秦國所有的珍寶都據為己有。項羽更加生氣，再加上范增不斷提醒，項羽終於下定決心殺掉劉邦，剷除禍患。項羽下令，讓士卒好好休息，第二天飽餐戰飯，然後一舉擊破劉邦的軍隊。

曹無傷作為劉邦的手下，為甚麼要出賣或者說是惡意中傷劉邦呢？估計是一場政治投機。因為當時，項羽的軍隊 40 萬，號稱百萬，駐紮在鴻門；劉邦的軍隊 10 萬，號稱 20 萬，駐紮在灞上。兩軍相距約 40 里。按照雙方的實力對比，不管是戰鬥力還是數量，項羽都遠超劉邦。兩軍如果真的交鋒，劉邦的軍隊必敗無疑。曹無傷也正是看到了這一點，所以才提前給自己找了一條退路，藉出賣劉邦來討好項羽。這樣，萬一劉邦戰敗，項羽怎麼還不得給自己個一官半職的。曹無傷這裏說劉邦的話，添油加醋以激起項羽怒火的信息不少，但也不算完全無中生有，至少"沛公欲王關中"這句話是真實的。

就在這時，一個和劉邦毫無關係的人，卻陰差陽錯地站出來救了劉邦一命。這個人就是項羽的親叔叔 —— 項伯。

項伯救劉邦

項伯聽到項羽將要剿滅劉邦大軍的消息時，焦急萬分。當然，項伯和劉邦並沒有甚麼交情，也並不是擔心劉邦的生死，可是別忘了，他的至交好友張良可是劉邦手下的謀士，張良當年救過項伯的命，項伯擔心張良的安危。於是，項伯騎着馬，連夜趕到劉邦的大營前。

項伯的想法很簡單，見到張良後，三言五語，解釋清楚，然後拉着張良就走。這樣，既不會耽誤項羽攻打劉邦的計劃，又救出了自己朋友的性命。可是，項伯不在乎劉邦的性命，張良在乎啊。張良還打算輔佐着劉邦幹一番大事業呢，怎麼能眼看着劉邦陷入死地，自己卻棄之而去呢？

聽到項伯說明來意，張良也驚出了一身冷汗。他先是義正辭嚴地告訴項伯，在危難時刻為了自己的性命而拋棄別人是不道義的，自己不能那麼做。然後，他穩住項伯，急忙來見劉邦。劉邦也嚇傻了，向張良問計。張良先批評了劉邦不該擅自派兵把守函谷關，阻止諸侯兵馬入關，因為這等於給項羽以攻打自己的口實；然後和劉邦計議，就以項伯為突破口化解這場劫難。

劉邦不愧為能屈能伸的大丈夫，為了活命，對項伯是百般殷勤、極度恭敬，先是以接待兄長的禮節接待項伯，飲酒期間，為了徹底拉攏住項伯，還主動提出兩家結為親家。劉邦表示，願意將女兒嫁給項伯的兒子為妻。不管口才還是謀略，項伯哪是張良加劉邦的對手？沒一會兒，就被說暈乎了。在張良的撮合下，項伯稀裏糊塗地答應下來。這下劉邦心裏踏實多了。

這裏有個小問題，劉邦和項伯的輩分不對。劉邦和項羽是約為兄弟的。也就是說，項伯的兒子是和劉邦平輩的，現在卻成了劉邦的女婿了。不過，在性命面前，在霸業面前，誰還有心思管那個呀？而且，這門親事最終並沒有成功，劉邦日後並沒有將女兒嫁給項伯的兒子。所以說，劉邦此時純粹在利用項伯而已。而在算計、利用項伯這件事上，張良毫不猶豫的拋棄了自己這位老哥哥，選擇了和主公劉邦站在一條戰線上。

　　拉攏項伯後，劉邦開始和項伯解釋自己的行為："我進關之後，之所以秋毫無犯，封存府庫，這是因為我是項羽將軍的手下，我怎麼敢私自做主呢？我是在等待項羽將軍來決定這一切。至於派兵把守函谷關，是為了防備有盜賊和秦軍亂軍之類的意外發生，是擔心有人破壞了關中之地。這些地盤現在可都屬於項羽將軍了，我怎麼能不替將軍守護好呢？我日日夜夜都在盼着項羽將軍到來，怎麼敢謀反呢？"

　　劉邦的話打動了項伯，項伯拍着胸膛承諾，自己立刻回去向項羽解釋，這一切都只是個誤會。同時，項伯也要求劉邦明天一早主動到項羽的大營，和項羽當面解釋。劉邦當然是立刻答應。

　　項伯連夜趕回大營，直接來見項羽，將劉邦的話原原本本向項羽匯報，最後還總結到："劉邦不但沒有錯誤，反而有很大的功勞。如今人家立了大功，你反而要去攻打他，這是不義的做法。應該好好對待劉邦才是。"項羽本來就耳軟心活，加上這話是自己的親叔叔說的，也就順勢答應下來。

　　就這樣，一場大戰還沒開始，就落下了帷幕。至於范增如何暴跳如雷、氣得要死，項羽和項伯就不管了。

鴻門宴

　　第二天一大早，劉邦率領着百餘人馬來到項羽大營前，求見項羽。見到劉邦，項羽還是陰沉着臉，大聲斥責。雖然已經沒那麼大脾氣了，但畢竟還是餘怒未消。劉邦在項羽面前是唯唯諾諾，甚至可以說是卑躬屈膝，好一頓解釋自己的所作所為，完全以臣子對待君主的態度，對項羽是極其尊重。劉邦的做派，搞得項羽心中剩餘的那點怒火也煙消雲散，甚至還覺得自己確實有點過分了，於是也展開笑顏，對劉邦和顏悅色起來。為了給自己找個台階，項羽非常痛快地告訴劉邦，這件事都是你麾下那個左司馬曹無傷告密引起來的，錯誤主要在他身上。可憐的曹無傷，這下弄得自己裏外不是人了。

劉邦一面心裏恨得暗暗咬牙，一面滿臉笑容地表示自己並不介意。既然問題已經解釋清楚，雙方就還是一家人啊。於是，項羽吩咐大排筵宴，款待劉邦。就在宴會準備期間，范增還在勸說項羽，一定要除掉劉邦。項羽則是猶豫不決，含含糊糊地答應下來。

參加這次宴會的，項羽這邊主要有項羽、項伯、范增；另一面是劉邦和張良。宴會開始後，項羽倒是挺痛快，不斷舉杯暢飲，其他人可都是各懷心事，氣氛非常微妙。酒席宴間，范增不斷以目示意，提醒項羽儘快下令殺掉劉邦，可項羽一直視而不見。范增無奈，解下身上佩戴的玉玦，不斷對着項羽舉起，意在提醒項羽，快下決心。項羽依舊裝聾作啞，就是不下命令。范增見實在指望不上項羽了，便悄悄起身來到大帳外，叫來項羽手下大將，也是他的堂弟項莊。

范增對項莊說：「如果劉邦不死，將來一定是項羽將軍最大的對手，我們今天一定要殺了他。但是將軍不忍心，所以這個任務只能交給你了。你以舞劍助興的名義上前，找機會殺掉劉邦。」項莊慨然允諾。

項莊進入大帳，向項羽建議：「在軍中飲酒，沒有歌舞助興，太無聊了，我來舞劍給大家助酒興吧。」項羽一聽還挺高興，覺得自己這個弟弟還真不錯，挺有眼色。項莊拔劍在手，舞動起來，一邊舞，一邊慢慢靠近劉邦。張良首先發現不好，但是張良武藝不行，只好以目示意項伯。項伯也發覺項莊來意不善，那劉邦現在可是自己的親家，不能不管啊，於是也站起身，一邊解釋說，一個人舞劍沒意思，兩個人對舞更精彩，一邊拔劍和項莊對舞起來。項伯有意擋在劉邦身前，使項莊靠近不得。因此折騰半天，項莊也沒能靠近劉邦。這就是典故"項莊舞劍意在沛公"的來歷。

張良見情況不妙，悄悄走出大帳來找樊噲。樊噲是劉邦手下第一流的勇將，再加上和劉邦是親戚，對劉邦非常忠心。樊噲聽說事態緊急，一手拿劍，一手持盾牌，來為劉邦解圍。把守大帳的衛兵攔阻，被樊噲用盾牌硬生生撞開，闖入大帳之中。就見樊噲怒目橫眉，直面項羽，"頭髮上指，目眥盡裂。"項羽正在暢飲，突然見闖進來一條大漢，也嚇了一跳，手扶佩劍，跪坐着挺起身詢問："你是甚麼人？"張良在旁邊打圓場，解釋說："這是沛公的侍衛樊噲。"項羽還挺喜歡樊噲這樣的猛士，於是吩咐手下，先給了樊噲一杯酒，又給樊噲一隻生的豬腿。樊噲也不拒絕，將盾牌扣在地上，將生豬腿放在上面，拔出寶劍切着吃了下去。吃完後，又對着項羽慷慨陳詞，替劉邦表白一番。

經過樊噲的折騰，項莊也沒辦法繼續舞劍了，退了下去。項羽呢，看樊噲還頗為順眼，也沒將樊噲趕出去，而是讓他坐在劉邦旁邊。這個時候，酒宴進行的時間已經不短了。劉邦裝作上廁所的樣子，離開大帳，將樊噲也叫了出來，準備悄悄逃離，返回灞上，但是又擔心不辭而別項羽會生氣。樊噲勸解："如今人方為刀俎，我為魚肉，何辭為？"意思是，現在項羽是菜刀和案板，我們就是案板上的魚肉，逃命要緊，別管那麼多了。

可不管不行啊，真要惹怒了項羽，這番折騰不就白忙了嗎？好在還有張良。商議後，決定讓張良留下，這樣萬一項羽問起來，也好有個交代。劉邦來的時候，也是帶着禮物來的，一雙白璧，準備給項羽的，一雙玉斗，準備給范增的。只不過還沒找到合適的機會送出去，現在正好讓張良轉交。

為了安全，劉邦並沒有帶着他的車馬隨從一起離開，而是獨自騎着馬，只帶着樊噲、夏侯嬰、靳強、紀信四員裝扮成隨從的將領，悄悄離開項羽的大營。為了減小目標，這四人都沒敢騎馬，而是拿着寶劍和盾牌，跑步跟隨在劉邦身後。當時兩軍的距離，走大路的話是 40 里，但是如果走小路，只有 20 里，為了儘快脫離虎口，劉邦領着四人，從驪山腳下的小路一路跑回自己的大營。

估計着劉邦已經回到自己的軍營了，張良才走進項羽的中軍大帳，代替劉邦向項羽辭謝，表達歉意：「沛公劉邦不勝酒力，已經離開了，不能親自向您告辭，深表歉意。他讓我奉上白璧一雙，敬獻給大王，玉斗一雙，敬獻給范增將軍。」

項羽一愣，問張良：「劉邦在哪？」張良回答：「沛公懼怕您的虎威，覺得您對他還有責備的意思，嚇得已經回到灞上的軍營去了。」項羽聞聽，倒沒生氣，坦然接受了玉璧。這就表示原諒了劉邦，不再計較這件事的意思。范增氣得拔出寶劍，將給自己的玉斗打得粉碎，仰天長歎，怒目瞪着項羽說：「豎子！不足與謀！奪項王天下者，必沛公也。」怒罵項羽是個成不了大事的家伙，並預測，將來奪取天下的一定是劉邦。可惜，這些話項羽還是沒在意。

劉邦呢？回到大營，第一件事就是殺掉了曹無傷，除掉了這個禍患。

霸王項羽，分封天下

鴻門宴之後不久，項羽兵進咸陽。項羽性情本就暴虐，加上對秦國王室恨之入骨，所以，項羽可不像劉邦那麼溫和，而是展開了大屠殺。他不但乾脆利落地殺掉了秦王子嬰，而且幾乎殺光了秦國宗室、貴族、大臣，直殺得咸陽城中血流成河。殺完人之後，項羽又用一把大火燒了咸陽宮。據說大火三月不滅，若真如此，怕不止一座咸陽宮，而是幾乎將整個咸陽城都付之一炬了。這還沒完，殺人放火之後，項羽又有如土匪劫掠一般，「收其貨寶婦女而東"。這下，項羽的殘暴深深刻入關中人民心裏，尤其是對比不久前劉邦的"約法三章"，高下立判。

有明白人建議項羽，關中地勢險要，土地肥沃，是建立王霸之業的好地方，應該在這裏建都。項羽看着被自己燒成一片廢墟的咸陽，咧咧嘴，這要是定都，得費多大勁重新修建啊。另外，項羽的鄉土觀念還很重，認為"富貴不歸故鄉，如衣繡夜行"，這怎麼行，一定要將都城定在家鄉一帶。提建議的人被項羽的理由氣壞了，諷刺項羽為"沐猴而冠"，就是本來是一隻猴子，偏要給它洗乾淨，穿衣戴帽，看着像個人似的，但究竟不是人啊。這個比喻惹得項羽大怒，將此人放進大鍋裏烹了。這下，更沒人敢給項羽提建議了。

公元前 206 年，局勢稍安之後，項羽以天下霸主的身份分封諸侯。他先尊楚懷王為"義帝"，當然，不管是"懷王"還是"義帝"無疑都屬於傀儡。然後，項羽又分封了 18 位諸侯王。在范增的反覆建議下，項羽對劉邦還是不太放心，所以就藉着這次分封的機會，將劉邦封為漢王，將巴蜀及漢中之地封給了他，同時將劉邦手下的軍隊削減到只有 3 萬人。在當時，巴、蜀兩郡地處偏遠、道路險阻，曾是秦國流放犯人的地方，與中原地區幾乎全靠棧道通行，進出非常困難。項羽和范增意在將劉邦困厄於此。此外，封劉邦為漢王還有一個理由，當初楚懷王曾與他們約定，先破秦入關者為關中王。巴蜀之地為秦國故地，勉強也算關中之地，所以封給劉邦，省得有人說項羽不按照約定辦事。與此同時，為了防止日後劉邦真的起兵反叛，項羽又將章邯、司馬欣、董翳這三位秦朝降將分別封王，並將真正的關中之地分成三塊，封給了他們，讓他們阻斷劉邦有可能的東出之路。最後，項羽自封為西楚霸王，以諸侯霸主的身份定都彭城。項羽的分封，幾乎是隨心所欲，根本沒管原來各諸侯國之間的各種因果關係，這也就為接下來的諸侯叛亂埋下了伏筆。

公元前 206 年四月，項羽分封完畢。各諸侯不管滿意也好，怨恨也罷，都不得不帶着自己的人馬，前往各自的封地。劉邦無疑屬於最不滿意的那個。當分封結果剛出來時，劉邦氣得幾乎要率軍和項羽決一死戰，但是又自知沒那個能力。好在有蕭何、張良等人勸解，總算決定暫時忍耐，等待時機。帶着滿腹的怨恨，劉邦率部兵進漢中、巴蜀。這次，張良沒有跟隨劉邦一起走，而是又一次回到韓王成的身邊。另外，還有一個主要的目的，就是留在外面做劉邦的耳目，並私下和不滿意項羽的諸侯串聯，為劉邦復出做好準備。

張良送劉邦到褒中。此地山勢險要，沿途都是懸崖絕壁，主要通行的道路就是在山崖間凌空修建起來的棧道。分別之際，張良又給劉邦獻了一策，讓劉邦在全軍通過此地後，一把火燒掉棧道。這樣既可以向項羽傳遞出從此之後，我劉邦再不回來的意思，藉以麻痹項羽，同時又可以防止敵人派兵從棧道入蜀。然後，就可以安心在巴蜀、漢中之地養精蓄銳，等待時機了。那劉邦要是實力強大了自己想出來怎麼辦呢？沒關係，大不了再花費些力氣重修就是了。先渡過眼前的難關是真的，後面的事情，到時再說。

劉邦對張良是言聽計從，在通過褒中的棧道之後，一把大火燒掉了棧道。項羽聽到這個消息，也就徹底對劉邦放心了。

韓信的故事 | 11

自封為西楚霸王之後，項羽越發肆無忌憚。雖然義帝楚懷王已經徹底被架空，項羽還是覺得有點礙手礙腳，後來索性悄悄派衡山王吳芮、臨江王共敖殺死了這位義帝。而韓王成因為沒有甚麼軍功，所以在受封之後，項羽並沒有讓他去封地，而是直接帶到了彭城。不久後，就將他從王貶為侯，又過了沒多久就把他殺了。韓王成死於項羽之手，令張良更加痛恨項羽，在劉邦兵出蜀中後，他就再次投奔了劉邦。

　　剛剛分封完的各諸侯國，很快就因彼此間矛盾重重而大打出手。而也是在這個天下紛亂的時候，劉邦遇到了他建立霸業過程中最重要的人物之一 —— 韓信。

乞食於漂母，受辱於胯下

　　韓信，約公元前 231 年出生於楚國的淮陰。有學者考證，韓信雖然出生在楚國，卻是韓國王室後代，是韓襄王的二公子韓蟣虱的孫子。韓蟣虱因為韓國國內爭奪王位的變亂而流落楚國，韓信因此出生在楚國。

　　王族出身，使得韓信從小受到了良好的教育，加上天資聰慧，因而韓信不論是兵法、劍術，都有相當的造詣。後來，韓信的父親去世，韓信只能和母親相依為命，生活日漸艱辛。兩年之後，韓信的母親也去世了，韓信成了孤兒。勉強安葬了母親後，韓信的生活更加艱難。年輕氣盛的韓信頗有懷才不遇的狂放，又沒甚麼能養活自己的特長，只得每天到左鄰右舍混吃混喝。時間長了，大家都很不喜歡他。這時，下鄉南昌亭的亭長覺得韓信不像個凡夫俗子，於是將他收留，讓韓信沒飯吃的時候，就到自己家裏來吃飯。

　　走投無路的韓信當然不會客氣，每天準時到亭長家裏去吃飯。一連數月，亭長倒沒說甚麼，亭長的妻子不幹了。她做事也夠絕，韓信不是每天準時來吃飯嗎？那好，我改吃飯時間。於是，亭長的妻子一大早就做好飯，在牀上就吃掉了。等到吃飯的時間，韓信來了，卻發現人家早就吃完了，而且根本沒有再給他準備的意思。韓信也是有自尊心的，明白這是嫌棄自己。憤怒之下，韓信摔門而去，再不來亭長家蹭飯。

　　光生氣沒用，還是得想辦法掙錢養活自己。於是，韓信去河邊釣魚賣錢，來養活自己。但是釣魚的收入並不穩定，釣不上魚來就沒有飯吃。這一天，韓信忍饑捱餓的在河邊釣魚，希望運氣好，趕快釣上魚來，好換點東西填飽肚子。可是越着急，魚越是不上鈎。韓信已經餓得快堅持不住了。這時，旁邊一個靠洗衣服，漂洗絲綿為生的老太太，看韓信餓得難受的樣子，實在不忍心，就將自己準備的飯拿出來讓韓信吃。對於韓信來說，這真是雪中送炭，或者說是救命之恩。感激萬分的韓信顧不上客氣，就狼吞虎嚥地吃了起來。這還不算，老太太的心是真好，接下來的幾十天裏，每天都讓韓信來自己這裏吃飯。一天，感動得無以復加的韓信對老太太說："等將來我富貴發達了，一定重重報答您。"沒想到老太太還生氣了，對韓信說："我是看你作為一個男子漢大丈夫卻不能養活自己，實在太可憐了，才給你飯吃，難道是為了你的報答嗎？"韓信非常慚愧，更加感激。這就是韓信乞食於漂母的故事。

接下來的一件事，對韓信的刺激更大。一天，韓信正帶着寶劍，走在街上。突然，屠戶的兒子領着一羣人攔住了韓信。這些人都是些無賴、混混之類，這天閒得無聊，想拿韓信開開心。

屠戶的兒子指着韓信說："別看你長得又高又大，還總是帶着寶劍，其實啊，你就是個膽小鬼。"眾無賴哈哈大笑。韓信本來不想理睬這些人，但是架不住這些人就是攔着他，不讓他走。看韓信怒氣衝衝卻又不敢發作的樣子，屠戶的兒子更得意了："你要是真有本事、有膽量的話，就拿劍殺了我；要是不敢，就從我的胯下爬過去。"邊說，邊擋在韓信面前，岔開兩條腿。韓信真想拔出寶劍，殺死這個無賴。但是殺了人就要抵命，自己滿身的才華，一腔的壯志，怎麼能和這個無賴同歸於盡，太不值得了。但是，不殺了他，就要從他胯下爬過去，這也太侮辱人了！最終，韓信還是選擇了隱忍，從屠戶兒子的胯下爬了過去。韓信氣得是咬牙切齒，那羣無賴自然是得意洋洋地離開了。

蕭何月下追韓信

　　大受刺激的韓信下定決心，離開家鄉，外出闖蕩。恰好此時，項梁的軍隊路過淮陰，渡淮河北上。韓信覺得這是個好機會，就加入了項梁的軍隊，但是籍籍無名的他並沒有受到項梁的重視。

　　後來項梁戰死，項羽做了大將軍，韓信又成了項羽的部下。項羽同樣不重視韓信。韓信曾經多次給項羽提出過建議，但是都沒有被採納。韓信在項羽帳下，只不過是個小小的執戟郎，也就是站在項羽的大帳前，拿着大戟，站崗執勤的衛兵而已。心高氣傲的韓信見項羽如此不重視自己，便萌生去意。他聽說劉邦為人謙恭和藹、禮賢下士，就準備投奔劉邦，希望能在劉邦麾下幹一番事業。

　　此時，劉邦已經被封為漢王，帶着自己的三萬人馬去蜀中了。韓信悄悄離開項羽，孤身入蜀，投奔劉邦。項羽的眼裏，根本沒有韓信這一號人物，所以，韓信的離去，在楚軍中絲毫沒引起注意。

　　不過，韓信在剛剛投奔劉邦的時候，也沒引起劉邦的絲毫在意。只不過比在項羽手下強點，做了一個管倉庫的小官，後來提升為治粟都尉，就是管理軍糧之類的官員。這種境遇和韓信的雄心壯志比起來，還是天地之差。

　　幸運的是，韓信認識了丞相蕭何。和韓信幾番交談之後，蕭何大驚於韓信的才能，急忙向劉邦推薦。但是心煩意亂的劉邦並沒有心思考慮甚麼韓信的事情，現在的劉邦，正煩着呢。其實包括劉邦在內，很多人都是心不甘、情不願來到蜀中的，基本上是抱着充軍發配的怨念來的。到達之後，劉邦又沒及時拿出甚麼有效的措施安撫軍心，所以，就不斷有人逃離，甚至包括一些將領也是如此。眼見軍心渙散，劉邦是心急如焚，哪有心思過問韓信的事呢？

　　韓信眼見蕭何的重視，重新有了盼頭。可惜，漢王不重視，蕭何再舉薦也是白搭。這下，韓信徹底寒心了。既然你不重視我，那我走就是了。韓信就不信，天下之大，就沒有一個賢明的君主，能賞識自己的才能。

這一天，劉邦突然接到手下稟報，丞相蕭何也逃跑了。劉邦一聽，如五雷轟頂，既憤怒、失望，又傷心、驚慌。連蕭何都離自己而去，自己這下算徹底完了。要知道，在這個關鍵時刻，本來就人心不穩，一國丞相率先逃亡，接下來指不定多少人逃離呢？

好在過了一兩天，蕭何又回來了。

劉邦聽說後，真是又高興又生氣，衝着蕭何發脾氣："為甚麼連你也要離我而去？"

蕭何莫名其妙："我沒逃跑啊？我是去追逃跑的人去了。"

"你去追誰？"

"韓信。"

原來，韓信不想繼續在劉邦這裏耗費時間，選擇了逃跑。不過，韓信感激蕭何對自己的知遇之恩，感覺就這麼一聲不吭地離開，對不起蕭何，就給蕭何留了一封信。蕭何得知消息，大驚失色，顧不上和劉邦說明情況，打馬揚鞭，隨後緊追不捨。一直追了一夜，第二天早晨，才終於追上了韓信。蕭何苦勸韓信留下。韓信無奈地表示，自己也不想離開，但是奈何劉邦不用自己啊。蕭何最後咬着牙表示，請韓信跟隨自己回去，自己一定力勸漢王重用韓信。如果劉邦還是不聽，那麼蕭何願意和韓信一起離開。蕭何這也是豁出去了，因為他本來就認為，劉邦能否成就大事，關鍵就在韓信身上；如果劉邦死活不用韓信，那就說明他最終成不了甚麼大事，自己離開也就離開了。

聽到蕭何說是追韓信，劉邦奇怪了："逃跑的人那麼多，光將領都有幾十位，也沒見你去追，為甚麼韓信跑了，你就這麼着急的去追？你不是在撒謊騙我吧？"蕭何鄭重其事地對劉邦說："那是因為那些人都是無足輕重的普通將領，如果需要，隨便就能得到。但是韓信不同，乃是天下無雙的國士，普天之下再找不出第二個來。如果您只想做漢中王，那有沒有韓信無所謂；如果您要想與項羽爭奪天下的話，那就必須重用韓信。除了韓信，別人誰也做不到。"

劉邦當然想打出去，這個倒霉的蜀中，劉邦一天都不想多待。看蕭何真急了，大有一言不合拂袖而去的架勢，劉邦趕緊表示，雖然自己並不看好韓信，但是看在你蕭何的面子上，就讓韓信做個將軍吧。

沒想到蕭何並不買賬，搖搖頭，表示不夠。蕭何認為，要想留下韓信，必須讓他做大將軍，將漢王手下的兵將都歸韓信調遣才行，否則，還是留不住韓信。劉邦皺着眉頭答應了。

沒想到還沒完。蕭何繼續提要求："漢王您一向不在意禮節，很多時候甚至可以說是簡慢無理。如果您這次任命韓信為大將軍，還是像對待一個小孩子那樣敷衍潦草可不行。您如果真的誠心要用韓信，必須挑選良辰吉日，自己先齋戒沐浴，然後搭起高台，按照最隆重的金台拜帥的儀式辦理才可以。"

劉邦聽的是皺眉咧嘴，感覺真是麻煩，不過一是為了自己的霸業考慮，二也是真怕不答應的話，蕭何甩手不幹，只得硬着頭皮同意了。

韓信的"漢中對"

劉邦命人搭建拜將台。營中眾將聽聞，議論紛紛，功勞、本領都排在最前面的幾位更是暗暗興奮，算計着這個大將軍的職位能不能落到自己頭上。等到舉行儀式的時候，大家發現登上拜將台的居然是韓信，無不錯愕！這不是從項羽那裏投奔來的，管軍糧的治粟都尉嗎？怎麼是拜他當大將軍呢？實際上，直到這時為止，劉邦心裏還是忐忑不安的，不知道自己的這個舉動是對是錯。韓信倒是不在意在場諸公的心理活動，終於登上時代大舞台的韓信意氣風發，終於可以大展宏圖了。

拜將儀式結束，劉邦迫不及待地向韓信詢問爭霸的策略。韓信一副胸有成竹的樣子，先是反問劉邦："和項羽相比，不論是兵力的數量、精銳程度，還是將領的本領、悍勇程度，漢王您認為，您和項羽誰強誰弱？"劉邦再狂妄，也不敢說自己比項羽在這些方面強大。沉默良久，還是不甘心地承認，自己不如項羽。

當然，韓信不是來打擊劉邦的，所以，他話鋒一轉說："漢王您不用擔心，雖然項羽有這些優勢，但是他也有很多致命的弱點。""項羽為人勇猛無敵，一聲怒喝，能嚇得千人皆廢，但是卻不能慧眼識人，不能舉賢任能，所以只是匹夫之勇而已，不足為懼。""項羽有時很善良，對人恭敬仁愛，語言溫和，看到別人生病，能同情得落下眼淚，也能把自己的飲食分給他們。但是對於自己的部下，卻不能做到賞罰分明，有時部下立下足夠的功勞，應當分封爵位時，他卻小氣得不得了，即使官印都做好了，他卻不停地把玩着官印，以致於官印的稜角都磨光滑了，還捨不得給人家，所以說，他的仁愛，不過是婦人之仁而已。""而且，項羽為人剛愎自用、心胸狹隘、任用私人、殘害義帝、暴虐兇悍、殺戮無度，所以天下人無不痛恨他，只是在他的淫威之下勉強屈服而已。只要有人登高一呼，必然羣起而攻之。""而這正是漢王您的好機會，您只要反其道而行之，舉賢任能，任用天下勇武之人，何愁敵人不被消滅？將天下的土地分封給手下有功勞的臣子，何愁臣子們不心悅誠服？率領一心盼望打回家鄉去的士兵出征，何愁敵人不被打敗？""項羽將章邯、董翳、司馬欣三個秦朝降將封在關中為王，卻不知關中之地的秦人早就恨這三人入骨，根本不會擁戴他們。而您當初進入關中之時，和關中百姓約法三章，深得民心，關中百姓無不想擁戴您為關中之王。所以只要您起兵向東，三秦之地可傳檄而定也（一紙檄文、一聲號令就可以平定、收復）。"這就是韓信對劉邦的"漢中對"。當然，這裏面也有多處是韓信為了鼓舞劉邦而刻意貶低項羽的話，未可全信。劉邦聽後，大受鼓舞，鼓掌大笑，對韓信是怎麼看怎麼順眼，而且後悔自己怎麼早沒有發現這個人才。

　　韓信當然不光是嘴上的功夫，練兵、用兵也是當世無敵的統帥之才，絲毫無愧於蕭何"國士無雙"的盛讚。劉邦手下的士兵，在韓信的操練下，戰鬥力迅速提高。

楚漢相爭 | 12

　　劉邦要想率軍打回家鄉去，首先得等合適的機會，就是得趁着項羽不注意，或者脫不開身的時候出擊。若要和項羽的主力正面硬碰硬，劉邦這點人馬還真不夠項羽收拾的。

　　這個機會並不難找。項羽從公元前 206 年一月開始分封諸王，四月分封完畢。然而，不到兩個月，諸侯王之間就打起來了。其中最亂的地方，就是原來的齊國。

　　項羽將齊國故地分成三部分：將原來的齊王田市改封為膠東王；將齊國都城臨淄一帶封給了原來齊王手下的將軍田都，並封他為齊王；又將原來齊王建的孫子田安封為濟北王。而原來齊王田市手下的丞相，功勞很大的田榮，因為不怎麼聽從項梁、項羽的命令，沒有被封王。

　　這一下田榮不幹了，不但不讓自己輔佐的田市去膠東，還直接起兵反楚。田榮先是佔據齊地，將項羽封的齊王田都打跑了。可是田市害怕項羽，不敢和田榮一起反叛，趁田榮不注意，自己悄悄去了膠東。田榮更加憤怒，追上去將田市殺了，然後自立為齊王。接下來，田榮又出兵攻打並殺死了濟北王田安。就這樣，田榮佔據了三齊之地。

這時候，趙國那裏也亂了。被封為代王的趙歇聯合齊王田榮打跑了常山王張耳，佔據趙國故地。

諸侯的叛亂讓項羽非常憤怒，親自率軍攻齊。劉邦就抓住這個機會，準備兵出蜀中，佔據三秦之地。

明修棧道，暗度陳倉

當初劉邦入蜀的時候，命人一把火將棧道給燒了。現在大軍要想出去，就得先修復棧道。公元前 206 年八月，就在入蜀僅數月之後，劉邦便派遣樊噲、周勃等人率領一萬名士兵，限期三個月修復棧道，準備反攻關中。

消息很快被章邯等人得知，並匯報給項羽。項羽聽到後，不但沒在意，反而哈哈大笑。要知道，棧道可不是那麼好修復的，別說三個月，一年時間都不見得能完成。等快修完的時候，自己派大軍在棧道出口處一堵，漢軍來多少死多少；或者更簡單，一把火將修好的棧道再燒掉，讓劉邦再派人慢慢修去唄。

劉邦手下修棧道的將士們無不怨聲載道，連樊噲等人都是口出怨言。劉邦很生氣，派人將樊噲等人以懲罰的名義調回，換成其他人來負責。新來的負責人更是緊鑼密鼓地命令手下人等抓緊時間，不斷催促修復棧道的速度。

章邯雖然沒太在意，但也是派人緊盯住棧道的修復進度，隨時準備出兵攔住漢軍。就在此時，章邯突然收到消息稱，劉邦的大軍已經出蜀，并且佔領了陳倉。怎麼可能？棧道剛修復了一小部分，漢軍是怎麼出來的？原來，這就是韓信的"明修棧道，暗度陳倉"之計。漢軍大張旗鼓修復棧道，主要就是為了吸引項羽、章邯等人的注意力，而漢軍大部隊早就從韓信事先探查好的小路越過秦嶺山脈，並一舉佔領陳倉城。

章邯急忙調集人馬向漢軍殺來。關中三王的另外兩位，董翳和司馬欣也率領軍隊和章邯攜手抵禦漢軍。早有準備的韓信，一面派樊噲、周勃等人分兵向咸陽方向前進，一面親自率領剩下的人馬迎戰章邯。漢軍對關中之地的進攻，全面展開。但是，一是章邯等人遠不是韓信的對手，二是當初劉邦的"約法三章"，使關中民心盡皆歸附，所以，漢軍旌旗到處，關中豪傑紛紛響應。不足三個月的時間，漢軍全面佔領三秦之地。章邯兵敗自殺，董翳和司馬欣兵敗投降。劉邦再次佔據關中，與項羽正式展開爭奪天下霸主的戰鬥。

項羽得知劉邦佔據關中，怒不可遏，就準備率軍與劉邦決戰，但是齊國的叛亂也不能不管，這可怎麼辦？就在這時，張良以劉邦的名義給項羽寫來一封信。信中表示，漢王之所以佔領關中，只不過是因為根據當初楚懷王的約定，本來關中就應該歸漢王所有。當然，漢王佔據這裏之後也就滿足了，不會繼續向東進攻了。同時，張良還提醒項羽，你現在最主要的敵人是齊國，不是漢王。

項羽果然聽信了張良的説辭，繼續引軍攻打三齊之地，暫時將劉邦放在了一邊。當然，項羽並不是真的放任劉邦而不管，只是準備先剿滅齊國的叛亂，然後回過頭來再消滅劉邦。然而，就是這先後順序的顛倒，給了劉邦寶貴的休整時間，使得劉邦在關中站住腳，並得以聯合其他諸侯共同對付項羽。

項羽率領楚軍掃滅齊國田榮叛亂的戰爭在開始時頗為順利，齊軍很快敗退，田榮也死於非命。但是，因為項羽的肆意殺戮，又激發齊人降而復叛。田榮的弟弟田橫趁勢而起，收攏殘兵敗將，繼續和項羽戰鬥。因為這次齊人都是抱着拼死的決心，勇猛異常，所以戰事陷入膠着之中，短時間內，項羽沒能取得決定性的勝利。這就給劉邦留出了充裕的發展時間。

知道機會來之不易的劉邦，絲毫沒有浪費時間，在初步平定三秦之後，於公元前 205 年春，立即出兵東進，一面收服各路諸侯王，擴充自己的實力，一面密切關注着項羽的動向。劉邦的軍隊雖然和項羽比起來差距很大，但是又明顯強過其他諸侯國，因此，漢軍也算得上勢如破竹，先後打敗、收降了魏王豹、殷王司馬卬、河南王申陽、韓王鄭昌（韓王成被項羽殺死後，新立的韓王），加上率領殘兵主動來降的常山王張耳，劉邦聲勢大漲。

正在此時，有人將項羽殺害義帝楚懷王的事情向劉邦訴說。正苦於沒有合適理由討伐項羽的劉邦，藉機給義帝舉行了隆重的葬禮，並號召各諸侯王與自己一起討伐項羽，為義帝報仇。

項羽雖然也知道了劉邦大舉進攻的消息，但是因為自己正深陷於和齊國的戰爭泥沼之中，脫身困難，就打算先不管劉邦，等徹底平息齊國的叛亂後，再和劉邦算總賬。

無情無義的劉邦

劉邦當然不可能等項羽來收拾他，而是要先發制人。劉邦聯合五路諸侯，共湊起 56 萬人馬，直撲彭城。"漢王部五諸侯兵，凡五十六萬人，東伐楚。"這下項羽可在齊國呆不住了，留下心腹繼續剿滅齊國的叛亂，自己則率領 3 萬精銳回援。

劉邦率領的聯軍率先到達，並一鼓作氣拿下了彭城。巨大的勝利，令劉邦有點忘乎所以，置酒高會。不料項羽的楚軍突然殺到。雖然是 3 萬對 56 萬，但是精銳的楚軍在半天之內，就將這羣烏合之眾殺得落花流水，當場被殺死者達十幾萬人，被驅趕落入水中淹死者也達十幾萬人。劉邦僅率數十騎趁亂突圍。

在逃亡的過程中，恰好路過老家沛縣，劉邦就準備帶着家眷一起離開。不過此時楚軍追兵已到，項羽也下達了抓捕劉邦家眷的命令。劉邦的家人，包括父親劉太公、妻子呂雉以及子女等人，已經逃散。所以劉邦並沒有在家中找到人，只得繼續逃跑。

在逃跑的路上，劉邦恰巧遇見了兒子劉盈和女兒魯元公主。這兩個孩子都是呂后所生，其中劉盈就是後來的漢惠帝。劉邦急忙將兒女拉上車一起逃跑。但是因為車上人多，馬車跑不快，楚軍又在後面緊緊追趕，情急之下，劉邦一狠心，將兒子和女兒推下了車。畢竟兒子女兒沒了，還可以再生，自己要是死了，可活不回來了。

劉邦此舉讓在旁邊護駕的將軍夏侯嬰看不下去了，他將兩個孩子又扶上了車。可是這樣，車子還是跑不快啊，於是劉邦又一次將他們推下車。夏侯嬰再一次扶上車。如是者三。夏侯嬰實在看不下去了，對劉邦嚷道："雖然情況很危急，帶着他們兩個，車子跑不快，但是也不能就這樣拋棄他們吧？他們還只是兩個孩子。"

劉邦也覺得自己太過分了，沒再繼續推孩子下車。靠着夏侯嬰的堅持，劉盈和魯元公主姐弟二人總算是得以活命，並跟隨劉邦最終脫離了險境，但逃散的劉太公和呂后卻沒有這麼幸運，他們被被楚軍抓住了，項羽將他們留在軍中作為人質。

一直退到滎陽一帶，劉邦才算穩住陣腳。蕭何把關中地區能夠徵集的人丁，包括原來看不上的老弱病殘之輩，全數帶到滎陽。韓信也收攏了漢軍的殘兵敗將，趕來匯合。這下，漢軍的士氣總算又恢復了一些。就在滎陽一帶，楚漢再次交鋒，漢軍小勝一場，暫時穩住了局勢。不過，劉邦的慘敗，導致盟軍徹底解散，牆頭草一般的諸侯們紛紛又叛漢降楚，劉邦的漢軍被孤立。

劉邦當然不甘心束手就擒。穩住陣腳之後，劉邦和韓信、蕭何等人開始商量反擊的策略。韓信提出，雖然這些諸侯或者叛漢降楚，或者本來就是楚國的爪牙，但是這些人之間同樣是矛盾重重、各自為政。如果漢軍分開攻擊他們的話，他們之間並不會互相救援，這就給漢軍留下了各個擊破的機會。韓信提議，開闢北方戰場，在和楚軍正面對峙的同時，分兵出擊，消滅魏、代、趙、燕等國，對楚國則採取側面迂迴包圍的策略。劉邦非常認可這個計劃，並決定自己親自領軍與項羽對峙，派韓信率領部分漢軍開闢北方戰場。

韓信木罌渡黃河

韓信首先遇到的對手是魏王豹。這個魏王豹本來已經歸降了劉邦，但是在見到楚軍勢大之後，就用回家探親的名義離開劉邦，並在返回封地後，立刻斷絕和漢軍的聯繫，投降了楚軍。

魏王豹控制的地區直接威脅着漢軍的糧道，對劉邦而言非常重要。如果魏王豹和項羽聯手進攻，漢軍將陷入被兩面夾擊的窘境。劉邦先是派酈食其去說服魏王豹，遭到拒絕，只得將希望都寄託在韓信身上。

韓信在了解了對手的情況後，判斷出魏軍依仗黃河天險，一定會採取固守的策略，進行持久戰。而漢軍處於不利地位，必須速戰速決。公元前 205 年八月，韓信帶着灌嬰和曹參，率軍到達黃河岸邊。對面的魏王豹早就安排好人馬，準備死守黃河蒲津渡口的要隘臨晉關，因為這裏是最適合漢軍渡河的地方。

韓信偵查完敵情後發現，魏王豹在黃河沿岸的防守非常嚴密，只有距離很遠的上游夏陽這個地方，對岸的魏軍不多。於是韓信準備率領大軍從夏陽渡河，不過這裏有兩個問題需要解決：一個是渡河舉動一定要保密，不能讓魏軍發現，不然魏軍調動人馬過去，渡河行動必定失敗，即使過了黃河，面臨的也必將是魏軍重兵防守的城池；二是渡河的船隻遠遠不夠，而如果要建造足夠的船隻，時間上又來不及。

韓信一面讓人砍伐木材，一面讓人大量收購當地人常用的一種小口大肚子的瓶子（古稱為罌）。看眾將不明白，韓信解釋：“渡過黃河需要大量船隻，我們現在沒有足夠的時間造船，普通的木筏運載能力又太小。不過我們可以將幾十隻這種瓶子綁在一起，口朝下，用木頭夾住它們，叫做木罌，將木罌連起來做成的筏子，比單純的筏子運載能力要大很多。”大家無不佩服。

渡河工具解決了，剩下的就是聲東擊西，吸引敵人注意力了。韓信讓灌嬰率領部分人馬和船隻在臨晉關渡口擺開架勢，裝作準備大舉渡河的樣子。魏王豹和魏軍的注意力都被吸引在了臨晉關渡口。但此時的韓信，早就命令另一支漢軍從夏陽渡口渡過黃河，並一舉拿下安邑，然後絲毫沒有停留，直向魏國都城平陽撲去。

魏王豹見對岸的漢軍連續幾天造足了聲勢，就是不渡河，以為是怕了自己，不敢過河。正在洋洋得意，突然聽到漢軍已經渡過黃河，殺奔平陽的消息，大吃一驚，外加莫名其妙，漢軍怎麼過的黃河？從夏陽？哪來的船啊？萬分危急的形勢容不得魏王豹猶豫，急忙率領魏軍倉促撤退，試圖守住平陽。結果灌嬰的人馬又趁勢渡過黃河，輕鬆佔領臨晉關，也向平陽殺去。本來就不是漢軍對手的魏軍腹背受敵，很快崩潰，魏王豹投降，韓信順利平定了魏國。魏國的平定，保障了漢軍糧道的通暢，極大減輕了劉邦主力部隊在與項羽對峙中的壓力。

接下來，韓信又輕鬆戰勝代國，並與趙國大軍在井陘口一帶一場大戰。韓信用“背水一戰”的方式，以少勝多，大破趙軍，俘獲趙王歇。

離間計氣死范增

雖然韓信在北方戰場連連取勝，但是正面戰場的形勢，卻是對漢軍越來越不利。項羽畢竟是項羽，不管性格上有多少缺陷，但是其強大的軍事威懾力不是誰都能抵擋得住的，此時的劉邦也不行。面對楚軍的強大攻勢，劉邦的防守越來越困難，尤其是糧道經常受到楚軍的進攻，糧草接濟越來越艱難。無奈的劉邦，派人向項羽求和，希望以榮陽為界，榮陽以西歸自己，其他地方都歸楚國。

項羽也被四處的叛亂和韓信北方戰場的開闢搞得焦頭爛額，又覺得劉邦的條件對楚國頗為有利，就準備答應下來。沒想到范增卻堅決不同意。范增一直將劉邦視作項羽最大的敵人，必除之而後快。在范增的堅持下，項羽也就無可無不可地拒絕了劉邦的議和，戰鬥繼續。

劉邦早就知道范增謀略超人，現在更是意識到，不除掉范增，自己早晚得死在項羽手中。於是採用陳平的計策，給了陳平四萬斤黃金作為活動經費，離間楚國君臣，尤其是項羽和范增的關係。離間的難度並不大。雖然范增對項羽稱得上是忠心耿耿、竭盡心力，但是架不住項羽剛愎自用，好壞不分。項羽做事，基本上是隨心所欲，有時睿智，有時糊塗；對范增呢，尊敬時稱為亞父，懷疑時也是毫無信任。

陳平的計策很簡單，面對着項羽派來的使者，故意錯認成范增的人，特別客氣。當知道是項羽的使者時，態度又變得特別惡劣。使者回去和項羽一說，項羽立刻就懷疑范增和劉邦暗通款曲，開始防範起范增來。范增怎麼解釋項羽也不聽，氣得老頭怒火中燒，憤而辭職。項羽毫不念故人之情，痛快地答應了。可能在項羽看來，沒直接殺掉范增，已經是自己深念故人之情了吧。憤懣不已的范增在回鄉的路上，背上毒瘡發作而死。

假投降紀信替死

除掉了范增，對於劉邦來說，算是解除了遠慮，但是近憂還在，楚軍還在猛攻滎陽，而漢軍已經處於隨時可能崩潰的邊緣。劉邦急得團團轉，卻沒甚麼好辦法。繼續守下去吧，眼看就守不住了；等救兵吧，遠水不解近渴，況且有沒有救兵還難說；突圍吧，四面被楚軍包圍，就自己手下這些精疲力竭的士卒很難成功。

這時，將軍紀信給他出了個主意。紀信提出，自己和劉邦頗有幾分相似之處，可以由自己裝扮成劉邦的樣子，吸引楚軍的注意力，劉邦趁機逃走。紀信這是在用自己的命，為劉邦掙得一線生機。劉邦當然是感激涕零，當即痛快答應了。為了活命，連親生子女都能推下馬車，現在有人主動站出來替自己去死，還客氣甚麼啊？當即，陳平以劉邦的名義給項羽寫了一封投降信，說好第二天早晨出城投降。

第二天早晨，紀信穿着劉邦的衣服，乘坐着劉邦的車子，率領着隨從出城投降。為了不被楚軍早早認出，紀信一直用袖子擋着自己的臉。包括項羽在內，楚軍都以為真是劉邦來投降了，個個歡呼雀躍。就在楚軍的注意力全被紀信等人吸引的時候，劉邦早就帶着幾十名隨從，悄悄逃離了滎陽。為了不引起楚軍注意，劉邦幾乎沒帶身邊的文武大臣，而是命令他們在紀信詐降被發現後，繼續死守滎陽，為自己斷後。當磨磨蹭蹭的漢軍投降隊伍終於到達項羽面前的時候，項羽也發現了不對，車上之人根本不是劉邦。憤怒的項羽將紀信活活燒死。

接下來，楚漢繼續交鋒，互有勝負。基本上是項羽到處，楚軍所向披靡，項羽不在，楚軍則落花流水的態勢。而且，各路諸侯，包括項羽手下的將領也不時被劉邦說服，反叛項羽。戰爭持續到公元前 203 年，此時，漢軍佔據成皋，項羽率軍與之對峙。正面戰場，漢軍深溝高壘，以守禦為主，楚軍多次進攻無果，雙方相持不下。

韓信的取死之道

為了減輕正面戰場的壓力，劉邦派酈食其前去齊國，希望說服齊王田廣和自己結盟對抗項羽。為了穩妥，劉邦做了兩手準備，同時派韓信率軍向齊國進軍，準備遊說不成的話，就武力解決。

酈食其不愧舌辯之士，在齊王田廣面前，先是曉以大義，又述說天下大勢，反正是怎麼對劉邦有利怎麼說，憑藉着三寸不爛之舌，說得齊王是頻頻點頭，欣然答應與漢軍結盟。

韓信率領着軍隊，殺氣騰騰，直撲齊國。可是還沒到齊國，就聽到酈食其不費吹灰之力，單人獨騎說服齊國的消息，大感沮喪，便決定退兵。這時，他手下的謀士蒯通卻站了出來，勸韓信不要退兵，"漢王派您來進攻齊國，不管齊國有沒有和漢軍結盟，漢王有詔書命令您停止進攻嗎？沒有啊。既然沒有，就可以繼續進攻。而且，您想想，酈食其就是一個普通的儒生，就憑着一張嘴，替漢王收降齊國七十餘座城池，而將軍您率領幾萬大軍，一年多的時間，才替漢王打下趙國五十幾座城池。如果您就這樣罷手退兵，不就被酈食其比下去了嗎？您作為統領無數軍馬的大將軍，功勞反而不如區區一個儒生大，您説漢王會怎麼想？"

韓信被蒯通説服了，率軍繼續前進，殺入齊國。此時，齊王認為自己已經與漢軍成了一家人，每日盛情款待酈食其。齊國的士兵當然也就放鬆了戒備。韓信大軍一路高歌猛進，勢如破竹，很快打到齊國都城臨淄。

齊王田廣大怒，認為是酈食其欺騙了自己，烹殺了酈食其。但是此時再想組織人馬與漢軍對抗已經為時太晚，只得率領少數殘兵逃離臨淄，並向項羽求救。項羽雖然派兵與田廣匯合，但齊楚聯軍也不是韓信的對手，最終田廣在逃亡路上被殺，齊國被韓信徹底平定。

雖然齊國被平定，但韓信這事是為了爭功不顧大局，酈食其與其説是死在齊王手裏，不如説是死在韓信手裏。接下來，韓信繼續在作死的路上快速前進。

韓信派人給劉邦上書，説齊國是個"偽詐多變，反復之國"，如果想徹底平定齊國，必須設立一個"假王"，就是代理國王，來震懾住齊國軍民，否則，局勢容易出現反復。最後，韓信表示，自己願意承擔這個重擔。

當時，劉邦正處於項羽大軍的圍困之中，隨時有滅亡的危險。韓信此舉，不管其動機如何，都絕對是藉機要挾劉邦的意思，這也就給劉邦、韓信最後的徹底決裂，以及韓信的被殺埋下了伏筆。當然，以劉邦的為人，即使韓信沒有此處的舉動，結果也不見得好到哪裏去。

劉邦見到韓信的書信，氣得是暴跳如雷，大罵韓信。張良、陳平深知此時絕不是和韓信翻臉的時機，急忙暗中阻止劉邦。劉邦也立刻反應過來，如果不同意，等於逼韓信造反，那時候，自己就真的完了。明白過來的劉邦，再次充分發揮大丈夫能屈能伸的精神，立刻改口，還是在大罵韓信，意思卻全然不一樣了："你說你個韓信，男子漢大丈夫，做就做個真王，做個假王有甚麼意思（大丈夫定諸侯，即為真王耳，何以假為）。"並立刻派張良做使者，封韓信為齊王。然後，調韓信的兵馬攻打楚軍。

劉邦此舉與項羽趕走范增的舉動，可謂形成了鮮明的對比。同時，作為漢王，忍住手下的要挾，還要笑臉相迎，好言安撫，並答應其要求的舉動，其難度絲毫不亞於當年韓信忍受的胯下之辱。當然，這筆賬，還是要記下的。

此時的項羽也感受到韓信的威脅，派使者勸說韓信，只要他能反漢聯楚，自己願意封韓信為齊王，並與他三分天下，"足下與項王有故，何不反漢與楚連和，叄分天下王之？"韓信回覆項羽說："我當年在你的手下，不過是個小小的執戟郎，而且是言不聽計不從，所以我才離開你，投奔了漢王劉邦。漢王對我有天高地厚之恩，他將上將軍的印信交給我，將他手下全部兵馬讓我率領，而且是解衣衣我，推食食我，對我是言聽計從，使我的大志得以施展，也才有了我今天的成就。漢王如此親近我、信任我，我怎麼可能背叛他呢？我是死都不會背叛漢王的，只能謝絕您的美意了。"

不知道項羽見到韓信的回覆後，有沒有後悔當年的有眼無珠，錯失人才？有沒有反省自己的剛愎自用、不聽人言？同時，這裏也說明了韓信這位傑出的軍事家在政治上的幼稚，既然你忠心於劉邦，又為甚麼以要挾的手段討要齊王之位？這不是兩面不討好，自尋死路嗎？

下作的項羽和無賴的劉邦

楚漢長時間的交鋒與對峙，劉邦固然幾次面臨滅亡的險境，項羽也是疲憊不堪，士卒的傷亡，戰場上的消耗，加上諸侯國不時的叛亂，韓信在主戰場側面的連連取勝，都讓他焦頭爛額。情急之下，項羽想要用人質威脅劉邦。

項羽在兩軍陣前的開闊處放置了一塊大案板，將劉邦的父親劉太公綁起來，放到案板上，就像待宰殺的豬羊一般。然後派人向劉邦發出警告，立刻投降，不然的話，就把劉太公放到鍋裏煮死。

按說項羽的這個舉動就夠下作的了，沒想到劉邦更加無賴，想要靠着劉太公的性命威脅，讓劉邦投降，那是根本不可能的。劉邦回覆說：「當年我們在楚懷王面前曾經結為兄弟，那麼，我的父親也就是你的父親了。如果你一定要煮了你父親的話，別忘了分給我一份肉湯。」

聽到劉邦的回答，項羽勃然大怒，就準備殺掉劉太公。這時，那位劉邦的臨時親家項伯又站出來勸阻。項羽也知道，劉邦不受威脅，殺不殺劉太公於大勢毫無關係，只不過是出出自己心中的怒火而已，見到項伯勸阻，也就放過了劉太公，繼續關押起來。

接下來，項羽開始使用激將法，表示願意和劉邦單打獨鬥，以挑戰定雌雄。劉邦當然不會上當，回了項羽一句：「吾寧鬥智，不能鬥力。」我不和你打，咱們比比智慧。項羽氣壞了，每天派出猛士在兩軍陣前挑戰。好在劉邦手下有個神箭手樓煩，每每將項羽派出的猛士射死。項羽更憤怒了，親自身披鎧甲手持長戟，上陣挑戰。項羽的威勢太猛了，嚇得那位神箭手也不敢出戰。

劉邦見自己的軍隊弱了氣勢，於是親自出面，在兩軍陣上，歷數項羽的十大罪狀，甚麼不講信義、殘酷暴虐、濫殺無辜、殘害諸侯、殺害義帝、大逆無道……，為天下所不容。還別說，別看劉邦沒甚麼學問，口才還是真好，再加上有理有據，說得項羽差點一口氣上不來，氣死過去。

項羽命令手下人亂箭齊發，想射死劉邦。也是湊巧了，本來劉邦是做好了防護準備出來的，沒想到還是被一支箭射中前胸，箭透鎧甲，身受重傷。劉邦也是狠角色，知道不能被人發現自己重傷，別說楚軍，就連自己的士卒，都不能讓他們發現，不然軍心一亂，自己很有可能一敗塗地。劉邦反應很快，立刻用手摸着自己的腳趾說：「楚軍太可惡了，射中了我的腳趾。」

回到軍營中，劉邦臥牀養傷。雖然嚴密控制了消息，但是士卒在私下裏難免議論紛紛，軍心有些浮動。張良見此，急忙來見劉邦，建議劉邦咬着牙強打精神，也要裝作沒事的樣子，在軍中巡視一番，以安軍心。為了霸業，劉邦咬牙忍痛，還要裝作滿臉輕鬆的樣子，時不時出來和大家見上一見。好在劉邦的一番做派，沒有讓楚軍看出真相，也穩住了漢軍的軍心，雙方繼續對峙。

四面楚歌，霸王別姬

接下來，雙方的境況都越加艱難。劉邦的傷勢一直沒有好徹底，正面戰場也一直不是項羽的敵手。項羽的情況更加糟糕，除了自己所在的主戰場外，其他地方，韓信率軍連戰連勝，楚軍的糧草供給也是越來越困難。

此時，劉邦再次派人向項羽求和，項羽終於答應了。經過談判，公元前 203 年九月，雙方議定以鴻溝為界，中分天下，鴻溝以西為漢，鴻溝以東為楚。簽訂和平協議後，項羽也將劉邦的父親、妻子等人質交還，然後率領大軍調頭向東，準備好好休養。

劉邦則不然，他再次充分發揮了兵不厭詐、言而無信的精神，漢軍稍事休整，自己的身體也略略恢復後，他立刻撕毀了停戰協議，在楚軍背後動了刀子。此時距離雙方停戰還不足兩個月。

劉邦採用張良的建議，大肆封賞自己手下的韓信、彭越等人，許諾只要打敗項羽，一統天下之後如何如何，好激發這些人的士氣。韓信等人也是大受鼓舞，配合劉邦，調動各路大軍，共同圍攻項羽。到了公元前 202 年一月，劉邦調集起包括韓信、彭越、劉賈、黥布（英布）等，加上自己的本部人馬，五路大軍超過 70 萬兵馬，在垓下和楚軍展開最後的大決戰。當時的楚軍，只剩下 10 萬左右，還都是久戰之後的疲敝之師。

漢軍以韓信的部隊為主力，居於正中，劉邦統帥中軍隨後跟進，將楚軍層層包圍在垓下，這就是著名的“十面埋伏”。為了消耗楚軍的有生力量，韓信採用誘敵深入的策略，先是詐敗，引楚軍來追，再利用自己兵多將廣的優勢，左右包抄，令楚軍首尾不能相顧，大量殺傷楚軍。經過一步步地削弱，楚軍只剩了不足兩萬人，但是就是這兩萬，也不是那麼好對付的，那都是跟隨項羽征戰多年的精銳。

為了進一步瓦解楚軍軍心，在楚軍被團團包圍，糧草幾近斷絕的情況下，漢軍用歌聲作為了最後的殺手鐧。這天夜裏，四面八方的漢軍中突然有很多人一起唱起了楚國歌曲。楚軍士卒大驚失色，漢軍中怎麼有這麼多會唱楚國歌曲的人？難道楚國已經被漢軍徹底佔領，自己的父老親人都做了漢軍的俘虜，被抓到這裏來了？一時間楚軍士卒人心惶惶。很快，兩萬士卒大部逃散。

這時，連項羽都感到絕望了。無計可施的項羽，在中軍大帳中喝起悶酒來，陪伴在身邊的，是他最喜愛的美人虞姬。酒入愁腸，英雄歎息。看着身邊的摯愛，項羽慷慨悲歌：“力拔山兮氣蓋世，時不利兮騅不逝。騅不逝兮可奈何，虞兮虞兮奈若何！”英雄陷入絕境，美人願以死報之，虞姬和曰：“漢兵已略地，四方楚歌聲，大王意氣盡，賤妾何聊生。”歌聲的餘音尚在空中嫋嫋未絕，美人已自盡於英雄懷中。此情此景，縱使英雄蓋世的項羽，也淚濕衣襟，身邊的親隨無不痛哭失聲。然而，項羽畢竟是項羽，可以敗，可以死，但絕不會束手就擒。

項羽聚集起最後追隨在自己身邊的八百多騎兵，一番衝殺，突圍而去。劉邦命令灌嬰率領五千騎兵隨後緊追。當項羽在漢軍的追殺中渡過淮河的時候，身邊只剩下一百多人了。到達陰陵的時候，項羽迷路了，正好前面有一個種田的老頭，項羽向老人家問路。因為平時項羽的統治非常殘暴，人們多恨項羽，這個老人就是如此，故意給他們指錯了路。等項羽的人馬陷進沼澤的時候才發覺過來，但是再想回頭已經來不及了，被漢軍的追兵追上，再次陷入重圍之中。

生為人傑，死亦鬼雄

項羽等人且戰且退，到達烏江邊的東城，此時，他身邊只剩下了二十八騎，四周圍困的漢軍則有數千人之多，而且，更多的漢軍還在陸續趕來。項羽知道，自己這次真的無路可走了。

項羽倒是毫無懼色，對着手下慨然說道："我自從率領人馬起義以來，到現在已經八年時間了。這八年裏，我親自指揮了七十多場戰役，所當者破，所擊者服，從沒打過敗仗，因而稱霸天下。現在我們走到如此絕路，這是上天要我滅亡，不是我作戰的過錯啊。"即使已經走到窮途末路，項羽依舊豪情不減："各位，我們今天一定會死在此處了，就讓我們在臨死之前，痛痛快快地大殺一場吧。"

別看只有二十八騎，項羽還將他們分成四隊，面對着四面圍上來的漢軍人馬，項羽指着其中一員將領說："各位，跟我衝，看我先斬殺敵軍將領。"說完率先直衝而下，二十八騎隨後，直撲漢軍軍陣。

縱使漢軍千軍萬馬，卻無人能擋項羽一二回合。項羽先是斬殺了剛剛指定的漢軍將領，又悍然衝破漢軍的陣勢。漢軍將領隨後追來，項羽瞋目大喝（就是瞪大眼睛，一聲怒吼），嚇得漢將幾乎膽破，掉頭就跑。

項羽與手下士卒匯合，無一傷亡。接下來，項羽又將其分為三隊，再次衝入漢軍大隊之中，反復衝殺，又斬殺一員漢將和數百漢軍，再匯合人馬，也只損失了兩名士卒。

項羽哈哈大笑，問大家：「怎麼樣？我說的沒錯吧。」現在還能跟隨在項羽身邊的，都是不懼死亡的猛士，雖然明知必死，大家還是很坦然。現在見項王勇如天神下凡，都欽佩異常，拱手致意：「如大王言。」大家互相看看，哈哈大笑，然後，再次衝向漢軍人馬，慷慨赴死。

最後，項羽等人殺到烏江岸邊。這時，烏江亭的亭長駕着一條小船等在岸邊，要渡項羽過烏江。此人勸項羽說：「江東雖小，也還有千里之地，數十萬之眾，大王您只要回到故地，就還有捲土重來的機會。」

項羽卻笑着搖搖頭說到：「既然上天要滅亡我，我還渡江回去幹甚麼呢？再說，我和江東子弟八千人一起渡江而西，現在卻只剩我一人。即使江東父老不怪怨我，還願意讓我當這個王，我又有何面目見江東父老呢？」項羽邊說邊跳下馬來，深情撫摸着烏騅馬的鬃毛，對亭長說：「我看你是位忠厚長者，有件事想託付於你。我騎的這匹馬，已經跟隨我五年了。它能日行千里，戰場上我們所向無敵。我不忍心讓它陪着我這麼白白死去，就送給你吧。希望你好好待它。」交代完後事，項羽命令手下僅有的士卒都下馬，解掉韁繩，任馬匹自去，然後返身再殺向追來的漢軍。

再次一場血戰之後，項羽身邊的士卒全部戰死於沙場。在殺傷數百名漢軍士卒之後，項羽身上也遍佈傷痕。項羽知道，自己的最後時刻到了。恰在此時，項羽見前面的漢軍之中，有一人頗為眼熟，於是指着那人說道：「你不是我的老相識嗎？」此人乃漢軍騎司馬呂馬童。呂馬童見項羽指着他，頗為緊張。項羽繼續説：
「我聽説漢王劉邦用黃金千金，加上萬戶侯的封賞，來懸賞我的人
頭。反正我也要死了，就將這份好處送給你吧。」説完，項羽坦
然站立，橫劍自刎。此時的項羽，年僅 31 歲。

　　雖然項羽將自己的首級送給了呂馬童，但是面對巨額的懸
賞，漢軍其他兵將，怎能不眼紅？大家一擁而上，爭搶項羽的屍
首，直至自相殘殺，死者數十人。最後，項羽的屍體被分成五份，
包括呂馬童在內，各人拿着自己手中的那份項羽的屍體，前去領
賞。劉邦倒也説到做到，將這五人都封了侯爵。

　　項羽一死，楚國殘餘人馬羣龍無首，全部投降。至此，歷時
四年半的楚漢戰爭，以劉邦的勝利而告終。

　　人死燈滅，劉邦倒也沒有再計較和項羽的恩恩怨怨，用當年
楚懷王封項羽的魯公這一封號的禮節，將項羽安葬。對項氏宗
族的旁支，劉邦也沒有大肆殺戮。尤其是那位多次幫助過劉邦的
項伯，雖然最後沒有真的和劉邦做成兒女親家，但是被劉邦封了
侯爵。

　　此後，劉邦的漢軍再無敵手，沒用多久就徹底統一全國。公
元前 202 年二月，劉邦正式稱帝，漢朝建立。

劉邦獲勝的根由 | 13

　　獲得最後勝利的劉邦，從漢王一躍而為大漢朝的開國皇帝，
當然要給那些追隨他的有功之臣一一加官進爵。前前後後，劉
邦一共分封了八位異姓王（十個人），包括：齊王韓信（後改封
為楚王）、梁王彭越、淮南王英布、燕王臧荼（後來臧荼造反被
殺，劉邦又封盧綰為燕王）、趙王張耳（前 202 年去世，其子張
敖繼承王位）、韓王信（與韓信同名，為了區別，史書中一般稱

其為韓王信）、長沙王吳芮、閩越王無諸。比王低一級別的侯爵，劉邦封了一大批，包括蕭何、張良、樊噲、陳平、夏侯嬰等人。

漢初三傑

漢朝建立之後，劉邦先是將都城定在洛陽。有一天，劉邦在皇宮中大排筵宴，宴請文武大臣。一番觥籌交錯之後，酒酣耳熱的劉邦問大家：“你們說說，我能夠取得天下，項羽卻失去天下，究竟是為甚麼呢？大家不許隱瞞，要實話實說。”

手下大臣當然是拍馬的居多，紛紛盛讚劉邦。也有那些比較直率的，對劉邦說道：“陛下您呢，確實有不少毛病，傲慢無禮，又好羞辱別人。這方面，項羽要好得多，仁厚而且愛人。但是陛下您胸襟開闊，賞罰分明，願意和天下人共同分享利益；項羽卻胸襟狹隘，嫉賢妒能，有功不賞。這就是您能成功，項羽卻失敗的原因。”

劉邦笑着點點頭，又搖搖頭，對大家說：“你們說的對。但是你們只知其一，不知其二。最關鍵的，還是我會用人啊。”“如果比運籌帷幄之中，決勝千里之外，我不如張良；比鎮守國家，安撫百姓，供給糧草，保證大軍糧道的暢通，我比不上蕭何；比統帥百萬大軍，戰必勝，攻必取，我不如韓信。這三個人，都是人中俊傑。但是我卻能夠使用他們，讓他們替我打下了天下。這才是我成功的根本原因。而項羽只有一個范增，還不能好好使用，這就是他為甚麼會失敗的原因。”聞聽此言，臣子們無不敬服。

後來，在張良等人勸說下，劉邦將都城定在了關中之地長安，漢朝慢慢走入正軌。

劉邦的用人之道

楚國人季布曾經是項羽手下的大將，他武藝高強、為人豪爽，在當地非常有名望。季布最特別之處，就是作出的承諾，不論多難，都會做到，所以當地流傳着"得黃金百，不如得季布一諾"的說法。成語"一諾千金"就是從這裏來的。

楚漢相爭中，季布率軍和漢軍作戰，數次大捷，曾經追得劉邦上天無路，入地無門，差點死在季布手中。項羽兵敗身死，季布非常難過，但又覺得自己一身的才能，就這麼白白死去，有些不甘心，還是希望能有機會做一番事業，於是忍辱偷生，藏在了好友濮陽周公家裏。

劉邦可沒忘記季布，對他是恨之入骨，一直想把他抓住殺掉。做了皇帝之後，劉邦懸賞通緝，抓住季布的，賞千金；窩藏的，誅三族。風聲越來越緊，因為很多人都知道周家和季布關係密切，季布在周家已經藏不下去了。於是周公和季布商量好，將季布裝扮成奴隸的樣子，削去頭髮，穿上粗布短衣，用鐵箍束住脖子，然後和幾十個真正的奴隸一起，賣給了魯地的豪強大戶朱家。

周公並沒有將季布的真實身份告訴朱家，但是朱家主人朱公是個有大智慧的人，一見季布不凡的相貌和風度氣質就明白了一切。朱公既沒有埋怨周家欺騙自己，更沒有將季布獻給劉邦換取賞金，而是覺得季布確實是個人才，暗中準備搭救他。朱公先是吩咐自己的兒子好好對待季布，然後直奔洛陽，求見劉邦手下重臣夏侯嬰。

因為朱公是魯地的豪強，所以夏侯嬰對他也挺客氣。朱公問夏侯嬰對季布的看法。夏侯嬰承認，雖然是敵對關係，但是季布確實很有才能。朱公勸解道："季布原來是項羽的手下，當初追殺漢王，不正是忠心的表現嗎？難道陛下能將項家的臣子都殺光嗎？現在陛下剛剛得到天下，正應該任人唯賢，像季布這樣的既忠心又能幹的臣子，不正應該重用嗎？當初他既然能忠於項羽，現在，如果能得到陛下的重用，同樣能忠於漢朝啊。而現在陛下僅憑個人恩怨就下令追捕季布，除了讓天下人都認為陛下器量狹小之外，又有甚麼好處呢？""再説，如果把季布逼急了，萬一他向北投奔匈奴，或者向南投奔越人，這可是拿自己的大將去資助敵國，會成為我國的大患啊。您應該找機會向陛下説明，千萬不要讓當年伍子胥的故事重新上演。"

夏侯嬰一聽，知道季布一定就藏在朱公家中，但是夏侯嬰也是忠心耿耿輔佐劉邦的賢臣，認為朱公説的有理，就找了個機會，勸諫劉邦放過季布。劉邦也能聽進去臣子的意見，赦免了季布所有的罪名，並任命他做了郎中。季布後來一直做到河東郡守，在漢惠帝、漢文帝時期，都頗受皇帝的重用。

朱公救了季布之後，反而和季布不再見面，是真正的施恩不圖報答。對於季布，人們還有着不同的看法，但是對於朱公的行為，大家是交口稱讚。

季布有個同母異父的弟弟丁公，原來也是項羽手下將領。現在看到季布做了官，心裏也活動了，來求見劉邦。這個丁公，當年曾經在戰場上放過劉邦一次，可以説對劉邦有過活命之恩。那是在彭城之戰的時候，劉邦戰敗逃跑，丁公率領人馬隨後緊追。劉邦見此，只得哀求丁公："丁將軍，我知道你是條好漢，我也是條好漢，好漢敬重好漢，怎麼能互相迫害呢？只要你高高手放了我，我絕對忘不了你的恩情。"丁公被説服了，估計是想給自己多留條後路，於是帶兵返回，放過了劉邦。

項羽死後，丁公不知道劉邦記不記得這件事，沒敢來見劉邦。現在看到季布這樣和劉邦有仇怨的人都當了官，也就放心大膽來見劉邦。沒想到，劉邦卻將他捆綁起來，在軍中遊行示眾，斥責他"丁公為項王臣不忠，使項王失天下者，乃丁公也。"然後將他斬首示眾，"使後世為人臣者無效丁公"。

漢高祖偽遊雲夢貶韓信 | 14

　　隨着時間的推移，漢朝的江山日漸穩固，但是令劉邦憂心的事情也還是不少，其中最令他忌憚的人就是韓信。

　　說起來，這個韓信也挺有意思。你說他對劉邦忠心吧，在劉邦最危急的時刻，滎陽被圍時，韓信幾乎按兵不動，不予救援；後來為了爭功、擴充實力，又坑死了酈食其，要挾劉邦封自己為齊王。你說他對劉邦不忠心吧，在項羽拉攏之時，又毫不猶豫地拒絕了項羽，最後更是消滅了項羽，是劉邦建立漢朝最大的功臣之一。

　　劉邦在建立漢朝之後，對原有的封賞曾經做過一些調整，其中最重要的就是將韓信由齊王改封為楚王。這樣做的目的，當然是為了便於控制他。因為韓信在齊國已經經營了較長時間，劉邦很不放心。這個變動對韓信來說，倒也談不上好或者不好。無論如何，楚國故地也是韓信的故鄉，韓信至少算得上是榮歸故里、衣錦還鄉，所以，他痛快地接受了。

韓信衣錦還鄉

　　回到家鄉的韓信，先是解決當年的恩怨，就是尋找當年的漂母、亭長和屠夫之子。對於那位給自己飯吃的漂母，韓信是發自內心地感激，賜給她千金作為酬謝。對於那位亭長，韓信只給了他百錢。這個錢，與其說是賞賜，不如說是諷刺與羞辱。韓信坦率地說：「你是個小人，做好事有始無終。」亭長羞慚離開。不知那位亭長夫人知道這個結果會做何感想？當然，畢竟這個亭長幫助過韓信，所以韓信也只是略微諷刺了一下，此後，也就成了路人。最後，輪到曾經讓韓信受胯下之辱的那個屠戶之子了。按說，這個人讓韓信蒙受了如此巨大的羞辱，殺掉他都算輕的，即使韓信用各種殘酷的刑罰折磨死他，別人也說不出甚麼。可是沒想到，韓信不但沒殺他,反而讓他做了自己手下的中尉。見手下人不明白,韓信解釋說:"這是位壯士啊!當年他羞辱我的時候,我難道不能殺死他嗎?當然能啊。但是殺了他,除了讓我也搭上一條性命之外,沒有任何意義。正因為他的羞辱刺激了我,才有了今天的我。"

韓信的好心獲得了巨大的回報。後來,韓信被呂后以謀反的罪名殺死,並被滅族,只有他的小兒子在蕭何的保護下得以幸免,蕭何又委託韓信的謀士蒯通和這位屠戶之子將孩子悄悄保護到了南越之地。這位市井出身的無賴,這裏卻體現出了忠義之心,盡心盡力保護了韓信的後代。後來,韓信之子在南越王的保護之下,平安長大,娶妻生子,使家族繁衍下去。

韓信是戰場上的百勝名將,但政治情商並不高,他的一些做法在不停地觸碰着劉邦的底線。自從當上楚王之後,韓信毫不顧忌劉邦的看法,每次出行都是帶着大隊人馬,旗幡招展、威風凜凜,其規模毫不亞於劉邦。這還不算甚麼,最令劉邦不能容忍的,是韓信收留了昔日項羽手下的大將鍾離眛。

鍾離眛忠心耿耿、作戰勇敢,是項羽最為倚重和信賴的大將之一。垓下之戰,項羽身死,鍾離眛脫身之後無處投奔,就藏身到韓信處。因為當年韓信在項羽手下時,和鍾離眛關係很好,他還曾經救過韓信的命,所以,韓信在明知道劉邦非常忌憚鍾離眛,欲殺之而後快的情況下,還是將他收留,並隱藏了起來。

想當初,劉邦遇險韓信卻不及時救援、又爭功坑死酈食其,已經使得韓信和劉邦的關係出現了嚴重裂痕;之後趁劉邦危機時刻,他又用要挾的手段謀求齊王之位,則徹底與劉邦結怨。如果說,當時因為有項羽這個大敵存在,劉邦不得不暫時壓下怒火的話,那麼,漢朝建立後,韓信卻不知收斂,還在肆意炫耀威勢、收留敵將,就純粹是給劉邦以口實,讓劉邦來收拾自己了。

消息傳到劉邦處，劉邦果然大怒，再加上前面的宿怨，在這位漢高祖的眼裏，直接就給韓信扣上了準備造反的帽子。

陳平的謀略

劉邦召集羣臣商議。武將們個個摩拳擦掌，紛紛請纓，要率軍討伐韓信。這時，陳平站出來表示不可。面對着大家的質疑，陳平只是問了劉邦一個問題：“派兵打沒問題，打得過韓信嗎？誰有這個把握，能夠戰勝韓信。”所有人都啞口無言了。

是啊，誰能打得過韓信啊？劉邦手下的漢軍，幾乎都是韓信訓練出來的，劉邦手下的武將，幾乎都在韓信的帳下聽過軍令。大家心知肚明，甚麼樊噲、周勃、灌嬰、夏侯嬰等等，有一個算一個，在韓信面前，哪個也不靈。何況，現在還有鍾離眛在韓信軍中，這兩個人如果真的合在一起造反，可不是一加一那麼簡單，真有可能傾覆這大漢朝的萬里江山。

劉邦也有點傻眼。不能打，難道就這麼看着韓信勾結叛逆、積蓄力量、起兵造反？陳平繼續說：“陛下您不用大動干戈，只需要簡單的一個計策，就能輕鬆擒拿韓信。您只需偽遊雲夢，韓信必然前來拜見，到時只需一個武士，就能抓住韓信了。”陳平的計策是，讓劉邦裝作去楚地邊境的雲夢大澤這個地方遊玩，快到那裏的時候，駐紮於陳城。按照當時的禮制規定，天子出巡，附近的諸侯必須去拜見。陳城距離楚王韓信的都城下邳不遠，到時只要韓信還沒有明着造反，那麼他和周圍的諸侯就一定會去拜見劉邦。到時，還不是任憑劉邦擺佈？劉邦同意了這個計策。

公元前 201 年，劉邦巡遊雲夢，同時命令附近諸侯前去陳城見駕。英布、彭越等人紛紛前來。這下，韓信為難了。韓信雖然沒有一個政治家應有的謀算和手腕，但是自己的所作所為，自己心裏也清楚。韓信明白，如果自己去見劉邦，一定沒好果子吃。

但是不去見又不行，除非立刻起兵造反。當然韓信也有些僥倖心理，認為自己功高蓋世，雖然有些錯處，不過應該算不上甚麼大事。但是真要就這麼去了，韓信還是擔心，萬一劉邦痛下殺手，自己只能束手就擒。到底去還是不去呢？

被貶淮陰侯

就在韓信舉棋不定的時候，手下有人出主意："皇帝最痛恨的是鍾離昧，只要您殺了鍾離昧，將他的人頭獻給皇帝，皇帝准會高興，一定不會處罰您。您還擔心甚麼呢？"

韓信更加猶豫了。殺了鍾離昧吧，不夠朋友，人家走投無路來投奔自己，以前對自己還有很大的恩情，自己也答應庇護他了；不殺吧，劉邦那關怎麼過？思來想去，韓信還是將鍾離昧找來，希望借鍾離昧的人頭用用，幫助自己渡過這個難關。鍾離昧失望地對韓信說："你錯了。正因為我在你這裏，劉邦才不敢貿然派兵進攻楚地。他害怕你我聯合起來對付他。現在你把我獻給劉邦，下一個就該輪到你了。"韓信並不認可鍾離昧的話，堅持要借。鍾離昧無可奈何，自刎而死。

結果當然不像韓信希望的那樣。當韓信捧着鍾離昧的人頭來覲見劉邦的時候，劉邦依然大怒。劉邦本來就是來找着徹底解決韓信的，怎麼可能因為鍾離昧的人頭就放過他？韓信捧着自己的人頭來認錯還差不多。

劉邦指着韓信大罵："你窩藏鍾離昧這麼長時間，怎麼早不將他殺了？現在事情敗露了，才殺了他來請罪。可見你只是迫不得已，根本不是出於誠心。"當即喝令左右的武士將韓信抓了起來。

此時的韓信，恰如陳平所說，處於任人宰割的地步，一個武士就將這位無敵統帥抓了起來。韓信當然大呼冤枉，連連解釋。可惜劉邦早就暗恨韓信，又怎麼可能聽得進去他的解釋？不過劉邦也有顧忌。畢竟國家剛剛建立，而且韓信的功勞太大了，又沒有真的造反，真要殺了他的話，難免落個刻薄寡恩的名聲，而且會大大寒了其他臣子的心，萬一再逼得其他幾個異姓王起兵造反，就得不償失了。思前想後，劉邦決定暫時放過韓信，留下他的性命。當然，劉邦深知，即使韓信以前沒有反心，經過自己這麼一折騰，也可能已經有了，為了防患於未然，對韓信必要的處分還是要的。最終，劉邦將韓信貶為淮陰侯，並且帶在身邊，一起回到都城長安。接下來，劉邦將韓信的封地拆分為兩個侯國，封給自己劉氏一族的族人。此時的劉邦已經決定非劉氏不封王了。

韓信點兵，多多益善

直到此時，韓信依然傲氣凌人，看不上劉邦手下的其他武將。一次，劉邦找韓信聊天，讓韓信點評一下朝中各位武將的本領。這些武將的本領，對韓信來說，確實如同掌上觀紋一樣，所以韓信胸有成竹，一一點評，無不中肯。

劉邦接着問：“那以你來看，我能帶多少人馬？”劉邦的意思，是問問在韓信心裏，自己的本領怎麼樣？韓信想了想說：“以陛下的本領，能帶十萬兵馬。”“那你呢？”劉邦繼續問道。韓信傲然回答：“臣多多而益善耳。”韓信的意思是，自己領兵，越多越好。這就是成語“韓信點兵多多益善”的來歷。

劉邦一聽不高興了，合着你還是覺得比我強很多啊？於是再問：“你既然這麼厲害，怎麼還是作為我的臣子，要聽從我的命令呢？”韓信知道自己說走嘴，惹劉邦不高興了，急忙話鋒一轉，捧劉邦說：“陛下不能將兵，而善將將，此乃信之所以為陛下禽也。且陛下所謂天授，非人力也。”韓信的意思是，陛下您雖然帶兵打仗的本領不如我，但是您善於指揮、駕馭將領。這就是為甚麼您是皇帝，我只是個將軍的原因。而且，您駕馭將領的本領

乃是老天賦予您的，這不是靠後天努力能達到的。劉邦見韓信還
算明白自己的身份地位，對於前面韓信的話，也就一笑了之了。

田橫與五百義士 | 15

　　楚漢相爭的過程中，劉邦曾經派酈食其去遊說齊國。酈食其
本來已經遊說成功，當時的齊王田廣和丞相田橫已經答應與漢軍
結盟，不料卻被韓信率軍偷襲。田廣和田橫將怒火發洩到酈食其
身上，將其烹殺。接下來，齊國被滅，田廣被殺。田橫稱齊王，
繼續與漢軍廝殺，不敵，率領殘兵敗將投奔了彭越。

　　漢朝建立後，彭越被劉邦封為梁王。田橫擔心劉邦秋後算
賬，帶領着部下五百多人背井離鄉，逃亡到了一個小島之上，勉
強生存下來。因為田氏兄弟在齊國一帶聲威素著，劉邦很是擔
心，萬一田橫再殺回家鄉，一聲號召，齊地一定有人跟着叛亂。
為了消除隱患，劉邦特意派使者前去招降，表示自己願意赦免了
田橫等人以前所有的罪過，命田橫入朝覲見。

　　田橫召集手下眾人商議去留問題，手下人都不願投降。田橫
謝絕使者說：“我曾經烹殺了酈食其，我聽說他的弟弟酈商是漢朝
的重要將領。我害怕遭到報復，不敢奉詔去面見皇帝。請你回覆
皇帝，允許我做一個普通的老百姓吧。”

　　劉邦聽到使者的回覆，立刻將酈商召來說：“我要召田橫進
京。如果有人敢動他一根毫毛，或者得罪他的隨從人員的，滿門
抄斬。”酈商被鎮住了。

　　劉邦二次派遣使者，拿着符節、詔書去見田橫。使者先是將
劉邦告誡酈商的話，原原本本告訴了田橫，讓他放心，然後接着
說：“田橫你若是進京，最大可以封王，最差也能封侯。但是如果
你執意不去的話，皇帝一定會派大軍來剿滅你們。”

　　實際上，田橫最不放心的，不是酈商，而是劉邦。但是現在，劉邦的意思已經很明確了，要麼來，要麼死。來了可能死，可能不死，不來的話，不但你田橫要死，你身邊的人都得死。

　　田橫的手下人等，還是反對田橫去見劉邦，真到萬不得已，寧可與漢軍決一死戰，生死在一起。田橫擺擺手，動情地説："你們追隨我，只是跟着我吃苦，我從沒有讓你們享受過榮華富貴。如果我不去，劉邦一定會派大軍前來，到時候，大家都會因為我的原因受到牽連，遭到屠殺，我於心何忍？"田橫説服了大家，並謝絕了大家跟着一起去的要求，只是帶着兩個門客，跟隨着劉邦的使者前往洛陽。

　　田橫此去，只是希望能給部下留條活路，自己就沒打算活着回來，當然更不是衝着那所謂的高官厚禄去的。在距離洛陽只有三十里的時候，田橫表示，為了表達對皇帝的尊敬，需要沐浴一番，再去覲見。

　　住下來後，田橫對兩個門客說："我是齊國人，現在齊國被漢軍滅亡了，曾經的齊王被漢軍殺了，我如果去投奔敵人，那還算是個人嗎？還有臉面活在世上嗎？如果後世的人都學我，不知羞恥，毫無原則，只知侍奉強權，天下還有忠義嗎？""再説，想當初我和劉邦都是王，現在他成了天子，我卻成了亡國奴，這本來就是莫大的恥辱。而且，我曾經烹殺了酈食其，雖然酈商害怕皇帝的命令，現在不敢對我怎麼樣，但是，終究是個死敵。而且，劉邦召見我，不過是想要看看我的面貌，抖抖他的威風罷了。我若不來，必將牽連到我的族人。現在，我來了，距離洛陽只有三十里，割下我的人頭，快馬飛奔送到天子面前，我的容貌還不會改變，還能讓他看清的。"説完，田橫面向東方故國方向，跪拜於地，慷慨悲歌曰："大義載天，守信覆地，人生遺適志耳。"祭拜完畢，田橫拔劍自刎。

　　見到田橫的人頭，劉邦很是感慨，封那兩個門客為都尉，然後用諸侯王的禮節安葬了田橫。那兩個門客在安葬完田橫，祭拜之後，就在田橫墓的旁邊，挖了兩個坑，然後也舉劍自殺，倒在坑裏，追隨田橫而去了。劉邦非常驚詫、感慨，將這兩個門客也妥善安葬後，第三次派人去海島，召剩餘的五百人回來。

漢朝使者沒敢和他們說實話，只說是田橫讓他來的。勇士們不明就裏，跟着使者奔赴洛陽。還沒到洛陽，他們就聽說了田橫和兩個門客都已經自盡的消息，於是一同去田橫墓前祭祀。五百勇士在田橫墓前，撫劍淚下，唱起了悲傷的喪歌《薤露》，歌詞曰：「薤上露，何易晞。露晞明朝更復落，人死一去何時歸！露晞明朝更復落，人死一去何時歸！」唱罷，五百勇士都自刎於田橫墓前。也有說法為，五百勇士在海島之上就得知了田橫的死訊，集體自殺於海島之上。現在田橫島上，還有五百義士墓。

漢朝與匈奴的首次交鋒 | 16

漢朝開國前後，劉邦曾經分封了八個異姓王。韓信被貶為淮陰侯之後，還剩七個異姓王。除了閩越王無諸屬於少數民族地區之外，其餘的幾個王，劉邦是一個也不放心。接下來，劉邦將目標對準了韓王信。他將韓王信的封地由韓國故地改到原來的太原郡，將馬邑城指定為韓王信的新都城。太原郡位於接近匈奴的邊境，劉邦此舉一是削弱韓王信的勢力，二是順勢讓他替自己鎮守邊疆，看似一舉兩得，但劉邦沒想到的是，這個安排很快出了大亂子。

匈奴人自戰國起，就一直對中原地區虎視眈眈。秦始皇派蒙恬率軍大敗匈奴，又在邊境地區修建長城，這才使得匈奴的侵擾減少了很多。但是隨着中原內亂，無暇北顧，匈奴又一步步進逼過來。漢朝建立之初，百廢待興，劉邦忙於繁瑣的內政，並沒有把主要精力放在對付匈奴上面。

公元前 200 年（漢高祖七年），匈奴冒頓單于趁中原王朝元氣未復之機，率領 40 萬大軍南侵。首當其衝的就是韓王信，匈奴大軍第一時間就包圍了馬邑。韓王信手下兵微將寡，不是匈奴人的對手，一面緊急派使者向劉邦求救，一面使用緩兵之計，裝作向匈奴人投降的樣子，和匈奴人談判講和。講和的過程很不順利。再加上韓王信本來沒打算真的投降，只是以講和為藉口拖延時間而已，所以談判很快陷入僵局。可萬萬沒想到，這個消息被劉邦知道了。

劉邦大怒，派使者前來質問、責罵韓王信。韓王信本來對劉邦就又恨又怕，對城外的匈奴人又無可奈何。現在見自己左右不是人，走投無路之下，真的投降了匈奴，並聯合匈奴攻打太原郡。這下劉邦可坐不住了，親率 30 餘萬大軍討伐匈奴和韓王信。隨同劉邦一起出征的文臣有陳平、婁敬等，武將有樊噲、周勃、夏侯嬰等。

白登之圍

在漢軍趕來之前，匈奴大軍和韓王信的人馬已經佔領了太原郡大部，並兵圍晉陽城。當漢軍和匈奴兵交鋒的時候，正是冬天最寒冷的時候，那年冬天尤其的寒冷。漢軍士兵不習慣這種天氣，很多人被凍傷，非戰鬥減員嚴重，但是在劉邦的親自指揮下，漢軍仍然節節勝利，打得匈奴狼狽逃竄，冒頓單于不得不且戰且退，最後屯兵於代谷，韓王信也逃進匈奴地界。

劉邦覺察出其中可能有詐，於是，先後派出不下十批使者前往匈奴，名義是去談判，實際上是為了偵查。這些使者回來後，稟報的內容幾乎一致，都說所見之處，匈奴人困馬乏、困苦不堪，士兵們士氣低落，而且所剩大部分是老弱殘兵。劉邦心裏活動了，覺得這正是大破匈奴的好機會，但還是有點不放心，所以一邊整頓軍馬出發，一邊又最後派婁敬出使，再探虛實。

婁敬回來後對劉邦說：“我沿途所見，確實和前面使者一樣。但是兩國相爭，正常情況下都會把自己最強大的一面展示給敵人。所以我覺得我們所見到的，一定是匈奴人故意讓我們看到的。匈奴人一定是將精銳人馬埋伏起來，用的是誘敵深入的策略。不然，就現在匈奴展現出的實力，怎麼敢來進犯中原？所以，我認為，目前不能大舉進兵。”

此時，劉邦已下達了進攻的命令，而且大軍也早已展開行動。聽到婁敬的話，劉邦早前那種無賴勁又上來了，發脾氣大罵婁敬說：“齊虜（齊國的無賴），平日裏憑着嘴皮子的功夫混個一官半職的也就算了，現在居然敢胡說八道，動搖我軍心，不想活了嗎？”當即喝令，將婁敬關押起來。不但如此，劉邦還擔心冒頓單于逃跑，為了加快速度，甩下大隊步兵在後面慢慢前進，自己親自率領騎兵急急追趕。

劉邦此舉，正中匈奴人的埋伏。劉邦率領的人馬剛到平城一帶，數十萬匈奴兵馬潮水般從四面八方包圍上來，哪裏有一點人困馬乏、士氣不振的樣子？而且，哪裏是甚麼老弱殘兵，都是精銳士卒。這一切，果然是冒頓單于的誘敵深入之計，劉邦貿然追擊，一頭撞進了敵人的包圍圈。

劉邦當機立斷，立刻率領兵馬，殺開一條血路，衝上附近的白登山，憑山據險，暫時穩住陣腳。匈奴兵一時攻打不下，將白登山團團圍住。此時的形勢對漢軍非常不利。劉邦一部被圍在白登山；距離不遠的平城雖然在漢軍手中，但是城中兵微將寡，於大局無補，只是因為匈奴人的注意力都被吸引在劉邦上，沒有強攻，才勉強維持；漢軍大隊步兵還在路上，正急行軍向平城趕來。劉邦所能依靠的也就是這些後面的步兵了。按照劉邦的想法，等我的步兵上來，自己也有 30 多萬人馬，還怕衝不破包圍圈，救自己出去嗎？到時候大軍匯合，還是進可攻退可守的。

　　冒頓單于既然佈下這個口袋陣，怎麼可能忘了劉邦的援軍。在將白登山團團圍住後，只留下幾萬人馬，剩餘的都抽調出來，在漢軍前進的必經之路上再次埋伏起來，準備截殺漢軍。

　　漢軍聽説皇帝被困，將領士卒都嚇壞了，一路急行軍，希望用最快速度將皇帝救出來，結果又中了匈奴人的埋伏。好在漢軍將士也都是身經百戰之輩，即使劉邦不在，剩下的將領也還能壓得住陣腳，雖然中埋伏吃了虧，但是沒被匈奴人一網打盡。不過想要突破匈奴人的圍堵馳援劉邦，也是不可能了。匈奴人呢，也沒打算將漢軍全部消滅，他們還沒那麼大的胃口，他們的主要目標，還是劉邦這個漢朝的皇帝。雙方就這樣僵持在一起。

　　劉邦君臣被圍在白登山上整整七天。劉邦一直苦盼的救兵，還是蹤影全無，自己的大營中卻是糧草斷絕了。眼見裏無糧草，外無救兵，聯絡中斷，突圍不成，劉邦發愁了，難道自己真要死在這裏不成嗎？

陳平巧計脫困

　　這時，陳平給劉邦出了個主意，想辦法買通冒頓單于的閼氏（在匈奴語裏是正妻的意思），讓她幫忙説話。劉邦現在也不管抓住的是稻草還是荊棘，都當成救命繩索，當即派人執行。

　　劉邦的使者先是買通閼氏身邊的隨從，見到了閼氏，獻上大量的金銀珠寶，同時還有一張美人的畫像。閼氏看到這麼多寶貝很開心，看到畫像卻皺眉了。使者解釋説：“中原皇帝願意和單于和好，所以送來這些禮物給您，希望您能在中間説説好話。如果可以的話，我們願意獻上更多的珍寶。如果還不夠，單于不願意退兵的話，我家皇帝説了，願意把中原最漂亮的女子獻給單于。這就是那位美人的畫像，可以先讓單于看看，是否滿意。”閼氏一聽，珍寶沒問題，越多越好，美人就算了吧。萬一單于喜歡上她，我怎麼辦吶？於是回覆使者，自己願意幫助漢軍説服單于退兵，美人的畫像就不要給單于看了。

關氏去見單于："我聽說中原各地的諸侯，已經聚集起數不清的人馬，要來救他們的皇帝了，咱們不能繼續呆在這裏等死啊。再說，即使咱們真的抓住了中原的皇帝，佔據了中原的地盤，也不能放牛、牧馬，也沒甚麼用。要我說，中原滅不了匈奴，咱們匈奴也滅不了中原，還不如做個人情，放了他們的皇帝，讓他們多給咱們一些珍寶好呢。"

冒頓單于本來對韓王信等中原降將就不太信任，也擔心漢軍的援兵會源源不斷的到來，徹底消滅劉邦的決心已經有些動搖。現在聽了關氏的話，也就答應下來，下令打開包圍圈的一個角，讓開一條道路，放劉邦等人下山。

第二天上午，天降大霧，劉邦等人在緊張中緩緩下山。陳平不放心，特意安排弓弩手在隊伍兩側，張弓搭箭，朝着左右兩邊的匈奴人警戒，保護着劉邦。匈奴兵馬早就得到了單于的將令，就在旁邊看着他們慢慢離去。

走到中途，劉邦稍稍放鬆，想要快點脫離險地，下令人馬加速撤離，夏侯嬰急忙阻止。怎麼？這一快跑，丟面子是小事，萬一引起匈奴人誤會可就麻煩了，於是繼續裝作鎮定的樣子緩緩而行。終於，他們平安脫離匈奴人的包圍，進入平城。接下來，劉邦立刻率領人馬撤退，直到抵達廣武，劉邦才長出一口氣，感覺安全了。

被許嫁了三次的長公主

從白登山活着回來的劉邦，第一件事就是從監獄中放出婁敬，並親自向婁敬賠禮道歉："我不聽先生的勸告，才有這次慘敗。這是我的錯誤。"為了獎功罰過，劉邦將那些說匈奴不堪一擊的使者全部斬首，然後加封婁敬為建信侯。

匈奴雖然和漢朝暫時停戰，但時隔不久又再次入侵。而且，現在有了韓王信等人做幫手，加上上次的大勝，匈奴越發肆無忌憚。公元前 199 年，也就是白登之戰的第二年，劉邦不得不再次親自領軍出征。匈奴則充分發揮自己機動性強的特點，你大軍來了，我就退。劉邦總不能一直呆在邊境，只得在匈奴兵馬退走後，率軍返回。然而漢軍大軍一走，匈奴又捲土重來。

這麼來來回回折騰，弄得劉邦氣急敗壞，卻無計可施。那為甚麼不派遣大將領軍出征，或者派遣重兵防守邊境呢？畢竟跟隨劉邦打天下的大將，夠帥才的還是頗有幾個的。關鍵在於劉邦不放心。現在的劉邦，把軍權牢牢抓在自己手中，對身邊的普通將領都保持着懷疑態度，更別說那幾個將帥之才了。像韓信之類，更是被軟禁在長安城內，連接觸軍隊的機會都沒有了。

焦頭爛額的劉邦向文官要主意。這時，婁敬提了個建議：和親。婁敬認為，現在天下剛剛安定，百廢待興，不適合發動規模大、時間長的戰爭。而且匈奴兵馬機動性強，將其擊敗，他們就會逃走，並不能損傷其根本。我們追也追不上，還會將戰線拉得太長，於漢軍不利。所以匈奴問題，不是靠武力能解決的。所謂"和親"，就是將皇室公主嫁給單于，這樣大家就成了一家人了。咱們再送上一份豐厚的嫁妝，單于一定會感激皇帝，將大漢公主立為閼氏。這樣，將來公主生了兒子，就是未來的單于。到時候就更沒問題了，外孫怎麼會來攻打外公呢？然後我們再時不時給他們一些咱們多餘的物品，再派人教他們禮儀之道，慢慢教化他們。時間長了，也就能將他們徹底感化過來。到時就不會再有戰爭了。劉邦點頭應允。

應該說，婁敬的這個主意並不怎麼樣，並不能從根本上解決遊牧民族和農耕民族的矛盾，甚至有養癰遺患的可能。但是就當時的環境下，至少能給劉邦爭取一段相對和平的緩衝時間。之所以能贏得相對和平，其關鍵，一是和親，從情理上讓匈奴人有所羈絆；二是大量物資的主動贈送，能相對減少遊牧民族物資的短缺，這樣，也就消弭了部分匈奴人入侵的慾望，減少了其入侵的次數。實質就是，你別來搶了，我主動送給你，連皇帝的女兒和各種財物，一起主動送給你。而和親的名義，不過是將這件事改換成一個相對好聽的説法而已。雖然説起來，這樣做顯得懦弱而窩囊，但是，至少在一段時間內，減少了邊境平民和軍隊士兵的傷亡，控制了戰爭的規模和次數，使戰爭的風險變得相對可控一些。

劉邦認可後，就派婁敬為使者，前去匈奴出使，向冒頓單于説親。現在事情的發展，倒真的應驗了當初陳平派人遊説匈奴閼氏的話了。

冒頓單于聽説漢朝皇帝願意將女兒嫁給自己，還陪送大批的嫁妝，非常痛快地答應了。可這時，呂后不答應了。劉邦的長公主是呂后所生，呂后捨不得將自己的親生女兒嫁到匈奴去，在劉邦面前是又哭又鬧。劉邦也很為難。

這個長公主，就是當年劉邦為了逃命三番兩次推下馬車的那個。説起來，這個長公主作為皇帝的長女，卻是命運曲折。被自己的父親推下車造成的心理陰影有多大就不説了，單説其婚姻，就是錯綜複雜。

鴻門宴時，為了拉攏項伯，劉邦將她許嫁給項伯的兒子，兩家結為口頭上的親家，不過並沒有真的兑現。劉邦當皇帝後，對此事更是選擇性遺忘，同時還將項伯一家賜姓為“劉”。再然後，為了拉攏趙王張耳，劉邦又決定將她嫁給張耳的兒子張敖。現在，劉邦已經又準備給她找第三個婆家 —— 匈奴單于了。雖説皇帝的女兒不愁嫁，但是像這樣將一個女兒許給三家人家的事，恐怕也只有劉邦幹得出來。好在呂后的堅決反對，讓劉邦也有一些猶豫。呂后更是果斷，趁着劉邦沒拿定主意，乾脆利落地讓女兒和趙王張敖完婚。在呂后看來，這要比遠嫁匈奴好多了。

木已成舟，劉邦也就將女兒封為魯元公主，讓她隨張敖回封地去了。但是匈奴單于那邊不能就這樣沒下文了啊，這招對項伯行，對匈奴單于可不行。於是劉邦又從皇室宗親中挑選了一個年貌相當的女孩，冒充長公主，還是讓婁敬做使者，和冒頓單于成了親。當然，帶去了大量物資做嫁妝。

冒頓單于並不知道嫁過來的是不是真的長公主，估計即使知道了，也不會太在意，他非常滿意地與之完婚，並將她立為閼氏。和親之後，漢與匈奴暫時成為了友好關係。雙方以長城為界，約定不動刀兵。當然，這些合約有多大的約束力，就只有天曉得了。

劉邦**剷除異姓王** | 17

邊境問題暫時緩和了，劉邦開始加緊對幾位異姓王的處置。就連那位成了自己女婿的趙王張敖，接下來的日子也沒好過到哪裏去。

劉邦一直看張敖不順眼，時不時就找茬責難一番，絲毫不顧及自己女兒的感受。劉邦的做法，令張敖的手下很不滿，為了替主公出氣，他們組織殺手幾次暗殺劉邦。後來事情敗露，張敖也受到牽連。好在張敖確實不知情，更沒有參與。劉邦也就沒要他的命，但是也將他削去王位，貶為宣平侯。這算是又少了一家異姓王。

就在大漢朝廷內部暗流湧動的時候，公元前 197 年七月，劉邦的父親劉太公去世了。畢竟是皇帝的父親，喪事辦得非常隆重，皇親貴戚、文武百官、各地王侯紛紛前來哀悼弔唁。該來的幾乎全來了，就是鎮守代地的陳豨沒來。劉邦敏銳地察覺這裏面有問題，立刻派人調查。這一查，還真查出問題來了。

陳豨叛亂

秦末大亂，陳豨投奔劉邦，比較受劉邦器重。後來在平定趙、代時，一度受韓信節制，二人過從甚密。公元前 200 年，劉邦派陳豨去鎮守代地。因為代地位於與匈奴接壤的邊境，地處偏僻、條件艱苦，一般官員都不願去，被派去的人難免有被發配的感覺，所以陳豨對此頗為不滿。

陳豨臨行，去向韓信告辭。此時，韓信已經被劉邦貶為淮陰侯，帶回長安"監視居住"了。兩個傷心人碰到一起，難免發洩一下心中的牢騷。言談之中，韓信滿腹是對劉邦的怨恨，真的有了不臣之心，並和陳豨一番密謀。

陳豨到了代地之後，結交豪強、廣收門客，大肆擴張自己的勢力。不過兩三年的時間，已經頗具實力。劉太公過世，陳豨以生病為由沒來出席喪禮，實際上，他是擔心被劉邦抓住甚麼把柄扣留。

劉邦本已對陳豨有所懷疑，現在發現這種情況，立刻派密使前去查看。密使還真查出了陳豨門客所幹的一些不法勾當，但是並沒有查到陳豨要造反的確鑿證據。即使這樣，劉邦還是不放心，命令陳豨立刻到長安來見駕。陳豨也知道劉邦對自己已經有所懷疑，更不敢來了，找各種理由推脫。

韓王信等投降匈奴的人得到這個消息，大喜過望，立刻派人來見陳豨，鼓動陳豨造反，並保證會給陳豨以援助。陳豨也早有了這個想法，在和韓王信等人聯繫好後，又派人聯繫韓信和其他不滿劉邦的臣子，約為內應，於公元前 197 年九月，舉兵造反，自稱代王。

劉邦大怒，再次御駕親征。當劉邦率軍到達邯鄲的時候，命令梁王彭越和淮南王英布各自率軍前來，協同剿滅陳豨。可是，這二位早就不滿劉邦的各種舉動，都以身體有病為由拒絕出兵。劉邦恨得咬牙切齒，但是也只能暗記心頭，等將來慢慢算賬。其實，劉邦未嘗沒有驅虎吞狼，等兩敗俱傷之際，自己坐收漁翁之利的打算，但是奈何那二位根本不配合，劉邦只能孤軍奮戰。

陳豨雖然實力不弱，兵馬也不少，奈何本人才能一般，格局也不大，他大肆搶掠，卻又不敢大舉進攻，只在邊境代地一帶徘佪，給了劉邦充分的準備時間。劉邦一方面赦免被陳豨裹挾、牽連的各級官吏，包括很多戰敗的官吏，同時盡可能地團結當地豪強，分化陳豨叛軍的實力；另一方面又斥重金懸賞陳豨手下重臣的人頭，提高麾下將士的戰鬥積極性。

最終，劉邦使盡渾身解數，才將這場持續了將近兩年時間的叛亂平定。陳豨手下主要將領或者被殺死，或者被活捉。陳豨帶着殘兵敗將逃往匈奴，結果被漢軍在靈丘斬殺。在陳豨被殺之前，那位叛逃匈奴的韓王信已經死於漢軍之手。在代地的局勢基本被控制住之後，劉邦留下部分人馬繼續掃蕩陳豨的殘餘勢力，自己就率領大軍返回了長安。

大勝歸來的劉邦，正琢磨着怎麼找藉口處置梁王彭越和淮南王英布的時候，突然得到消息，韓信已經被呂后和蕭何合謀給殺了。劉邦對韓信的感覺很複雜，有懷疑和怨恨，也有情誼和感念。畢竟，沒有韓信的鼎力扶助，不可能有今天的大漢江山。現在突然聽到韓信的死訊，驚詫之下，連忙詢問緣由。

韓信之死

在陳豨叛亂這件事上，韓信確實是同謀。陳豨之所以下決心造反，韓信和韓王信起了很重要的推動作用。

此時的韓信，下決心要和劉邦鬥上一鬥了。陳豨發動叛亂，劉邦親征以後，韓信也沒閒着，他和陳豨保持着聯絡，約定好等找到合適的時機，就從劉邦背後下手，配合陳豨。但是韓信手中現在沒有兵權，怎麼辦？他將目光放到了罪犯和奴隸身上。韓信打算假傳詔書，赦免那些在官府中服役的罪犯和奴隸，將他們組織起來，偷襲皇宮，殺死呂后和太子，然後佔據長安。要知道，在這些罪犯和奴隸裏面，包括了大量被劉邦征服的各諸侯國的降卒、戰俘，比如項羽的楚軍就不在少數，只要成軍，再加上韓信的指揮，戰鬥力不容小覷。全部安排妥當，就等陳豨的消息，然後找準時機，就可以行動了。

　　韓信萬萬沒料到的是，他這一切周密的佈置，包括自己的性命，卻都葬送在一個無足輕重的小人物身上。這個小人物是他手下的一個門客，在史書上連名字都沒留下來。這個門客不知何故惹怒了韓信，韓信將他關押起來，打算處死。這個門客的兄弟不幹了，將韓信密謀造反的事情向呂后合盤托出。

　　呂后聞聽，大驚失色。呂后心機、手腕皆不凡，但再怎麼着，也沒遇到過這種情況，更何況對手還是韓信。呂后當即決定，先下手為強，召韓信進宮，然後殺死他。但是，韓信會來嗎？萬一要是打草驚蛇，惹得韓信立刻發動叛亂，可就更危險了。關鍵時刻，呂后急忙召蕭何前來商議對策。蕭何聞聽，也是眉頭緊鎖。

　　劉邦手下臣子中，和韓信關係最好的應該就是蕭何了，但是在幫皇帝還是幫韓信這道選擇題面前，蕭何毫不猶豫地選擇了忠於劉邦。要召韓信進宮還不讓他懷疑，必須有個合適的理由。蕭何想出個辦法，讓人假冒從前線回來的使者，就說陳豨已經被殺，叛亂已經平定。這樣，百官必然進宮來道賀，也就能名正言順地召韓信進宮，擒而殺之了。商議妥當，他們立刻派出心腹手下秘密出城很遠，再裝作風塵僕僕從前線趕回來的樣子，大張旗鼓地進城，然後大肆宣揚前線大勝，陳豨被殺，皇帝即將凱旋的消息。

　　百官果然紛紛進宮道賀，唯獨韓信託病沒來。韓信心中吃驚不小，陳豨這麼快就敗了？這怎麼可能？正在這時，蕭何來見。韓信將蕭何請了進來。當然，還是裝作生病的樣子。蕭何先是關心了一下韓信的身體，然後話鋒一轉說到："陛下平定叛亂，這是非常重大的喜訊，將軍即使身體有病，也應該強打精神進宮祝賀一下，這是作為一個臣子最起碼的禮節。反正時間又不長，堅持一下總還是可以的吧？不然，就太説不過去了。"

　　如果説，滿朝臣子中，還有誰讓韓信較為信任和感激的話，也就是蕭何了，畢竟沒有當年蕭何月下追韓信，現在韓信不定成甚麼樣子呢。見蕭何如此勸說，韓信也沒多想，又見蕭何親自陪同，也就跟着他進宮了。而且退一步說，不去又能怎麼樣？陳豨已死，劉邦即將班師回朝，自己即使發動叛亂，也是分分鐘被平定。當然，韓信不知道的是，陳豨還活得好好得，而劉邦正在前線與他纏斗。

韓信進宮拜見呂后，立刻就被埋伏好的武士抓了起來。可憐的韓信，戰場上指揮千軍萬馬所向無敵，卻再一次被小小的武士輕鬆擒拿。呂后指着韓信大罵，責問他為何要叛亂。韓信當然不承認，但絲毫改變不了甚麼。擔心出現其他差錯，呂后都沒敢將韓信推出皇宮斬首，直接就在長樂宮的鐘室之中將他殺死了。韓信仰天長歎，遺憾自己怎麼早不下決心造反或者獨立，奈何悔之晚矣。最後，韓信怒目橫眉，瞪着蕭何。但是又有甚麼用呢？

公元前 196 年，韓信被殺，年僅 36 歲。正因為當初是蕭何舉薦的韓信，最後又是蕭何騙韓信進宮，使韓信死於非命，所以留下“成也蕭何，敗也蕭何”的說法。

韓信死後，為了斬草除根，呂后又下令滅韓信三族。如果說殺死韓信是蕭何同意的話，那麼誅殺韓信三族，蕭何一定是表示反對的，只不過呂后沒有聽從。因為有文獻記載，韓信身死族滅，但是他的小兒子在蕭何的保護下活了下去，後來在南越長大，娶妻生子，使家族繁衍了下去。

劉邦聽到韓信被殺的消息，既感到有些高興、放心，又有些傷心、難過，用安葬楚王的禮節，將韓信埋葬在他的家鄉淮陰。

梁王彭越自尋死路

韓信死後，劉邦的心病又少了一點。接下來，劉邦開始收拾梁王彭越，而且理由都是現成的，討伐陳豨的時候，劉邦調彭越和英布去前線，兩人都以有病為由拒絕前往效命。當時，劉邦正在洛陽，距離彭越的梁國很近，於是當即派出使者斥責彭越，並且命令他立刻來洛陽見駕。

說起來，現在的彭越也很緊張。彭越本來和劉邦的關係也還算不錯。劉邦調令下來的時候，彭越一是確實有病在身，不能應召；二是見劉邦削減異姓諸侯王的舉措已經昭然若揭，心裏不舒服，所以就沒去。不過他還是派遣了部分兵馬前去聽令，算是給劉邦留了點面子。即使如此，還是讓劉邦很憤怒。現在見劉邦龍顏大怒，彭越亂了方寸，打算立刻去洛陽向劉邦請罪。

這時，彭越的屬下有人反對，他勸說到："大王您當初因為有病沒有出兵輔助陛下，現在陛下一責備，您馬上去覲見，不正說明您當初是裝病嗎？那不是正好給皇帝處罰你的藉口了嗎？您可別忘了當年楚王韓信的舊事。依我看，還不如乾脆反了呢！"彭越沒有聽從部將的建議，但是也有點害怕劉邦處罰自己，就繼續以生病為藉口不來覲見。

後來見實在躲不過去了，彭越才硬着頭皮來洛陽覲見劉邦。劉邦當然是一番指責和大罵，但是彭越又確確實實沒有任何造反叛亂的部署和舉動，另外剛殺了韓信不久，劉邦有點心軟，再加上以前的一些情誼，劉邦便沒處死彭越，但是將他廢為庶人，並流放到極其偏遠的青衣縣（約在今四川蘆山縣一帶）。劉邦的意思就是，雖然不殺你，但是就讓你在窮鄉僻壤之處老死算了。

彭越雖然滿腹委屈和不甘，也只得被看押着出發了。離開洛陽不久，正好碰到了從長安來洛陽看望劉邦的呂后一行。彭越大喜過望，求見呂后，希望呂后能在劉邦面前替自己美言幾句。恢復封爵是不可能了，哪怕終老故土，也比顛沛流離到青衣縣去好得多啊。見到呂后，彭越放聲大哭，一邊申訴自己的委屈，一邊希望呂后能幫幫自己。彭越不知道的是，他眼裏的希望卻是索命的死神，本來還有一線希望活下去的他，這裏卻是主動將自己及家族的性命交到了死神的手中。

呂后表現得非常同情彭越，將他扶起並安慰說："梁王不必傷心，一切有我。這樣吧，你現在就隨我的車駕回洛陽，陛下面前由我去替你分說。"彭越感動不已。押送彭越的差役當然不敢違抗呂后的命令。就這樣，一行人等很快到達洛陽。

劉邦得知消息，大為詫異，不知道呂后要幹甚麼。呂后見到劉邦後，問劉邦："陛下，您知道我為甚麼將彭越帶回來嗎？"劉邦搖頭。呂后繼續說："彭越是個真的壯士，起於草莽，最後卻能夠成為諸侯王，是個有真本領的人。這樣的人，您不將他殺死，反而流放到蜀中去，不是在養虎遺患嗎？萬一要是讓他找到機會東山再起，可是很危險啊。您應該將他立刻處死，永絕後患。"

劉邦這才明白，呂后比自己的心還黑，手還狠。不過劉邦有點為難，畢竟剛剛赦免了彭越的死罪，現在馬上翻臉不認賬，未免顯得自己說話不算數。當然，這都是小問題，由呂后出面就可以了。呂后先是找人羅織了彭越造反的證據，然後砍下了他的人頭。這個時間是公元前 196 年夏天，韓信死後不久。

為了斬草除根，呂后又下令誅彭越的三族。為了徹底震懾諸侯，在呂后的慫恿下，劉邦作出了更瘋狂的決定，將彭越的屍體施以醢刑，就是剁成肉醬，然後分送給各諸侯。不難想象，各諸侯收到這份特殊的"禮物"時的表情。

淮南王英布叛亂

當淮南王英布收到彭越的肉醬時，更是感觸深刻。他知道，除了韓信、彭越之外，劉邦最忌憚的就是自己了。也就是說，劉邦的屠刀，下一刻就將落到自己頭上了。與其像韓信、彭越一樣窩窩囊囊等死，還不如拼死一搏。既然逆來順受也是一死，那不如乾脆造反，死中求活吧。於是，公元前 196 年秋天，英布起兵叛亂。

英布在準備起事的時候，為了鼓勵將士，也為了給自己打氣，召集手下眾將分析形勢說："現在皇帝劉邦已經老了（此時的劉邦已經 61 歲），身體也不好，所以即使知道我們造反，也不可能親征了。他手下的將領只有韓信、彭越本領最高，是將帥之才，但是現在都已經死在他的手中。所以現在的漢軍已經沒有本領出眾，讓我們擔心的將領了，這正是我們的好機會。只要我們大家同心協力，奪取這萬里江山指日可待。到時候，我們共享榮華富貴。"英布的話，極大提振了手下將領的士氣，大家摩拳擦掌、躍躍欲試。

準備妥當之後，英布率領大軍，先是向東進攻荊國。荊王劉賈是個無能之輩，只不過因為是劉氏族人，才佔據如此高位。看到叛軍來攻，劉賈驚慌失措，率先逃跑。結果還沒跑了，被英布叛軍殺死。英布佔據荊國，收編荊國駐軍，實力再漲，又渡過淮河，進攻楚國。楚王劉交是劉邦的弟弟，本領比那個荊王略高一籌，稍稍給英布增加了一點困難之後，也是大敗而逃。不過，這個劉交因為有了荊王的前車之鑑，準備充分了一些，活着逃了出去。英布的軍隊又佔據了楚國。

此時的劉邦，正在為一件煩心事困擾，那就是關於繼承人的問題。劉邦早就立嫡長子劉盈為太子，但又覺得這個太子性格軟弱，不怎麼喜歡他。另外就是隨着自己日益年邁，呂后越發專權，更是令劉邦擔心。萬一自己死後，劉盈即位，讓呂氏一門坐大，該如何是好？劉邦曾經一度打算廢掉劉盈，立戚夫人所生的趙王劉如意為太子，但是這個"廢長立幼"的念頭遭到所有人的反對，沒能成功。現在，家事沒有安定，國家又出叛亂，令劉邦煩上加煩。

劉邦一度想讓太子劉盈率軍討伐英布，但是架不住呂后哭哭啼啼，羣臣也大多持反對意見，因而沒能成功。當然，劉邦也不敢一意孤行，萬一要是太子出征再敗，劉氏江山真有可能付諸東流。無奈之下，劉邦只得再次親征。

　　兩軍對壘，各自擺開陣勢。劉邦在兩軍陣前指責英布："我對你不薄，封你為淮南王，你為甚麼還要造反？"英布現在也懶得和劉邦分辨甚麼是非對錯、兔死狗烹之類的道理了，直截了當地說："因為我想當皇帝啊！"氣得劉邦一口氣沒上來，差點從馬上掉下去。英布說的也有道理，你劉邦當年還不是楚霸王項羽封的漢王，怎麼起兵造項羽的反呢？既然你能造項羽的反，別人為甚麼就不能造你的反？

　　劉邦氣壞了，指揮大軍殺奔叛軍，雙方展開決戰。混亂中，一隻冷箭直奔劉邦射來。劉邦躲閃不及，正中胸口。好在劉邦穿着上好的鎧甲，這一箭射的並不深，但是也是射透鎧甲，射入肉中，血流不止。劉邦不由想起當年滎陽之戰中，被項羽射中的那一次，越看英布越像項羽，驚懼之餘，怒火更盛，下達了死命令。漢軍將領，見皇帝受傷，都嚇壞了。保護皇帝不力，嚴重的話，可是掉頭之罪啊。於是無不奮勇拼殺，希望將功補過。

　　英布的軍隊畢竟都曾經是漢軍，面對皇帝親征，膽氣就弱一些。現在漢軍拼死，就有些抵擋不住，被殺亂了陣型，四散奔逃。漢軍在後面是苦追不捨。英布幾次收容敗軍，試圖穩住陣腳，奈何劉邦命令漢軍死死咬住英布的亂軍，絲毫不給他喘息之機。最後，英布只得帶領少數殘兵敗將逃到江南，逃往長沙王吳芮的封地。

　　英布為甚麼要逃往長沙王的封地呢？因為英布是長沙王吳芮的女婿。不過這時吳芮已經死去，長沙王的位置由他的長子吳臣接替。這個吳臣也是夠狠，他先是裝作願意庇護英布的樣子，表現得非常友好，藉以麻痹英布。走投無路的英布當然很高興。英布到達鄱陽城時，感覺放心了，終於擺脫劉邦的追擊，到自己人的地盤了，今天可以放心睡個安穩覺了。沒想到，就在英布熟睡時，吳臣派來的武士悄悄潛入，一刀殺死了他。吳臣將英布的人頭獻給劉邦。劉邦長出一口氣，終於又去除了一塊心病。

燕王盧綰的結局

英布死後，劉邦將原來英布的封地賜給了自己的兒子劉長。那個兵敗逃跑的楚王劉交，當然又回到楚地繼續做楚王。荊王劉賈已死，他沒有兒子，劉邦就將荊國改為吳國，立二哥劉喜的兒子劉濞為吳王。

這時候，劉邦當初分封的異姓王中，除了閩越王無諸外，只剩下了燕王盧綰和長沙王吳臣。不過此時，劉邦又多封了一個異姓王，那就是南越王趙佗。趙佗佔據南越之地，自封為南越武王，在劉邦派陸賈說服趙佗歸降後，也就順勢封其為南越王。而與之相對應的是劉姓王已經多達八個：齊王劉肥、楚王劉交、趙王劉如意、代王劉恒（後來的漢文帝）、梁王劉恢、淮陽王劉友、淮南王劉長、吳王劉濞。

相較異姓王而言，劉邦感覺還是讓自己劉氏家族的人做諸侯王更放心。但他未曾料到的是，正是他現在的安排，為日後的“七國之亂”埋下了隱患。

那位燕王盧綰的結局也不好。盧綰和劉邦很有緣分，他們不但同年同月同日生，從小要好，而且長大後也是過命的交情。劉邦起事後，盧綰一直追隨，鞍前馬後，深得劉邦信任。縱使如此，劉邦對他也還是放心不下。

劉邦不斷剷除異姓王，為了自保，盧綰也確實和陳豨等人以及匈奴有聯繫。劉邦得知後，下詔罷黜了盧綰的王爵，冊封自己的兒子劉建為燕王，然後派大軍征討盧綰。

盧綰並不想造反，也不想真的投奔匈奴，但是現在劉邦正在火頭上，又因為征討英布受了箭傷，臥牀不起，無處分辯。盧綰也不想束手就擒，那樣難免一死，無奈之下，只得暫時躲避到匈奴，打算等劉邦好起來再慢慢解釋，也許還有一線生機。可惜，劉邦一病不起，不久就死了。劉邦死後，呂后專權，盧綰懼怕呂后，更不敢回來了。一年後，病死於匈奴。

長沙王，僅存的異姓王

中原地區唯一留存下來的異姓王，就是長沙王吳芮這一脈了。無論是從能力、功勞、資歷，還是從與劉邦的親近程度等哪方面來看，他都無法和其他諸位異姓王相提並論，但為甚麼唯獨他能留存下來呢？

首先，第一任長沙王吳芮死得早，繼任者吳臣的能力、威望都不太強，對劉氏天下夠不上威脅。也許你會疑惑，趙王張耳死得更早，繼任者張敖也沒甚麼大的本領和威望，而且還是劉邦的女婿，都被貶為宣平侯了，為甚麼吳臣沒事？其原因就是，從吳芮開始，到後面的繼任者，都對皇帝忠心耿耿，皇帝怎麼命令，這邊怎麼執行。英布造反時，長沙王吳臣更是主動"大義滅親"，將英布殺死。而且長沙王一脈一直是不貪兵權，不爭權奪利，平日裏更是非常低調。如此作為，讓皇帝想找茬都不好找。畢竟趙王張敖還有手下人刺殺皇帝的罪名才被貶黜。長沙王一脈硬是讓劉邦找不到把柄。

其次，就是長沙國所處的位置屬於中原繁華地區的邊界，再往南邊就是當時所謂的蠻荒之地了。長沙國作為連接百越地區和中原地區的樞紐，同時也是大漢南邊的屏障，地理位置雖然重要，但一不涉及經濟命脈，二不涉及軍事安全，三又遠離權力核心，所以政治上並不那麼敏感。正是這樣林林總總的因素綜合下來，才使得長沙王一脈得以保存。到第五代後，因為沒有了嫡系繼承人，長沙王才絕嗣國滅。

關於長沙王吳芮和他的妻子還有個很有趣的傳說。吳芮本人文采頗高，他的妻子毛蘋更是當時著名的才女。夫妻二人非常恩愛，有閒暇時，二人經常一起寫詩唱曲，吟風弄月。相傳那首著名的愛情詩《上邪》就是毛蘋所作。

那是在公元前 201 年，吳芮 40 歲生日的時候，夫妻二人攜手泛舟於湘江之上，慶賀生日。看遠處青山隱隱，看近處碧水迢迢，想想多年來的聚散離合，生死相依，兩個人都非常感慨。毛蘋深情地看着吳芮，吟詠道：“上邪！我欲與君相知，長命無絕衰，山無陵，江水為竭，冬雷震震，夏雨雪，天地合，乃敢與君絕。”其情深，其意切。吳芮也非常感動，拉着愛妻的手，深感此生有妻如此，夫復何求。執子之手，與子偕老。就在這一年，夫妻相繼離世。

劉邦剷除異姓王的苦心

劉邦為甚麼那麼急於剷除這些異姓王呢？當然是為了江山社稷，為了自己的子孫後代着想。公元前 209 年，劉邦起兵時已經48 歲，做皇帝時已經是 55 歲。在當時，這個年紀已經是垂垂老矣。而那些異姓諸侯王，有的年紀不小，可更多的是正當壯年，例如韓信才 30 歲上下。

劉邦知道，自己活着的時候還能鎮得住這些人，但是自己死後，以劉盈的軟弱性格，根本鎮不住這些驕兵悍將。到那時，真要是哪個諸侯王動動心思，一聲號召，這些人要兵有兵，要將有將，威望高，本領大，能文能武，足智多謀，這劉氏天下就得改姓。為了大漢朝的長治久安，劉邦也就下起了狠手。

其實說起來，一個大一統的國家，在當時的情況下，適度的中央集權，是有利於社會的發展和國家穩定的。不過，劉邦剷除異姓王，並不完全是為了鞏固中央集權，還是為了給自己的族人和兒子騰地方。自己的族人、兄弟，跟隨自己大半輩子，雖然大多沒甚麼功勞，但畢竟都是和自己有血緣關係的親人，而且自己的兒子們慢慢長大，也需要分封到各地為王，但是那些好地方，很多都封給異姓王了，不找藉口除掉他們，怎麼給自己人騰地方？

當然，那些異姓諸侯王本身也存在着致命的問題。他們或者居功自傲、驕橫跋扈，不聽劉邦的調遣，甚至陰謀殺掉皇帝；或者擁兵自重、內外勾結，形成實際上的割據勢力，覬覦皇權。這就觸碰到了劉邦的底線，促使他下狠手剿滅了這些異姓諸侯王。如果這些人也能像長沙王一樣，規矩、老實，雖然劉邦還是會削藩，但是至少不會這麼急迫，手段也會和緩一些，大家坐享榮華富貴、頤養天年，還是有可能的。當然，對於這些英雄豪傑來說，未必甘心如此罷。

終於將這些異姓王的威脅處理的差不多了，劉邦自己的生命也即將走到盡頭。現在劉邦擔心的，又變成了呂后。但是呂后畢竟不同於那些異姓王，可以隨便找個藉口或殺或貶，怎麼說也是多年的夫妻，陪同自己出生入死、感情深厚，而且還牽扯到太子和大批的呂氏族人呢。

劉邦之死 | 18

劉邦在征討英布時，被箭射中胸口，傷口一直沒好利落，時不時發作流血。呂后請來一位名醫給劉邦看病。醫生看完後，說是能治。沒想到劉邦一聽火了，大聲嚷嚷道：「想我劉邦，平民出身，手提三尺劍，奪取天下，我這是天命所歸。我的生死乃是由上天決定的，還輪不到你們這些人來指手畫腳。」說完，就給了醫生一筆錢，將醫生打發走了。

劉邦明明身上有傷，為甚麼卻不讓醫生治療呢？一個可能是，此時的劉邦已經有些糊塗了，真的認為自己是天之子，自己的生老病死都是上天安排好的。但是看劉邦臨死之前其他的安排，又不像如此昏聵的樣子。那麼劉邦真實的意思應該就是，自己的病自己知道，在明知道治不好的情況下，也就不願意讓醫生折騰了。因為他此時最擔心的，還是自己的這個江山社稷如何保全。所以，劉邦才會如此強調自己是天命所歸，就是為了在提高自己光輝形象的同時，震懾住那些別有用心的人。當然，有沒有用處，那就另說了。

白馬之盟

臨死前的劉邦，一直念念不忘的還是劉氏的天下。在劉邦奪取天下的過程中，呂氏家族也多有參與，並且立下了大小不等的功勞，封爵的還是有的。不過只要不封王，劉邦覺得威脅就不大。為了徹底堵住異姓可以封王的口子，尤其是呂氏一族，劉邦又想了個辦法。

一天，劉邦召集文武大臣集會，同時命人宰殺一匹白馬，要大家和自己一起歃血為盟。所謂歃血為盟，是古代一種訂立盟約時的儀式。就是宰殺一頭牲畜，然後將牲畜的血或者塗在嘴唇上，或者喝一點點，或者撒入酒中，大家喝一口這個酒，然後再說出誓言，或者宣讀盟約書的內容，表示信守承諾，絕不違背。古人比較重視祭祀活動。在祭祀活動中，又以白色的牲畜（如：馬、牛、駱駝等）為高規格的祭品。在他們眼裏，經過這樣的儀式，盟誓的內容就會傳到上天的耳朵裏，大家就不能違反了，否則上天就會降下懲罰。

劉邦帶領大家發出誓言："非劉氏而王者，天下共擊之。"這就是歷史上著名的"白馬之盟"。不過，白馬之盟的作用並沒有劉邦希望的那麼大。劉邦死後不久，呂后就大肆分封呂氏一族之人為王。

臨終前的安排

接下來，劉邦又經過一番安排、佈置之後，感覺到生命即將走到盡頭，於是將呂后找來安排後事。

呂后正為這事着急呢。皇帝的位子由太子接任，這沒有任何問題。那丞相呢？要知道丞相蕭何已經是 63 歲了，比劉邦還大一歲呢。蕭何死後，誰能接任丞相的位子啊？呂后雖然手腕不凡，但是在識人、用人上，比劉邦差遠了。為了兒子能安穩地坐在皇帝的寶座上，由不得呂后不着急。

　　見到劉邦，呂后急忙詢問："陛下您百年之後，如果蕭相國也去世了，誰能接任相國的職務呢？"劉邦對此早有安排，乾脆地回答："曹參可以接任。"呂后繼續問："那曹參之後呢？"劉邦想了一下回答："王陵可以。不過王陵智謀不足，可以讓陳平輔助他。陳平有智謀，但是缺乏決斷力。這兩個人合在一起就差不多了。另外，周勃雖然為人忠厚，不善言談，文才也不怎麼樣，但是這個人有真本領，將來能安定劉氏天下的，一定是周勃，讓他做太尉吧。"呂后繼續追問："那再之後呢？"劉邦搖搖頭："再之後的事，就不是你能知道的了。"

　　不管安排好沒安排好，不管放心不放心，公元前 195 年四月，劉邦病逝，終年 62 歲。從公元前 202 年正式稱帝到公元前 195 年駕崩，他一共做了 8 年皇帝。不過，史書上計算劉邦的年號，是從秦朝滅亡，劉邦被封為漢王的公元前 206 年開始計算，所以史書上紀年為漢高祖十二年。

漢初三傑，風流雲散

　　劉邦死了，當初追隨他的那些名臣勇將也大多風流雲散了。曾被劉邦誇讚為"漢初三傑"之一的韓信的結局自不必説，那麼蕭何和張良的結局如何呢？

　　漢朝建立後，蕭何一直擔任着丞相的職務，忠心耿耿、盡心盡力輔助劉邦治理國家。劉邦領軍征討在外的時候，朝政基本靠蕭何維持着正常運轉。即使這樣，劉邦晚年，也對蕭何越來越不信任。好在蕭何的政治智慧頗高，既不攬功，也不爭權，甚至不惜裝作貪財收受賄賂，以自污的方式讓劉邦放心，算是度過了危機。公元前 193 年，在劉邦死後差不多兩年時間，蕭何病死。

張良更加睿智一些。劉邦最終能取得勝利，與張良的參謀之功密不可分。約法三章、鴻門宴、暗度陳倉、榮陽之戰、垓下之戰、分封諸侯、定都長安、太子廢立……，幾乎發生在劉邦身邊的每一個重大事件，都有張良的影子。分封爵位時，劉邦要封給張良三萬戶為食邑，被張良堅拒。最終，他只要了小小的留城為食邑，所以也被稱為"留侯"。隨後的日子裏，張良儘量減少自己的存在感，不到劉邦追着問到頭上，很少再主動獻計獻策。偏偏越是這樣，劉邦越離不開張良，大事小情非要和張良探討一下才放心。後來，張良以體弱多病為藉口，慢慢遠離了朝堂，過着半隱居的生活，直到公元前 186 年病逝。

蕭規曹隨 | 19

劉邦死後，16 歲的太子劉盈即位，是為漢惠帝。劉盈自小為人柔和，性格軟弱，還差點因此被劉邦廢掉太子之位。其實，這事也難怪劉盈，有那麼一對性格強悍的老爹、老媽，孩子性格軟弱的概率很高啊。

劉盈當了皇帝後，性格還是很軟弱，所以出現皇權弱化的情況也就在所難免。國政大權，朝堂之上由蕭何掌管；內宮之中，由母親呂后負責。當然，現在是呂太后了。好在劉邦給他留下了一批既能幹又比較忠心的臣子，所以國家機器依舊正常運轉着。

到了公元前 193 年，也就是漢惠帝二年，蕭何病重去世。因為劉邦臨終的安排，再加上蕭何臨死前推薦，惠帝讓曹參做了丞相。這個曹參也很有意思。他當丞相後，在政務方面，完全繼承了蕭何的安排，一點也不予變更。在人事安排上，他將那些偷奸取巧、伶牙俐齒，甚至頭腦比較靈活之輩，都從重要位置上調離，留下的都是些老成持重、循規守矩之人。安排好這些之後，曹參每天就在家中飲酒作樂，幾乎不怎麼過問政事了。

曹參手下有些人覺得丞相這樣做不對，就準備給他提提意見。每到這個時候，曹參就熱情洋溢地把這些人請到家裏喝酒。大家稀裏糊塗地就被這位丞相給灌醉了，然後一個個暈暈乎乎地離開了，意見當然也沒提成。一來二去，也就沒人再找曹參提意見了。

曹參的所作所為，惠帝是看在眼裏，愁在心頭。別人不管可以，他作為皇帝不能不過問。可直接把曹參叫過來批評一頓吧，好像太不給面子了，畢竟是父親留下來的老臣子，又位居丞相之職；不問問吧，心裏又不踏實，這樣下去，國家能行嗎？

惠帝想了個好辦法，曹參的兒子曹窋在朝中擔任中大夫，正要休假回家。他找來曹窋，把自己的意思和曹窋說明，讓他先委婉地勸勸自己的老爹。沒想到，曹窋回家勸說了沒幾句，就被曹參一頓暴打，勸說的話，當然也就不敢再說了。

這下，惠帝實在繃不住了，把曹參叫來詰問。曹參免冠謝罪，然後問惠帝："陛下，您覺得您和先帝比，誰更聖明？"惠帝回答說："我怎麼敢和先帝比啊？"曹參接着問："那您看，我和蕭何丞相相比，誰更賢能呢？"惠帝說："你比蕭何還是要差一些。"曹參說到："陛下，這就對了。你看，高皇帝和蕭何在天下平定之後，已經有了明確的法令。既然您不如高皇帝，我不如蕭何，那麼，您作為陛下，垂衣拱手；我們作為臣子，各安其職，遵循前代的法令，繼續執行，大家遵紀守法，沒有過失，不就好了嗎？這樣天下就會安定了。"惠帝聽了，感覺似乎有那麼一些道理，於是說："好啦，你不要說了。"然後無奈地擺擺手，不再追究這件事了。這就是著名的"蕭規曹隨"的故事。

如果從發展的角度看待曹參的說法，應該說，曹參的話沒甚麼道理。萬事萬物都處於不斷發展變化中，不能照搬前人經驗。

但是放到漢初那個特定時代，曹參的話，又體現出了大智慧。

因為從春秋時期開始，各諸侯國之間戰爭不斷。到了戰國時期，戰爭更是越演越烈，規模不斷擴大，百姓生活越發艱難。到了秦朝，雖然短暫統一，但是秦始皇的無數大規模的工程，動員民夫、徭役無數，更是令百姓生活在水深火熱之中。接下來的秦國滅亡、楚漢相爭，以及漢朝剛剛建立後的不斷叛亂、內戰和對匈奴的戰爭，都讓百姓的生活處於極端困難的境況，百姓急切盼望着能過幾天安穩、平靜的日子。此時的百姓，只要有和平安定的社會，不需要官府做甚麼，官府儘量少去干擾，百姓一定會珍惜當下，傾盡心力發展生產、改善生活。

蕭何在輔助劉邦治理國家時，就是看透了這點，所以用道家的"無為而治"為治國方針，不輕易發出法令，但是法令一旦頒佈，就不隨意更改。所發出的法令，也多是本着讓百姓休養生息的原則，發展生產、鼓勵耕種。曹參也正是明白了這一點，才謹守蕭何法度，"蕭規曹隨"，用民以時，順應民意。

在曹參任丞相的三年時間裏，漢朝的國力有了明顯的恢復和提高。為接下來的"文景之治"打下了基礎，同時也指明了方向。公元前 190 年，曹參病死。

傳奇呂后 | 20

漢惠帝即位後，朝政大權一直就沒掌握在自己手中。好在性格頗為軟弱的他，也不是非常計較這些。當然，計較也沒辦法，誰讓他有一個性格強悍的母親呢？

瘋狂的呂后

已經"晉級"為太后的呂后，一直對劉邦的妃子戚夫人和她的兒子趙王劉如意恨得咬牙切齒。就是這個戚夫人和趙王如意，差點就讓劉邦將劉盈的太子之位廢掉。每每回想起當時危如累卵、自己幾乎絕望的情景，呂后就怒火中燒。現在，劉邦死了，自己的兒子當上皇帝了，戚夫人的靠山沒了，自己掌握生殺大權了，報仇的時間到了。

劉邦死後不久，呂后就將戚夫人廢為奴隸，讓她穿上罪衣，戴上枷鎖，在永春巷舂米，做苦力活。一個皇帝的寵妃，哪裏受過這樣的苦？但是現在生死操於呂后之手，戚夫人每日裏只得以淚洗面，唯一的指望就是自己的兒子如意將來能將她救出去。

呂后同樣恨趙王如意，但他已經在自己的封地生活，不在皇宮，無法下手，於是呂后幾次下旨召如意到長安覲見。最後，劉如意不敢不從，來長安見駕。

呂后手狠心毒，但是劉盈心地善良。在戚夫人一事上，作為先帝的妃子，被皇太后處置，劉盈無法多說甚麼。但是在趙王如意這件事上，當劉盈知道母后召如意前來，就明白她怕是要對自己這個弟弟下毒手了。於是，他便想方設法保護如意。

如意還沒進入長安城，劉盈便親自出城迎接，然後食則同桌，寢則同榻，隨時保護在如意的身邊，好讓母親沒有下手的機會。除了這個不是辦法的辦法，劉盈也是無計可施。總不能和母親鬧翻吧？一是不敢，二是鬧也沒用，母親根本不會聽。如意當然對這個哥哥也很感激。他十分想念自己的母親戚夫人，但是一直不得相見。劉盈不斷勸慰弟弟不要着急，等待機會。

再怎麼防備，總有疏漏的時候。公元前194年（漢惠帝元年，劉邦死的第二年），冬天的一天早晨，劉盈早起練習射箭。如意更加年幼一些，貪睡，不想早起。劉盈心疼弟弟，想着一會兒自己就回來了，不會發生危險，就沒有叫醒他。可是劉盈剛離開，呂后就得到了消息，隨即派人毒死了如意。等劉盈回來叫弟弟起牀的時候，見到的只是弟弟冰冷的屍體了。劉盈痛哭不已。

　　殺掉如意之後，呂后還不解恨，又命人將戚夫人砍斷手腳，剜去雙眼，割掉舌頭，灌入啞藥，弄聾了耳朵，起名為"人彘"，就是"人豬"的意思，然後扔進廁所裏。悲慘的戚夫人，真真的是生不如死了。不管有多少深仇大恨，呂后此舉都太過殘忍了。

　　不知出於甚麼原因，過了幾天，呂后特意讓惠帝來看這個"人彘"。當善良的劉盈得知這個怪物一樣的東西就是戚夫人的時候，嚇得面色蒼白、渾身顫抖、淚流滿面。他哭着對呂后說："太殘忍了，太殘忍了。怎麼能這麼做？太后您如此做法，讓我這個做兒子的還有甚麼臉面坐在皇位之上，還憑藉甚麼去治理國家啊？"驚嚇過度的劉盈當即大病一場，很長時間身體才恢復過來。劉盈在精神上垮得更厲害，可以說是從此之後一蹶不振。即使身體恢復後，也是整日藉酒澆愁，再不願處理國家大事。

　　呂后並不太在意劉盈從身體到內心受到的打擊，認為過一段時間就好了。而且，呂后一直理直氣壯地認為，自己所做的這一切都是為了兒子好，為了兒子的將來，為了兒子的江山打算。

　　呂后在將如意害死之後，她又盯上了劉盈的那位庶兄劉肥。

被生母折磨致死的漢惠帝

　　按照年齡來說，劉肥是劉邦的長子。呂后還沒嫁給劉邦的時候，劉邦和情人曹氏私通，生下劉肥。因為沒有名分，所以劉肥沒有皇位繼承權。不過劉邦沒有虧待他，封他為齊王，將原來齊國的大片土地都作為他的封地。說起來，當年劉邦不務正業，劉肥還是靠着呂后的撫養才得以長大。不過，對於現在的呂后來說，除了自己的親生兒子、女兒和自己的呂氏族人外，其他人都不可靠。

　　公元前 193 年，劉肥入朝見駕。劉盈對自己這位庶兄很客氣。酒席宴上，惠帝按照普通人家的禮節，將這位大哥讓到上首的位置坐下。劉肥也沒太在意，客氣了幾句就坐下了。這兄弟二人不在意，呂后可是生氣了，認為劉肥有不臣之心，立刻悄悄命人奉上兩杯毒酒，準備毒死劉肥。毒酒上來後，呂后一杯，劉肥一杯。然後呂后裝作酒量不行，讓劉肥將兩杯酒都喝掉。劉肥絲毫不知死神臨近，接過兩杯毒酒，向呂后表達祝願致辭後，就準備喝掉。

劉盈一直就在注意着，生怕如意的事件再現。現在見到母后的臉色不對，又見從後面特意拿上兩杯酒，並且都讓劉肥喝，立刻明白這酒一定有問題。內心淒苦的劉盈見母后對自己這幾個兄弟一個都不打算放過，頓感人生更加無趣，乾脆自己一起死了得了。於是劉盈從劉肥手中搶過一杯毒酒，向母親行禮，祝願母親長命百歲後，就準備將這杯毒酒一飲而盡。

呂后是要毒死劉肥，替自己的親生兒子掃清障礙，可不是要毒死自己親生兒子，見狀便急忙打掉毒酒。齊王劉肥雖然不明所以，但也知道這裏面一定有文章，於是裝作酒醉，停杯不飲，酒宴草草結束。劉肥花費重金買通皇宮裏的下人，得知事情真相，後怕不已。雖然毒酒的劫難過去了，但是誰知道呂后會不會放過自己？要是呂后一心致自己於死地的話，自己該怎麼辦？困在這長安城中，跑都沒地方跑。

好在劉肥手下也有明白人，給他出了個主意。他們分析認為，呂后只有兩個親生的孩子，兒子是皇帝就不説了，女兒就是魯元公主。因為魯元公主的丈夫張敖被劉邦削去王爵，封地也被收回，所以魯元公主所擁有的封地，就是自己作為長公主的幾座城池。他們建議劉肥拿出自己封地中的幾座城池敬獻給呂后，讓呂后轉送給魯元公主。這樣一來，呂后一定高興，齊王您呢，也就能平安返回封地了。

劉肥照辦。呂后果然很高興，認為這個庶兄還不錯，挺有心，還惦記着自己的妹妹，再加上當年的那點感情，就放劉肥返回了封地。

看到一家人這樣勾心鬥角，惠帝再次受到深深的傷害，感覺人生更加無望，但是，呂后對惠帝的傷害還沒完。公元前192年，19歲的惠帝該大婚，就是該立皇后了。呂后硬是將魯元公主的女兒張嫣指給劉盈為皇后，這可是劉盈的外甥女啊！

劉邦的子嗣不少，有八個兒子、一個女兒，其中，魯元公主是和劉盈同父同母的姐姐。而且，劉盈和姐姐的感情很好。年幼時，戰亂、逃亡是生活的主旋律，姐弟二人相依為命、掙扎求存。

現在，姐弟二人終於都長大了，過上和平、安寧的日子，並且自己還坐在了君主的寶座上，姐姐也早被封為魯元公主。可偏偏在自己大婚的問題上，自己的母親，卻要將自己姐姐的女兒指配給自己做皇后。

這一有悖人倫的做法，令劉盈異常難堪。接受吧？不行，心裏過不去；拒絕吧？不敢，也不能。實際上，在劉盈即位不久，呂后就已將張嫣指定為皇后的人選了。只是當時的張嫣實在太小，只有8歲，無法成婚。當然，到公元前192年，劉盈大婚的時候，張嫣也只有11歲。劉盈唯一能做的，就是從來沒有碰過這位小皇后，以此來抗議母后的做法。

這一系列的打擊和壓力，令脆弱的劉盈對人生徹底失去了興趣，在壓抑和終日的自我放縱後，只做了七年皇帝，年僅23歲的劉盈，於公元前188年鬱鬱而終。

帝王家，誰活着都不容易

呂后將自己的外孫女指配給兒子做皇后，其根本原因還是對於自己地位的不放心，總感覺不踏實，所以才行此有悖人倫的做法。其壓力的來源，應該是劉邦的諸多子嗣和劉氏的諸位藩王。

呂后明白，劉盈之後，如果是其他劉氏宗親當上皇帝，雖然這個天下還是姓劉，但和她可就沒甚麼關係了。只有劉盈以及劉盈的後人能坐在皇位上，自己及呂氏一門才能一直飛黃騰達。在呂后看來，甭管她是自己的外孫女還是其他甚麼血親，總之是親上加親，只要這個皇后能給劉盈生個兒子，立為太子，那麼其他劉氏宗親對這個皇位也就沒有指望，自己的地位也就徹底穩固了。

如今皇后的名義雖然有了，可是皇帝卻從來不碰皇后。怎麼辦？無奈的呂后再想奇謀。大婚後不久，呂后就讓張嫣假裝懷孕。時間差不多之後，又派人悄悄將一個宮女生的兒子搶來，謊稱是張嫣所生，取名為劉恭，並立為太子。這個劉恭，就是後來的前少帝。為了保守秘密，呂后又命人毒死了這個孩子的生母。

至於孩子的父親，則說法不一。有說劉恭是呂后從皇宮之外弄來的，所以他的生父不可考。不過這種說法應該不成立，呂后再瘋狂，也不會將皇位交給一個和自己，和劉氏都毫無血緣關係的人。主要的說法還是，這個孩子的父親就是劉盈，是劉盈和其他妃子所生，只是將孩子的母親替換成了張嫣而已。

有史料稱漢惠帝劉盈沒有兒子，所以這個劉恭當然也就不是劉盈的兒子了。那麼惠帝到底有沒有兒子呢？有，而且有 6 個。只是這 6 個孩子都先後死於非命而已。其中，劉恭是被呂后暗中害死，其餘的則是被擁立漢文帝的大臣們所殺。他們擔心這些孩子長大後替呂氏報仇，就以這些人都不是惠帝的兒子，而是呂氏血脈為由，全都殺掉了。因此，才有惠帝無子的說法。

可憐的漢惠帝，雖然貴為皇帝，但是生前身不由己，命運完全操縱於他人之手，死後更是被殺盡子嗣。更加可憐的是小皇后張嫣。雖然母親貴為魯元公主，父親也是侯爵，但是 8 歲的時候就被指配給自己的舅舅，11 歲結婚，當上皇后。但是這個皇后一直是有名無實，還得假裝懷孕生子。15 歲時，丈夫去世，還是小姑娘的她莫名其妙就成了太后。又過了一年，母親魯元公主也死了。到了公元前 180 年，呂后死後，忠於劉氏的羣臣剷除呂氏家族，擁立劉邦的第四個兒子劉恒稱帝，張嫣也被廢黜，此時她年僅 23 歲。好在張嫣確實沒參與過呂氏的亂政，算是留下一條活命，被打入冷宮。從此之後，只能在孤獨落寞中過着被世人遺忘的日子。十七年後的公元前 163 年，40 歲的張嫣悄無聲息地死去。

其實，説起來，那個心狠手辣、不擇手段的呂后，日子過得也不容易。丈夫死了，兒子年紀輕輕又性格軟弱，內有權臣環伺，外有藩王威脅，稍有不慎，這個大好河山，就將和她呂后沒有任何關係了。所以此時的呂后，時時刻刻處於緊張憂慮之中。除了國內暗流湧動的局勢，北方的匈奴，南方的閩粵，也隨時處於動蕩之中。

這時的匈奴單于還是冒頓。冒頓單于見劉邦死了，嫁過來的那個公主也死了，就又有了點想法。好在和親的舉動還是有點效果，畢竟做了這麼長時間的"自己人"，冒頓沒有立即起兵攻伐，而是先給呂后寫了封信，試探一下漢朝這邊的反應。這時是公元前 192 年，漢惠帝三年。

冒頓在信中寫道："你看，現在你的丈夫死了，我的妻子也死了，咱倆都很孤單，要不咱倆湊一塊過日子算了。"看着冒頓赤裸裸的調戲，呂后幾乎氣炸了肺，拍案而起，就準備派大軍和匈奴大打一場。樊噲作為呂后的妹夫，當即站出來，表示自己願意率領十萬大軍掃平匈奴。沒想到，這時那個"千金一諾"的季布站出來表示反對。包括丞相曹參在內，都支持季布的説法，認為不能打，因為打不過。然後大家都勸呂后別生氣，被調戲幾句沒甚麼大不了的。眼看大家一邊倒地反對出兵，樊噲也只得閉口不言。

無奈的呂后也只得嚥下這口氣，好言安撫匈奴，又在宗室之中選出一個女孩，並陪送了大批嫁妝，嫁到匈奴去。

被司馬遷列入“本紀”

　　呂后一系列瘋狂的舉動，逼得自己唯一的兒子英年早逝。此時的呂后，心中充滿着深深的憂懼，接下來怎麼辦？雖然自己早有預見，已經立了太子。但是畢竟太子只有 4 歲，羣臣能支持這個幼主嗎？劉邦其他的兒子會不會覬覦皇位？那些劉氏藩王呢？呂后一方面心痛兒子早死，一方面憂懼事態的發展，所以在兒子靈前，傷心不已，卻並不落淚。

　　張良的兒子張辟強年僅 15 歲，在宮中擔任侍中一職。眼見呂后的怪異表現，張辟強嚇出一身冷汗，急忙來找左丞相陳平。此時，曹參、樊噲等人都已死去，朝中大事由右丞相王陵、左丞相陳平、太尉周勃負責。呂后的奇怪表現，當然也引起了眾大臣的猜測。張辟強對陳平説，呂后之所以哭不出來，是因為擔心臣子們會對自己不利。所以，現在呂后心中，應該是殺機大起。如果大家不想死的話，最好有人出來挑頭，主動建議呂后立刻拜呂台、呂產（二人都是呂后的姪子）為將軍，統領軍隊，保衛長安城和皇宮的安全，另外就是大量推薦呂氏族人入朝為官。如此才能讓呂后放心，大家才能都有活路。

　　看來，這個張辟強也遺傳了不少他父親張良的聰明才智。可惜，到底是年輕，此處未免有點炫耀的感覺。別人不説，就説老辣的陳平，最擅長揣摩別人的心思，如此緊要關頭，怎麼可能想不明白呂后的打算？只不過，陳平想得更多、更遠。

　　不主動提高呂氏族人的地位，不將軍權交給呂氏一族，很難讓呂后放心，也就很難阻止呂后大開殺戒；但是現在將呂氏一族抬起來，將軍權交給呂氏族人，將來還能抑制的住嗎？將來這個天下會不會有姓呂的可能？到那時應該怎麼辦？

　　如果既不交權，又不讓呂后開殺戒，那就只能先下手為強，逼宮，另立劉邦的其他兒子即位。但是，立誰？立誰也名不正言不順。其他人會怎麼想？會同意自己的主張嗎？會不會引得羣雄並起，爭奪皇位？要是真的因為自己的主張引起天下大亂，自己可就是萬死莫贖的罪人了。

思前想後，陳平認為還是應該暫時以隱忍為上。只是需要一個藉口，也就是一個背黑鍋的人，不然由自己提出的話，將來呂氏一族要是真的叛亂，自己勢必會背上千載罵名。就在此時，張辟強出現了。既然送上門了，陳平便順理成章地接受了他的建議。他進宮見呂后，建議呂后拜呂台、呂產二人為將，分別統帥南北二軍，也就是負責保衛京城和皇宮的軍隊。本來這兩支軍隊，一直是由太尉周勃統帥的。呂后擔心的就是這些老臣宿將不服從自己的約束，自己壓不住他們，正在衡量大動殺機的後果和危險程度，陳平的一番話，讓呂后大喜過望，欣然同意。

等呂台、呂產接過代表權力的兵符的時候，呂后的心裏終於踏實一些了，也終於想起自己的兒子再也回不來了，傷心得痛哭流涕。

安葬完漢惠帝後，太子劉恭即位，史稱前少帝。因為皇帝年幼，所以由呂后臨朝主政。所有政令皆出於呂后之手，開太后專政之先河。

呂后雖然心黑手狠，多疑猜忌，但是在治理國家上還是頗有一套的。實際上，惠帝活著的時候，很多政令就出自呂后之手。其中，意義最重大的就是在公元前191年廢除了秦朝制定的“挾書律”，也就是私藏詩書滅門的法律。從此，朝廷允許並鼓勵民間收藏詩書，算是為中華文化的傳承發展作出了巨大的貢獻。呂后稱制之後，繼續延續“無為而治”的治國方針，執行休養生息的政策，多次減免稅負，減輕百姓負擔。同時引導社會中向上的風氣，並以身作則，倡導節儉。

在呂后的統治下，漢朝的經濟持續發展，國力日益強大，為接下來的“文景之治”打下了良好的基礎。《史記》和《漢書》都稱讚她：“故惠帝垂拱，高后女主稱制，政不出房戶，天下晏然。

刑法罕用，罪人是希，民務稼穡，衣食滋殖。"

　　從好的方面來說，呂后是個剛毅果敢的女強人，從壞的方面來說，她又是個陰狠毒辣的女魔頭。但是，無論如何，劉邦死後的十五年，呂后是中華大地上的實際統治者，這是毫無疑問的。而且，她也是個合格的統治者，留下很多為人稱道的政績。這些，又不得不讓人佩服呂后的才能。正因為即使在惠帝做國君時，國家的實際掌舵者也是呂后，故司馬遷在寫《史記》時，不設"惠帝本紀"而設"呂太后本紀"。到了前少帝劉恭做皇帝時，史書上更是直接以"高后"紀年。

強悍到死

　　呂后終於臨朝稱制了，但她的心中一直忐忑不安。為了鞏固自己的統治，呂后在不斷加強呂氏對兵權的掌握的同時，還準備封呂氏族人為王。但是這裏有一道邁不過去的坎，就是劉邦臨死前"白馬盟誓"明文規定"非劉氏而王者，天下共擊之。"不過這也難不住呂后，畢竟劉邦已死，要執行盟約，也是那幾個劉邦倚重的老臣，直接找他們就得了。

　　一天，呂后在朝堂之上直接提出要封呂氏族人為王，向大家徵求意見。右丞相王陵脾氣耿直，當即站出來反對。可是沒想到左丞相陳平、太尉周勃等人，不但不反對，反而紛紛認同，並主動給呂后找理由。當然，這麼大的事，不可能一次就確定下來，既然已經達成預期目標，呂后也就滿意了，開始按部就班地執行。

　　王陵氣憤不已，退朝後，對着陳平、周勃等人大發雷霆，責罵他們忘了和先帝的盟誓，對不起劉邦的重託。陳平等人苦笑不已，勸慰王陵不要太固執，現在呂后勢大，需要暫時隱忍，等將來機會到了，再出來保全劉氏一脈。耿直的王陵只是不相信，冷笑不已。但是冷笑有甚麼用呢？

　　接下來，呂后隨便找個理由，罷免了王陵的丞相之職，讓他去做那個 4 歲小皇帝的老師。王陵又氣憤又傷心，索性以年老多病為由請了長假。呂后也沒有過於難為王陵，只要不阻礙自己的統治就行，痛快地批准他致仕回家。

掃清了主要障礙，呂后一面在朝廷中重要的位置上安插自己的親信，一面大肆分封呂氏一族之人。呂后先冊封已經死去的父親呂公和大哥呂澤為王，然後又先後分封了呂台、呂產、呂祿、呂嘉、呂通五人為王，同時還分封了一大批侯爵。當然，為了稍稍掩人耳目，呂后在大肆屠戮劉氏藩王的同時，也分封了幾個劉氏一族中比較傾向於自己的為王。此舉，既將呂氏一族推上巔峯，同時也將呂氏一族帶入滅族的深淵。

眼看着自己的羽翼漸豐，呂后稍稍放下心來。就在這時，那個小皇帝又出問題了。到了公元前 184 年，也就是高后四年，小皇帝劉恭已經 8 歲了，慢慢開始懂事了。不知道從哪裏得到的消息，他知道了自己不是張嫣的孩子，生母被呂后害死的事。小孩子心裏藏不住話，他當即揚言：“太后太可恨了，竟然殺了我的親生母親。你等着，等我長大了，一定要報仇雪恨。”

這些話立刻就傳到了呂后的耳朵裏。呂后是又氣惱又後怕，這還了得，真要是讓這小家伙長大了，自己不就完了嗎？於是，呂后立刻將小皇帝囚禁在後宮中嚴密看管，不許任何人與之相見。對外則宣稱皇帝身染重病。沒過幾天，呂后索性殺掉了這個小皇帝。然後，呂后立惠帝的另一個兒子劉弘為帝，史稱後少帝。當然，這個劉弘也是個小孩，朝政大權繼續掌握在呂后手中。為了更加嚴密地控制這個小皇帝，呂后又將自己姪子呂祿的女兒，指給劉弘做皇后。

再大的權力，也擋不住時間的侵襲，就在呂后逐漸將朝政大權徹底掌控在自己及呂氏一族手中，劉氏一族岌岌可危的時候，時間也慢慢到了公元前 180 年，也就是高后八年，62 歲的呂后病倒了，並且病情逐漸加重。呂后知道，自己不行了。

被呂后淫威震懾住的，心中還是更加偏向劉氏一脈的眾大臣感覺時機已到，開始私下裏暗暗串聯。對此，呂后也是心知肚明。臨終前，呂后命令自己的兩個姪子呂祿和呂產分別統帥南北兩支禁軍，並且諄諄叮囑：“先帝曾經與大臣白馬盟誓，而現在我呂氏多人封王，劉氏宗親和大臣中很多人憤憤不平。我活着的時候，沒人敢叛亂。但現在我不行了，皇帝又太小，震懾不住眾大臣，所以朝臣們有可能會趁着我發喪的機會發動叛亂。你們要記住，一定要牢牢抓住軍權，嚴密保衛好皇宮，千萬不要離開皇宮為我送葬，免得遭別人暗算。”

臨終前，為了安撫眾大臣，呂后留下遺詔，各諸侯、大臣，包括下級官吏，按照官階高低，賜給黃金，並大赦天下。呂后希望通過此舉，最後拉攏一下人心。

身死族滅

呂后死後，呂氏一族嚴密把控住朝廷和護衛京城的禁軍，暫時穩住了局面，但是這種穩定，很快被齊王劉襄打破了。

原來的齊王劉肥，早就在公元前 189 年就病死了，比弟弟劉盈還早死一年。接任齊王之位的，是劉肥的長子劉襄。這個劉襄，也算是劉邦的長子長孫了。現在，呂后死去，呂氏繼續專權，讓這個本來皇位無望的劉襄似乎看到了一絲希望。於是，劉襄和朝中親近自己的部分朝臣聯繫好之後，打着興漢安劉、征伐呂氏的名目召集諸侯，自己則率先起兵。

擔任相國的呂產接到急報，立刻派將軍灌嬰前往剿滅。灌嬰率領人馬迅速出擊，兵鋒直指劉襄的叛軍。可是，當大軍走到滎陽，還沒和劉襄叛軍接觸的時候，灌嬰就將大軍停住不動了。灌嬰和部將們商議：“呂氏一族，把持朝政和軍權，佔據關中，這是想謀奪劉氏江山。如果我們聽從他們的指派，向齊王的軍隊發起進攻，不就是幫助呂氏謀逆嗎？我們都是漢朝的臣子，怎麼能助紂為虐呢？"大家都認可灌嬰的分析，聽從灌嬰的命令，按兵不動。同時還派人聯絡齊王，建議齊王暫緩用兵，抓緊時間聯絡各路諸侯和朝中大臣，等待時機成熟，大家裏應外合，一起討伐呂氏。齊王劉襄見此，也就暫時按住兵鋒，駐紮下來。

此時，朝中的那幾個老臣，如陳平、周勃等人，也紛紛準備行動。要想消滅呂氏，並將風險、損失降到最低，首要的就是收回兵權。但是，現在掌控京城軍隊的兩個將軍是呂祿（掌握北軍，封趙王）、呂產（掌握南軍，任相國，封梁王），而且兵權被呂氏一族掌握已經超過八年時間，軍中一定少不了他們的嫡系，這兵權要怎麼奪回呢？

這裏，真的要佩服劉邦的識人之明，留下的這兩個臣子陳平和周勃，一個謀略過人，一個威望素著，堪稱最佳搭檔。此時朝廷中有個大臣叫酈商（酈食其的弟弟），酈商的兒子叫酈寄，酈寄和呂祿的關係非常好。在陳平的謀劃下，陳平、周勃等人將酈商父子請來，說服了他們，然後將酈商留下做人質，讓酈寄去勸說呂祿交出兵權。

酈寄對呂祿說："你現在很危險你知道嗎？太后死了，小皇帝年幼，這可是非常敏感的時期啊。你身為趙王，不在封地，卻長期滯留京城，還貪戀兵權不撒手。現在很多大臣都對你議論紛紛，說你要篡位當皇帝呢。連呂氏一族的很多人，都對你很不滿。為了你的安全考慮，你應該立刻返回封地，那樣，謠言不攻自破，你也就沒有危險了。你可以高枕無憂地做一國之王，並可以傳位於子孫後代，這不比你在京城承受莫名的危險強得多嗎？"

見識平庸的呂祿被說動了，但是軍權怎麼辦？酈寄繼續勸說："軍權交給太尉周勃啊。本來軍權就應該由太尉掌管。你呢，趕快離開京城，返回封地，不然，將有禍事發生。"呂祿非常信任酈寄，覺得他說得有道理，幾番猶豫後，稀裏糊塗地就同意了，將自己掌管的北軍軍權交還給太尉周勃，然後離開了京城，返回封地。

周勃接掌軍權後，立刻快馬加鞭，趕到北軍大營。進入大營，周勃馬上召集全軍將士宣佈：「這個天下是劉氏的天下，我們都是劉氏的臣子。現在呂氏要篡奪劉氏天下。你們所有人在內，擁護呂氏的袒露右臂膀，擁護劉氏的袒露左臂膀。」

說完，周勃率先袒露左臂膀，顯示自己支持劉氏的決定。周勃在軍中威望素著，大家本來就覺得自己吃的是劉家的糧，當的是劉家的兵，現在又見周勃在此，全都袒露左臂膀。至於少數幾個呂氏的親信，因為沒人組織，在周勃面前，當然掀不起甚麼風浪。周勃順利接掌北軍，即刻命朱虛侯劉章率領千餘名北軍士兵入宮護駕。

此時，身為相國的呂產，也知道到了關鍵時刻，準備帶兵進入皇宮，徹底掌控皇帝，甚至自己當皇帝。但是，他不知道的是，呂祿已交出軍權，並且離開京城了。劉章率軍入宮，順利將猝不及防的呂產斬殺。

聽到呂產被殺的消息，周勃長出一口氣，大事定矣。周勃隨即接掌南軍，然後開始大肆抓捕呂氏族人，不分老少，一律斬殺。呂祿、呂通（燕王）被抓住處死。就連樊噲的妻子，呂后的妹妹呂嬃和她給樊噲生的兒子樊伉，也在這次事件中被殺，呂氏一族的勢力被徹底掃平。

漢文帝的風采｜21

掃清呂氏一族之後，眾臣開始處理後續的收尾工作。他們先是派人到齊王劉襄軍中，勸劉襄退兵，然後再派人請灌嬰撤軍。劉襄也沒理由再進兵了，於是率軍返回封地。灌嬰也帶領人馬回歸。然後，大家開始商議皇帝的廢立問題。

大家一致認為，現在這個小皇帝是呂后一手帶大的，與呂后十分親近，這要是將來長大了，要給呂后報仇怎麼辦？不如乾脆廢了他。於是，羣臣以後少帝劉弘根本不是惠帝血脈為由，廢掉並殺了他。為了斬草除根，大家又將惠帝劉盈的另外幾個孩子都定義為呂氏的血脈，全部除掉，並留下惠帝無子的說法。

廢掉了舊皇帝，得立新皇帝啊。立誰呢？大臣們議論紛紛。這時的情景非常有趣。這些臣子們，自己沒有當皇帝的權力，卻有着選誰當皇帝的權力，尤其是那幾個掌握大權的主要臣子。

有人提議，可以讓齊王劉襄做皇帝，畢竟他是漢高祖劉邦的長子長孫，劉盈這一脈嫡子沒人了，劉襄這個長子長孫，也就擁有了第一順位繼承權。沒想到，這個提議遭到大家的一致否定。

首先，齊國建立封國時間很長，而且國土面積大，所以齊國擁有一套完整的官員班子。如果讓劉襄做了皇帝，一朝天子一朝臣，他一定重用原來齊國的那批官員，到時候，我們怎麼辦？還不得被排擠出去啊。這可不成。其次，大家剛剛歷盡艱辛，除掉了呂氏一族，但是齊王劉襄的王后也不一般，她的家族勢力也是不小。這要是萬一過幾年，劉襄有個三長兩短，到時候再來個皇后臨朝稱制，不就是再一次的呂氏之亂嗎？那不成了前門驅虎，後門迎狼了嗎？不行。

就這麼着，劉襄被取消了繼承資格。巧合的是，劉襄還真的就在第二年（公元前 179 年），就病死了。

劉襄不符合要求，同理，按照這個標準，又刷掉了好幾個候選人，最後，大家將目光放在了代王劉恒的身上。

從藩王到皇帝

劉恒是劉邦的第四個兒子，既非嫡，又非長，也沒有當初的趙王如意那麼討父親歡心，屬於最不受重視那一類。

劉恒的生母是薄姬，她原是魏王豹的姬妾。楚漢相爭時，魏王豹先是歸順劉邦，後來又反叛。後來魏王豹身死，薄姬也做了俘虜，被送入王宮中織布的工房做苦工。一個很偶然的機會，被劉邦見到。劉邦見薄姬頗有姿色，就將她納入後宮。可是將薄姬納入後宮之後，劉邦就將這事忘到腦後去了，直到一年多以後，才因為又一個偶然的機會，第一次臨幸了薄姬。在此之後，薄姬還是很少有機會見到劉邦。可見她在劉邦的心目中，是如何的沒有存在感。好在就在這一次之後，薄姬就懷孕了，並且在公元前203年生下了兒子劉恒。

公元前196年末，劉邦初步平定代地的陳豨之亂後，將代地封給了8歲的劉恒。要知道，代地地處邊界，臨近匈奴，人煙稀少，戰亂頻繁，屬於條件最艱苦的郡國之一。當初陳豨之所以叛亂，其原因之一就是感覺被封到代地為王，與被流放無異。現在，劉邦將劉恒封在此處，對劉恒的態度就可見一斑了。

轉過年來，劉邦病逝，呂后掌權。薄姬當初被劉邦忽略的經歷，卻使得她因禍得福。呂后對那些劉邦的寵妃個個痛恨，尤其是當初最受寵的戚夫人；對劉邦的其他兒子也沒甚麼好感，欲除之而後快，可是偏偏對這個可憐的薄姬和那個絲毫不受重視的劉恒沒甚麼意見，可能是連呂后都覺得這娘倆太可憐了吧。最終的結果就是，不管有沒有兒子在外面封王，劉邦的所有妃子都被呂后關在皇宮之中，幽禁起來。唯獨這個可憐的薄姬，被呂后允許和兒子劉恒一起到了封地，做了代國的王太后。

呂后掌權的這十五年，這娘倆一直在代地，安安靜靜地生活着，躲過了無數的是是非非。現在，呂后死了，呂氏完了，在羣臣挑選皇帝的時候，劉恒的這些劣勢，一下子變成了優勢。

代國國小，官員少？好啊，這樣朝中的眾大臣才能踏踏實實地繼續做官，不用擔心被代王的親信排擠。

劉恒的母親薄姬和王后的娘家勢力小（此時，劉恒的王后剛剛病故不久），薄姬從不過問朝政？好啊，這樣省得外戚再次形成威脅。

劉恒當初不受劉邦重視？好啊。這樣，劉恒自己都沒想過能當皇帝，現在大家把他扶上皇位，他一定會感謝大家，給大家加官晉級啊。

就這麼着，在劉恒自己都沒預料到的情況下，就成了大漢朝的第五位皇帝。

要立劉恒為皇帝，那些實際的理由當然不能擺到桌面上，所以，冠冕堂皇的理由就是，漢高祖劉邦的兒子中，前三個已經都死了（劉肥、劉盈、劉如意），劉恒就是最年長的了（此時劉恒24歲），所以應該讓劉恒即位。

別看劉恒不受父親劉邦重視，就藩時年紀也不大，但是為人還是不錯的。劉恒為人寬厚平和、沉穩謹慎，也頗有才能。他在代地的這十五六年間，一直實行與民休養生息的政策，盡力發展生產，改善當地百姓的生活，同時整軍備武，抵禦匈奴人的劫掠。在他的治理下，偏遠的代地慢慢發展起來，劉恒自己也積累了不少國家管理、官吏任命以及軍事方面的經驗。就在劉恒以為自己這平靜的日子將永遠過下去的時候，一張大餡餅從天而降，直接砸到他頭上：京城派來使者，恭迎他進京當皇帝。

謹慎的劉恒開始並不相信這樣的好事能落到他頭上，他手下的臣子也是甚麼說法都有。後來，劉恒索性委派自己最信任的親娘舅薄昭前往長安了解情況。周勃將一切經過向薄昭講明，得到薄昭的回覆，劉恒這才相信。

代地確實是國小人少，劉恒進京的時候，隨行的只有六個可以信任，又有一定本領的臣子。到達長安後，以丞相陳平、太尉周勃為首的臣子請劉恒即位為君。劉恒推讓三次後，便接過代表皇帝身份的璽印，即位做了皇帝。這就是歷史上著名的漢文帝。

恩威並施

漢文帝即位後，知道自己身邊親信的大臣就這麼幾個，自己的帝位並不穩定，外面那些劉氏藩王隨時有取代自己的可能。要想保住皇位，最重要的幾件事：一是要抓緊軍權；二是要讓那些老臣歸心；三要儘快作出成績，改善百姓的生活，取得百姓的擁護。於是，漢文帝首先將跟隨自己進京的那幾個親信放到不是最尊貴，卻是非常重要的位置上，將南北兩軍的軍權抓住，然後大肆封賞這次剷除呂氏事件中的功臣。陳平繼續擔任左丞相，拜周勃為右丞相，灌嬰為太尉。接下來，文帝又對齊王劉襄和朱虛侯劉章論功行賞，其他有功之人也是各有封賞。為了穩住並拉攏劉氏皇族，文帝又封賞了一批劉氏族人，用他們和那些立有大功的臣子們，填補了呂氏被誅後的空缺。

文帝的做法贏得了朝臣們的擁戴，皇族中雖然有些不滿的聲音，尤其是劉襄等，但是終究沒有翻起大的風浪。隨着劉恒帝位的逐漸穩固，那些人也不得不將心事暗藏心中，慢慢等待時機。

作為歷史上著名的孝子皇帝，漢文帝即位後，冊封自己的母親薄姬為皇太后。直到公元前 157 年，漢文帝死，太子劉啟（漢景帝）即位時，薄姬依然健在，被尊為太皇太后。公元前 155 年，薄姬病死，壽享 61 歲，也算是有個完美的結局了。

當然，作為一個皇帝，光靠施以恩惠是不夠的，需要恩威並施，在這方面文帝也是無師自通。在剷除諸呂、迎立文帝的過程中，周勃的功勞毫無疑問是最大的，所以論功行賞時，周勃當然也是頭一份，當上了右丞相。漢朝時，以右為尊，所以右丞相是正職，左丞相相當於右丞相的助手。這樣一來，周勃就成了臣子中的第一人，也就是所謂的 "位極人臣"。一向老成持重的周勃，此時也有些飄飄然，驕傲自大起來。文帝既不願嚴厲申斥、懲罰這位功臣，但也不願臣子居功自傲，凌駕於皇帝之上。於是或明或暗地幾番敲打，令周勃醒悟過來，收斂鋒芒，最後辭職返回封地，落得善終。就這樣，通過軟硬兼施的手段，漢文帝迅速穩固了自己的帝位，徹底掌握了國家大權。

在治理國家上，漢文帝還是很有方略的。他繼承了漢初"無為而治"的治國方針，以發展生產，改善百姓生活為主要目標，以讓百姓安穩的生活為治國之本。文帝在位期間，大規模興修水利，並多次減輕田租稅率，激發農民生產的積極性。同時，還大幅度減免徭役，"丁男三年而一事"，就是成年男子，只需要三年為國家服一次徭役就行了，這在整個中國歷史上都是很少見的。

文帝的一系列措施，使得國家經濟得以更高速地發展，漢朝慢慢進入強盛安定的時期。

皇權與國法

縱觀整個中國歷史，漢文帝算不上雄才偉略的君主，其軍事作為也有限，但他絕對算得上賢明之君。

漢文帝從即位以來，一直關心百姓疾苦，自身也頗為節儉。節儉到甚麼程度呢？節儉到自己穿着草鞋上朝，身上穿的龍袍破了，補一補繼續穿。終漢文帝一生，沒大規模修建過宮殿、園林。漢文帝最著名的節儉故事，就是"惜十家之財而罷建露台"。那是漢文帝即位後不久，覺得宴遊之所頗為狹小，不夠舉辦大規模宴遊之用，於是有官員提出在原有基礎上，再建一座露台。但是漢文帝看到修建預算，居然需要百金，當場就將這個建議駁回了。漢文帝的說法是："這相當於十戶中等人家的財產總和，就為了修建這麼一座露台？太奢侈了，不建。"

漢文帝還是一位遵守法律的皇帝。漢初採用道家理念治國，但是道家同樣講究守法，所謂"守法而無為"。所謂"無為"也不是單純的無所作為，甚麼都不做，還有不超過法律規定範圍的意思，也就是以"法"為"界限"。另外，道家也講究嚴格執法。當然，道家的嚴格執法不是法家講究的"輕罪重刑"，而是嚴格按照法律的規定執行。

廷尉是秦漢時期的朝廷重臣，掌刑獄，為主管司法的最高官吏。漢文帝時期的廷尉是張釋之。他有"法者，天子所與天下共同"和"法不阿貴、刑無等級"等主張，在歷史上以執法嚴格、公正不阿而聞名。時人讚其曰："張釋之為廷尉，天下無冤民。"

在張釋之還只是公車令（掌管皇宮司馬門的官吏）時，就曾經因為太子劉啟和梁王劉揖乘車入朝，經過司馬門時沒按照規定下車步行，就追上去攔住他們，不讓他們進入，並且向皇帝彈劾這兩個人。漢文帝不但沒責怪張釋之，反而感覺自己教子不嚴。因為這兩個人是進宮來向薄太后請安的，漢文帝就在自己的母親面前，摘下帽子賠罪說："這事怪我教子不嚴。"事後，漢文帝將張釋之升了職。

一次，漢文帝外出。貴為皇帝，再厲行節約，排場也是不小的，也是車馬轔轔，護衛林立。正當文帝的車駕通過中渭橋的時候，突然從橋下竄出一個人來。給文帝駕車的馬受到驚嚇，亂蹦亂跳，漢文帝也是嚇了一大跳，差點從車上摔下來。漢文帝非常生氣，立刻命令將這個人抓了起來，交給張釋之處理。

張釋之並沒有因為是皇帝親自抓來的罪犯，就草草定案，重重定罪，而是認真進行了審問。原來，這個人就是長安縣的農夫，路過此地，見皇帝出行，封鎖道路，就藏到了橋下。等了很長時間，以為皇帝的隊伍已經過去了，就從橋下出來，結果看到皇帝的隊伍還在，嚇壞了，就想快點離開，卻惹了更大的禍。張釋之判定，此人觸犯了清道的禁令，也就是"犯蹕"，判處罰金四兩。

漢文帝看到處理結果，氣壞了，對張釋之說："這個人驚了我的馬。幸虧我的馬馴良溫和，否則我很有可能會被摔傷。像這樣的罪必須嚴懲，你居然只判處罰金四兩？太不像話了。"

張釋之回覆說："法律是天子和天下人都應該共同遵守的。

現在，法律規定這樣的罪行就該受到這樣處罰。如果因為牽涉到皇帝就加重處罰，這樣下去，法律就不能取信於民。如果陛下您讓我審判，我就是這個判罰。您如果不願遵守法律，那您乾脆直接下令殺了他算了，也不用審判了。"

張釋之的話，噎得漢文帝半天才緩過這口氣來。不過，到最後，漢文帝也沒強令修改張釋之的判罰結果，反而承認了自己的做法不對，認為張釋之的判罰是正確的。這就是著名的"縣人犯蹕"案。

還有一次，有盜賊偷盜了漢高祖廟（宗廟）神座前的玉環，被抓住了。漢文帝氣得怒髮衝冠，交給張釋之審問、治罪。張釋之根據罪行，判處此人當街處斬。漢文帝非常不滿這個判罰，認為應該滅九族。張釋之堅持認為，按照法律規定，這樣的罪行，判處死刑已經足夠了，不能再加以更嚴重的懲罰。並且反問文帝："如果盜竊宗廟器物就誅滅全族，那以後有人偷挖長陵（劉邦的陵寢）上的一抔土，又該如何處罰？"漢文帝和薄太后商議了許久，最終同意了張釋之的判罰。

讓百姓說話

漢文帝不僅帶頭遵守法律，還修改、廢除了一些過於嚴苛的法律。即位後不久，文帝就召集大臣商議廢除"收孥連坐法"。所謂的"收孥連坐法"，是指一人犯罪，父母、妻子等家人收為奴婢及受到株連的法律。漢文帝認為，治理天下當然需要法律，但是只有法律公正，才能禁止橫暴，鼓勵善良；懲罰恰當，百姓才能服從。如果官吏不好好治理百姓，光靠嚴酷的法律去威脅百姓，用不合理的處罰去判定百姓的罪，那麼必然會有人不顧法律胡作非為，所以不合理的法律應該廢除。

漢文帝還專門下詔書，命令各地官吏照顧自己轄區內的鰥、寡、孤、獨等窮困人口。《孟子·梁惠王》一文中曾經提到："老而無妻曰鰥；老而無夫曰寡；老而無子曰獨；幼而無父曰孤。此四者，天下之窮民而無告者。"也就是說，這四種人是最為窮困，最需要幫助的人。漢文帝的做法頗具現代社會人文關懷的意味。

後來，漢文帝還廢除了"誹謗妖言法"。這裏的誹謗，指的是污衊朝廷或者批評皇帝的話；妖言指的是造謠或者擾亂人心的話。在當時，犯了誹謗妖言罪，是要判處死刑的。漢文帝認為，用誹謗妖言來定罪，誰還敢說話？古代的英明君主，為了治理好國家，專門設置了用來批評朝政的木牌，並且對於進獻有用建議的人給予表彰。我們現在不但不去執行這樣好的方法，反而將之定罪，這怎麼可以？如果做大臣的都不敢說話，皇帝犯了錯怎麼得到批評？如果因為百姓對皇帝、對朝廷有意見，就被判定為大逆不道，這簡直是封住了百姓的嘴，怎麼可能治理好國家？漢文帝宣佈徹底廢除"誹謗妖言法"，不管百姓說甚麼，官吏一律不准干涉。對於以前被判犯有這條罪行的，也一律無罪釋放。那些對朝廷的批評、指責和建議，漢文帝表示，可以採用的就採用，不能採用的擱置一旁也就是了，有甚麼不好的呢？

如此一來，上奏章的、當面勸諫皇帝的，立刻多了起來。漢文帝說到做到，從不因言治罪。朝政中的一些過失，很快被提出並改正。這些，對漢初政治經濟的發展都起到了積極的促進作用。

緹縈救父

公元前 167 年，也就是漢文帝十三年，漢文帝下令廢除"肉刑"，改為"笞刑"或"杖刑"。這一法律的變革，與"緹縈救父"密切相關。

齊國人淳于意醫術高超，在當地很有名望。淳于意做過一任太倉縣的縣令，是個清官，在當地的聲望很好。後來因為為人耿直，不受上官的喜愛，加上自己不願受當官的束縛，於是辭官不做，繼續當醫生。

一次，當地的一個貴婦人得了重病，請淳于意診治。淳于意見此人已經病入膏肓，無藥可救，不願診治，但是架不住病人家屬再三懇求，就開了幾副湯藥，聊以安慰。沒過幾天，這個貴婦人死了。病人家屬一口咬定是淳于意庸醫殺人，將他告到官府。不明是非的地方官員判定淳于意有罪，要執行肉刑。所謂的肉刑，就是在罪犯的身體上施刑。秦朝肉刑的種類很多，漢朝已經廢除了大部分，但是還保留着三種：臉上刺字（黥刑）、割去鼻子（劓刑）、砍去左足或右足（刖刑）。

因為淳于意做過官，所以需要押送到都城長安去執行。淳于意沒有兒子，只有五個女兒，最小的女兒叫緹縈。緹縈既傷心父親的遭遇，又氣憤父親被冤枉，決定陪同父親一起去長安，要替父親伸冤。

歷盡艱辛，緹縈終於跟隨父親到達長安。到長安後，緹縈費盡周折，也沒見到漢文帝，但是總算將自己寫的信呈遞到漢文帝面前。緹縈在信中寫到：“我父親在做官的時候是清官，現在犯罪被判處肉刑。我不但替我父親難過，也替所有受到肉刑懲罰的人傷心。他們被懲罰後，成了殘疾，即使想改過自新，也沒有辦法了。我願意主動進入官府為奴婢，來替我父親贖罪，希望能讓我父親有改過自新的機會。”漢文帝被緹縈的孝心感動，同時覺得小姑娘的話有道理，於是下令修改相關法律，廢除肉刑。經過商議，將黥刑改為服苦役，劓刑改為打三百板子，刖刑改為打五百板子。

淳于意一案，在漢文帝過問、核實之後，認為確係冤案，淳于意得到了赦免。經過緹縈的努力，不但救了自己的父親，也為天下人做了一件好事。

漢文帝被騙記

漢文帝也不總是那麼賢明，也有上當受騙的時候。

公元前 168 年，也就是漢文帝十四年，有個魯國的方士公孫臣，以金、木、水、火、土，五行之説忽悠漢文帝。他給漢文帝上書説：“秦得水德，水至深為黑色，所以秦朝重黑色；漢得土德，而最肥沃的土壤，是黃色，所以我們應該重黃色。”公孫臣建議漢文帝改年號、改顏色、祭祀天帝。當然，為了迷惑住漢文帝，公孫臣稱頌漢文帝為上天注定的皇帝，同時預測不久的將來將有黃龍出現。

漢文帝對公孫臣的説法將信將疑，也沒太當回事。可不知是巧合，還是有人指使，就在公孫臣上書的第二年，隴西的一個地方官給漢文帝上奏章，説當地有黃龍出現。雖然這個地方官自己並未親見，但是在當地已經傳得沸沸揚揚，應該是真的，並且恭賀皇帝説這是國家興旺的徵兆。

漢文帝看到這個奏章，一下就想起了公孫臣的預言，認為這是一個能預知未來的神仙。馬上將公孫臣召來，封為博士（漢朝時掌管書籍文典的官員），並開始商量改年號、改顏色和祭祀天帝的事。別看漢文帝一生節儉，連百金的露台都不讓修建，但是在對待神仙上卻是豪爽大方。祭祀天帝時，需要花費多少金銀就給多少金銀；給公孫臣賞賜時，公孫臣想要多少就給多少。

眼看着公孫臣升官發財，別的方士眼紅了，於是又有其他“神仙”跑來糊弄漢文帝了。沒過多久，就來了個本領更加高強的“神仙”──趙國人新垣平。

新垣平表示，自己會望氣術。自己在趙地的時候，就看見長安城東北角有五彩神氣聚集，這表示着天上的五帝（東方青帝、南方赤帝、西方白帝、北方黑帝、中央黃帝）在保佑大漢皇帝，應該立祠祭祀，這樣才能永遠留住五帝，一直保佑漢朝。漢文帝立刻派人跟隨新垣平在長安城外尋找合適地點，大興土木建造五帝祠。建好後，漢文帝還親自去祭祀，然後封新垣平為上大夫，並賜千金。

公孫臣一見來了個更厲害的騙子，自己的水平明顯不如對方，鬥下去的話結局估計好不了，於是主動向漢文帝請辭，要繼續雲遊天下，提高騙人的本領去了。

為了不讓漢文帝發現問題，新垣平也是費盡心機，變着花樣糊弄他。一天的朝堂之上，新垣平突然露出一副奇怪的樣子，然後像狗一樣四處聞來聞去，説皇宮裏有寶玉的氣味，皇帝洪福齊天，今天應該能得到寶玉。

大家正半信半疑的時候，有人捧着一隻玉杯進來，要敬獻給皇帝。這個玉杯本身沒甚麼出奇之處，別説算不上稀世奇珍，連名貴都談不上，但是玉杯上刻着"人主延壽"四個古體字，這下就不一樣了。加上前面新垣平的鋪墊，漢文帝非常高興，認為這是天賜祥瑞。於是問敬獻玉杯之人，玉杯從何而來？那人回答："小人就是一個百姓。這玉杯是一個穿黃衣服的老先生交給我的，他讓我把這個玉杯敬獻給皇帝。那位老先生長着雪白的鬍子和眉毛，一副神仙的樣子。"新垣平滿臉欣喜説："這個老先生一定是個神仙，説不定就是中央黃帝！所以我才能早就聞到寶玉的氣味。"漢文帝被這兩個人的一唱一和徹底唬住了，重賞了他們。

就在新垣平施展手段將漢文帝耍得團團轉的時候，丞相張蒼和廷尉張釋之也早就盯住了他，並在暗中搜集證據。他們嚴密監視着新垣平的行動，很快就查出了那個敬獻玉杯之人的底細和在玉杯上刻字的工匠，並將其繩之以法。在張釋之面前，這兩個小騙子很快將一切合盤托出。

確鑿的罪證擺在面前，漢文帝終於意識到自己受騙了。下詔將新垣平革職拿問，交給張釋之審理。新垣平在張釋之面前抵賴不下去，只得徹底交待了所作所為，一面痛悔不已，一面磕頭求饒。張釋之恨透了這羣方士，很少從重判罰罪犯的他，這次卻將新垣平判為大逆不道之罪，誅三族。

醒悟過來的漢文帝，痛恨自己不該聽信方士的話。一面立刻停止了所有沒用的工程，一面下了一道詔書，向天下人公開承認自己的錯誤。作為一個皇帝，能夠這樣，也是相當不容易了。

寄望周亞夫 | 22

漢文帝身邊當然不乏柱石之臣。除了當年劉邦留下來的老臣，漢文帝自己也培養、提拔了一批，廷尉張釋之算一個，其他的還有寫過《過秦論》、《治安策》的賈誼，後來力主削藩的晁錯等人，他們算是文臣的代表。在武將之中，漢文帝最為倚重的人物則是周亞夫。

周亞夫是絳侯周勃的次子，屬於簪纓世家之後，本人也精通軍陣，在軍中威望很高。作為周勃的次子，周亞夫本來沒資格繼承父親的爵位，但是因為大哥周勝之犯了殺人罪，被剝奪繼承權，漢文帝就讓周亞夫繼承了周勃留下的爵位。

公元前 158 年，匈奴再次進犯邊境。此時匈奴的首領是冒頓單于的孫子軍臣單于，他派遣 6 萬大軍分兩路南犯，漢匈之間烽煙再起。漢文帝一面派大軍北上迎敵，一面調集三路大軍保衛長安。其中，宗室劉禮率軍駐紮在長安城東的灞上，將軍徐厲率軍駐紮在長安城北的棘門，周亞夫率軍駐紮在長安城西南的細柳。這就是著名的細柳營的來歷。

為了鼓舞士氣，漢文帝親自去軍中慰勞將士。他先到灞上軍營，再到棘門軍營。這兩個地方，都是毫無阻攔，隨着身邊近侍的一聲大喊，立時轅門大開，守門士兵跪倒行禮，皇帝的車駕直入軍營。軍中主將得到消息後，也是匆忙出迎。勞軍完畢，兩位主將也是率領全軍人馬恭送皇帝離開。

當漢文帝一行來到細柳營時，受到的待遇卻是截然不同。就見細柳營的守衛士兵個個精神抖擻、器宇軒昂、殺氣騰騰。皇帝的前導隊伍剛到轅門前就被攔住，不許進入。皇帝的近侍大聲呼喝："天子就要到了。"沒想到負責守衛轅門的都尉冷冷地説："我家將軍有令：'軍中聞將軍令，不聞天子之詔。'"意思是説，在軍中只聽從將軍的軍令，不聽從皇帝的詔令。

此時，漢文帝的車駕已經到達細柳營前，不過，同樣被攔住不讓進。漢文帝只得按照規定，派使者拿着自己的符節進入大營給周亞夫下詔令，表示皇帝要進來慰勞三軍。周亞夫這才傳下將令，打開營門，讓皇帝的車駕進入。在皇帝的車駕進入軍營的時候，守門衛士鄭重告誡説："將軍有令，軍中不准驅馬奔馳。"於是皇帝的車夫只好控制着韁繩，讓馬緩緩前進。

周亞夫並沒有遠接高迎，而是直到漢文帝的車駕到達中軍大帳前，才頂盔摜甲，手執兵器，出帳迎接。見到漢文帝，周亞夫也只是拱手行禮説："請萬歲恕臣甲冑在身，只能以軍中之禮拜見。"漢文帝不但沒怪罪，反而肅然起敬，欠身扶着車前的橫木（車軾）向將士們行禮。勞軍完畢，漢文帝率眾離開，周亞夫也並沒有整軍恭送。

離開細柳營，漢文帝身邊的大臣對於周亞夫的做法紛紛表達不滿。可沒想到漢文帝卻感慨地説："這才是真正的將軍啊！灞上和棘門的那兩支軍隊，簡直就是兒戲。如果敵軍來偷襲，輕鬆就可以將他們擊敗、俘虜。可是周亞夫這裏，沒有哪支軍隊敢來侵犯。"接下來很長時間裏，漢文帝一直對周亞夫治軍之嚴謹稱讚不已。

匈奴見漢朝派大軍前來抵禦，幾番激戰後，也就撤軍返回了。邊境警報解除，保衛長安的三支軍隊也就撤離了。漢文帝念念不忘周亞夫治軍的才能，就任命周亞夫為中尉，將他留在長安，負責都城的安全保衛工作。

公元前 157 年，漢文帝病重，臨終前，特意叮囑太子劉啟説：

"即有緩急，周亞夫真可任將兵。"意思就是，緊急時刻，可以將
重任交給周亞夫，讓他領軍，這是一個可以放心使用的將軍。漢
文帝還真是繼承了劉邦慧眼識人的特點，周亞夫也果然沒有讓漢
文帝失望，後來在漢朝再一次陷入危機的時候，像他父親周勃一
樣，挽大廈於將傾。

臨死前，漢文帝特意囑咐，喪事從簡，不要起大墳，不要鋪
張浪費。不久，文帝病故，享年 46 歲，在位 23 年。漢文帝死後，
太子劉啟即位，是為漢景帝。

七國之亂 | 23

漢景帝即位後，依然延續了"與民休息"的國策，國家持續
發展，國力繼續增強，百姓生活也較為安定，因此歷史上將文帝
與景帝時期合稱為"文景之治"。"文"、"景"也是帝王謚號裏
很好的字眼。

漢景帝即位後，發現了漢文帝政策上的一些瑕疵，並予以
改正。就拿廢除肉刑來說吧，文帝的初衷是減輕懲罰，給罪犯
一個改過自新的機會，但是經常有犯人被動輒三五百下的笞刑、
杖刑活活打死。本來罪不至死，被割掉鼻子，或者砍去一隻腳，
好歹還活着，現在可好，直接打死了，所以善政變成了更嚴厲的
懲罰。漢景帝經過調查，先後兩次將行刑的數量減少，並規定
只准打屁股，這樣就很少有罪犯被打死的情況發生了。

為了將天下治理好，漢景帝也是在不斷提拔人才。他發現
晁錯有大才，於是先提拔他為內史，後來又提升他為御史大夫，
並經常與晁錯單獨談論國政，對他幾乎是言聽計從，倚為心腹。
有此知遇之恩，晁錯對漢景帝當然也是忠心耿耿，盡心盡責地
為其謀劃治國方針。在晁錯眼裏，現在對大漢朝廷最大的威脅，

就是那些劉氏諸侯王,他們已經不怎麼受朝廷約束了,如果不早想辦法,早晚必成國家大患。因此,晁錯正式向漢景帝上《削藩策》,強烈建議削藩,就是廢除諸侯王的特權,加強中央集權。

晁錯力主削藩

當年劉邦分封的劉氏諸王,到這時已經傳承了兩三代,甚至三四代人。他們疆域廣闊,戶口眾多,有些諸侯王更是握有重兵,而且,這些軍隊基本不接受皇帝的命令,只服從藩王的調遣。各諸侯王在自己封國內大權獨攬,擁兵自重,甚至自己收稅,鑄造錢幣。除了表面上承認皇帝的最高權威之外,基本處於獨立的狀態。

劉邦分封的諸侯王,都是他的親人,叔姪、兄弟、兒子之類,對劉邦也算得上忠心,對漢朝建國之初的穩定和發展起到了一定的積極作用。到了漢文帝時,隨着血緣關係漸漸疏遠,再加上劉恒屬於庶子即位,諸侯王中總有人不信服,就曾經發生過數次藩王叛亂,好在都被文帝及時撲滅,沒有造成太大的影響。但這些諸侯王已經開始由國家穩定的基石,變成了不安定因素。

漢文帝也已經意識到諸侯王的問題,但是限於當時的情況,沒有下決心削藩,而是採用賈誼《治安策》的"眾建諸侯而少其力,少其力則易使以義,國小則亡邪心"的建議,用比較和緩的方式,慢慢削減諸侯王的實力,分割諸侯王的勢力,將一些大的諸侯國分成兩三個,甚至多個小國,將原來那個諸侯王的兒子都封成王,將原來的封地分成多份,這樣每個諸侯國的勢力就衰弱了,也就無法和皇權相抗衡了。但是這種做法並沒有從根本上解決皇權和諸侯的矛盾,只是將這個矛盾的爆發推後而已。

晁錯一直就是堅決的削藩派,力主削藩。現在見漢景帝如此信任自己,就明確向漢景帝提出削藩的建議。當然,晁錯所言"削藩"不是將諸侯王徹底廢除或殺掉,而是將他們的封地大規模削減，廢除其部分特權。但是，即使如此，那些諸侯王也必然不會善罷甘休。畢竟，這可是動了他們的核心利益。

漢景帝也有這方面的顧慮，他和晁錯商議："能順利削去他們的封地，對國家來說當然是件大好事，但是萬一逼得他們造反怎麼辦？"晁錯認為："今削之亦反，不削之亦反。削之，其反亟，禍小；不削，反遲，禍大。"晁錯的意思是，這些諸侯王早晚會造反，你削藩會反，不削藩也會反，只是時間早晚的問題。現在削藩，可能會逼得他們立刻造反，但是因為他們行事倉促，即使造反，危害也不會太大；如果聽之任之，等到他們羽翼豐滿、時機成熟的時候主動造反，危害可就更大了。

如此大事，漢景帝一時也拿不定主意，於是找來眾大臣商議。大家議論紛紛，莫衷一是，其中，竇嬰堅決反對立即削藩。這個竇嬰，是漢景帝的母親竇太后的娘家姪子，所以論起來，和漢景帝是姑舅的表兄弟，典型的皇親國戚，本身也頗有見識和本領。本來漢景帝就處於猶豫狀態，現在見有人反對，也就暫時將這件事擱置下來。晁錯和竇嬰屬於政治見解不同，出發點都是為了國家，說不上誰忠誰奸、誰對誰錯。

酒桌上的漢景帝

漢景帝的母親竇太后，生有一個女兒和兩個兒子。女兒名嫖，被封為長公主。兩個兒子一個是漢景帝劉啟，另一個是梁王劉武。竇太后非常疼愛小兒子劉武。

一次，劉武從封地到長安探望母親竇太后。一家人團圓，大家都很高興。恰好，竇嬰也趕上了，就一起湊個熱鬧，反正從竇太后這裏論，竇嬰也不是外人。漢景帝和弟弟劉武的感情很好，酒席間，哥倆也是談笑風生。竇太后見兄弟二人如此親熱，也非常高興，誇獎皇帝："你對弟弟可真好。"景帝酒有點喝多了，同時為了湊趣，討母親高興，就隨口表示："這不算甚麼，將來我還可以把皇位傳給弟弟。"竇太后也好，劉武也好，都知道景帝這是在開玩笑，不能當真。但皇帝是"金口玉言"，皇位繼承這樣的大事，豈能說笑呢？而且，當時漢景帝還沒有立太子，如果此時漢景帝真有不測，劉武完全可以憑藉這句話而覬覦皇帝之位，更何況還有太后、竇嬰等人背書。

沒等大家有甚麼反應，竇嬰就站起來，表示反對："陛下，這個天下是高皇帝打下來的，將皇位傳給兒子是天經地義的，您怎麼能隨便開玩笑，說要傳給弟弟呢？您說錯話了，在這酒席之上，應該罰酒一杯。"罰酒的話，作為臣子的竇嬰當然不能這麼說，但是如果是以姑表兄弟的身份，明着罰酒，暗中替皇帝遮掩錯誤，也屬於情理之中。漢景帝也反應過來了，笑着把罰酒喝了下去。這事也就不了了之了。但是，竇太后不高興了，狠狠瞪了竇嬰一眼，一甩袖子，回自己宮殿去了。劉武也很不高興，憤憤然離開了。一場酒宴，就這麼不歡而散。

竇嬰也感覺很委屈，心說，我一心替你們皇家考慮，擔心鬧出亂子，怎麼到最後，反倒都怨恨起我來了。於是，竇嬰以身體有病為藉口，辭職回家了。竇嬰離開朝堂，別人無所謂，晁錯可開心了，反對自己政見的核心人物不在了。於是晁錯加緊勸諫漢景帝，實行削藩。終於，漢景帝被說服，決定削藩。

吳王深恨漢景帝

藩王的實力當然也是有強有弱，其中，最大的威脅來自於吳王劉濞。劉濞不但資格老 (是當年劉邦封的第一代諸侯王)、實力強，而且還和漢景帝有殺子之仇。

劉濞是劉邦二哥劉喜的兒子，在平定英布叛亂時立下大功，於公元前 195 年被劉邦冊封為吳王，統轄東南三郡五十三城，實力強悍。劉濞充分利用當地資源，私自採銅造錢，煮海水製鹽，並主動收留各地的亡命之徒 (換種說法就是各地逃亡的英雄好漢），經濟實力和軍事實力都日漸強大。

因為劉濞收入來源廣泛，所以他看不上封地內的那點賦稅收入，因而在吳國境內不徵收賦稅，且吳國政府所徵用的民夫、徭役一律發給“工資”，所以劉濞在吳國深得民心，威望很高。

漢文帝時，有一次，吳王世子劉賢入朝覲見。文帝讓太子劉啟招待劉賢。從劉邦那裏論的話，這兩個人是血緣關係並不遠的堂兄弟。可惜的是，兩個人不但沒好好敍敍兄弟之情，還動起手來了。開始時，兩個人還算和諧，但是在玩博戲的時候，因為輸贏的問題，起了爭執。劉啟身為太子，當然是說一不二；劉賢在吳國也是稱王稱霸的人物，囂張慣了，也根本沒甚麼忍讓的概念。劉賢態度非常不好，惹得劉啟怒火上湧，掄起棋盤，狠狠砸在劉賢的頭上。不幸的是，一下子就將劉賢砸死了。

漢文帝非常生氣，狠狠斥責了劉啟一頓。但是再怎麼着，也捨不得將太子殺了給劉賢抵命。只好將劉賢的屍體裝殮好，派人送回吳國。

劉濞見好好的兒子就這麼死於非命，當然是怒火萬丈。他恨漢文帝處事不公，對親手打死自己兒子的劉啟更是恨之入骨。劉濞不能跟皇帝直接翻臉，只好用別的方式表達自己的不滿，他當即命王府的人將棺材運回長安，並傳話給漢文帝說：“既然死在長安，就埋在長安吧，給我送回來幹甚麼？”

漢文帝也知道自己理虧，擇地安葬了劉賢。後來，為了安撫劉濞，漢文帝又賜給他几案、手杖等物，以示榮寵。但是劉濞根本不領情，一直心懷怨恨，從此再不遵守諸侯對天子的禮節，不再來朝見皇帝。這一系列的原因，都注定了吳王劉濞必將成為漢景帝削藩路上最大的障礙。

皇帝削藩，七國叛亂

漢景帝和晁錯在開始削藩的時候，心裏也是忐忑不安的，一面做好了各諸侯王強勢反彈的思想準備，一面先挑了幾個實力相對弱小的、比較好捏的軟柿子下手。

當然，削藩得找些藉口，那些名聲不怎麼樣的諸侯王便首當其衝。晁錯先找了楚王劉戊（劉邦弟弟劉交的孫子）的一些把柄，説他在給薄太后（漢文帝的母親）服喪期間飲酒作樂、荒淫無度，應該處罰。漢景帝同意了，削去其封地的東海郡作為懲罰。然後，晁錯又找到了膠西王劉卬（劉邦長子劉肥的兒子）的一些錯誤，漢景帝又下令削去膠西王封地中的六個縣。再然後，趙王劉遂（劉邦的第六個兒子劉友的兒子）也被查到問題，被削去封地中的常山郡。這三個諸侯王實力不強，雖然被削去部分封地，但是也只能咬牙忍耐，不敢明目張膽反抗。當然，他們對晁錯是恨之入骨。

漢景帝和晁錯三戰告捷，信心大漲，於是將目光瞄準了實力強悍的吳王劉濞，準備啃啃這塊硬骨頭了。吳王劉濞的問題很好找，他不合禮法的地方太多了。於是，漢景帝下詔，要削去吳王封地中的豫章郡和會稽郡，以示懲罰。

對於漢景帝和晁錯強硬削藩的政策，朝廷中一直不乏反對的聲音。當然，大多不是反對削藩這件事，而是反對這種不顧一切的強硬做法。連晁錯的父親對兒子的做法都表示強烈反對。當晁父問起晁錯為甚麼要強行削藩的時候，晁錯慷慨激昂地回答："不如此，天子不尊，宗廟不安。"不削藩，國家永遠得不到安寧。晁父仰天長歎："劉氏安矣，而晁氏危，吾去公歸矣！"老人家的意思是，你這樣做，劉氏天下倒是有可能安定，可是我晁氏一族卻危險了啊。老父親的話，晁錯並沒有聽進去，依然故我。老人家見説服不了兒子，又不忍心眼睜睜看着家族滅門的慘劇，服毒自盡了。可悲的是，晁氏一門的結局，恰如老人所料。

在漢景帝和晁錯剛剛對吳王下手的時候，吳王劉濞立刻發動了叛亂。劉濞對朝廷的怨恨積蓄已久，所叛亂一事早有準備。現在見削藩削到了自己頭上，立刻起兵。

漢景帝三年（公元前 154 年），劉濞以誅晁錯，清君側為名，約集楚王劉戊、膠西王劉卬、趙王劉遂共同起兵。這三家諸侯王本來就懷恨在心，只是實力不強，不敢叛亂而已。現在見吳王出面，立刻起兵響應。膠西王劉卬還派出使者去拉攏自己的其他幾位兄弟，也就是劉肥的另外幾個兒子一起起兵。那幾個諸侯反應不一，有的響應，有的反對。最後，膠東王劉雄渠、淄川王劉賢、濟南王劉辟光同意和劉卬一起起兵叛亂。這就是著名的"七國之亂"。

劉濞作為叛亂的始作俑者，當然出力最多。他幾乎將封地內 14 歲到 60 歲的男子全部組織起來，強徵入伍。因為劉濞在吳國威望素著，很得百姓愛戴，所以很快就組織起將近 30 萬的大軍，從廣陵起兵。

劉濞組織人馬渡過淮河，與楚國兵馬匯合，一時間軍威更盛。與此同時，膠西王劉卬領着那三家一起叛亂的兄弟合兵一處，對同為兄弟，但是不肯叛亂的齊王劉將閭發起了進攻。他們的目的是要先打下臨淄城，然後和吳、楚、趙叛軍匯合，一起殺奔長安。趙國位置偏北，雖然暫不能和其他叛軍匯合，但是也豎起大旗，大造聲勢，同時向匈奴許以好處，希望他們從旁助力，趁機南侵。

為了大造聲勢，吳王劉濞在起兵後不久又發出通告，廣邀天下各路諸侯王一起起兵，懲辦奸佞，挽救大漢天下。當時的諸侯王共有二十二家，除了已經叛亂的七國之外，其餘的十五國因為血脈親疏、實力強弱、國土大小、地理位置等原因，各有各的想法，因此大部分徘徊觀望、舉棋不定。當然，也有堅決反對，並發兵抵禦叛軍的。從這裏就可以看出晁錯急於削藩最大的害處，就是幾乎將所有的諸侯王都推到了敵對一方。

周亞夫臨危受命

為了掃清攔在路上的障礙，劉濞先是將進攻的目標盯住了梁國。這裏就看出血脈的遠近了。梁王劉武是漢景帝一母同胞的親弟弟，當然不可能和劉濞等人一起造反，所以也早就做好了準備，嚴防死守，在自保的同時，盡最大努力給叛軍以殺傷。

因為劉濞等人早有準備，所以在起兵之初，各路叛軍連戰告捷，朝廷的軍隊和支持朝廷的諸侯軍隊只能據城死守，並不斷向漢景帝告急。其中齊王劉將閭和梁王劉武直面叛軍的主力，形勢最為危急，告急文書像雪片一樣飛向長安城。

漢景帝接到各處的急報，雖然早有心理準備，但畢竟沒經歷過這樣大規模的叛亂，還是難免慌張，立刻將晁錯等大臣們找來商議對策。晁錯認為，景帝應該御駕親征，坐鎮滎陽，鼓舞士氣，堵住吳、楚這一路叛軍的主力。自己則可以留守長安，鎮守關中，然後再派得力的將軍去齊國協助防守。

晁錯的這個建議純屬於書生之見，基本沒甚麼實用價值。別的不說，以漢景帝的經歷，從沒見過刀兵，到了前線，除了添亂，基本起不到甚麼積極作用。唯一的可能，估計就是將敵人的火力全部吸引到自己這裏，讓叛軍能畢其功於一役吧。

漢景帝當然不同意。而且，見晁錯在這方面給自己出不了甚麼好主意，漢景帝也不問他了，開始自己琢磨身邊的可用之人。這時的漢景帝，甚至已經開始暗暗怨恨，或者遷怒於晁錯了。你提出的削藩建議，現在搞得天下大亂，你又沒有行之有效的解決辦法，這不是將自己這個皇帝置於危險之中，架在火上烤嗎？

正在漢景帝焦頭爛額，苦無良計的時候，突然想起漢文帝臨終前的囑託：「即有緩急，周亞夫真可任將兵。」對呀，不是還有周亞夫呢嗎？漢景帝立刻召周亞夫前來，拜周亞夫為將軍，提升為太尉，讓他領軍去對付吳王和楚王那一路叛軍。周亞夫領命，從容而去。

這邊暫時放心了，還有齊國和趙國方面的叛軍怎麼辦？這時漢景帝又想起了那位因為得罪了自己的母親和弟弟而賦閒在家的竇嬰。漢景帝強行將竇嬰從家中請出來，拜為大將軍，負責對付齊、趙方面的叛軍。竇嬰推辭不過，接受了。竇嬰又推薦欒布和酈寄擔任將軍，做自己的助手。漢景帝一一同意。

欒布和酈寄也不是無名之輩。欒布出身低微，因為當年梁王彭越對其有知遇之恩，在彭越被劉邦誅殺後，冒死哭祭。劉邦要將其烹死，欒布從容不迫，對劉邦慷慨陳辭，述說彭越的功績。劉邦感其忠義，釋放了他，並委以重任。後來，欒布做到了燕國國相的高位。酈寄就是呂后死後，勸呂祿主動放棄兵權的那位。

竇嬰命令欒布帶領一隊人馬前去救援齊國，酈寄帶領一隊人馬去攻打趙國，自己準備帶領部分人馬前去滎陽坐鎮，作為各路人馬的總接應。

就在竇嬰準備出發的時候，有故人袁盎求見。袁盎也是個大大的名人。他出身低微，但是在做官後，以正直敢諫而聞名。在周勃等人誅殺呂氏一族，漢文帝剛剛即位的時候，周勃因為功勞巨大而頗為驕傲，就是袁盎向漢文帝進言，認為以周勃的表現，只能算是個功臣而不是忠臣，令周勃大為收斂，但袁盎也因此徹底得罪了周勃。可是在周勃罷相，身陷囹圄時，又是袁盎挺身而出，申明周勃無罪，最終使得周勃被無罪釋放。淮南王劉長因為驕縱不法而獲罪，被文帝流放，結果死於流放途中，世人紛紛譴責漢文帝，又是袁盎及時開導，並幫助漢文帝處理好淮南王的後事。

袁盎在朝中威望很高，但是因為直言敢諫也得罪了很多人，後來不得不調離京城。一番輾轉後，袁盎被任命為吳國相國。袁盎上任時，吳王劉濞雖然還沒有發動叛亂，但已經非常桀驁不馴。袁盎也曾多次勸諫吳王不要謀反，但沒有效果。後來，袁盎告老回鄉。

説起來，袁盎和晁錯都算得上是對漢朝忠心耿耿的臣子，但是這兩個人又是冤家對頭，素來不和，後來一直鬧到即使在公開場合，只要一方在，另一方必然離去，二人從沒在一起說過話，所謂"盎素不好晁錯，晁錯所居坐，盎去；盎坐，錯亦去。兩人未嘗同堂語。"袁盎此時見竇嬰，是通過竇嬰向漢景帝建議，只要殺掉晁錯，則亂兵自退。

漢景帝誅殺晁錯

也不怪袁盎背後下黑手，因為晁錯也一直沒打算放過袁盎。漢景帝即位，晁錯受寵信，出任御史大夫後，就一直準備整死袁盎。晁錯派人收集袁盎在吳國時收受吳王賄賂的證據，準備將袁盎治罪。好在漢景帝也明白這裏面的始末緣由，並沒有處死袁盎，只是將他削職為民。吳王劉濞發動叛亂之後，晁錯又想起了曾在吳國任相國的袁盎，認為吳王叛亂這麼大的事，袁盎不可能一點風聲也不知道。只是晁錯一時沒找到甚麼確鑿的證據，只得將這個想法暫時壓下來。

沒想到袁盎主動進攻了。竇嬰本來就不同意晁錯急於削藩的主張和舉措，現在看到國家果然大亂，對他更加痛恨和反感。見袁盎來找，馬上將其推薦給漢景帝。

袁盎對漢景帝說："方今計，獨有斬錯，發使赦吳、楚七國，復其故地，則兵可毋血刃而俱罷。"意思就是，只要殺掉晁錯，叛軍就沒有了繼續進攻的藉口，然後再派使者赦免了他們叛亂的罪行，恢復他們原有的封地，那麼他們自然就會退回各自的封地，這樣，這場叛亂就可以兵不血刃地解決了。

接下來，在有心人的指使下，朝堂之上，丞相、廷尉、中尉等幾位高官同時上疏彈劾晁錯，說他大逆不道，擾亂國家，應當腰斬、滅族。那天，晁錯"恰好"不在。本來對七國亂兵心存懼意的漢景帝，猶豫再三，最終同意了。

此時的晁錯，絲毫不知自己已經被漢景帝當做替罪羊扔了出來，還在家中一門心思地籌劃如何輸送軍糧，怎麼保證大軍的供給等問題。突然朝廷的中尉登門，傳達皇帝的命令，讓晁錯隨自己上朝議事。

　　晁錯也沒多想，穿上朝服就跟隨中尉出了門。當車馬來到東市的時候，中尉拿出皇帝的詔書，大聲宣讀晁錯的罪狀及皇帝的處置。在晁錯目瞪口呆、不可置信中，早就準備好的武士們一擁而上，將忠心耿耿的晁錯腰斬於東市。此時，晁錯還穿着朝服。接下來，晁氏被滅門。這個結局，正應了當初晁錯父親的預料。

　　從誅殺晁錯一事，可以看出漢景帝之懦弱、無能、膽怯、昏聵與對敵人的心存幻想。不管袁盎原來有甚麼建樹，此時給漢景帝出的這個主意，絕對是私心作祟，錯誤至極。即使真的像他說得那樣，殺掉晁錯，皇帝認錯，退還諸侯國封地，叛軍就能退兵，自此以後，諸侯國也將再不受皇帝控制，皇帝將永無削藩之日，大漢皇帝也將是又一個東周天子的下場。

　　此時正確的做法，應該是眾大臣放下各自的政治理念，團結合作、共渡難關，只要頂住叛軍的進攻，就贏得了喘息之機。到那時，外有周亞夫等名將，內有團結的文臣，結束叛亂的難度並不大。之後，更可以一舉將大權集中在皇帝手中，實現真正的中央集權。這對中央政府的大臣而言，也是一件大好事。可惜的是，無情的皇帝作出了愚蠢的決定，悲情的晁錯就這麼死在自己人手中。

　　晁錯的死，也和他本身的性格有關。晁錯學習的是先秦法家的學說，強調嚴刑峻法。而晁錯本身性格也是嚴厲、剛直、苛刻、心狠，再加上銳意改革，因而得罪了大批的臣子。當時朝廷上的大臣，幾乎沒有幾個與他關係融洽的。即使大家都是一心為國，大部分人對晁錯也是敬而遠之，相當一部分人更是將晁錯當作生死之敵，欲除之而後快。在晁錯受漢景帝寵信之時，大家只能緘口不言，但是等叛亂發生，這些人於公於私，不可能不將這一切怪罪到晁錯的頭上。

　　晁錯另一個致命的錯誤，就是在叛亂發生時讓皇帝御駕親征。不管這建議的對與錯，都有致皇帝於危險之中的可能，讓皇帝對其反感，甚至怨恨。此時再加上眾大臣的指責，皇帝倒向哪一方可想而知。

在誅殺晁錯之前，漢景帝也不可能沒想過後果。但是一面是已經失去作用的晁錯，一面是有可能兵不血刃解決危機。而且，即使不能解決危機，需要大軍作戰的話，那幾位重要的將領同樣和晁錯不和，殺了晁錯，至少能讓像竇嬰之類的將領心情愉快得多，在這種情況下，晁錯不死，誰死？

晁錯削藩的是非對錯，歷史上一直爭議不斷，但其公而忘私、國而忘家的情懷，兩千年來，一直受後人讚頌。班固在《漢書‧晁錯傳》中讚其為："晁錯銳於為國遠慮，而不見身害……錯雖不終，世哀其忠。"也正是因為中國歷史上從來不乏這種"為國遠慮，不見身害"之人的存在，才使得中華文明能源遠流長。

周亞夫巧計平叛

晁錯被斬後，漢景帝派袁盎出使吳國，商議退軍之事。

吳、楚聯軍現在正是氣勢高昂，高歌猛進之時，怎麼可能就這麼隨意撤軍？此時，劉濞已自稱東帝，擺出和皇帝分庭抗禮的架勢。聽到晁錯被腰斬的消息，不但沒打算退兵，反而認為朝廷軟弱可欺，準備加大用兵力度，早日徹底打服漢景帝。

袁盎前來，劉濞連他的面都沒見，直接將他困於軍營之中，並派人勸他投降。袁盎當然不肯。幸運的是，派來看守袁盎那支軍隊的校尉司馬，曾受過袁盎的大恩，他知恩圖報，用酒灌醉看守的士兵，悄悄放走了袁盎。袁盎逃離險境後，返回長安，將出使吳國的情況向漢景帝匯報。

這時，漢景帝才徹底醒悟過來，清君側只是藉口，殺晁錯也毫無用處，除了武力解決，別無他法。沒有了退路的漢景帝，收起全部的幻想，下定決心，全力鎮壓七國的叛亂。漢景帝派使者慰勞周亞夫，希望他能不負自己所託，盡全力主持軍事，早日掃滅叛亂。

此時的吳、楚聯軍正在猛攻梁國。梁王劉武一面拼死防守，一面不斷向漢景帝告急，請求派援兵。周亞夫在充分了解形勢之後，心中已經有了破敵之計。他向漢景帝建議：「吳、楚叛軍人多勢眾且銳氣正盛，如果與他們正面交鋒，很難取勝。按照現在的形勢，梁國還能堅持，不如就讓他們抵擋住叛軍的兵鋒，我尋機斷絕叛軍的糧道，這樣叛軍將不攻自亂。」早已有些亂了陣腳的漢景帝非常痛快地答應了。

周亞夫率軍到達滎陽之後，斜向繞開梁國的主戰場，到達不遠的昌邑，然後構築防禦工事，深溝高壘，之後，大門一關，防禦起來。梁國上下聽聞周亞夫率軍來援還挺高興，可是左等援軍不來，右等援軍不到。派人一探聽，合着在旁邊看熱鬧呢。於是急忙派人向周亞夫求救。求救的使者，幾乎是一天一波。可周亞夫就是不派兵來救援。

梁王氣得暴跳如雷又無可奈何，只得再向漢景帝求救，希望漢景帝能給周亞夫下命令。漢景帝看弟弟的情況實在危險，又沒主意了，派出使者，命令周亞夫趕快先救梁國。可周亞夫連皇帝的詔令都不接受，仍舊堅守不出。梁王無奈，為了保住性命，使出渾身解數，硬生生擋住了吳、楚的大軍。

周亞夫出征的時候，吳王劉濞等人也有些緊張，做好了和周亞夫大戰一場的準備。後來見到漢軍在昌邑據守不出，當然是高興異常，認為是自己的軍威鎮住了周亞夫，嚇得他不敢前來，於是加緊攻打梁國。可沒料到這個梁國還真是一塊難啃的硬骨頭，無論如何就是打不下來。

吳、楚聯軍見梁國難以攻打，便將兵鋒指向了周亞夫率領的軍隊，想着先打敗這支援軍，提振一下士氣也好。可惜的是，在周亞夫面前，叛軍更是沒有佔到任何便宜，再次損兵折將。

　　好在周亞夫和梁王一樣，都是只守不攻，叛軍雖然沒攻下昌邑，但是也沒有特別緊張，畢竟自己處於戰略進攻態勢，主動權在自己手裏。可劉濞、劉戊等人不知道的是，明面上周亞夫只守不攻，暗中早已派人率領精銳的輕騎兵悄悄離開昌邑，掐斷了叛軍的糧道。

　　劉濞、劉戊率軍打了好幾天，攻城不下，突然發現，軍中糧草接濟不上了，派人一查看，才知道糧道被斷，大軍斷糧了。這可怎麼辦？這麼多軍隊，沒糧食怎麼行。氣急的叛軍，連番挑戰，周亞夫繼續閉門不出，就是不跟你正面交鋒。

　　無奈之下，叛軍深夜前來偷營劫寨。周亞夫早有準備。雖然叛軍的突然襲擊引起漢軍大營一陣騷動，但是周亞夫高臥帳中，穩如泰山。將是兵之膽，看周亞夫如此踏實，漢軍慢慢也就穩定下來。此時，士卒稟報，叛軍的大隊人馬向漢軍大營東南角殺來。周亞夫卻命令，敵人這是聲東擊西之計，注意大營的西北角。果然，叛軍精銳的主攻方向是漢軍的西北方。因為漢軍早有防備，叛軍的偷營之舉，鎩羽而歸。周亞夫也不苦追，將叛軍打跑了就行。

　　不久後，叛軍的糧草徹底斷絕，數十萬大軍陷入混亂。劉濞、劉戊無奈，只得率領大軍撤圍而去。周亞夫等的就是此刻，立刻派出精銳人馬，隨後猛追，大敗叛軍。吳王劉濞見兵敗如山倒，難以挽回，只得率領嫡系的數千人馬，渡過淮河，逃到丹徒，退守東越，希望站住腳跟後，再召集人馬，報仇雪恨。

　　周亞夫當然不會給他們喘息之機，率軍乘勝追擊，數十萬叛軍，大部被抓並投降。楚王劉戊見大勢已去，走投無路，自殺了。當然，漢景帝和周亞夫都沒忘了逃跑的吳王劉濞，一面發出千金重賞，懸賞劉濞的人頭；同時，暗中派人潛入東越，說動東越王，趁劉濞不備，殺掉了他。

　　至此，東南吳、楚叛亂，徹底解決。

　　在與吳、楚叛軍交戰中，戰場上最耀眼的將領，就是後來被稱為"飛將軍"的李廣。此時的李廣,還只是一個年輕的將領,但是在戰場上,李廣作戰勇猛、所向披靡。尤其令人瞠目的,是其精湛的射箭本領,堪稱百發百中。此戰後,李廣名聲大振,馳名軍中。

這邊的叛軍被平滅,另外兩路的叛軍本來兵威就不如吳、楚聯軍,現在也都陷入困獸之鬥。膠西王劉卬、膠東王劉雄渠、淄川王劉賢、濟南王劉辟光在起兵之初,就在進攻齊王劉將閭,但是打到最後也沒打下來。在竇嬰派欒布率軍抵達後,四國聯軍就一敗再敗,最後,四個諸侯王都兵敗自殺。

到此,只剩下趙王劉遂還在死守邯鄲,垂死掙扎。竇嬰派來平滅趙國的酈寄,還在進攻,但是一直沒有取得決定性的勝利。於是,周亞夫和欒布都派軍支援酈寄。這樣一來,趙國也就沒有任何希望了。六國叛亂已經被滅,只剩下孤零零的自己,而被趙國寄託希望的匈奴救兵也根本就沒來。這裏倒不是匈奴和漢朝客氣,不願乘機前來劫掠,而是沒來得及。接到趙王的"邀請",匈奴上下當然是非常高興,但是還沒等到他們做好出兵的準備,吳、楚叛軍已經被周亞夫輕鬆平滅,匈奴也就不敢來了。最後,趙王劉遂走投無路,也自殺而死。

至此,前後不過三個月的時間,這場七國之亂就被徹底平定了。

七國之亂的後續

七國之亂的最大後遺症,就是梁王劉武徹底恨怨上了周亞夫。雖然事後證明,周亞夫的軍事策略非常正確,但是在劉武看來,自己一個堂堂皇室宗親,居然被周亞夫一介武夫當作了吸引敵人進攻的靶子,要不是自己還算有點本領,加上運氣不錯,甚至會被當作棄子。因此,不管周亞夫是如何一心為國,如何高瞻遠矚,劉武對周亞夫都有了根深蒂固的成見。

　　叛亂結束後，漢景帝趁機收拾了一番諸侯王。參加叛亂的七國，除了保留楚國並另立新王之外，其餘六國全部廢除，國土則收歸國有。對那些沒參與叛亂的諸侯王，也用相對溫和的方式，或者削奪部分封地，或者將諸侯王的兒子們大量封王，從而將他們的封國拆分得七零八落，規模大幅縮小。同時，景帝還取消了諸侯王徵收封地賦稅和任免封國官吏的權力，封地的賦稅由中央政府統一徵收，封國內的官吏由皇帝直接任命，並削減掉封國官吏的員額，這樣一來，諸侯王就失去了對封國政治、經濟的控制，實力大為削弱，中央政府的權力則大大加強。此後，各諸侯王雖然可以繼續享受榮華富貴，但是政治地位一落千丈，對皇權也就沒甚麼威脅了。

　　即使如此，有的諸侯王還是時不時地跳出來找麻煩。就拿梁王劉武來說吧。當初抵擋吳、楚叛軍立下大功，又是漢景帝的親弟弟，當然是位高權重。因為當初漢景帝曾開玩笑說要將皇位傳給他，所以他一直對皇位頗有點想法。而且，劉武因為深恨周亞夫當初不救自己，就一直在母親竇太后和哥哥景帝面前說周亞夫的壞話，慢慢地，漢景帝對周亞夫的觀感也越來越差。再加上其他原因，周亞夫雖然因為平滅七國之亂有大功而被任命為丞相，最後卻被抓進監獄，吐血而亡。

　　劉武的所作所為當然不止如此。公元前 153 年，就是平定七國之亂後的第二年，漢景帝立劉榮為太子。可是，幾年之後，因為劉榮的母親失寵，連帶着劉榮的太子之位也被廢掉。這時，梁王劉武似乎又見到了自己當皇帝的曙光，上躥下跳，甚至說動竇太后在哥哥面前建議讓自己做繼承人。

　　對此，漢景帝也有些動搖。沒想到，袁盎又出現了。袁盎聯合幾個大臣，向漢景帝進言勸諫，令漢景帝打消了讓劉武繼承皇位的念頭。這下，劉武又恨怨上了袁盎等人，並派殺手暗殺了袁盎等人。朝廷重臣就這麼不明不白被暗殺，劉武的囂張，可見一斑。不過，劉武最終也沒能坐到皇帝的寶座上，公元前 144 年，漢景帝還健在，劉武就病死了。

漢武帝和阿嬌的故事 | 24

　　漢景帝子嗣眾多，有 14 個兒子，還有至少 3 個女兒。在這些孩子中，對後世影響最大的，除了漢武帝劉徹之外，還有長沙定王劉發，他是後世東漢開國皇帝光武帝劉秀的先祖；中山靖王劉勝，他是三國時期蜀漢的建立者，昭烈皇帝劉備的先祖，換句話說，三國裏面人稱"劉皇叔"的劉備，雖然是漢獻帝劉協的叔叔，但他們的血緣關係，要按族譜查到 300 多年以前的漢景帝時，才能聯繫上。

　　面對眾多子嗣，在選定繼承人的問題上，漢景帝卻是拖泥帶水。皇后薄氏一直沒有給漢景帝生下兒子，所以在公元前 153 年，漢景帝立 18 歲的庶長子劉榮為太子。劉榮的生母是栗姬。栗姬很得漢景帝寵愛，加上兒子被立為太子，漢景帝就有了廢掉薄皇后，立栗姬為皇后的想法。

　　這時候，漢景帝的親姐姐，長公主劉嫖也跳出來跟着添亂。劉嫖的丈夫是堂邑侯陳午，生有兩個兒子和一個女兒陳阿嬌。此時的陳阿嬌年紀不大，也就七八歲的樣子。這位長公主雖然是皇帝的姐姐，但是感覺地位還是不踏實，想和皇家親上加親，打算把自己的小阿嬌嫁給太子劉榮。可是因為長公主時不時地就給景帝敬獻美人，引得栗姬非常不滿，二人關係一直不睦，所以這個提議被栗姬一口回絕。

　　這下長公主可坐不住了。既然栗姬對自己如此有意見，那如果讓栗姬當上皇后，自己的日子可就不好過了。要是等她兒子當上皇帝，自己一家就更危險了。不行，得想辦法破壞。此時，一直在暗中和栗姬競爭皇后位置的王美人見有機可乘，趕快上前拉攏長公主。很快，二位結成同盟，共同對付栗姬。這個王美人，就是漢武帝劉徹的生母。

金屋藏嬌

王美人之所以敢和栗姬競爭，也是因為底氣比較足。一是王美人本身頗受漢景帝寵愛，比栗姬雖略有不足，但是也差之不遠；二是自己的兒子劉徹，從小就聰明過人，酷愛讀書，記憶力也特別好，深得父親漢景帝的喜愛。在哥哥劉榮被立為太子前後，年幼的劉徹被封為膠東王。現在再加上長公主的支持，王美人更加有了和栗姬競爭的資本。

說起來，劉徹也確實不同凡響。在王美人和長公主達成戰略同盟之後，長公主又想把阿嬌嫁給劉徹。王美人當然是千肯萬肯，不過漢景帝有點不同意。因為阿嬌比劉徹大幾歲。這時的劉徹，只有三四歲的樣子。

一天，長公主帶着阿嬌來皇宮見漢景帝。漢景帝和姐姐的感情很好，當然熱情接待。這時，王美人帶着劉徹也來給長公主請安問候。長公主將劉徹抱在懷裏，和小家伙開玩笑，問："你想不想要媳婦啊？"不知道劉徹懂不懂媳婦到底是甚麼意思，反正就是笑嘻嘻地看着姑姑表示想要。長公主指着旁邊的一個宮女對劉徹説："讓她給你當媳婦，好不好？"劉徹搖頭："不要。"長公主又指着別的宮女問劉徹，劉徹一直搖頭否定。最後，長公主指着自己的女兒阿嬌問劉徹："那把阿嬌給你做媳婦好不好？"小劉徹高興了，拍着手説："好。要是阿嬌給我做媳婦，我一定蓋一間金子做的屋子給她住。"漢景帝見此情景也深感驚奇，感覺真的可能就是上天注定的姻緣吧，於是在王美人和長公主苦求之下也就答應了。這就是"金屋藏嬌"的故事。不過需要提一句的是，這個故事不是出自正史記載，而是出自誌怪小説《漢武故事》，作者不詳，成書年代約為魏晉時期，其可信程度有待考證。

在王美人和長公主的共同努力下，雖然薄皇后被廢，但是這頂皇后的桂冠並沒有落到栗姬頭上。不但如此，因為漢景帝對栗姬越來越反感，後來索性連劉榮的太子之位也給廢了，改封為臨江王，打發到封地去了。栗姬白忙一場，憂懼而死。在廢掉舊太子幾個月之後，也就是公元前 149 年，漢景帝立王美人為皇后，劉徹為太子。劉徹後來也真的娶了自己的表姐阿嬌為妻，並在即位後，將其冊封為皇后。

一次失敗的政治嘗試

公元前 141 年，48 歲的漢景帝病死，16 歲的太子劉徹即位，是為漢武帝。此時，漢朝已經建立六十多年。經過這數十年的發展，不論是人口、經濟，還是軍事實力，都有了長足的發展。另外，隨着諸侯王權力的逐漸喪失，皇帝的權威越來越重，相應的需要皇帝及朝廷大臣決策的國家大事也越來越多。這樣，自漢初一直實行的"無為而治"的治國方針，也越來越不能適應國家的發展。

漢武帝初登大寶，意氣風發，頗想有一番作為。即位不久就向天下發出詔書，訪求人才，同時讓朝中大臣、諸侯王等人推薦賢良方正、正直敢諫之人來充實朝堂。詔令下去，人才倒是來了不少，不過因為各家學派的都有，各有見解和治國理念且良莠不齊，故而每天吵吵嚷嚷，搞得朝堂之上亂七八糟，卻達不到預期效果，在丞相衛綰的建議下，又將這些人大部罷免了。

不過經此嘗試，漢武帝感覺儒家學者的說法和做派比較符合自己的要求，於是，他將年老的衛綰免職，任命竇嬰為丞相，田蚡為太尉，趙綰為御史大夫，王臧為郎中令。這幾個人，都是當時比較有名的儒家學派的人物。可是，太皇太后竇氏 —— 就是漢武帝的奶奶 —— 當時還健在，她可是個忠實的道家學派的信奉者，見漢武帝重儒輕道，大為不滿，將這些人當作方士新垣平一樣的騙子看待，在漢武帝面前大發雷霆。

漢武帝開始還勉強對付着，希望老太太過段時間能忘了這事。沒想到老太太還真執着，那幾個手腳也不怎麼乾淨，被老太太抓住把柄。漢武帝無奈，只得將竇嬰和田蚡免職，將趙綰和王臧下獄。後來，趙綰和王臧自盡於獄中。就這樣，漢武帝第一次的政治嘗試以失敗而告終。

驕縱的阿嬌

此時，武帝和阿嬌的感情也開始出現問題。劉徹在還沒當皇帝的時候，就和阿嬌成了親。剛開始的時候，兩個人非常恩愛。在劉徹當上皇帝後，阿嬌被冊封為皇后。因為在劉徹立為太子和即位這件事上，阿嬌的母親長公主劉嫖出力不小，所以阿嬌在劉徹面前一直比較驕縱，不但時不時就給他臉色看，而且要求劉徹不得隨意親近別的女人。如果劉徹是個普通人的話，阿嬌的要求非常正常，但是，劉徹是皇帝，阿嬌的要求必然得不到滿意的結果。還有最重要的一點是，劉徹和阿嬌結婚好幾年，阿嬌一直沒給劉徹生下孩子，這在當時可是個了不得的大事。皇帝無後，嚴重點說，甚至能導致國家混亂。至少，會令那些有野心的皇族覬覦皇帝的位置。但是阿嬌才不管這些，就是強悍地約束漢武帝。漢武帝敢不聽從，她就又哭又鬧。長公主劉嫖當然是站在女兒這邊。結果卻是阿嬌越鬧，漢武帝對她越冷淡。

漢武帝的宮鬥戲

公元前 139 年，也就是漢武帝即位的第二年，一天，漢武帝祭祀歸來，路過姐姐平陽公主的家，於是進去看看姐姐。這個平陽公主也是王美人所生，是劉徹的親姐姐。因為嫁給平陽侯曹壽為妻，所以稱為平陽公主。

　　姐姐當然是站在弟弟這邊的，因為漢武帝一直沒有孩子，平陽公主早就挑選了十幾個漂亮的良家女子，養在自己家裏，等着漢武帝來自己家裏的時候，好讓弟弟看看，有沒有看得上眼的。其實，這種事，當年阿嬌的母親長公主劉嫖也沒少幹。正因如此，漢景帝寵愛的栗姬才對劉嫖恨之入骨。現在，這位平陽公主不過是在效法長公主的故智而已。可惜，這些美女，漢武帝一個也沒看上。

　　這時，平陽公主命人擺上酒菜，同時讓自己家裏的歌女前來彈琴唱歌助興。沒想到，漢武帝一眼就看上了其中的一個歌女。

　　漢武帝問平陽公主：“那個女孩子叫甚麼名字？哪裏人？”

　　平陽公主回答：“她叫衛子夫，平陽人。”

　　漢武帝興奮地說：“好一個平陽衛子夫！”

　　平陽公主見自己這裏終於有人被皇帝看中了，當然非常高興，立刻奏請將衛子夫送入宮中。漢武帝當即應允，並賞賜給姐姐黃金千斤。

　　衛子夫平步青雲。平陽公主親熱地攬着衛子夫說：“去吧，到皇宮裏好自為之。將來真的富貴了，可別忘了我的引薦之功啊！”衛子夫當然是千恩萬謝，然後隨漢武帝進宮去了。

　　漢武帝帶衛子夫進宮，不可能瞞得住阿嬌。阿嬌知道後，當然是大鬧不止。漢武帝也覺得自己這事做的有點不地道，連忙和阿嬌賠禮道歉。為了表示誠意，漢武帝每天留宿在皇后宮中，將衛子夫留在冷宮之中，一年多的時間也沒理睬。可即使漢武帝又陪在阿嬌身邊一年多的時間，阿嬌自己也想盡了辦法，還是沒生下一男半女。漢武帝的耐心徹底耗盡，理直氣壯的將衛子夫接到身邊住下來。時隔不久，衛子夫懷孕了。這下，漢武帝更有理了。

　　阿嬌知道衛子夫懷孕後，感覺到自己皇后的位置受到了威脅，於是一面在漢武帝面前尋死覓活，一面派人暗下黑手，準備殺掉衛子夫，至少要弄掉她肚子裏的孩子。漢武帝生長在皇家，甚麼樣的陰謀詭計沒見識過。在確認衛子夫懷孕後，就對她採取了更加嚴密的保護措施。至於阿嬌的哭鬧，漢武帝只拿出一個"需要繼承人"的説法，就讓阿嬌啞口無言。

無計可施的阿嬌去找母親商議對策。劉嫖打聽到，衛子夫有一個兄弟叫衛青，是平陽公主家的騎奴。騎奴指的是有一定武力，負責騎馬保護主人的奴僕。母女倆決定，將衛青抓來殺掉，一來出出胸中這口惡氣；二來讓衛子夫知道知道自己的厲害，讓她傷心、丟臉。

這一天，衛青正在看馬，突然竄出幾個武士，將毫無防備的衛青綁起來，扔到馬背上，轉身就走。此時，恰好衛青的好友公孫敖正在附近，見到衛青遭人暗算，急忙帶着幾個關係不錯的朋友緊追不捨，終於在一番搏鬥後，將衛青搶回，並立即將這件事向平陽公主匯報。

平陽公主將事情的始末緣由弄明白之後，也是氣憤不已。你長公主和阿嬌對付衛子夫，就已經是不給自己面子了，現在居然明目張膽跑到我的地盤，抓捕我的騎奴，膽子太大了！於是，平陽公主跑到漢武帝面前一番哭訴。

這事本來就是長公主和阿嬌理虧，又加上這段時間漢武帝對衛子夫是寵愛無比，對阿嬌是又氣又煩，所以，勃然變色的漢武帝開始報復。你阿嬌不是嫉妒衛子夫嗎？我就偏寵她。你阿嬌不是要害衛青嗎？我就重用他。於是，漢武帝當着阿嬌的面，將衛子夫封為夫人（地位僅次於皇后），然後將衛青召來，封他為建章監、侍中。同時，衛子夫的母親、其他兄弟等都有封賞。幾天之內，給他家的賞賜達千金之多。衛青一家的命運從此轉變。漢武帝封賞衛青，主要是因為和阿嬌置氣，但是他不知道的是，這次他任性的舉動，卻讓自己得到了一員舉世難尋的大將。

阿嬌氣得是咬牙切齒，卻又無可奈何。漢武帝從此之後，幾乎再不去皇后宮中。皇后的"金屋"變成了冷宮。

東方朔的故事 | 25

漢武帝雖然賭氣折騰了阿嬌一頓，但是掣肘頗多的朝堂，混亂鬱悶的後宮，都讓他頗為沮喪。衛子夫懷孕期滿，給漢武帝生下一個女兒。雖然也讓漢武帝挺高興，但還是沒有從根本上解決繼承人的問題。此後的漢武帝，頗有些放任自流的表現，整天鬥雞走馬、打獵嬉戲，玩的是不亦樂乎，可是一來不怎麼在意國事了，二來給當地的百姓造成了很多困擾。後來，漢武帝感覺還不滿意，又準備修建規模宏大的上林苑。這時，東方朔站出來勸諫漢武帝，不應該如此大興土木，肆意擾民。

東方朔的自薦

東方朔是個奇人，在歷史上的名氣相當大，他從一出場，就充滿着故事性。

那還是漢武帝即位不久，向天下訪求賢良方正之士的時候。當時很多人向漢武帝自薦，漢武帝將其中看起來比較突出的召到公車府待命，算是預備官員，給予很少的一點俸祿，勉強維持着這些人生活。東方朔也是自薦中的一人。他在自薦書中吹噓自己："我13歲開始讀書，3年的時間，文史方面的基本功就足夠用了。15歲開始學習劍術。16歲開始學習《詩經》、《尚書》，背誦了22萬字。19歲開始學習孫子、吳起的兵法，學會了排兵佈陣、行軍打仗的本領，也背誦了22萬字。我現在22歲了，相貌英俊，文武雙全。我身高9尺3寸，目若懸珠，齒若編貝。我勇猛像孟賁，敏捷賽慶忌，廉潔超過鮑叔牙，守信義就像那抱柱而亡的尾生。像我這麼完美的人，絕對是可以做大臣，輔佐陛下開創一番大事業的，陛下您可千萬別忽視我啊！"東方朔舉例說的孟賁是戰國時著名的勇士，有舉鼎之力，能將兩頭打架的牛分開，用手將牛犄角拔出來；慶忌是春秋時吳國吳王僚的太子，力大絕倫,勇猛無比,奔跑起來,超過奔馬;鮑叔牙是春秋時齊國大夫,以知人善任、正直廉潔著稱;尾生是《莊子》中描述的人物,與人約在橋下見面,約會的人沒來,水漲,為了守約,不離開橋下,最後抱橋柱而死。東方朔等於是在自薦書中將自己狠狠吹噓了一番。

還別說,漢武帝見到這別開生面的自薦書,還真對東方朔產生了幾分興趣。當然,也僅此而已,就看這誇張的描述,就不像甚麼能出將入相的人物。於是,將東方朔召入公車府,然後就不怎麼理睬了。畢竟對於整個朝廷來說,人才眾多,東方朔還算不上多出色的。

東方朔不甘心,給漢武帝寫了 3 千片竹簡的奏疏,漢武帝斷斷續續地讀了兩個多月才讀完,但還是沒重用他。東方朔只好另外想辦法吸引漢武帝的注意。

一天,東方朔到御馬圈,嚇唬那些給皇帝養馬的侏儒:"皇帝現在覺得你們這些人毫無用處,你們耕田比不上農夫,做官不會治理百姓,從軍打不上仗,除了白白浪費國家的錢糧,一無是處,所以陛下準備將你們全部殺掉。"侏儒們嚇壞了,嚎啕大哭。等侏儒們哭的差不多了,東方朔給他們出主意:"我教你們一個可以活命的辦法,那就是等皇帝過來的時候,你們使勁磕頭請罪。"

等漢武帝經過御馬圈的時候,這些侏儒們真的跪在地上磕頭不止,大聲請罪。漢武帝莫名其妙,我甚麼時候說過要殺你們了?等弄明白是東方朔在其中搞鬼的時候,氣憤的漢武帝將東方朔找來責問。東方朔振振有詞地說:"陛下,我也是沒辦法啊。這些侏儒只有三尺多高,俸祿是一袋米和二百四十錢,我東方朔九尺高,俸祿也是一袋米二百四十文錢。他們的俸祿能吃飽喝足,可是我卻快餓死了。陛下,如果您覺得我有用處的話,那麼希望您能重視我,如果您覺得我沒用的話,乾脆把我趕回家,省得浪費這長安城的糧食。"

東方朔的話逗得漢武帝哈哈大笑,心說這家伙這個主意雖然損了點，但確實是別出心裁，挺有意思。於是漢武帝讓東方朔做了金馬門待詔。所謂待詔，就是等待皇帝詔令的意思。這裏的金馬門待詔，比公車府待詔高一級。一般來講，公車府裏特別優異的人才，才能做金馬門待詔。由此看來，東方朔的壞主意也算沒白白使用，至少前進了一步。在皇帝眼裏，也稍稍重視了一點，並且，能不時地見到皇帝了。

重視是重視了，重視的方向卻又不對了。東方朔是懷着一腔豪情壯志，要輔佐漢武帝，做一番大事業的，現在在皇帝眼裏，因為自己幽默、滑稽的表現，卻被當作了俳優對待。所謂俳優，指的是從事歌舞音樂和雜耍的藝人，相當於今天的演員。但是，這是自己作成這個結果的啊，東方朔只能咧嘴苦笑了。

"弄臣"東方朔

別看東方朔對自己這個"弄臣"的身份不滿意，還有不滿意他，要和他競爭這個弄臣身份的人呢。

漢武帝身邊有個姓郭的舍人，"舍人"也是官名，就是親隨的意思。這位郭舍人本來就是漢武帝身邊的弄臣，現在看到東方朔，大為不滿，這不是來和自己競爭的嗎？不行，得把他趕走。於是，他不時的在漢武帝面前說東方朔的壞話，還經常指名點姓，要和東方朔比試本領。

當時，宮中流行一種"射覆"的遊戲。所謂射覆，就是將一個物品放進一個器具中，然後扣過來放桌上，或者蓋起來，給出很少的一些線索，讓對方來猜這個物品。例如將一枚銅錢放進一個盒子裏，蓋好盒子，讓人猜盒子裏的物品是甚麼。屬於一種猜謎遊戲。漢武帝很喜歡這個遊戲，那些弄臣們當然經常陪着漢武帝玩。郭舍人也比較精通射覆。但是就郭舍人的智商，如何能與東方朔相比？因而在比賽之中，輸得一塌糊塗。所以，東方朔反倒越來越得漢武帝喜愛，時常被賞賜很多東西。當然，東方朔在弄臣的路上也是越走越遠了。

其實，這種結果，與東方朔的性格密不可分。例如，有一次，漢武帝給手下侍從賞賜了一大塊肉，可是負責分肉的官員一直沒來。別的侍從都老老實實等着，只有東方朔，等着急了，便拔出寶劍自己割了一塊肉回家了。等負責分肉的官員終於到來後，才知道東方朔已經擅自取走了一塊肉，非常惱火，將這件事向漢武帝作了匯報。

第二天，漢武帝責問東方朔。東方朔也不分辯，免冠跪地請罪。本來也沒多大事，又見東方朔認錯態度這麼好，漢武帝就讓東方朔站起來，說說自己的錯誤。東方朔又向漢武帝行禮後，大聲"自責"說："東方東方，你太魯莽；詔令沒下，擅自領賞；拔劍割肉，氣勢豪壯；割肉不多，廉潔禮讓；拿給妻子，仁愛無雙。"漢武帝聽東方朔如此"自責"，又好氣又好笑："你這家伙，你這是自責呀，還是自誇？"不過，漢武帝很喜愛東方朔的幽默，也沒繼續難為他，反而又賞賜給他一石酒、一百斤肉，讓他拿回家去交給妻子。

關於東方朔的故事很多，當然大多屬於傳說性質，很多誌怪類小說裏都有記載。有一次，漢武帝在上林苑中見到一棵長得很奇怪的小樹，就問大家這棵樹的名字。眾人紛紛搖頭，表示不知道。東方朔上前說："陛下，我知道，這棵樹名叫'善哉'。"然後，東方朔又煞有介事地說了一番這棵樹的特點。漢武帝命人暗暗標記了這棵樹。

過了幾年，漢武帝和東方朔等人又一次路過這棵樹的旁邊，不過樹已經長大了許多。漢武帝又問東方朔這棵樹的名字。東方朔早就忘了前面那回事，隨口糊弄漢武帝說："陛下，這棵樹叫'瞿所'。"這下可被漢武帝抓住了："好你個東方朔，看來你是經常欺騙我啊！幾年前你不是說這棵樹叫'善哉'嗎，怎麼現在又叫'瞿所'了？"東方朔腦子轉得多快啊，馬上振振有詞地解釋："陛下，這很正常啊。您看，馬小的時候稱'駒'，大了稱'馬'；牛小的時候稱‘犢’，大了稱‘牛’；雞小的時候稱‘雛’，大了稱‘雞’；人也是如此啊，小的時候稱‘小兒’，老了以後稱‘長者’。前幾年的小‘善哉’，現在長成大‘瞿所’，這不是很正常的嗎？”漢武帝本來就是在和東方朔開玩笑，現在看他那一本正經胡說八道的樣子，也是忍不住哈哈大笑。

勸諫漢武帝

　　晚年的漢武帝非常迷信長生不老之說，方士們可不會錯過這個機會，趁機前來興風作浪。東方朔很反對這種做法，多次勸諫，但是漢武帝根本不聽。一次，有個仙人弟子欒大，號稱從君山尋得不死酒進獻給皇帝。漢武帝非常高興，舉行隆重的儀式後，準備喝下這酒，求得長生不老。

　　這時，東方朔站出來攔住了皇帝。東方朔認為，皇帝不能隨意喝這來歷不明的酒，萬一有問題呢？必須檢查、識別之後，確認沒問題了才能喝。漢武帝覺得有理，但是又有些發愁，這怎麼識別？誰都沒見識過不死酒啊。東方朔表示，自己就能識別。說着，端起盛酒的器具喝了一大口。漢武帝氣得怒火中燒，這哪裏是識別真假，分明是騙酒喝！拔出寶劍，要砍死東方朔。

　　沒想到東方朔不慌不忙地對漢武帝說：“陛下您先別着急。如果這不死酒是真的，那麼您應該無論如何也殺不了我才是。那樣的話，您還是別費勁殺我了。如果您能殺得死我，就說明這酒是假的，那樣的話，我不但無罪，反而有功，因為我鑑別出這是假酒。那樣，陛下您不但不應該殺我，還應該賞賜我。所以說，無論怎樣，您都不應該殺我。”漢武帝冷靜下來，想了想，覺得東方朔的話好像也有道理，就放過了他。

　　東方朔一直希望能通過自己的真實本領、治國主張得到漢武帝的重視。在漢武帝準備修建上林苑的時候，東方朔站出來，表示反對。東方朔曉之以理，動之以情，引經據典，向漢武帝講述這片土地對當地百姓的重要性。沒了它，很多百姓生活就會窮困潦倒，甚至餓死。接下來又列舉了歷史上大興土木導致國家衰落的例子：商朝的君主修建九市之宮，導致諸侯叛亂；楚王修建章華台，導致人心離散；秦朝修建阿房宮，導致天下大亂。最後，東方朔希望皇帝能明白自己的一片忠心，停止修建上林苑。

漢武帝的反應極其奇怪。他一方面認為東方朔說的非常有道理，提拔東方朔為太中大夫，賞賜黃金百斤；另一方面命人立刻動工，按照原計劃修建上林苑。

這，大概就是皇帝眼中"弄臣"的地位與作用吧！

司馬相如與卓文君的故事 | 26

漢武帝下詔修建的上林苑，與其說是修建，不如說是擴建或者重建更加準確。因為此處舊有秦代苑囿，後來漢高祖劉邦吸取秦朝滅亡的教訓，將原有的皇家苑囿還作民田，現在又被漢武帝恢復為皇家苑囿，並且擴大了規模。

漢武帝重建的上林苑，其地廣達三百餘里，有八條河流流注苑內，就是後人所說的"八水繞長安"。苑內山巒起伏、林木繁茂、宮殿林立、恢弘壯麗。

上林苑建成，一大批御用文人當然趁機大顯才華，盛讚上林美景，司馬相如是其中的佼佼者。

司馬相如與《上林賦》

被後世譽為"賦聖"、"辭宗"的漢賦大家司馬相如，在漢武帝的授意下，揮毫潑墨，寫下其代表作之一的《上林賦》。

《上林賦》接續其另一篇廣為流傳的代表作《子虛賦》，通過子虛、烏有、亡是公等虛擬人物之口，極言上林苑奇景勝狀之巨麗，天子狩獵場面之宏大。同時，藉賦中天子之口，明褒實貶、曲意諷諫。《上林賦》堪稱漢賦中的精品，其結構宏大、內容廣博，鋪張揚厲至極。賦中的子虛、烏有、亡是公等詞彙，都成了固有詞彙，成了假設的、不存在的、不真實的事情或人物的代名詞。漢武帝對《上林賦》大為欣賞，當即擢升司馬相如為郎官。

說起來，司馬相如也是個奇人。他是蜀郡成都人，姓司馬，名犬子，字長卿。這位司馬長卿長大一些後，嫌自己的原名不好聽，因為仰慕戰國時期趙國的藺相如，於是改名為司馬相如。

說起"犬子"，現在聽起來有些好笑，在當時卻很平常。古時候因營養、醫療等條件有限，嬰兒死亡率比較高，所以民間流傳着給孩子取一個低賤的名字好養活的說法，給孩子起各種奇奇怪怪名字的比比皆是。例如春秋時期，鄭國君主鄭莊公，因為出生時難產，所以小名為"寤生"，就是逆生、難產的意思；以"假途滅虢"聞名的晉獻公，小名蠆，蠍子的意思；劉邦手下的將領陳豨，"豨"字在古書上是大野豬的意思；就連漢武帝，在《漢武故事》裏記載，其小名為"彘"，就是"豬"的意思。所以說，司馬相如的父母給孩子取名"犬子"很正常。後來，"犬子"一詞，還成了謙稱自己孩子的代名詞。

司馬相如從小喜歡讀書、練劍，也算得上文武全才。漢景帝時，他花錢買了個武騎常侍的小官，可以跟隨皇帝的車駕出行射獵。此時的司馬相如已經顯露出卓越的文學辭賦才華，但是因為漢景帝不喜辭賦，所以司馬相如一直感覺有點鬱鬱不得志。恰好一次梁王劉武來長安，身邊帶着幾個當時知名的文人，司馬相如與之交談甚歡，大有知音之感。於是司馬相如以生病為由辭去官職，旅居梁國。

梁王劉武對司馬相如相當不錯，司馬相如得以在梁國安穩地住了數年，《子虛賦》就寫於這個期間。《子虛賦》令司馬相如名聲大噪。可惜，時隔不久，梁王劉武病死了，梁王府邸的門客只能各奔前程。司馬相如無奈之下，只得返回家鄉成都。回家之後，司馬相如滿腹的才華不得施展不說，因為缺乏謀生的手段，連生活都成了問題。好在他有個好友王吉是臨邛縣令，於是司馬相如就去投奔他。

本來王吉和司馬相如的關係就不錯，也很佩服司馬相如的才華，加上為了替好友揚名，所以他對司馬相如相當客氣，畢恭畢敬。這下搞得縣裏的富戶豪紳都弄不明白司馬相如的底細，也都跟着縣令對司馬相如客氣起來。

琴挑卓文君

王吉對司馬相如的包裝非常成功。臨邛縣首富卓王孫為了討好縣令，就在家裏大排筵宴，宴請司馬相如和縣令。司馬相如擺譜，推說有病，縣令王吉又裝模作樣親自去請，才將他請來。這下大家更被司馬相如唬住了。席間觥籌交錯，主客也是興高采烈。酒興正濃時，縣令王吉提議：“司馬公是彈琴的大家，今天諸位有幸，我們請司馬公給大家彈奏一曲如何？”司馬相如假意推辭一番，答應下來。

卓王孫見司馬相如隨身並沒有帶着琴，急忙自告奮勇地說：“我家珍藏着一把古琴，是幾年前我花了三百金買來的，希望司馬公用這把古琴彈奏，請不要推辭。”不等司馬相如說話，王吉就連連搖頭。這個環節早就在二人的計劃之中了。王吉表示，自己看到司馬相如的車上有琴袋，說明一定有珍藏的好琴，正好趁此機會，欣賞一下他的珍藏。等手下人將司馬相如的琴取來，眼光高明的賓客都大吃一驚，此琴果然不凡。

司馬相如手中的琴名為“綠綺”，乃中國古代四大名琴之一，另外三把分別為號鐘、繞樑、焦尾。綠綺琴作為傳世名琴，原來是梁王劉武的藏品。梁王一直很欣賞司馬相如的文采。一次，司馬相如應梁王邀請，寫《如玉賦》相贈。這篇賦文采華麗、氣度不凡。梁王非常欣賞，以珍藏的綠綺琴回贈。從此，綠綺琴到了司馬相如手裏。司馬相如本來就精湛非凡的琴藝，在綠綺琴絕妙音色的襯托下，更加高妙；綠綺琴也在司馬相如的手裏大放異彩。

藉此機會，司馬相如長身正坐，彈奏起來。一曲彈罷，彩聲雷動。司馬相如正準備繼續彈，突然聽到屏風後面有女子的環佩叮噹之聲。司馬相如側眼觀看，見一美貌女子，正在屏風後面偷看自己。

司馬相如來之前就下足了功夫，知道這個女子一定是卓王孫的女兒卓文君。這個卓文君也是當地有名的才女，琴棋書畫樣樣精通。可惜，命運不好，出嫁沒多長時間，丈夫死去，現在寡居在娘家。這段時間，卓文君耳朵裏灌滿了司馬相如的名字，可惜無緣得見，現在正好藉司馬相如來自己家裏的機會，想偷偷看看這個大才子的風采。一見之下，司馬相如玉樹臨風、文靜典雅、風度翩翩、儀表堂堂，不負才子盛名。司馬相如一見卓文君，也是驚豔不已，堪稱國色天香。二人可稱一見鍾情。

司馬相如也是膽大，又欺負酒席之上的陪客不懂音樂，於是彈起男子向女子求愛的情歌《鳳求凰》來。卓文君一聽就懂了，臉紅心跳，內心暗喜。就這樣，藉助琴音，二人眉目傳情，兩心暗許。這就是"司馬相如琴挑卓文君"的故事。

可笑的是，卓王孫眼睜睜看着司馬相如這小子調戲自己的女兒，奈何因為不懂琴音，根本看不明白，還傻乎乎的不時喝彩。

酒宴結束後，在王吉的幫助下，司馬相如買通卓文君的侍女，向她表達了自己的愛慕之情。卓文君也是早就芳心暗許。但是卓文君擔心父親不同意這門婚事，就趁着半夜，逃出家門，匯合了司馬相如後，二人私奔回了成都。

到了成都，卓文君才發現，司馬相如是才子不假，可是家徒四壁、窮困至極。好在卓文君雖然是和司馬相如私奔，自己的私房收藏、金銀首飾之類還是帶了一些，所以短時間內，二人的生活還是沒問題的。

卓王孫莫名其妙丟了女兒，一打聽才知道原委，氣得不得了，但是也沒甚麼好辦法，只得暗暗咬牙。過了幾個月，卓文君的首飾典當一空，兩人眼看都快吃不上飯了。不得已，二人回到臨邛，向卓王孫認錯，希望能得到原諒，接濟一下生活。卓王孫怒火未息，一口拒絕，一文錢也不給。

這下，司馬相如也火了，開始耍無賴。你卓王孫不是地方豪紳，不是好面子嗎？我就讓你丟面子。司馬相如將車馬、寶劍、綠綺琴裝排場的東西都賣了，然後用這些錢租了一間屋子，開了一家小酒館。司馬相如做小廝打扮，在酒館裏擦擦洗洗，卓文君當酒館的掌櫃，招攬顧客，賣酒為生。這就是"卓文君當壚賣酒"的故事。

卓王孫又氣又恨又羞愧。好在有朋友從中說合，再加上司馬相如畢竟是名滿天下的才子，又曾經當過官，最後，卓王孫捏着鼻子認下這個女婿，給了他們一大筆錢。司馬相如將自己的全部行頭又買回來，帶着卓文君回到成都，過起幸福快樂的富裕生活來。

時隔不久，司馬相如再次時來運轉，官運來了。此時的皇帝已經換成了漢武帝。一次，漢武帝讀到了司馬相如的《子虛賦》，大為讚賞。開始漢武帝以為作者是古代之人，為此還頗為遺憾。此事被上林苑的"狗監"楊得意知道了。所謂"狗監"，就是專門替漢武帝看管獵狗的官。楊得意急忙求見漢武帝，表示這篇賦的作者自己認識，還是自己的同鄉。只要皇帝願意，隨時可以召來見駕。漢武帝當即將司馬相如召來。司馬相如又在漢武帝面前揮筆寫下《上林賦》，得到漢武帝的讚賞，做了郎官。

長門買賦

和司馬相如相關的，還有一個更著名的故事，那就是長門買賦。

　　隨着漢武帝越來越寵愛衛子夫，皇后阿嬌妒火中燒，為重新博得恩寵，她想盡辦法卻毫無成效，最後，她開始使用歪門邪道。阿嬌讓楚服等人替自己行巫蠱事，對漢武帝使用“媚道”。所謂媚道，就是用巫蠱和咒語，目標當然是皇帝，來求取自己受到對方的寵愛。

　　東窗事發，漢武帝大為震怒，以“大逆不道”的罪名將楚服等三百多人處死。阿嬌也被廢黜，幽居長門宮中。

　　阿嬌在長門宮中整日以淚洗面，不知如何是好。這時，她想到了司馬相如，想到他憑藉文采而被漢武帝賞識，於是派人帶着百金的重禮，請司馬相如為自己寫一篇賦，希望能藉以打動漢武帝。

　　司馬相如不負所託，揮毫寫下流傳千古的《長門賦》。這篇賦，辭藻華麗、雕琢精巧，堪稱字字珠璣。在賦中，司馬相如通過細膩委婉的筆觸，將阿嬌獨居長門宮後，那種苦悶和抑鬱的心情描寫得淋漓盡致，讀來感人至深。漢武帝看過之後，也是很受感動，想起二人年少時一起度過的快樂時光，心中的怒火減少了很多。從此，對阿嬌的關心和關注多了一些。當然，回心轉意是不可能了。阿嬌還是在孤寂中慢慢老去。

　　不過，關於這篇賦是否為司馬相如所作，也一直存在爭議。有學者認為，是後人假託司馬相如之名所作。

張騫出使西域 | 27

　　居住在中原地區的農耕民族，其主要的外族敵人一直是草原遊牧民族。秦漢時期，草原遊牧民族中最強大的一支被稱為“匈奴”。

　　匈奴劫掠成性，時不時入侵騷擾，挑起戰爭，給中原王朝的邊境地區帶來極大威脅。漢朝對匈奴實行"和親"政策後，雖然大規模的戰爭明顯減少，但是小規模的騷擾、劫掠仍然不時發生，邊境地區依舊沒有持久的安寧。經過漢初六十年的休養生息，漢武帝即位後，雄心勃勃，準備徹底消除匈奴的威脅。但是，光憑漢朝的力量，他感覺還是沒甚麼底氣，於是將目光看向了匈奴周邊地區。

在匈奴周圍，生活着數量頗多的小國或部落，他們或遊牧或農耕，大部分被匈奴征服或受匈奴控制，但是因為匈奴的橫徵暴斂、殺戮無度，所以他們非常痛恨匈奴。如果能聯合這些國家或部落，哪怕只是其中的一部分，一來可以削弱和孤立匈奴，二來可以擴大漢朝的威信和影響力，一旦開戰，還可以對匈奴形成夾攻之勢，無論是從政治上還是軍事上考量，都具有重大的戰略意義。

鑿空之旅

正當漢武帝考慮這件事的時候，恰好有投降過來的匈奴人，給漢武帝帶來了西域地區的一些零散的消息。其中，關於大月氏的消息引起了漢武帝的注意。大月氏是秦漢之際強大起來的遊牧民族，建立了自己的國家。可惜因為與匈奴臨近，後被匈奴所滅。大月氏人不得不向西搬遷到距離匈奴較遠的地方，重新建立國家。他們不忘故土，一直希望能打敗匈奴，重返家園。不過因為力量不足，迫切希望與人聯合共擊匈奴。

了解情況後，漢武帝決定派使者出使大月氏，聯合他們夾擊匈奴，但是因為山高路遠，還要途經匈奴控制的區域，所以，此行困難重重，使者隨時有生命危險。漢武帝公開徵募自願擔當此重任的勇士。詔令下達後，滿懷抱負，要做一番大事業的張騫主動站出來，願意擔負這一危險的任務。

張騫是漢中人，在漢武帝身邊擔任郎官。他能力出眾、性格堅韌、心胸開闊且為人很講信義。漢武帝同意了張騫的請求，任命他為出使大月氏的使者。公元前 139 年，也就是漢武帝即位的第二年，張騫率領一百多名隨從出發了，由一個叫堂邑父的匈奴人作為他們的嚮導和翻譯。

行程非常艱難，除了要克服惡劣的環境外，匈奴的威脅也一直籠罩着他們。即使小心翼翼，走到河西走廊時，他們還是被匈奴騎兵發現，全部做了俘虜。張騫等人被帶到匈奴王庭，見到了軍臣單于。因為隨身攜帶着出使的文書、符節等物，所以張騫半真半假地向軍臣單于表示，自己是奉漢朝皇帝之命出使大月氏的。當然，張騫不會說出使是為了聯合大月氏對付匈奴，而說是為了友好往來和經濟交流。即使這樣解釋，軍臣單于也不相信，他詰問張騫："月氏在吾北，漢何以得往？使吾欲使越，漢肯聽我乎？"軍臣單于問得很有道理，大月氏在我的北方，你漢朝在我的南面，你怎麼能越過我去出使我背後的國家呢？如果我派人穿過你們國家，出使南面的越地，你們會同意嗎？

就這樣，張騫被軍臣單于扣押了下來。為了收降張騫，匈奴人進行了各種威逼利誘，後來又將一個匈奴女子嫁給他，還給他生下了孩子。即使如此，張騫一直沒有忘記自己肩負的使命，十年時間過去了，張騫一直"持漢節不失"。在這段時間裏，張騫和其他人都分散了，只有堂邑父和他住在一起。他們一直在等待機會逃離匈奴，繼續完成使命。

張騫滯留匈奴十年也有好處，就是讓他得以詳細了解通往西域的道路，而且說得一口流利的匈奴語，加上已經非常熟悉匈奴的衣着打扮、生活習慣等，如果自己不說，匈奴人很難認出他是漢人來。

隨着時間的推移，匈奴人對張騫的看管越來越鬆懈。公元前 129 年的一天，張騫終於找到一個機會，和堂邑父一起逃出了匈奴王庭所在地。他們騎着馬跑了十幾天，終於離開了匈奴地界，但是並沒有到達大月氏，而是到了一個叫大宛的國家。因為此時西域地區的形勢已經發生了變化，大月氏在匈奴和烏孫國的聯合進攻下，再向西遷移，又在新的土地上建立了國家。

張騫等人到達大宛，受到了大宛王的熱情接待。大宛王早就聽說過大漢的威名和富庶，有心建立通使往來，所以痛快答應了張騫的請求，派人護送他們去大月氏。

又經過一系列的挫折，張騫終於到達大月氏，見到了月氏王，表達了漢朝願意和大月氏聯合共同對付匈奴的意願。但是此時的大月氏，卻已經不想找匈奴人報仇了。原來，大月氏主戰的老國王已經戰死，現任國王是他的兒子。新國王一是沒有他父親那麼強烈的打回故土去的願望；二是現在大月氏定居的地方，土地肥沃、物產豐富，人民生活安定，戰鬥欲望不再強烈；最重要的一點是，現在的大月氏距離匈奴已經很遠，月氏王感覺頗為安全，已經不想再去招惹匈奴了。所以，月氏王對待張騫非常客氣，但是卻拒絕了漢朝聯盟的請求。

張騫在大月氏住了一年多，用盡辦法也沒能說服月氏王。無奈之下，只得動身返回漢朝。為了避開匈奴，張騫特意更換了行走的路線。沒想到在路過羌人地區時，羌人也已經淪為匈奴的附庸，張騫等人再次被匈奴人抓住了。

再次被抓的張騫又在匈奴生活了一年多。直到公元前 126 年，軍臣單于死去，匈奴內部為了爭奪單于之位發生了內亂，張騫、張騫的匈奴妻子和堂邑父才找到機會逃回長安。從公元前 139 年張騫出使，歷經十三年，張騫終於回到祖國。出使時是一百多人，回來的只有張騫、堂邑父和張騫的匈奴妻子三人。

張騫雖然沒有說動大月氏聯合攻擊匈奴，但他此行對於西域的地理條件、特色物產、風土人情，包括語言等等都有了較為清晰的了解。

張騫的經歷為開闢絲綢之路，打通前往中亞的路線，提供了珍貴的第一手資料，可以説是起到了決定性的作用。雖然張騫並沒有完成出使的目標，但是漢武帝對張騫的功績還是給予很高的評價，任命張騫為太中大夫，堂邑父為奉使君，並給予獎賞。

公元前 123 年，張騫曾經跟隨大將軍衛青出擊匈奴。因為張騫熟悉地理，使得大軍行進非常順利，"知水草處，軍得以不乏"。張騫也因為戰功被封為"博望侯"。

夜郎自大

除去這次出使西域的"鑿空之旅"，張騫還有過一次向西方探險的經歷。

張騫在西域的時候，見到過蜀地出產的特色物品，打聽之下，才知道是通過身毒國（又稱天竺國，就是現今的印度）賣到西域去的。張騫因此斷定，一定有一條從蜀郡到身毒再到西域的路線。如果能探聽明白這條路線，那麼就可以不通過匈奴而直接和西域聯絡上，那麼漢朝和西域各國聯繫起來就方便多了，説動那些西域的國家聯合起來對付匈奴也就容易多了。

漢武帝同意了張騫的計劃。因為沒有人去過身毒，連大概方位都不知道，所以張騫將帶領的人馬分成四隊，從四個方向尋找能通往身毒的路徑。但是這四隊人馬中的三隊，歷盡艱辛，走了一兩千里路之後，或者被高山大河、毒蟲猛獸所阻，或者被當地土人殺戮，基本沒甚麼成果。只有向南的一路人馬到了滇越國，取得了一點成績。

滇越國的建立者是當年楚國後人，多年與中原不通聯繫，現在見到中原使者，非常親熱，願意幫助他們尋找身毒國，但是也沒有成功。不過當時的滇越王已經不知中原的強大，問漢朝使者："漢朝和我滇越國相比，哪個更大一些？"實際上，滇越國，不過相當於漢朝的一州之地而已。當使者返回途中，路過夜郎國的時候，夜郎國的君主也這樣發問。而夜郎國的大小，最多也就和滇越國相當。這就是成語"夜郎自大"的來歷。

罷黜百家，表彰六經 | 28

公元前 135 年，竇太后病死，漢武帝再無掣肘，作為一個有雄心壯志的君主，他終於可以一展身手了。

公元前 134 年，漢武帝再次召集天下賢良方正之士雲集長安，向他們詢問治國良策。就是在這次咨詢中，大儒董仲舒向漢武帝進言："推明孔氏，抑黜百家。"漢武帝聞聽此言，遂向董仲舒連連發問，董仲舒則按照儒家經典一一解說。董仲舒認為，百家之言，因為各家宗旨不一樣，容易使百姓無所適從，應該"諸不在六藝之科、孔子之術者，皆絕其道，勿使並進。邪辟之說滅息，然後統紀可一，而法度可明，民知所從矣。"漢武帝越聽越高興。本來他一直就對儒家學說感興趣，經董仲舒一番細緻入微的解釋、梳理、分析之後，更是深刻感覺到，儒家學說正是自己需要的治國理論，對於加強國家統一和中央君主集權提供了強力的理論依據。

漢武帝當即罷黜不治儒家經典的太常博士，將儒家以外的百家之學排除在官學之外，並大力提拔儒生入朝。史書中稱其為"罷黜百家，表彰六經"。這裏的六經，指的是儒家學派的《詩》《書》《禮》《易》《樂》《春秋》六部經典。當然，儒家學派思想發展到漢代，已經不完全是當年孔子時代的儒家思想了，而是融合了部分道家、法家、陰陽家等其他學派的新儒家思想。自此，儒家學派在中國文化中逐漸佔據了統治地位。到了近代，這種說法被改為"罷黜百家，獨尊儒術"。

"飛將軍"李廣 | 29

統一思想的同時，解決匈奴問題又被提到議事日程上。公元前 134 年，匈奴軍臣單于派使者向漢朝要求再次和親。漢武帝召集眾臣商議對策，將軍王恢反對和親，他說："我們過去同意與匈奴和親，把公主嫁給單于，但是匈奴仍然不守盟約，經常侵犯邊界。與其如此，不如與之一戰。"王恢舉例說，戰國時期的趙國，憑藉自己一個小小的諸侯國，就打得匈奴不敢來犯，現在我漢朝如此強大，之所以被匈奴侵擾不止，就是因為我們表現得太軟弱了，應該發兵征討他們。當然，贊成和親的大臣更多。

漢武帝權衡再三，最後還是同意了匈奴的和親要求。不過事後，漢武帝越想越覺得窩火。這時，王恢又獻破匈奴之計："匈奴初和親，親信邊，可誘以利致之，伏兵襲擊，必破之道也。"漢武帝採納了王恢的計策，決定對匈奴用兵。

馬邑伏擊戰

公元前 133 年，漢武帝出動 30 萬大軍，由韓安國、李廣、公孫賀率領主力部隊，在馬邑附近的山谷埋伏好，準備將匈奴人馬聚而殲之；同時命王恢和李息率領三萬人馬，埋伏在馬邑附近，伺機包抄到匈奴兵馬後面，截斷其退路。

大軍安排好之後，漢軍派出當地的一個大商人聶壹前往匈奴。這個人本來就經常往返於漢朝和匈奴地區做生意，這次還是裝作一切正常的樣子。見到軍臣單于，聶壹表示願意將馬邑城獻給匈奴。

軍臣單于既高興，又懷疑，你一個商人，怎麼能決定馬邑城的所屬呢？聶壹表示，自己手下也有幾百人，早有一部分人在馬邑城內做生意，只要單于願意派出人馬入侵，自己可以命令手下人在城內做內應，殺掉漢朝官吏，打開城門，不就可以輕鬆佔領馬邑城嗎？到那時，城中的一切，就都歸屬匈奴了。軍臣單于大喜過望，當即親領十萬大軍，跟隨聶壹而去。

因為當時投降匈奴的漢人比比皆是，賣國求榮的也不少，所以軍臣單于對聶壹的做法毫不奇怪。不過軍臣單于畢竟也經歷大小戰陣無數，在即將抵達馬邑城的時候，就隱隱懷疑、戒備起來。

數十萬大軍隱藏，不可能一點破綻都沒有。當他看到草原上有很多馬匹，卻沒有放牧之人的時候，徹底產生了懷疑。於是軍臣單于止住大軍，派人四處細細查探。很快，抓住了一個亭堡的亭尉。這個亭尉恰巧對此次伏擊戰的計劃略知一二，又貪生怕死，就將自己所知合盤托出。軍臣單于大吃一驚，急忙率領人馬，以最快的速度退了回去。

匈奴大軍根本還沒走進埋伏圈，所以漢軍主力只能眼睜睜看着他們撤退卻無計可施。王恢雖然已經在匈奴大軍的後方埋伏好，但是看着完好無損的匈奴大軍，王恢知道，如果自己還是按照原計劃發動進攻的話，全軍覆沒的一定是自己。因此，王恢根本沒敢動。馬邑伏擊戰的計劃就這樣落空了。

雖然這次戰役沒有打成，卻正式拉開了漢匈大戰的序幕。接下來，李廣、衛青、霍去病等名將橫空出世，將與匈奴展開一場場驚心動魄的大戰。

智勇兼備，化險為夷

自從漢朝和匈奴徹底鬧翻後，邊境局勢日趨緊張，衝突不斷。開始的時候，雙方還算克制，戰爭規模不大，但是，隨着時間的推移，戰爭逐漸升級。

公元前 129 年，匈奴大軍再次南下，一直打到漢朝的上谷地區，殺人放火，劫掠百姓和財物。漢武帝同時派出四路人馬向匈奴發動反擊，每路皆為一萬騎兵。其中，車騎將軍衛青從上谷出兵，騎將軍公孫敖從代郡出兵，輕車將軍公孫賀從雲中出兵，驍騎將軍李廣從雁門出兵。

雖然四路兵馬人數基本相當，但是在匈奴人眼裏，李廣率領的這一路威脅最大。為甚麼匈奴人那麼懼怕李廣呢？因為這都是李廣在戰場上打出來的威名。

在平定七國之亂中，李廣一戰成名。之後，他被調到上谷做太守，防範匈奴的入侵。李廣作戰勇猛，武藝高強，很快就在邊境地區樹立了威名。連漢景帝都聽說過他的大名，因為擔心他作戰太勇猛而有所損傷，就將他調到戰鬥強度稍小一點的上郡做太守。

在上郡，李廣依然故我，時常身先士卒地和匈奴人馬對衝對殺。後來，李廣又做過雁門太守、代郡太守、雲中太守等，在一場場的廝殺中，打出了自己的名氣。以至於李廣做太守的地方，匈奴人劫掠時都變得猶猶豫豫、畏首畏尾，或者乾脆改變目標，去別的地方。

李廣做上郡太守時，匈奴入寇，漢景帝派自己的心腹前來視察。一天，這位大臣帶着幾十名侍衛在外面騎馬兜風，遇到了三個匈奴騎手。他依仗自己這邊人多，就衝上去與匈奴人交戰。不料匈奴人中有一位神箭手，漢軍不但沒佔到便宜，還被射死射傷大半，連那位大臣都受了傷，在侍衛的拼死保護下才逃回大營。

快到大營的時候，恰好碰上李廣帶着一百名騎兵出營巡視，聽說事情經過後，李廣判斷，這一定是匈奴軍中的射雕手所為。所謂的射雕手，原意是指能用箭射下猛禽大雕的人，後來泛指軍中的神箭手。

李廣怎麼能允許敵人就這樣輕鬆離去？更何況還是一個威脅很大的敵人？他隨即帶着人馬猛追。直追到幾十里之外，終於追上了那三個匈奴騎手。三人見跑不過追兵，一邊用弓箭阻擊，一邊棄馬上山，希望藉機逃離。看敵人已經進入弓箭射程，李廣也是邊追擊邊射箭。沒幾下，就射死了兩人，活捉一人。詢問之下，果然是匈奴軍中的射雕手。

李廣等人帶着俘虜正準備回返，突然發現前面不遠的地方，密密麻麻排列着數千匈奴騎兵，不禁大吃一驚。匈奴騎兵突然見到李廣這隊人馬，也非常驚異，摸不清這些人的底細。是來進攻的？不像，人數太少了；前來誘敵的？有可能，需要留神。於是匈奴人馬列好陣勢，沒敢貿然進攻。

李廣手下的騎兵都嚇壞了。李廣很鎮定，他給大家分析形勢說："我們現在距離大營幾十里路，如果往大營逃跑的話，敵人馬上就能知道我們的底細，追擊過來我們誰也活不了。但是看敵人的反應，他們不了解我們的情況，一定以為我們是前來誘敵的。我們千萬不要慌，更不能逃跑。大家隨我來。"李廣邊説邊領着士兵又朝匈奴大軍的方向前進了一段路，雙方距離更近了。這還不算，李廣又下令："大家下馬休息，將馬鞍子也解下來，讓馬也休息一下。"士兵們紛紛解鞍下馬，裝模作樣地坐在地上休息。李廣更放鬆了，坐了沒一會兒，乾脆在草地上躺下了，還叫大家都躺下好好休息。

李廣的做派確實唬住了匈奴人，數千士兵嚴陣以待，就這麼眼睜睜地看着那一百來人休息卻不敢進攻。過了一會兒，匈奴軍中一個騎白馬的將領忍不住了，帶着幾個隨從，小心翼翼的從陣營中出來，準備靠近李廣等人，仔細觀察一下虛實。

李廣見狀，突然翻身而起，扣上馬鞍，跳上馬背，帶着十幾個人直衝過去，抬手就是一箭，將這位匈奴將領射於馬下。李廣隨即調轉馬頭而回，下馬解鞍，繼續躺倒休息。匈奴軍中亂成一片，但是誰也不敢追擊。

天慢慢黑了下來，兩軍繼續對峙，大家都很緊張。半夜的時候，匈奴的領軍將領實在繃不住了。他覺得附近一定埋伏着漢軍的大部隊，這百人的小隊，就是為了吸引他們的注意力，拖住他們的。這要是趁半夜三更來個偷襲，自己非吃大虧不可，於是便趁着夜色悄悄帶着人馬撤走了。天亮後，李廣等人確認匈奴大隊人馬已經走得很遠了，才長出一口氣。

等李廣帶着人馬回到大營的時候，大營裏早就亂成一團了。主將一夜未歸，這可如何是好啊？但是因為不知道方向，加上匈奴大軍就在不遠的地方，隨時有可能發動進攻，所以根本沒辦法派人接應。好在，李廣憑藉智謀和超人的膽識，化險為夷了。

後來，匈奴人又多次在李廣手裏吃了虧。他們對李廣是又敬佩又畏懼。軍臣單于曾經下令要活捉李廣，希望能將李廣收降過來。

大漢飛將軍

這次漢朝派來四路大軍，匈奴人並不太在意其他三路，而是將主要注意力放在了從雁門關出發的李廣所部。

軍臣單于將大部分精銳人馬調集到雁門關附近，層層設防，給李廣佈下天羅地網，準備將其生擒活捉。匈奴採用誘敵深入之計，和李廣所部接觸後，一敗再敗。李廣果然中計，率軍追擊。當匈奴大軍從四面八方包圍上來的時候，李廣才知道中計。李廣率軍左右衝殺，但是寡不敵眾，自己所率兵馬大部被殺，李廣自己也受傷昏迷，被匈奴活捉。

匈奴兵捉住李廣，當然是興高采烈。他們用繩索編織成一張吊牀的樣子，兩邊繫在兩匹馬身上，然後將李廣放在吊牀裏，兜着他往回走。因為李廣一直處於昏迷狀態，匈奴人有些大意，沒有將他的手腳綁住。

李廣甦醒過來後，發現自己深陷危險之中，他並沒有輕舉妄動，而是悄悄睜開眼睛，偷偷打量周圍的環境。押送李廣的匈奴士兵並不多，而且他們并未察覺到李廣已經甦醒，依舊一邊興奮地唱着歌，一邊輕鬆地驅馬前行。一個匈奴士卒，身背弓，胯下騎着駿馬，馬身上挂着箭袋，就走在李廣吊牀的旁邊。

猛然間，李廣挺身而起，縱身一躍，跳上那匹高頭大馬，趁匈奴人沒反應過來，將弓搶在手裏，又一把將他推下馬背，然後撥轉馬頭，向反方向飛奔而去。

匈奴騎兵都呆住了。等大家反應過來，才各催戰馬，隨後向李廣追來。李廣弓箭在手，一邊催馬逃離，一邊回身殺敵。弓弦響處，追至近前的幾個匈奴騎兵紛紛落馬。剩下的匈奴騎兵被李廣的神箭嚇住了，放緩了追擊速度，眼睜睜看着他越跑越遠。

李廣逃離險地，慢慢收攏人馬。不過因為損失慘重，無力繼續和匈奴戰鬥下去，只得率領殘兵敗將撤回。

公孫敖所部也遭遇了一番激戰，結果士卒傷亡過半，大敗而歸。公孫賀那一路則一直未能與匈奴的大部隊遭遇，正在尋找敵人主力的時候，聽到兩路兵馬已經大敗撤退的消息，不敢孤軍深入，遂率軍回撤，也是無功而返。

四路大軍，只有衛青所部打了個漂亮仗。衛青率軍從上谷出兵，直插匈奴腹地。因為匈奴的大部精銳都集中到雁門關一帶伏擊李廣部，所以衛青率部順風順水，直殺到匈奴人為了祭天而修建的龍城附近。戍守龍城的匈奴士卒並不多，衛青一鼓作氣拿下龍城，殲滅大部守軍，並捉住七百多俘虜，勝利班師。此戰的勝利，大大提振了漢軍的士氣。

出征歸來，論功行賞。因為四路人馬之中有兩路失敗，一路無功而返，所以衛青的勝利就顯得更加耀眼。再加上衛子夫的關係，漢武帝封衛青為關內侯。公孫賀無功而返，無功無罪。李廣和公孫敖損兵折將，大敗而歸，被判處死刑。

這個判決對李廣很不公平。漢武帝只看到了自己這邊的勝敗，卻忽略了敵人的安排。再說，李廣雖然損兵折將，但是也沒少殺傷匈奴人馬。不過對於生性刻薄的漢武帝來説，只看你有沒有足夠的功勞，其餘的，甚麼苦勞、辛勞之類，都不算數。好在當時有一項政策，就是可以花錢贖罪。李廣和公孫敖也都小有身家，就都用錢贖了罪，被釋放出來。不過官是沒了，從此成了平民百姓。賦閒在家的李廣，每日喝酒打獵，呼朋喚友，日子過得倒也悠閒。

在這次戰鬥的第二年，也就是公元前 128 年，匈奴大軍再次入侵，他們殺了遼西太守，劫掠走大批的財物和百姓。將軍韓安國沒能抵擋住匈奴人的進攻，連吃敗仗，受到漢武帝的責備。因為匈奴人揚言要進攻右北平，漢武帝就將韓安國調到右北平任太守，讓他戴罪立功。韓安國整日鬱鬱不樂，不久後病死於此。

右北平隨時面臨匈奴的入侵，太守又病死，形勢危急。此時，漢武帝又想起了李廣，便重新啓用李廣，讓他擔任右北平太守。李廣欣然上任。

李廣到達右北平後，整軍備武，密切注視着匈奴的動靜。懾於李廣的威名，匈奴幾年時間不敢進犯右北平。又因為李廣武藝高強，在戰場上縱橫飛馳，匈奴軍中皆以“漢飛將軍”之名稱呼李廣。唐代大詩人王昌齡在其《出塞》詩中稱讚李廣：“秦時明月漢時關，萬里長征人未還。但使龍城飛將在，不教胡馬度陰山。”

馮唐易老，李廣難封

李廣擔任右北平太守期間，因為威名赫赫，嚇得匈奴不敢前來進犯。右北平地區的百姓也算過上了幾年踏實日子。

李廣不善言談，一般不與人多説話。行軍打仗之餘，或者研究兵法戰陣，或者以射箭消遣。閒暇之時，李廣最喜歡打獵。在右北平時，李廣經常出去打獵，當地老虎頗多，時常傷人。李廣聽到哪裏有老虎的消息，就會趕去射殺，一來為民除害，二來消遭。因為獵虎，李廣也曾經遇險，被老虎撲傷，但最終老虎還是被李廣射死。

一次，李廣外出打獵，回歸時天色已晚。正行走間，李廣猛然側頭一看，就見不遠處樹林旁邊的草地上趴着一隻猛虎。李廣急忙抽弓搭箭，拉滿弓弦，向老虎射出一箭。那支箭正中老虎。可奇怪的是，老虎紋絲不動。隨從走到老虎附近一看，哪是甚麼老虎，原來是一塊大石頭。因為天色已晚，才被誤以為是老虎。而李廣射出的那支箭，正深深插在石頭之中，拔都拔不出來。大家都驚歎不已。李廣自己也頗為納悶，我原來有這麼大力氣？李廣退回原處又射了幾箭，可是箭頭撞在石頭上火星直冒，就是沒有一支箭能射進去。雖然只是湊巧射進石頭中一支箭，但此事傳開後，尤其是很多人親眼見到那塊插着箭的石頭後，還是令李廣的威名更盛，匈奴人對他也更加忌憚了。唐代詩人盧綸曾在詩中描述此事：「林暗草驚風，將軍夜引弓。平明尋白羽，沒在石棱中。」

李廣在軍中效力 40 餘年，前後擔任過七個郡的太守，立下過赫赫戰功。李廣在軍中威望極高，一是因為他武藝高強，作戰身先士卒。二是因為他愛兵如子，得到的賞賜幾乎都分給了部下，而且經常與士兵同吃同住。行軍作戰時，如果遇到缺糧缺水的情況，士兵不全部喝上水，李廣不近水邊；士兵不全部吃上飯，李廣一口不吃。因此，李廣極得士兵擁戴。在李廣指揮下作戰，不管形勢多險惡，士兵死不旋踵。可惜，李廣時運不濟，一直沒能封侯。他同級的將軍，比他低級的將軍，包括他自己昔日的麾下，很多人都因為戰功封侯，但是命運就是不垂青李廣。李廣也非常鬱悶，但是無可奈何。

當然，作為一員武將，李廣不可能完美無瑕，不管是性格上，還是人品上，李廣都有不小的問題。首先，李廣的政治智慧不高。當年平定七國之亂時，他立下大功，但因為私自接受了梁王授予的將軍印信，在皇帝心中留下不好的印象，因而沒得到朝廷的封賞。其次，李廣在擔任隴西太守時，當地羌人叛亂。李廣領軍平叛，他先是甜言蜜語、大肆許諾，引誘叛軍投降，事後又翻臉無情，將投降的 800 多羌人全部殺掉。殺降本就是軍中大忌，何況是在本就叛亂不止的邊境地區。這樣一來，極大損害了朝廷的信譽，激化了本就尖銳的矛盾，為日後朝廷對這裏的治理製造了很大的困難。

另外，李廣的心胸也略顯狹隘。在李廣因罪貶為平民的時候，一次晚歸，被酒醉的霸陵尉羞辱。在皇帝任命他為右北平太守時，李廣請求將那個霸陵尉調入自己軍中。在霸陵尉剛剛到達軍中時，李廣就殺了他，然後向皇帝請罪。當時皇帝正倚重李廣，自然不會因為一個小小的霸陵尉治李廣的罪，可是李廣此舉難免給皇帝留下非常不好的印象。

公元前 119 年，漢武帝發動漠北之戰，已經 60 多歲的李廣幾次主動請纓。漢武帝開始不太同意，後來總算勉強答應，但還是悄悄命令主將衛青，不要讓李廣擔任先鋒等重要任務。於是衛青親率主力大軍前行，命令李廣率部繞路迂迴，從東路進擊。結果李廣又在行軍途中迷失了方向，沒能及時趕到大軍集合地，錯失了戰機。朝廷派人要審問李廣的罪責，李廣不願如此年紀還受那些小吏的羞辱，在將責任全部攬到自己身上後，自刎而死。

司馬遷在《史記》中稱讚李廣：「桃李不言，下自成蹊。」一個真誠、忠實的人，不需宣揚，自然就會有強烈的號召力。

對於李廣命運的坎坷，唐代大詩人王勃在《滕王閣序》中感慨：「嗟乎！時運不齊，命途多舛；馮唐易老，李廣難封。」詩裏的馮唐，指的是漢代的另一位大臣，他歷經文帝、景帝、武帝三朝，德高望重，但因為直言敢諫、不徇私情，處處受排擠，直到年事已高，一直得不到升遷。

絕世名將衛青與霍去病 | 30

　　和李廣的時運不濟相比，衛青顯然得到了命運的垂青，在戰場上指揮千軍萬馬，所向披靡；官場上更是順風順水，平步青雲。說起來，衛青的身世非常悽慘。衛子夫和衛青是同母異父的姐弟。衛青的姓，來自母親。他們的母親原來是平陽侯家裏的僕人，後來嫁了人，被稱為衛氏。衛氏和丈夫生了一個兒子，三個女兒。最小的女兒就是衛子夫。後來，衛氏的丈夫死了，為了生活，她又回到平陽侯家做僕人。這時，平陽縣有個小官，名字叫鄭季，被派到平陽侯府當差。他見衛氏頗為美貌，就有心勾搭。一來二去，生下一個兒子，取名青兒，正式的名字，應該是鄭青，也就是後來的衛青。可是，這個鄭季有妻有子，他也沒打算娶衛氏回家。因而，在侯府的差事結束後，他便揚長而去，不再理會衛氏。

　　衛氏獨自一人含辛茹苦將衛青養大。也正因為如此，衛青和衛子夫等人幾乎一直在一起成長，感情頗為深厚。等衛青長到七八歲的時候，衛氏將他送到鄭季家裏，希望孩子能認祖歸宗。鄭季勉強將他收留，但鄭季的妻子和孩子對衛青當然沒甚麼好臉色，鄭季也不把他當人看，衛青的日子比在平陽侯府做僕人還要難過。後來，鄭季索性讓衛青去放羊，待遇比家裏的僕人都不如。

　　衛青長大一點後，不願意再繼續留下來受虐待，於是回去尋找母親，並將姓也改成了母親的姓。衛氏向平陽公主求情，請求收留衛青。平陽公主見衛青儀表堂堂，身材魁梧，頗有勇力，就收為自己的騎奴。

　　在平陽公主身邊，衛青學文習武，沒用幾年時間就成長起來。衛子夫進宮後，衛青又藉助姐姐受皇帝寵愛的關係而一飛衝天。

大將軍衛青

公元前 129 年，衛青因軍功被封為關內侯。轉過年來的公元前 128 年，衛子夫給漢武帝生下皇長子劉據，解決了皇帝無後的大問題，衛子夫因此被冊封為皇后。作為皇后的弟弟，衛青的地位自然也跟着水漲船高。不過，使衛青真正能傲立於潮頭的，還是其不凡的本領。

就在公元前 128 年秋天，匈奴再次犯邊，殺遼西太守，打敗韓安國率領的漢軍，侵入漁陽、雁門地區，殺掠無數，並揚言要進攻右北平郡。漢武帝一面啟用李廣做右北平太守；一面調衛青出兵，迎擊匈奴。衛青率領三萬騎兵，兵出雁門關，殲敵數千，敵人敗退。

公元前 127 年，匈奴又來侵犯，侵入上谷、漁陽地區，燒殺搶掠。衛青再率人馬，兵出雲中郡。這一次，衛青採用迂迴進攻的方法，繞到敵軍後方包抄，出其不意，打得匈奴樓煩王和白羊王狼狽逃竄，取得的戰果除了殲敵數千，繳獲牛羊馬匹等牲畜百萬頭之外，還收復河套地區。因此役之功，衛青升為長平侯，增加封邑 3800 戶。其手下校尉蘇建、張次公也被封為平陵侯和岸頭侯。

因為河套地區土地肥沃、地勢險要，因此漢武帝在此設置朔方郡和五原郡，並修築朔方城，移民十萬戍邊。同時修復秦代在此地修建的防禦工事，既解除了匈奴騎兵對長安的威脅，又為反攻匈奴建立起前哨陣地。

公元前 124 年，漢武帝命車騎將軍衛青統帥三萬騎兵，兵出高闕，向匈奴發起進攻。同時，漢武帝還派出另外兩路大軍，統歸衛青調遣，協同作戰。其中，衛尉蘇建為遊擊將軍，左內史李沮為強弩將軍，太僕公孫賀為騎將軍，代相李蔡為輕車將軍，從朔方出兵；大行令李息、岸頭侯張次公為將軍，從右北平出兵。三路大軍直撲匈奴腹地。

漢軍兵鋒所指，歸屬於匈奴右賢王統屬，而匈奴右賢王認為自己屬地與漢軍距離足有六七百里之遙，他們應該很難到達，即使能到，大部隊行軍，怕也要很久之後，到那時，師老兵疲，不足為懼。因此，沒做任何防範。他哪知道，衛青深諳兵貴神速的道理，催促人馬日夜兼程，如同神兵天降般突然出現在右賢王大軍附近，並趁夜晚匈奴毫無防備之機，包圍匈奴大營，發起攻擊。

右賢王驚慌不已又莫名其妙，還沒弄明白到底發生了甚麼事，漢軍已經將匈奴大營攪得一團混亂。右賢王知道大勢已去，在親隨拼死保護下，殺出一條血路，僅僅帶領幾百人狼狽逃竄。漢軍大獲全勝，抓獲右賢王屬下的各級首領 10 餘人，俘虜 15000 多人，繳獲牛、羊、馬匹等牲畜無數。

消息傳回，朝廷上下無不歡欣鼓舞。漢武帝大喜過望，派使者到軍中封賞、慰問。漢武帝封衛青為大將軍，統帥各路兵馬，並增加封邑 8700 戶。同時，封賞衛青三個未成年的兒子為侯。衛青堅決推辭。衛青認為，自己之所以能取得勝利，都是將士們拼死殺敵的功勞。自己獲得那麼豐厚的賞賜已經愧不敢當，幾個兒子尚且年幼，沒有尺寸之功，不應該得到封賞。

衛青此舉，是在提醒皇帝，別忘了自己手下那些浴血奮戰的將士們。漢武帝當然不會忘了其他將士。在封賞完衛青之後，漢武帝又一口氣加封了公孫敖、公孫賀等七名衛青的部下為侯。其他有功勞但不夠封侯的將士，也一一獲得封賞。

轉過年來，也就是公元前 123 年的春、夏，衛青兩次率軍出擊匈奴。這次的漢軍陣容堪稱豪華：大將軍衛青為主將，合騎侯公孫敖為中將軍，太僕公孫賀為左將軍，翕侯趙信為前將軍，衛尉蘇建為右將軍，郎中令李廣為後將軍，左內史李沮為強弩將軍，大軍兵分六路，從定襄出發，向北進發。可惜，這次漢軍並沒有取得輝煌的戰績，僅僅小勝一場，殺敵數千。漢軍返回定襄休整。一個月後，再次出塞進擊匈奴。但接下來的大戰，那些百戰名將或者徒勞無功，或者慘敗而回，唯一光彩奪目的卻是一員年輕的將領——年僅 18 歲的霍去病。

霍去病一戰封侯

前面我們說起過，衛青的母親在生衛青之前，生有一子三女，其中第二個女兒叫衛少兒。和母親、妹妹等人一樣，衛少兒小的時候，也是在平陽侯府中做侍女。

公元前 141 年前後，平陽縣小吏霍仲孺被派到平陽侯府當差，後與衛少兒私通，在公元前 140 年，生下霍去病。霍仲孺差事完畢回家後，另外娶妻生子，與衛少兒不再來往。有趣的是，霍仲孺後來生的兒子，同樣是一位了不起的人物——霍光。

因為霍仲孺根本不敢承認與平陽侯府的侍女私通，所以可憐的霍去病只能以私生子的身份降臨人世。按照霍去病的出身來看，幾乎就是他舅舅衛青身世的翻版。好在霍去病三四歲時，因為衛子夫受到漢武帝寵愛，衛氏一家平步青雲，霍去病也過上了好日子。

少年時的霍去病，練得一身好本領，不但武藝高強，善騎射，勇猛果斷，而且頗通兵法，善於用兵。霍去病醉心於上陣殺敵，因而年紀不大，就開始跟在舅舅衛青身邊出征作戰。這次漢軍進攻匈奴，霍去病再次參加。因為前面已經立下些許功勞，所以這一次，他官拜驃姚校尉，麾下有八百騎兵。

漢軍兵分六路進軍，衛青在中軍坐鎮。開始的時候，漢軍進展順利，也都小有斬獲，匈奴人馬一退再退，漢軍人馬當然是隨後猛追。不過因為匈奴人熟悉地形，漢軍人馬追擊起來頗為困難。其中，前將軍趙信本來是匈奴人，後來投降了漢朝，比較熟悉當地地形，所以他聯合了右將軍蘇建，兩路人馬合在一起，共計三千多騎兵，追得最急。不料被匈奴的主力部隊給包圍了。雙方一場血戰，漢軍寡不敵眾，死傷大半。關鍵時刻，匈奴派人陣前勸降趙信。趙信見繼續打下去恐怕只有死路一條，就率領剩下的八百殘兵投降了。右將軍蘇建率部拼死突圍，最後全軍覆沒，隻身逃脫，身帶重傷，返回漢軍大營。

衛青正在大營中着急。此時漢軍大部人馬都已經集結，就差蘇建、趙信率領的前軍、右軍，還有就是霍去病率領的那 800 騎了。聽到蘇建回報，知道前軍、右軍已經全軍覆沒，衛青更加擔心霍去病的去向。蘇建打了敗仗，全軍覆沒，應該定罪。但衛青並沒有輕易決定蘇建的生死，而是派人將蘇建押送到長安，請漢武帝定奪。後來蘇建被判有罪，免去官職，做了普通百姓。

就在衛青幾乎要絕望的時候，霍去病大勝而回。原來，霍去病領着手下士兵馬不停蹄，一路向北，一直追出去幾百里，終於見到了匈奴人的大營。霍去病不愧是智勇雙全的將軍。追上敵人後，他並沒有急於進攻，而是悄悄繞了一大圈，繞到敵軍大營的後面，然後才發起攻擊。

匈奴的注意力集中在大營的正面方向，後營遭遇進攻，猝不及防，被漢軍殺得人仰馬翻。霍去病看准了營地中最大的帳篷，感覺裏面一定是匈奴人的首領，遂直撲過去。帳篷裏的人還沒反應過來，霍去病已經馬到近前，將敵將斬殺。霍去病手下士卒，也將另外兩個將領打扮的匈奴人生擒活捉。匈奴兵失去指揮，更加混亂，組織不起有效的抵抗，被漢軍殺死兩千多人，殘部潰逃。霍去病知道自己身處敵人腹地，不能久留，所以也不追趕逃兵，而是趁着匈奴救兵沒到的時候，率領人馬勝利返回。

回到大營一審問，才知道被霍去病活捉的這兩個匈奴人，一個是單于的叔叔，一個是單于的相國，被殺的那個是單于爺爺輩的一個王。

衛青見自己的前軍和右軍被殲滅，感覺再打下去也佔不到優勢，趁着霍去病大勝的契機，帶領兵馬班師回朝。

此一戰，漢軍先是斬殺匈奴人馬一萬多人，但後來又損失了兩路人馬，叛逃了前將軍趙信。衛青作為主將，功過相抵，不賞不罰，其他將軍也幾乎沒甚麼功勞。唯獨霍去病立下大功，被封為冠軍侯。霍去病一戰封侯，展露出絕世名將的鋒芒。另外，此次出征中，曾經出使西域的張騫，因為對匈奴地界的地形比較熟悉，跟隨着衛青的大軍作為嚮導，也因功被封為博望侯。

匈奴未滅，何以家為？

這次大戰後，匈奴人休養生息了一年時間，再次前來劫掠。公元前 121 年，漢武帝拜霍去病為驃騎將軍，率領一萬騎兵，從隴西出發，反擊匈奴。

霍去病手下多是驍勇善戰的猛士，他自己更是常常身先士卒，衝鋒在大軍的最前方，因而深得士兵擁戴。所以，霍去病的隊伍，向來是來去如風，勇不可當。

霍去病率軍狂飆急進，遇敵即戰，每戰必勝。漢軍共輾轉戰鬥六天，越過焉支山千餘里，經過五個匈奴人的王國，對於降服者，霍去病還算是留有餘地；對於抵抗者，則是大開殺戒。此一戰，漢軍斬殺匈奴折蘭王、盧侯王，俘虜了渾邪王的兒子和相國、都尉等，在經過休屠國的時候，打跑了休屠王，見休屠王祭天的金人很有紀念意義，霍去病就命人將之搬回，獻給漢武帝。此番征戰，共殲滅和俘虜匈奴 8900 多人。霍去病的威名震懾匈奴全境。戰後，漢武帝增加霍去病的封邑 2200 戶。

就在這年的夏天，霍去病帶領着公孫敖和數萬精銳漢軍，再次進擊匈奴。這次，漢軍大隊人馬從北地郡出發，挺進兩千多里，越過居延澤，一直進攻到祁連山，幾次大敗匈奴大軍，共殺敵三萬餘人。

就在這年秋天，因為連續戰敗，匈奴內部發生分裂。伊稚斜單于見自己這方屢屢失利，遷怒於渾邪王和休屠王，要將之殺掉洩憤。走投無路之下，渾邪王和休屠王商議要投奔漢朝。伊稚斜單于是軍臣單于的弟弟,軍臣單于死後,他起兵打敗了軍臣單于的兒子于單,自己當上了單于。于單兵敗後,逃到漢朝,不久病死。

渾邪王和休屠王派使者和漢朝聯繫,表示要投降。漢武帝將信將疑,派霍去病領兵去黃河邊受降。就在霍去病的軍隊剛剛渡過黃河的時候,事情果然發生了變化。原來,事到臨頭,休屠王反悔,不肯繼續前進。雙方士兵中很多人也鼓噪起來,稍有不慎,將形成嘩變。渾邪王不知所措。危急關頭,霍去病帶領少量親衛人馬,衝入匈奴大營,直面渾邪王,勒令他不想死的話,就立刻解決掉休屠王。在霍去病的協助下,渾邪王斬殺休屠王及逃亡士卒八千人,然後率領四萬匈奴人降漢。河西受降順利完成。

此番受降的成功,令漢朝收復了整個河西平原,在此置河西四郡:武威、酒泉、張掖、敦煌。至此,漢朝打通了前往西域的道路。河西之地水草豐美,此地的丟失,令匈奴人失去了大片賴以生存的家園。匈奴人哀歌曰:"亡我祁連山,使我六畜不蕃息;失我焉支山,使我婦女無顏色。"

這一戰前後,霍去病還辦了一件私事,那就是去看望自己那位從來沒見過面的父親。因為霍去病的生父霍仲孺從沒盡過做父親的一丁點責任,甚至拒不承認這個兒子的存在,因而,霍去病的母親衛少兒也從來沒告訴過兒子他父親的事。直到霍去病功成名就,才知道了這一切。霍去病並沒有過多埋怨父親,而是在出征途中,路過平陽的時候,派人請來父親,父子相見。

霍去病跪在父親面前請罪道:"去病一直不知道自己的身世,沒有在您面前盡孝,愧為人子。"又慚愧又悔恨的霍仲孺哪裏敢接受霍去病的跪拜,急忙客氣地回答說:"老臣得託將軍,此天力也。"接下來,霍去病又拿出自己的錢,給霍仲孺置辦田宅。得勝歸來,再次路過平陽的時候,霍去病又去拜見父親,並將異母弟霍光帶到長安悉心培養。後來,霍光也成為漢朝舉足輕重的人物,是漢武帝臨終前託孤的重臣。

霍去病年輕有為、戰功卓著，漢武帝對他也是賞賚有加，除了不斷增加他封邑的數量之外，還特意命人為霍去病修建了一所十分豪華的府邸。沒想到霍去病卻一口拒絕道：「匈奴未滅，何以家為？」短短八個字，震撼人心。此後，這句話成了捨家為國的英雄們慷慨激昂的誓言。漢武帝大受感動，更加器重霍去病。霍去病在皇帝心中的地位，在軍中的威望，都直追衛青。

漠北之戰

公元前 119 年春，為了徹底消滅匈奴的主力，掃清匈奴對中原地區的威脅，經過周密部署、充分准備，漢武帝發起了規模空前的「漠北之戰」。

此時的霍去病已經成長為不遜於衛青的統軍之才。因此，漢武帝命令衛青和霍去病各率五萬騎兵，另有步兵及運輸部隊等數十萬人，浩浩蕩蕩向匈奴進擊。其中，大將軍衛青從定襄出兵，與之配合的副將有：前將軍郎中令李廣，左將軍太僕公孫賀，右將軍主爵趙食其，後將軍平陽侯曹襄；霍去病從代郡出兵，不要副將，而是啟用了一批年輕將領，例如李廣的小兒子李敢等人作為助手。

和衛青相比，漢武帝更加偏愛年輕勇武的霍去病，所以漢軍的原定作戰計劃是霍去病從定襄出兵，直面匈奴單于的主力。臨近出發前，從抓到的俘虜口中得知，單于在東面，所以又改變計劃，讓霍去病從代郡出發。可惜，出兵後，霍去病還是沒遇到單于的部隊。此時，伊稚斜單于已經主動擋在了衛青這支人馬的前面。

在匈奴和漢朝之間反復投降的趙信，因為本身是匈奴人，又較為熟悉漢軍情況，因而頗受伊稚斜單于的重用，經常為單于出謀劃策。聽到漢軍派出規模空前的軍隊前來進攻，趙信認為，沒必要和漢軍硬碰硬，可以採用以逸待勞的辦法，在大漠的北面佈下人馬，等漢軍穿過沙漠的時候，一定是人困馬乏，到那時自己的人馬衝上去，可以輕鬆取勝。

伊稚斜單于依計而行。他先將大批的輜重運送到離戰場數百里外，位於闐顏山下的趙信城。此城就是趙信投降匈奴後修建，因此以他的名字命名。然後伊稚斜帶領精銳，在大漠的北面等候漢軍。

衛青率軍挺進千餘里，沿途基本沒遇到匈奴人的有效抵擋，順利通過大漠，踏上了草原。以衛青戰場經驗的豐富和用兵的謹慎，早就預料到敵人有可能利用地利的優勢以逸待勞，因此並沒有急於冒進，而是時刻讓軍隊保持着適當體力，這樣，遇到敵人，隨時有一戰之力。所以當漢軍人馬剛一出大漠，猛然見到匈奴大隊人馬嚴陣以待的時候，並沒有驚慌失措，而是頗為鎮定從容，列隊迎敵。

衛青先是命人用武剛車結成環狀，作為大營的外牆，以防敵人突襲，使自己立於不敗之地。所謂武剛車，是漢代的一種戰車，車長二丈，寬一丈四，車外側綁長矛，內側置大盾。這種車用途廣泛，行軍時可以運送士兵、武器、糧草，當普通運輸車輛用；作戰時車身蒙上牛皮，捆上長矛，立起大型盾牌，就是衝鋒陷陣的戰車，而且，車身還可以開射擊孔，弓箭手躲在車內對外射箭，外面的敵人卻不容易傷害到裏面的人。當然，戰車的缺陷也很明顯，對場地要求嚴格，行動不便，幾乎是最致命的問題。不過在防守方面，戰車還是有獨到之處的。大軍安營紮寨時，因為武剛車首尾都有專門的環扣，可以將多輛車環扣在一起，能迅速形成堅固的堡壘。

一切安排妥當，衛青立刻派出五千騎兵，主動發起進攻。匈奴早就等候多時，也不示弱，派一萬騎兵迎敵。雙方展開一場大戰。此時已到日落時分，又颳起大風，塵沙撲面，頗有詩中描繪的“大漠風塵日色昏”的情景。這種戰場條件，令雙方視線大受影響。這就體現出兩支軍隊的差別來，匈奴人個體彪悍勇猛、騎術精湛，但缺乏專業訓練，作戰時互相之間配合很少，也談不上甚麼戰陣之類。現在視線不清，立刻就有些混亂。而漢軍騎兵，單體戰鬥力遜色於匈奴人，但是訓練有素、戰陣嫻熟，即使視線受阻，看不到遠處，也能做到小範圍協同作戰，並通過小範圍，變成大範圍，最後在全局上佔了上風。

衛青敏銳發現戰機，立刻變試探為決戰，派出兩路軍隊，從左右兩側向單于的主力部隊包抄而去。伊稚斜單于也看出不好。漢軍根本不像想象中的那樣疲憊不堪、一觸即潰，而是兵強馬壯，戰鬥力極強，且人數遠多於自己，現在的正面戰場上，漢軍已經佔據了上風，照這樣下去，自己必將大敗。就在此時，包抄的漢軍已經殺到，匈奴大軍陷入包圍之中，形勢更加糟糕。伊稚斜見敗局已經無可挽回，便趁着混亂和夜晚，率領數百心腹騎兵，衝出包圍圈落荒而逃。本來戰局還略顯膠着，漢軍雖然略佔上風，其實傷亡也不小。聽聞單于逃遁的消息，匈奴士卒立刻亂了陣腳，四散而逃。

衛青從俘虜口中得知單于已經逃跑，一面派出輕騎兵連夜追趕，一面將人馬分散開，四處追殺潰散的匈奴人馬。漢軍一直追到天亮，直追出兩百多里路，也沒追上單于，匈奴倒是被斬殺了一萬多人。

接下來，衛青率軍輕鬆佔領闐顏山下的趙信城，匈奴積存在城中的輜重悉數被漢軍獲得。因為已經遠離漢土，在此休整一天後，衛青即刻率軍回返。臨走時，將帶不走的輜重物資付之一炬。

此戰，衛青率大軍進擊千餘里，殺敵一萬九千餘人，將伊稚斜單于打得狼狽而逃。也就是在此戰中，李廣因為迷路失期，錯失戰機，自刎而死。

戰後，匈奴內部還發生了一點小混亂。伊稚斜單于臨陣脱逃，而且跑得很遠，以至於在接下來的十幾天裏，匈奴人也找不到他，便有傳言説他死於亂軍之中。這時，匈奴右谷蠡王跳出來，自封為單于。不過還沒等他把位子坐熱，伊稚斜單于回來了，並且收攏了自己的隊伍。在絕對實力面前，右谷蠡王只好悄悄"退位"，讓出了單于的稱號。

封狼居胥

衛青一路應該説已經算是大獲全勝，但是其作戰成果和霍去病這一路比起來，卻又遠為遜色。

霍去病率軍從代郡、右北平出兵，直入匈奴境內兩千多里。和衛青領軍的風格相比，霍去病雖然穩重不如，但是勝在勇猛、迅捷上。霍去病非常善於快速進軍和長途奔襲，打敵人以措手不及。

擋在霍去病面前的，是匈奴左賢王所部。和伊稚斜單于相比，左賢王的運氣更差，因為霍去病的攻勢更加猛烈，絲毫不給匈奴人馬以喘息之機。一路殺來，漢軍斬殺匈奴北車耆王，捉獲屯頭王、韓王等三人；斬殺、捉獲的匈奴將軍、相國、當戶、都尉等各級首領共八十三人；斬殺、捉獲的普通匈奴士卒共計七萬餘人。繳獲的物資更是無數。這裏要額外提一句，霍去病出發的時候，就沒有攜帶太多的糧草，而是採用就糧於敵，以戰養戰的策略。

面對霍去病迅猛的進攻，匈奴左賢王部一敗再敗，最後不得不遠遁他鄉。史書記載，霍去病率領大軍"封狼居胥山，禪於姑衍，登臨翰海。"就是在狼居胥山舉行祭天儀式，在姑衍山舉行祭地儀式，然後繼續進兵，兵鋒到達瀚海，然後才率軍回返。狼居胥山是現今蒙古國境內的肯特山，姑衍山在肯特山以北，瀚海則是現今俄羅斯的貝爾加湖。

霍去病此戰達到漢民族武力的巔峯。此後，"封狼居胥"成為歷朝歷代中華民族武將的最高目標和最高榮譽。而此時的霍去病，年僅22歲。

　　此一戰，兩路漢軍共消滅匈奴九萬多人，令匈奴元氣大傷，不得不遠遁漠北並西遷，漠南再無匈奴王庭。當然，漢軍損失也不小，士卒傷亡數萬，戰馬損失超過十一萬匹，“兩軍之出塞，塞閱官及私馬凡十四萬匹，而後入塞者不滿三萬匹。”

　　漢武帝對漠北之戰的勝利大為滿意，在大軍凱旋後，大規模封賞。兩位主將衛青、霍去病都加封大司馬銜，稱號分別為大司馬大將軍、大司馬驃騎將軍。衛青雖然立下戰功，但是因為其手下士卒傷亡也不小，所以沒有增加封邑；而霍去病大獲全勝，所以漢武帝將他的官階和秩祿提升到和大將軍等同，又增加封邑五千八百戶。霍去病的部下也有多人封侯受賞，其中，李廣的兒子李敢被封為關內侯，爵位高過了自己的父親。

　　此戰之後，漢朝和匈奴之間很長時間沒有再發生大規模的戰爭，匈奴之患基本解決。匈奴是因為實力大損，無力再來入侵。漢朝是因為沒有了足夠的戰馬。大草原上的戰爭，經過訓練的馬匹是必不可少的，戰馬數量的不足，大大限制了漢朝對匈奴的用兵。同時，隨着匈奴威脅的大幅度減弱，漢朝將主要兵力運用到南方的兩越、西羌、西南夷等方向，所以，北方地區迎來了一段較長時間的和平日子。

霍去病和衛青之死

　　漠北之戰之後，發生了一件令人痛心的事，那就是李廣自殺後，他的兒子李敢認為是衛青害死了自己的父親，一怒之下將衛青打傷。衛青心胸開闊，並沒有怪罪李敢，將這件事壓了下來，沒有聲張，更沒有懲罰李敢。但是霍去病知道這件事後，不幹了，總惦記着替舅舅報仇。後來，霍去病趁着漢武帝組織大家在甘泉宮狩獵的機會，一箭將李敢射死。漢武帝非常寵信霍去病，所以包庇了他的罪責，以李敢被大鹿撞死為藉口，將這件事糊弄了過去。

　　公元前117年，年僅24歲的霍去病去世。對於霍去病的死因，後世的歷史學者多有猜測，但因無史料支持，沒有定論，現在主要認為是病死。霍去病短暫的一生，一共六次出擊匈奴，其中四次為領軍主將，全部大獲全勝，共斬殺、俘獲敵十一萬多人，為大漢國開疆拓土，戰功彪炳。他也因此而四次受到封賞，封邑達到一萬七千七百戶。霍去病手下封侯的將領就有六人之多。

霍去病的死讓漢武帝非常傷心。為了彰顯他大敗匈奴的功績，漢武帝將霍去病的墳墓修建成祁連山的樣子。下葬的時候，漢武帝又調來身着黑甲的玄甲軍，從長安城一直列隊到霍去病陵墓所在的茂陵，也算是極盡哀榮了。

霍去病死後，衛青獨掌軍權。在此期間，衛青又一次結婚，娶的是原來的女主人平陽公主。這事説來也巧，平陽公主的第一任丈夫是平陽侯曹壽，公元前 131 年病死。曹壽死後，平陽公主又嫁給汝陰侯夏侯頗。公元前 115 年，夏侯頗畏罪自殺，平陽公主想找一個合適的人再嫁。此時衛青的妻子去世，因此有人向平陽公主推薦衛青。平陽公主搖頭説：“衛青一家都是平陽侯府的奴僕，他更是在平陽侯府長大，而且還當過我的騎奴很長時間，我怎麼能嫁給他呢？”平陽公主身邊的人齊聲反對：“您可不能用老眼光看待他了，現在他可是大司馬、大將軍、長平侯，姐姐是皇后，三個兒子都是侯爵，身份尊貴無比啊！”平陽公主一聽，覺得很有道理。於是，她來找皇后衛子夫，希望衛子夫轉告皇帝，撮合一下自己和衛青的婚事。衛子夫當然樂見其成，於是將平陽公主的意思如實轉告漢武帝。漢武帝痛快地答應了這樁婚事，還笑言道：“當初我娶了他姐姐，現在他又要娶我姐姐，這事有意思。”就這樣，衛青娶了當年的女主人為妻。

公元前 106 年，衛青病死。漢武帝在茂陵東北方向，距離霍去病墓不遠的地方，給衛青修了一座墓，“起塚象盧山”，就是將衛青的墓修成盧山的樣子，這個“盧山”，應該是匈奴境內一座山的名字。平陽公主死後，與衛青合葬於此。

衛青一生共七次帶兵進擊匈奴，共斬殺、俘獲匈奴五萬餘人，為大漢收復河套地區，設置朔方郡和五原郡。因為戰功卓著，衛青多次被封賞，封邑達到一萬六千七百戶，三個兒子都被封為侯爵。手下封侯的將領多達九人。

衛青才幹卓絕，待人謙和有禮，心胸寬廣。作為大將軍，衛青在戰場上殺伐果斷。在戰場之外，衛青對待部屬頗講恩義，能與士卒同甘共苦。作為朝臣，掌握全國兵馬的大司馬大將軍，衛青也是恪盡職守、兢兢業業。

當年衛青的崛起，相當一部分原因是藉助了姐姐衛子夫的勢力；等到衛青權傾朝野之時，反過來，他又保護着姐姐的地位和外甥劉據的太子之位。劉據曾擔心自己會被廢黜，漢武帝知道後，主動找到衛青，讓他安慰劉據，表示自己很滿意他寬厚平和的性格。衛青在世時，劉據的太子之位穩如泰山。不過在衛青死後，陷害太子之事就慢慢多了起來，最後在"巫蠱之禍"中，劉據為了自保而起兵反抗，結果兵敗自殺。

衛青死後，漢武帝如失左膀右臂，感覺手下文武名臣幾乎去盡，無人可用，不得不向天下頒佈"求賢詔"，訪求天下賢才，充實朝堂。

絲綢之路 | 31

漢武帝在傾盡國力與匈奴展開國運之戰前，也沒有忘記繼續尋求同盟軍的行動。

公元前 119 年，"漠北之戰"前夕，漢武帝派張騫再次出使西域。因為漢朝已經完全控制了河西走廊地區，所以這次出使順利了很多，規模也大了很多。張騫帶着幾個持節副使和三百勇士，騎着馬，趕着上萬頭牛羊，攜帶着金銀綢緞等價值萬千的禮物出發了。所謂"持節"指的是那個時代使者奉命出行，必須拿着皇帝授予的符節以為憑證。"副使"當然就是作為張騫的助手。這也就意味着，在這次出使的隊伍中，除了張騫外，還有幾個帶着符節的使者，他們都有資格作為皇帝正式委派的使臣與其他國家交往，這樣就可以同時和多個國家聯繫。

這次出使的第一目標是烏孫國。如果能和烏孫國聯合，那麼就切斷了匈奴對烏孫國以西的西域各國的統治，相當於斬斷了匈奴的右臂。到那時，再想結交那些小國，像大宛、康居、大夏、大月氏等，就很容易了。

張騫一行人等到達烏孫國後，受到了熱情的接待。張騫代表大漢皇帝贈送給烏孫國王一份厚禮，同時表達了希望與烏孫國結盟的願望，並希望烏孫國搬到離漢朝更近的東邊，漢朝皇帝願意賞賜給他們大片土地，還可以將公主嫁給烏孫國王，結成同盟關係，共同對付匈奴。烏孫國王和臣子們商量了好長時間也拿不定主意。同意吧，害怕匈奴；不同意吧，捨不得漢朝的禮物。

張騫等了好久，也沒有等到烏孫國王的回覆，就先派手下的副使出使附近的其他國家。雖說都處於西域，但是山高路遠，這些副使的任務，也不是一時半會兒能完成的。最後，烏孫國王還是拿不定主意，不過想了一個折中的辦法，就是派使者藉着回訪的名義，去漢朝探看一下虛實，然後再做定奪。

烏孫國王將打算派使者訪問漢朝的事和張騫說明，張騫痛快答應了。這時已經過去了數年時間，而且張騫年事已高，身體也不太好了，也正好可以藉這個機會返回大漢。

公元前 115 年，張騫和烏孫國的使者一起到達長安。烏孫國贈送給漢武帝幾十匹膘肥體壯的駿馬作為禮物。漢武帝見到烏孫國使者，很是高興，熱情接待。這次回來以後，張騫沒有再出使，一年後就病死了。又過了一年多，張騫派出去的那些副使，陸陸續續帶着各國的使者來漢朝做友好訪問。漢武帝命人熱情接待。

從此，漢朝和這些國家有了正式友好的交往。

從嚴格意義上來說，張騫兩次出使西域，都是出自軍事目的，如果從這方面來說，張騫的出使是失敗的，並沒有達成目標。但其出使的影響，卻遠遠超出了軍事範疇，從這方面來說又是非常成功的。

從此之後，從漢朝都城長安出發，過敦煌，出玉門關，進入新疆，再從新疆到中亞、西亞的一條橫貫東西的通道展現在世人眼前，這就是聞名後世的"絲綢之路"。通過"絲綢之路"，漢朝和西域的很多國家建立了直接的聯繫，並通過這些國家將自己的影響輻射向更加廣闊的地區。

"絲綢之路"的開通，促進了這些國家之間政治、經濟、軍事、文化等方面的交流和發展。西域各國特有的作物，像核桃、葡萄、石榴、蠶豆、大蒜、苜蓿等，開始慢慢傳入中原地區，並成為人們生活中離不開的物品；珊瑚、玳瑁、琥珀、琉璃、象牙等名貴物品，則成了貴族豪門眼紅的搶手貨。其中大宛國的天馬，引起了漢武帝很大的興趣。開始的時候，漢武帝見到烏孫馬，就覺得不得了，以"天馬"的名字命名。後來，見到大宛的汗血馬，漢武帝更加喜愛，將天馬的名字給了汗血馬，將烏孫馬改稱為"西極馬"。當然，漢朝的很多物產尤其是鐵器和絲綢，更是吸引了西域各國王室豪門豔羨不已的目光。

為了保持和西域各國的聯繫，漢武帝經常派使者出使，史籍稱當時是"使者相望於道"。多的時候，一年能派出十幾批，少的時候，一年也有五六批；使團的規模不一，多者數百人，少的也有百餘人；所攜帶的物品，則完全仿照張騫出使時的標準。出使的路程有遠有近，路途遙遠者，要近十年才能返回；即使是路途較近的，也需要幾年時間能回來。因為張騫在西域名聲遠揚，在他死後很久，漢朝派往西域各國的使者，還多以"博望侯"張騫的名字來取信於當地人。

漢武帝的理財之道 | 32

武帝即位之初，文帝、景帝兩代人，給他留下了一個儲備豐盈的國庫，甚至因為多年不用，國庫中串錢的繩子都發霉爛掉了。有了雄厚的財力，武帝得以一展身手。在戰場上，漢軍連戰連捷；在外交上，漢朝在周邊地區的影響也越來越大。但是為了支持龐大的軍事和外交開支，大漢朝的國庫儲備也如流水般花了出去。加上漢武帝本人不恤民力，花錢大手大腳，更令國家財政日蹙。

為了廣開財路，漢武帝設置"武功爵"，就是允許百姓出錢買爵位。同時，一些不算嚴重的罪行，也可以花錢免除懲罰。為此，朝廷共設置了十一級爵位，然後明碼標價，規定了各級爵位的價格。當然，這些爵位都是虛的。不過為了刺激人們的購買慾，漢武帝又規定，凡是購買到第七級爵位以上的，可以優先被任命為官吏。這種做法的結局就是，錢沒收上來多少，官吏系統卻被弄的烏煙瘴氣、混亂不堪。那些靠買爵位做官的人，上任後的第一件事，一定是先把花掉的錢成倍地撈回來，誰會顧及朝廷的統治和百姓的死活呢？

漢朝建國以來，一直實行與民"休養生息"的政策，商業上的稅收也非常低，豐厚的利潤和極低的稅收，孕育出了一批富可敵國的大商人，其中尤以製鹽和冶鐵這兩個領域的商人為最。國庫空虛、財政拮据，漢武帝自然而然地將目光瞄向了這些富商巨賈和他們掌握的暴利行業。而善於理財的桑弘羊也在此時進入了漢武帝的視線。桑弘羊出身於商人的家庭。在當時來說，這個出身可謂相當的低微。不過，因為桑弘羊才華出眾，13歲的時候，就以精於心算而入侍宮中。

公元前120年，漢武帝下令實行"鹽鐵官營"政策，任命大鹽商東郭咸陽、大冶鐵商人孔僅負責實施。所謂"鹽鐵官營"，就是將製鹽、冶鐵行業的經營權收歸國有，由國家專賣，禁止民間私自買賣，否則視為違法，要受到輕重不等的處罰。因為桑弘羊善於計算，漢武帝讓桑弘羊以類似現今"財務總監"的身份參與"鹽鐵官營"的具體規劃和實施，並擔負監督的任務。

說起來，"鹽鐵官營"並非漢朝首創，春秋時齊國的管仲才是這項政策的首創者。因為齊國地處海邊，製鹽業非常發達，這也是齊國最重要的稅收來源之一。為了增加國庫收入，管仲在齊國實行了"鹽鐵官營"。管仲規定，鹽以民製為主，官製為輔，但是所有製好的鹽，必須由官府統一收購，然後由官府運到各地高價出售，獲取高額的利潤。對於冶鐵，管理的更鬆一點，由國家出資，參與到民間冶鐵行業，然後分享利潤。所以，管仲的"鹽鐵官營"，主要是為了增加國家稅收，是以國家的名義從商人手裏強行分割一部分利益而已。

漢武帝實行的"鹽鐵官營"則要比管仲的政策徹底得多。鹽的官營規定是：民製、官收、官運、官銷。就是由民間製作，然後國家收購後，統一銷售。這一點和管仲的做法差不多，都是民製官收。但是桑弘羊等人做的最絕的是，為了精確控制製鹽的數量，防止私下售賣，製鹽所需要的主要工具之一 —— 煮鹽用的大鍋 —— 由國家提供，其餘設備則由製鹽者自行籌備。因為每口大鍋每天能煮製鹽的數量基本是固定的，所以國家就能比較精確地控制製鹽的數量了。在鐵的官營方面，漢武帝控制得更加嚴格，從礦石開採，金屬冶煉，器物製造，一直到產品銷售的全部環節都收歸國有。

因為食鹽和鐵製工具、器皿，都是人們生活中的必需品，用量驚人，加上利潤非常高，所以"鹽鐵官營"政策的實施，大大充實了國庫，使得漢武帝又可以踏踏實實地對匈奴大肆用兵了。

"鹽鐵官營"之後，那些大鹽商和冶鐵商人的日子可就非常悲慘了，傾家蕩產、家破人亡的比比皆是。普通百姓的生活也受到了非常明顯的影響。由於國家專控，絕對壟斷，所以不管價格如何之高，也得接受。自此，人們日常離不開的食鹽和鐵器，反都成了奢侈品，成了百姓生活中不堪承受之重。

與此同時，漢武帝又收回鑄幣權，私自鑄錢的會被處死。而且，為了盡可能斂財，除了鹽、鐵、貨幣之外，很長時間內，酒類的銷售權也收歸國有。

傾國傾城，紅顏薄命 | 33

即使在國家最艱難的時候，漢武帝也從沒虧待過自己，沒少了自己的享受。現在，匈奴人被打得狼狽遠逃，國庫也日漸充實，漢武帝更有理由享受作為皇帝奢侈而幸福的生活了。

漢武帝有一個最寵信的樂師李延年。李延年出身音樂世家，父母和兄弟姐妹都是以樂舞為職業的藝人。李延年曾經因為犯法受到腐刑（就是宮刑，閹割），然後進入皇宮。開始時負責養狗，後來因為精通音樂而受到漢武帝的寵愛。

公元前111年的一天，李延年為漢武帝獻《佳人歌》曰：「北方有佳人，絕世而獨立，一顧傾人城，再顧傾人國。寧不知傾城與傾國，佳人難再得！」漢武帝聽得悠然神往，感慨道：「世上真的有如此佳人嗎？要是有，能見見該多好啊。」這時，早就做好準備的平陽公主再次出現，向漢武帝推薦李延年的妹妹，並稱她就是歌中的佳人。漢武帝見到李延年的妹妹，果然漂亮非凡，能歌善舞，驚為天人，遂收入後宮，封為夫人，極為寵愛。史稱其為李夫人。成語「絕世佳人」、「傾國傾城」都來源於此。

李夫人受寵後，給漢武帝生下一個男孩，取名劉髆，後來被封為昌邑王。這下，李夫人的地位更見高漲。後來，李夫人病重，漢武帝心急如焚，親自來探望。可沒想到的是，李夫人卻蒙着被子，不讓漢武帝見到自己的容貌，並辭謝說：「我現在重病，臥牀不起，容顏憔悴，不可以見陛下。我死後，只希望能把兒子和兄弟託付給陛下。」漢武帝着急，只想看看李夫人，許諾説：「夫人你病情如此嚴重，恐怕不能痊癒了，我只想看看你，和你商量一下你的後事。只要你讓我看看你，你的要求我都答應。」李夫人歎息着説：「我未曾修飾容貌，怎麼能用這樣輕慢的方式面見陛下呢？至於我死之後，如何對待我的孩子和兄弟，都在陛下一念之間，和見不見我，沒有關係。」漢武帝堅持要看看李夫人，李夫人無奈，揭開被子，但是轉過臉去，背對着漢武帝，歎息着流淚。漢武帝只得黯然離去。

漢武帝走後，幾個和李夫人關係不錯的姐妹責備她説：「你怎麼能這樣對待皇帝呢？不但不讓他看你的臉，還一見面就託付孩子和兄弟，你難道不知道這樣有可能會激怒陛下嗎？難道你是在怨恨陛下嗎？」

李夫人歎息着説：「我不讓陛下看我的臉，正是為了更好地託付孩子和兄弟啊。我能得到陛下的寵愛，就是因為我容貌姣好。『夫以色事人者，色衰而愛弛，愛弛則恩絕。』陛下之所以能對我念念不忘，還來探望我，也正是因為我姣好的容貌。如果他看到我現在這樣形容枯槁、顏色憔悴的樣子，一定會對我心生厭惡，還怎麼會用心關愛我的孩子和兄弟呢？我不讓他看到我的臉，那麼，在他心中，就會一直留存着我美好的樣子。這樣，對我的寵愛也許就能長一些時間，對我的身後事，也就能重視一點。」

不久，李夫人去世。漢武帝非常傷心，為她舉行了隆重的葬禮。對她的兄弟也都予以封賞。此後，漢武帝一直思念李夫人，於是命畫師將她的容貌畫下來，掛在甘泉宮中，好讓自己能不時看見。一天，漢武帝突然夢到了李夫人，於是思念更甚。恰好漢武帝身邊有一個方士，名叫少翁，自稱能溝通陰陽，將李夫人請回來與漢武帝相見。這個所謂的少翁，就是「少年老人」的意思。

因為此人雖然一副少年模樣，但是自稱已經兩百多歲了。

少翁要來李夫人生前穿過的衣服，然後在一間靜室的中間掛上帷幕，漢武帝在一邊等候，少翁在另一邊作法。一會兒，帷幕上隱隱約約出現了一個女子的身影，不過只是側面。漢武帝越看越像李夫人，猛然站起，想上前相見，可是那個身影卻又突然消失了。漢武帝悵然若失，作歌曰：「是邪？非邪？立而望之，偏何姍姍其來遲。」成語「姍姍來遲」就是由此演化而來。

漢武帝 **求仙記** | 34

在中國歷史上，崇信方士、神仙，夢想長生不老的皇帝很多。在尋仙訪道的不歸路上，不但我們通常所說的昏君有之，即便是明君英主也不乏其人，秦皇如此，漢武以不能免俗。

漢武帝堅信神仙是有的，長生不老藥也是有的。於是，發現一個方士是騙子，殺掉，然後再寵信下一個。那個請李夫人的魂魄來和漢武帝相見的少翁，就是其中之一。雖然只是模模糊糊的一個身影，但也算是施法成功，因而被漢武帝封為文成將軍，並賞賜了很多金銀。後來，為了能和神仙溝通，漢武帝在他的指揮下，在宮殿的柱子上、牆壁上都繪上五彩的雲朵、車輛等，又專門修建了一座甘泉宮，擺上各種神像、祭品，希望能引起神仙注意。折騰了一年多，連神仙的影子都沒看見。

少翁感覺事態不好，漢武帝已經開始不信任他了，只得另想辦法。一天，少翁跟隨漢武帝去甘泉宮，路上看到一個人牽着一頭牛，於是少翁指着那頭牛說：「這頭牛的肚子裏有天書一卷。」牛被殺掉，果然從牛腹中取出一條布帛，上面寫着奇形怪狀的文字。隨行的侍從都驚呆了，少翁能隔空猜物，真是神仙啊！少翁裝作滿不在乎的樣子，實際上也是暗自洋洋得意。還是漢武帝聰明一點，感覺這字體有點熟悉，越看越像少翁的筆體，將少翁抓起來一番審問，果然是他自導自演的一出戲。漢武帝當即砍了這位神仙弟子的腦袋。

　　當然，只要皇帝還相信神仙的存在，還在尋找神仙，打着神仙弟子名義的方士就會像原野上的野草，割掉一茬，馬上又會有下一茬。少翁之前就有個李少君，之後，又來了個欒大。

　　這位欒大和神仙的聯繫更加緊密，他自稱曾經和傳說中的北極真人安期生學過本領，能夠和神仙聯繫，可以將黃銅變成黃金，甚至搬山倒海，堵住決口的大河。但是，所有神仙弟子的一個共同點就是，那些通天本領和大法術都不能輕易顯露，只是偶爾顯露幾手小法術，讓人重視一下。欒大當然也不例外。就這樣，也是唬得漢武帝驚詫不已。為了留住這位神仙弟子，漢武帝陸續封他為五利將軍、天士將軍、地士將軍、大通將軍，欒大身佩四顆將軍印，但還是作出一副無所謂的樣子，不願意施展法術，或者引神仙前來。於是，漢武帝又封欒大為樂通侯、天道將軍，最後將自己的女兒，當時正孀居的衛長公主嫁給了他，光嫁妝就陪送了十萬黃金。欒大的榮寵可謂達到了極點。

　　這下，欒大沒得可以推脫了，只好動身去海外仙山找自己的神仙師傅和朋友去了。結果，他隨意溜達一圈就回來了，然後和漢武帝一通胡說八道。欒大沒想到的是，漢武帝早就被方士們騙得有了提防之心，一直派人在暗中監視他。欒大的一舉一動都被監視者看在眼裏，並向漢武帝做了匯報。其結果可想而知，漢武帝下令將欒大腰斬於市。

　　在不斷通過方士尋找神仙的同時，為了能長生不老，漢武帝也一直在"自己動手"。當時流傳很廣的一個說法是，天降甘露是天神灑下的神露，美玉是大地的精華，一起服食，就能使人長生不老。於是漢武帝命人在長安的建章宮修建神明台，上面鑄造銅柱仙人，手捧承露銅盤，用以承接上天灑落人間的甘露，"神明台在建章宮中，祀仙人處，上有銅仙舒掌捧銅承雲表之露。"

別説，這個銅仙承露盤還真靈驗，盤中還真不時能承接到甘露。本來，空氣中的水蒸氣遇到金屬，冷凝之後就會結出露水，毫不稀奇。但是漢武帝不明白這個道理，以為真的得到天降甘露了。於是將此甘露交給方士，將甘露和美玉的碎屑調和成藥，興高采烈地服食。結果不但沒能長生不老，還導致消化不良，鬧起了肚子。

幸虧漢武帝身體強健，不然的話，一命嗚呼都有可能。不過要是真的在服食"仙藥"的過程中死亡的話，一定會被方士們説成是脱去凡胎，羽化成仙了。

蘇武 留胡不辱節 ｜ 35

不只方士像原野上的野草，匈奴人也像。雖然被漢朝打得大敗，死傷無數，遠遁漠北，但是，隨着時間的推移，匈奴逐漸又恢復了一些元氣。這時的匈奴人對漢朝的態度有些矛盾。一方面，想要劫掠，要報復；另一方面，又有些害怕，想要求和，希望和親。

漢武帝這些年也一直沒消停，又是整頓南越，取消東越王，又是打敗滇王，建立益州郡，然後又打敗樓蘭、車師、大宛，並和烏孫和親。對於匈奴，漢朝君臣也很煩惱。打吧，距離太遠，勞師遠征，勞民傷財不説，惡劣的環境，漫長的後勤補給線就讓人頭疼不已；講和吧，一方面不太甘心，一方面匈奴又説話不算；不予理睬吧，擔心日子久了養虎成患，而且這些匈奴人只要有點實力，就又會時常來騷擾邊境。所以，漢朝君臣也沒甚麼太好的辦法，只能是匈奴人講和，漢朝就以禮待之；匈奴人翻臉，漢朝也不跟他客氣。

反復無常的匈奴單于

這時，伊稚斜單于已經死去，現在的單于是他的兒子烏維。一次，烏維單于派使者前來，表示希望繼續和親，漢武帝於是派楊信出使匈奴。

匈奴人尊敬的是勇士，懼怕的是強者，但是如果你客客氣氣對待他，他反而不重視你，所謂“畏威而不懷德”。現在見漢朝和自己客客氣氣地互派使者，又有點想找茬了。

在接見漢使的時候，烏維單于要求使者必須放下符節，並將臉塗黑，才能進到單于的大帳覲見。楊信一聽，強烈抗議，誓死不答應。使者代表的是一個國家，如果楊信真的按照單于的要求去做，那可就丟盡了漢朝的臉面了，所以，即使丟掉性命也不能答應。

看到漢朝使者誓死不答應，烏維單于也不敢真的翻臉殺掉他，畢竟底氣不足。經過協商，雙方各退一步，漢朝使者不用放下符節，也不用塗黑臉，但是不能進入單于的大帳，烏維單于在大帳外面接見使者。楊信倒不在意進不進那個大帳，反正只要能完成使命就行。

烏維單于繼續找茬，責怪漢朝沒主動送公主來和親，也沒帶來足夠的禮物。楊信針鋒相對地表示，要公主來和親簡單，只要烏維單于將自己的太子送到漢朝去，漢朝馬上將公主嫁過來。烏維單于當時就急了，將太子送到漢朝去，那不是送質於人嗎？不行，絕對不行。楊信表示無所謂，不送就不送，當然，那樣的話，我們也不可能再將公主嫁過來了。烏維單于沒討到好處，倒也頗為佩服楊信，客客氣氣地將他送回國。接下來，漢朝和匈奴繼續互派使者，不過匈奴時不時會翻臉，扣下漢使。這時候，漢朝當然也會扣下匈奴的使者。

公元前 100 年，就在匈奴又將漢武帝惹得大怒，準備不計成本，派大軍再次征討之時，匈奴內部發生變動，且鞮侯單于即位。

且鞮侯擔心漢朝趁他立足未穩之機來攻，就將扣押的漢朝使者大部分放回，並派出使者前往漢朝，以非常謙卑的態度，表達友好之意。漢武帝見匈奴如此謙卑，也就打消了用兵的計劃。畢竟勞師遠征，損耗太大。而且，漢武帝已經 56 歲，是一個年過半百的老人了，年輕時的銳氣也消磨得差不多了，此時他的主要精力都放在求仙訪道、長生不老上面了。

蘇武出使匈奴

為了表達漢朝的善意，漢武帝也釋放了那些被扣押的匈奴使者，並派中郎將蘇武為使持節，帶着大量禮物，陪同匈奴的使者回訪。

蘇武帶着助手張勝、常惠及百餘名士兵，陪同匈奴使者一起出發了。到達匈奴王庭後，蘇武向且鞮侯單于表達了漢朝的善意，歸還了扣押的使者，並獻上禮物。沒想到且鞮侯單于卻誤認為漢朝派使者回訪是示弱，對待蘇武也就越來越傲慢無禮。蘇武倒是不太計較匈奴人的態度，屬於意料之中的事情，只要不太過分就行。只等着完成出使任務，拿到匈奴人的回信，回去也就是了。可就在這時，蘇武的副手張勝卻給他惹下了大禍。

在蘇武之前，出使匈奴的漢使中有一個叫衛律的，此人與李延年是好友，李延年受漢武帝信寵時，舉薦了衛律，於是漢武帝派他出使匈奴。衛律出使非常順利，但是在他回朝復命時，恰好遇到李延年因為弟弟李季淫亂後宮而被漢武帝滅族。衛律擔心受到牽連，便帶着副手和隨從逃到了匈奴。別看衛律在漢朝不怎麼受重視，在匈奴卻非常受且鞮侯單于的器重，被封為丁靈王。但是，被衛律裹挾來匈奴的副手虞常，一直對投降匈奴一事耿耿於懷，總想着殺掉衛律，返回中原。

虞常聯繫上同樣想投奔漢朝的匈奴人緱王。緱王是匈奴渾邪王的姐姐的兒子，當年隨着渾邪王一起歸降了漢朝，後來在隨漢軍對匈奴的作戰中兵敗，又投降了匈奴。但是緱王回歸匈奴以來，一直不受重視，所以又琢磨着再次投奔漢朝。

緱王和虞常聯繫上以後，開始密謀回歸事宜。最後，兩人商量好，準備先殺掉衛律，然後劫持且鞮侯單于的母親。這樣回到漢朝，不但不會有罪，應該還能獲得漢武帝的封賞。

就在這時，蘇武出使匈奴。而蘇武的副手張勝與虞常是故交，關係不錯。虞常悄悄來找張勝，將自己的計劃合盤托出，希望得到張勝的幫助。張勝被虞常的計劃激發得熱血沸騰，當即表示贊同，並悄悄送給虞常大筆財物，以示支持。不過，張勝並沒有將這件事告訴蘇武。

等了差不多一個月的時間，終於讓虞常等人等到了一個好機會。單于率領大隊人馬外出打獵，留下看家的人手非常薄弱。緱王、虞常帶領七十多個手下趁機發動了叛亂。可惜消息洩露，他們的手下有人叛逃，將叛亂的消息告訴了單于，讓匈奴人有了準備。叛亂被輕鬆剿滅，緱王戰死，虞常被活捉。

不辱使命

且鞮侯單于讓衛律審問虞常。此時，張勝擔心虞常供出自己，非常害怕，才將事情原原本本告訴了蘇武。蘇武大為焦急："作為使者，我們可是代表着國家的榮譽。如果虞常供出你來，我們必定會被抓起來受審。堂堂的一國使者如果被當作罪犯審問，那不是丟國家的臉面嗎？與其如此，不如一死。"説着，蘇武拔出刀來，就要自殺。

張勝、常惠急忙攔住，勸蘇武等等看，萬一事情要是有轉機呢？虞常倒也算得上是一條好漢，在衛律有意無意將叛亂的原因引向漢朝使者的時候，在酷刑折磨之下，咬着牙就説是自己的主意，和別人無關。後來有人證指出，虞常和漢朝副使張勝有過接觸，無奈下，虞常也只是承認，自己以前在漢朝時和張勝是朋友，現在他鄉遇故知，就是簡單的敍舊，攀談，與叛亂一事無關。但是匈奴人只是想找個理由，好名正言順地處置漢朝使者，他們才不管你是敍舊還是密謀，反正有聯繫就行。當即，單于命人將蘇武一行人等拘押起來審問，並派衛律勸蘇武投降。

蘇武寧死不降。為了不辱使命，蘇武一面要求自己的副使和隨從不能喪失氣節、辱沒使命，一面拔出刀來，準備刎頸自盡。對於匈奴人來說，活着的蘇武作用遠大於死掉的蘇武，所以衛律急忙撲上去，一把抱住蘇武，搶下他手中的刀。此時蘇武自殺可不是裝裝樣子而已，而是真心實意的要自盡，所以等衛律搶下刀的時候，蘇武的脖子上已經被劃了一個大口子，受了重傷。

衛律急忙請來醫生給蘇武治傷。費了好大勁，蘇武才甦醒過來。單于也很敬佩蘇武堅貞不屈的氣節，為了表達敬重，特意等蘇武傷好得差不多了，才繼續審理虞常叛亂的案子。當然，那個張勝作為同謀早就被抓起來了。

這次，單于特意讓蘇武作為陪審，旁聽衛律審問虞常和張勝，想藉此迫使蘇武投降。虞常還是態度強硬，對衛律更是充滿了蔑視。氣得衛律判處虞常死刑，並當場殺掉了他。然後，衛律又拎着滴血的刀子，站到了張勝面前，威脅張勝。張勝被嚇破了膽，一股腦承認了匈奴人扣在他頭上的罪責，投降了。

衛律馬上對蘇武表示，你的副手有罪，你應當連坐，或者投降，或者死。面對衛律的屠刀，蘇武眉頭不皺，不但沒有膽怯，反而一面大聲反駁衛律的謬論，一面主動向刀鋒撞去。嚇得衛律急忙縮手。

蘇武寧死不屈的做法，讓單于和衛律頭疼不已，卻無可奈何。衛律見強硬的手段對蘇武無效，又開始來軟的。衛律勸蘇武，自己投降匈奴也是被逼無奈，但是投降過來後，立刻被封為王，享受着榮華富貴。只要你蘇武願意投降，我衛律敢擔保，你也會被封為王，同樣享受榮華富貴。你又何必非和自己過不去呢？再説，你如果不投降，這樣莫名其妙地死在這裏，死了也是白死，又有誰知道呢？

見蘇武還是不動心，衛律繼續勸説："只要你答應投降，我衛律願意和你結為異姓兄弟，如果你不聽我的話，那麼恐怕以後你再想見我也見不到了。到那時，你再想請人幫你在單于面前説話也不可能了。這可是你最後的機會了，希望你不要自誤啊。"

衛律的話，氣得蘇武拍案而起，指着他大聲呵斥："你個厚顏無恥的東西，我見你做甚麼。你身為漢人的兒子，漢家的臣子，卻忘恩負義背叛了自己的民族、自己的父母，做了漢奸。虧你還有臉在我面前如此炫耀，你難道就感覺不到羞恥嗎？我蘇武寧死不降。而且我也警告你，敢於和我大漢作對者，敢於殺害漢朝使者的，都沒有好下場。南越國殺害了漢朝使者，最後被滅國，成為漢朝的九個郡；大宛王殺害了漢朝使者，自己的人頭被懸掛到漢宮的北闕。我勸你最好不要蓄意挑起大漢與匈奴的矛盾，否則連你帶你的匈奴主子，都不會有好下場！"面對正義凜然的蘇武，衛律張口結舌，諾諾而退。

單于既欣賞蘇武的氣節，又痛恨他的固執，越發想要勸降他。只要蘇武能投降，就會起到極好的示範效果，這比衛律之流的效果可好太多了。既然蘇武軟硬不吃，單于就想要通過肉體的折磨來迫使蘇武投降。

單于命人將蘇武關入地窖之中，既不給吃的，又不給喝的，生活日用品更是不用説。當時正是寒冬臘月，天上下着大雪。蘇武被關在地窖之內，沒吃沒喝，饑寒交迫。可是，如此的困境，反倒激發起蘇武的求生欲來。你匈奴不是要通過這樣的困境來逼迫我投降，或者讓我死嗎，我偏要活下去，堂堂正正的活下去。於是，蘇武渴了就抓起地上的雪吃下去，餓得受不了了，就將地窖裏的破羊皮、毛氈等和着雪吞下去。就這樣，堅持了好幾天。

匈奴人簡直驚呆了，這人是神仙嗎？在這種惡劣的情況下，這麼多天，居然還活着？單于好言相勸，同時許諾，只要蘇武願意投降，立刻封他為王。蘇武還是一口拒絕了。

北海牧羊

無計可施的單于，只得將蘇武流放到荒無人煙的北海去放羊。為了折磨蘇武，匈奴人只給了蘇武幾隻公羊，其他的物資，像糧食啊，母羊啊，日用生活必需品等等，甚麼都沒給。而且，匈奴單于揚言，蘇武要麼投降，要麼等公羊生下小羊，才可以被放回漢朝。蘇武的另一個副手常惠也是決不投降，單于便將蘇武和他的手下分散安置，不讓他們相見。

蘇武到達北海以後，處境非常艱難。但是再艱難的環境，也沒有打垮他。糧食不夠，蘇武就挖野菜，抓田鼠，挖掘田鼠儲存的草籽度日。寒冷、饑餓時時侵襲着蘇武，但是他並不在乎。蘇武唯一在意的，就是一直拿在手中的，代表大漢朝廷的符節；蘇武念念不忘的，是他沒有完成的使命。白天，蘇武拿着符節去放羊；晚上，蘇武抱着符節睡覺。蘇武最大的期盼，就是希望有一天，自己能帶着符節返回漢朝。

就這樣，蘇武拿着符節，守着信念，一年又一年。蘇武慢慢變老，但蘇武那顆堅守的心，始終不變。突然有一天，一個老熟人來到偏遠的北海，出現在蘇武面前，令他大吃一驚。

這個人就是"飛將軍"李廣的孫子李陵，蘇武在朝為官時曾與他交好。未曾料到的是，如今李陵已經投降了匈奴。這次是奉匈奴單于的命令，來勸蘇武投降的。

李陵 投降匈奴之謎 | 36

"飛將軍"李廣有三個兒子,長子叫李當戶,驍勇善戰,頗有李廣之風,可惜死得很早。李陵是李當戶的遺腹子。李陵也頗有父祖遺風,少年時就武藝高強,箭法如神,且為人豪爽大度。因為家世淵源,李陵很早就在軍中任職,加上他本身出類拔萃,很快就嶄露頭角。為偵察地形,他曾率八百輕騎深入匈奴之地兩千餘里。漢武帝也頗為欣賞李陵,命他帶兵防守酒泉、張掖一帶,防範匈奴人的入侵。

桀驁的李陵

公元前 99 年,蘇武等人被匈奴扣押的消息傳回長安,漢武帝大怒,命貳師將軍李廣利率領三萬騎兵征討匈奴,李陵負責督運大軍的糧草輜重。別看這個李廣利和李廣的名字很像,但是其領軍作戰的本領和李廣比起來可是天壤之別。他能擔任三軍主將,更多是因為他是皇親國戚罷了。

這個"貳師將軍"究竟是個甚麼官職?名字怎麼如此奇怪呢?貳師將軍是漢朝的一種雜號將軍。因為漢武帝曾經命令李廣利率軍征討貳師城,強取汗血馬,所以就給了他這麼個職銜。

李廣利的"三腳貓"本領,李陵當然了解,所以對漢武帝讓自己做他的手下,受他節制,頗為不滿。李陵向漢武帝請求,自己願意率領一支人馬,作為偏師單獨行動,到蘭干山以南地區吸引匈奴人的注意,可避免他們集中兵力對付漢軍主力。

漢武帝一眼就看透了李陵的小算盤,知道李陵看不起李廣利,感覺又可氣又可笑,於是給他出難題:"我已經將騎兵都派給了李廣利,沒有騎兵給你了。"沒想到李陵並不在意,拍着胸膛表示:"沒有騎兵,步兵也可以。只要陛下您能給我五千士兵,我就敢以少擊眾,直搗匈奴王庭。"漢武帝倒也非常欣賞李陵的這份氣概，同意了李陵的請求，派李陵率領五千步兵，兵出居延，直奔浚稽山方向而去。

貳師將軍李廣利率領大軍從酒泉出發，在天山腳下，與匈奴右賢王的軍隊遭遇。右賢王毫無準備，人馬又遠遠少於漢軍，結果被漢軍圍住後一番廝殺，傷亡萬餘人。右賢王率領少數精銳殺出重圍後，急忙召集大隊人馬向漢軍發起反撲。

李廣利初戰告捷，帶領人馬，得意洋洋的往回走，不料被隨後趕來的匈奴大隊人馬追上並包圍。這次，處於弱勢的換成漢軍了。雙方士兵在大草原上一番血戰，直殺得天昏地暗。形勢對漢軍越來越不利。幾天過去，漢軍將士裏無糧草，外無救兵，死傷無數，眼看有全軍覆沒的危險。李廣利手下有個叫趙充國的將領，深通謀略又悍勇無雙，緊急關頭，組織起數百最精銳的士兵組成敢死隊，自己充當箭頭，派兵護住李廣利，拼死向前衝殺。處於絕地的漢軍，尾隨在突擊隊之後，發動決死衝鋒，終於衝破匈奴人的包圍，但成功突圍的將士已不足一萬人。那個充當箭頭的趙充國身上的傷口多達二十餘處。好在身體強壯，加上命大，沒受致命傷，最終，趙充國總算活了下來。

漢武帝當然不肯善罷甘休，再派精兵強將發起反擊，可惜還是無功而返。現在唯一的指望就剩下李陵率領的五千步兵了。如果李陵能取得一場大勝，還能挽回點面子。漢武帝焦急地盼望着李陵的消息。可惜，千盼萬盼，盼來的不是李陵大獲全勝，凱旋而歸的喜訊，而是他們被匈奴大軍圍困，幾番死戰後全軍覆沒的噩耗。

漢武帝歎息不已，徹底失望了。至於李陵，大家都認為他一定戰死疆場了。可不久更令漢武帝憤怒的消息傳來 —— 李陵沒死，而且投降了匈奴！怒不可遏的漢武帝當即將李陵的母親和妻子等人都押入大牢。

李陵的名將風采

那麼，李陵是如何兵敗投降的呢？原來，李陵所部以步兵為主，行軍速度較慢，且其行軍路線早就被匈奴人偵查得知。在李陵率軍到達浚稽山時，即被且鞮侯單于親自率領三萬騎兵團團圍住。這種情況早在李陵預料之中，一羣步兵在大草原上長途行軍，想要瞞過匈奴人的耳目，無異於癡心妄想，所以李陵並沒有驚慌。他先是命令士兵用戰車圍成營寨，然後率領士兵在營寨前列陣。

漢軍士兵背靠營寨，持盾牌、長戟的士兵位於外層，以防守為主，抵禦匈奴人的進攻，弓弩手位於內層，以弓弩大量殺傷匈奴騎兵。匈奴人沒料到這支漢軍的弓弩如此兇猛，吃了大虧，在一波波的弓弩射擊中死傷無數，敗退而回。

李陵敏銳抓住戰機，反守為攻，跟在匈奴敗兵後，啣尾追殺，又殺傷匈奴人馬數千。可惜因為沒有多少騎兵，無法繼續擴大戰果。李陵也明白見好就收，見匈奴人馬已經聚攏，急忙率軍返回營寨。

且鞮侯單于見自己的三萬大軍竟然吃不下這支小小的漢軍，不禁大怒，不斷從四面八方調集人馬前來圍攻。最後，共計調動了八萬之眾來圍攻李陵這支僅有五千人的隊伍。

眼見匈奴人馬越聚越多，李陵知道事不可為，遂率軍緩緩後退。匈奴當然不可能放他們平安撤走，邊圍追堵截邊頻頻進攻。李陵則咬緊牙關，指揮漢軍邊打邊撤。漢軍幾乎都是步兵，行軍速度較慢，但是防守能力強，而且弓箭厲害；匈奴一方人多勢眾，又都是騎兵，佔據戰場主動權，但是面對漢軍的刺蝟戰術，一時間也沒甚麼好辦法。雙方鬥智鬥勇，戰鬥頻頻。

幾天下來，漢軍將士大多帶傷。李陵命令將所有車輛都騰出來，讓受傷三處及以上的將士坐車，受傷兩處者駕車，受傷一處和沒受傷的繼續作戰。李陵的安排，贏得了將士們的一致擁戴。所以漢軍雖然傷亡慘重，但是一直保持着高昂的士氣。

當漢軍到達一大片長滿蘆葦的沼澤地時，李陵打算利用地形，在蘆葦蕩中和匈奴人打遊擊。沒想到匈奴單于下了狠心，命人在上風頭放起火來。要知道，匈奴人是遊牧民族，天生敬畏上天、大地，更是視草地、蘆葦等可供牛羊食用或者能作為燃料的植物為自己生存的根本，輕易不會大面積放火焚燒。現在，單于也是被李陵逼急了。

李陵也嚇了一大跳，急忙命人從自己這邊放火，先燒出一片空地，才避免了被大火燒死的命運。看着滿天的大火和濃煙，李陵將計就計，利用大火的阻擋，一路向南急行軍。等匈奴人發現漢軍根本沒受到大火的影響，已經跑出很遠的時候，單于心中的怒火遠高於原野上的大火，率軍苦追不捨。

等匈奴人馬追上漢軍的時候，前面恰好有大片樹林，漢軍又鑽進了樹林。樹林之中的戰鬥對騎兵非常不利，漢軍利用靈活性又一次讓匈奴損兵折將。

且鞮侯單于氣紅了雙眼，親自站在一座小山的山頭上，指揮人馬圍攻漢軍，並派他的兒子打先鋒。有眼尖的漢軍發現了且鞮侯單于就在不遠處，急忙稟報李陵。李陵大喜，立刻組織起身邊的強弓硬弩，一齊向且鞮侯單于所站立處發射。看着漫天飛來的箭支，且鞮侯單于嚇得魂飛魄散，在護衛的拼死保護下，慌忙下山躲避，再不敢在兩軍陣前露面了。

隨着漢軍距離漢朝的邊界越來越近，匈奴人也是真急了，這要是讓他們平安返回，自己的臉面可算是丟盡了。且鞮侯單于更是暴跳如雷，下了死命令。匈奴人幾乎是沒日沒夜地向漢軍發動進攻，一天多達數十次，而且一次比一次猛烈。即使面對這樣的困境，李陵仍然是從容應對，不但沒讓匈奴人佔到便宜，反而不斷給他們造成殺傷。

漢軍的勇猛、頑強及用兵的謀略，匈奴人馬傷亡的慘重，令且鞮侯單于膽寒了，萌生了退意。且鞮侯單于認為，自己面前的這支軍隊，一定是漢軍的精銳，他們的目的，就是將自己引誘向邊境，在那裏，一定埋伏着大軍，他們早就佈好了口袋陣，就等着我們鑽進去呢。不能上當，我們應當撤退，不追了。

此時，漢軍所處的位置距離居延只有百餘里的路程了。李陵率領着五千步兵，轉戰上千里，打死打傷匈奴逾萬人，自己雖然也死傷慘重，但現在至少還有三千人。當然，幾乎人人帶傷是必然的了。就衝這份戰績，李陵的軍事才能就足以和衛青、霍去病等名將相媲美了。

就在李陵所部即將全身而退時，意外發生了。軍中的一個小軍官管敢，因為和上司發生矛盾，被上司責打而懷恨在心，半夜裏偷偷逃離軍營，投降了匈奴，並將漢軍的軍情，全部告訴了匈奴人。

此時的漢軍，確實到了山窮水盡的地步，裏無糧草，外無救兵，更是不存在甚麼誘餌、包圍圈之類，而且漢軍最為犀利的武器弓弩，也因為箭支幾乎用盡而失去了作用。可以說，此時的漢軍幾乎完全是憑着一口氣在支撐着，如果此時匈奴人繼續進攻，不用費甚麼力氣，漢軍就將全軍覆沒。

且鞮侯單于聞聽大喜過望，當即命令匈奴全軍出動，向漢軍發起最後的總攻。

到了此時，李陵還是不打算放棄。漢軍士兵不管沒受傷，也都最後拼命了。武器不夠，大家有刀槍的用刀槍，弓弩手沒有趁手的兵器，就拆卸車輛，用車軸、車輪當武器，與匈奴人拼命。漢軍且戰且退，最後退進一處峽谷，據險死守。匈奴人從山上用巨石向下進攻，漢軍死傷無數，好不容易堅持到深夜，匈奴人暫且收兵，陷入絕境的漢軍終於獲得了喘息之機。

李陵換上便衣，趁着夜色獨自一人潛入匈奴大營，準備擒獲或者殺死單于。如果能成功，那剩餘的將士也許還有一線生機。可是，萬馬軍中想要刺殺敵人的首領，幾乎是不可能的事情，別的不説，找都找不到。即使找到了敵方首領的大體位置，要想靠近，也是困難無比。李陵嘗試一番，發現毫無希望，不得不黯然返回。

李陵召集起殘存的將士，對大家説：「事到如今，已經無路可走了，大家生死各安天命吧。哪怕我們還有幾十支箭，也還有成功突圍的希望，可惜我們一支箭都沒有了。男子漢大丈夫，死就死吧。天亮之後，匈奴人一定會發起進攻，到那時，我們只能等死了，所以，大家現在就分散突圍吧。如果誰能活着回去，別忘了向天子奏明我等血戰殺敵之事。」安排好之後，趁着夜半時分，李陵與校尉韓延年騎着馬，率領十幾個精鋭的士卒為先鋒，向匈奴大營衝擊而去，其餘士卒四散突圍。

匈奴人猝不及防，還真讓李陵等人突圍而出，但是他們很快反應過來，以數千騎兵在後面死死追趕。跟隨在李陵身邊的士卒先後戰死，校尉韓延年也死於亂軍之中。李陵眼見無論如何不能逃脱，仰天長歎後，下馬投降了匈奴。那些四散突圍的漢軍將士並沒有全軍覆沒，最終有四百多人逃過了匈奴人的追殺，回到了邊塞。

匈奴是一个崇拜英雄的民族，即使李陵給他們造成了如此大的殺傷，且此時已經走投無路，且鞮侯單于還是欣然接受了李陵，並委以重任。

關於李陵為甚麼投降匈奴，歷史上一直存在爭議，各種解讀、説法不一，都難以自圓其説，且存疑吧。

李陵與蘇武：被迫變節與矢志不渝｜37

李陵投降的消息傳回長安，漢武帝憤怒異常，當即將李陵的母親、妻兒等人都抓了起來。朝野上下更是一片痛罵之聲。就在這一片討伐聲中，太史令司馬遷卻站出來替李陵辯解。

　　司馬遷認為，李陵平素對親人孝敬，對士人誠信，為了國家能奮不顧身，有國士之風。現在李陵出了問題，那些平日裏貪生怕死，只知道保全自己身家性命的臣子，就跳出來大肆污衊他，誇大他的罪行，太讓人痛心了。那些無能之輩，你們有甚麼資格在這裏指責李陵，你們又為這個國家做了甚麼？李陵雖降，但是他在投降之前，率領不到五千的步兵，長驅直入匈奴腹地，面對數萬匈奴精銳，轉戰千里，殺敵逾萬。最後箭盡路絕，將士們還對着全副武裝的敵人，赤手空拳，拼死一搏。能讓士卒如此效死，即使是古代那些名將也不過如此。他雖然兵敗陷入敵營，但是其功績足以光耀千古。最後，司馬遷認為，李陵之所以沒有慷慨赴死，只是想留下其有用之軀，尋找適當的機會，再次報效朝廷罷了。

　　司馬遷這番話給自己惹了大麻煩。漢武帝怎麼聽，怎麼感覺司馬遷是在諷刺自己，嘲笑那個喪師辱國的貳師將軍李廣利。惱羞成怒的漢武帝下詔，對司馬遷處以腐刑。過了很長時間，怒火慢慢平息下去後，漢武帝也開始反思。畢竟李陵是有大功於前，在箭盡糧絕，又沒有救兵的情況下才投降的，也算是有情可原。

　　本來在李陵出兵之前，漢武帝也曾經安排強弩校尉路博德率軍接應。但路博德是一員老將，就像李陵不願意給李廣利打下手一樣，路博德也不願意給李陵打下手，於是他向漢武帝進言，要求另派自己別的任務。當李廣利率領的主力遭遇失敗時，漢武帝讓路博德率部接應，也就導致李陵沒有了援軍。

　　想明白之後，漢武帝的怒火也就小了很多，還特意派出使者慰勞了逃回的那些士卒。然後，漢武帝又派出大軍，在進擊匈奴的同時，準備接李陵回來。可惜事與願違，這次進軍再次無功而返。為了推諉過錯，領軍主將將失敗的責任都扣到了李陵頭上，說這次出征損兵折將，都是因為李陵幫助匈奴人訓練了士兵，以防備漢軍的緣故。漢武帝信以為真，將李陵滅族。

　　不管李陵開始時是抱着甚麼心態投降匈奴的，此時，他都已無退路，只能死心塌地留在匈奴了。且鞮侯單于非常器重李陵，聽説李陵家族的遭遇，也為了徹底讓李陵歸心，索性將自己的女兒嫁給了他，並封他為右校王。

　　如今蘇武被匈奴人扣押，流放到北海放羊，卻一直不肯投降，單于就派李陵來勸降。

　　因為長輩都是軍中宿將，所以李陵和蘇武很早就熟識，私交也不錯。李陵勸蘇武，漢武帝是個無情無義的皇帝，包括你的哥哥、兄弟在內，你家也有很多人死於皇帝之手。"我領兵離開長安的時候，聽説你的母親已經去世，你的妻子也改嫁了。現在又過去了這麼長的時間，還不知道你家裏剩下的人過得怎麼樣，是生是死，你又何必自苦如此？""當初我剛剛投降時，也是痛苦萬分，如瘋若狂，感覺自己對不起朝廷。加上老母、妻兒都被關押，我當時的心情又與何人訴説？我又何曾是真心投降？可是這一切的痛苦又有甚麼用呢？皇帝老邁昏庸、朝令夕改、肆意妄為，大臣無罪被誅殺的有數十家，這樣昏庸的皇帝，你又何必為他守節？不如投降算了。"對於李陵的情況，蘇武也是略知一二，對李陵的遭遇，蘇武也是深表同情。所以蘇武對李陵，並沒有像對衛律那樣橫眉怒目，而是相對客氣得多。不過客氣是客氣，要想讓蘇武投降匈奴是不可能的。

　　蘇武正顏厲色對李陵説："我蘇家滿門，我蘇氏父子能有今天，全賴天子的信任與提拔。哪怕讓我立刻為之去死，我也是心甘情願（雖蒙斧鉞湯鑊，誠甘樂之）。如果你非要讓我投降的話，就請立刻殺了我吧。"

　　李陵連續勸了蘇武好幾天，見蘇武毫不動心，喟然歎曰："嗟乎，義士！陵與衛律之罪上通於天。"説完，李陵哭着與蘇武告辭離開。此後，李陵不好意思再去面見蘇武，就悄悄讓自己的妻子給蘇武送去幾隻牛羊，稍稍改善一下他的境遇。

司馬遷與《史記》 | 38

　　司馬遷，字子長，陝西人。其父司馬談，學識淵博，有極高的道德修養，在漢武帝手下擔任太史令一職。所謂太史令，也稱太史，是負責記載史事，編寫史書的官員，同時兼管典籍、曆法等。雖然品級不高，更沒甚麼特權，但是能擔任這個職務的人，都是學者之流。司馬談早年就立志要寫一部通史，所以在擔任太史令時，搜集、整理了大量資料，並確立了部分論點。

　　在父親的教誨下，司馬遷從小飽讀詩書，10 歲的時候，就已經閱讀誦習《尚書》、《左傳》、《國語》等書。20 歲左右，學有所成的司馬遷在父親的指導下，開始遊歷天下，增長見識，"讀萬卷書，行萬里路。"司馬遷立志要遍訪河山，搜集各個歷史事件中的第一手材料，"網羅天下放失舊聞，略考其行事，綜其終始。"司馬遷先南遊江淮，他登上會稽山，探訪禹穴；到九疑山，考察舜的遺跡；泛舟沅水、湘水之上。然後又北渡汶水、泗水，在齊、魯之地，與當地學者研討學業，考察孔子教化的遺風。在遊歷蕃地、薛地、彭城的時候，曾經一度遭受危機和困厄。司馬遷還考察了秦漢之際風雲人物的故土，楚漢相爭之時的戰場⋯⋯他的足跡遍及大江南北，高山平原。遊歷結束，司馬遷來到長安，在父親的推薦下，開始出仕。

　　公元前 110 年，漢武帝在泰山舉行封禪大典。在之前的籌備期，司馬談參與了封禪禮儀的制定。但是在漢武帝正式封禪之時，司馬談卻因為身體有病，留在了洛陽，沒能參加這次盛典，這令他鬱悶之極。本來就不好的身體，加上鬱悶的心情，使得司馬談病情加重，生命垂危。

　　當司馬遷趕到父親身邊時，司馬談已經奄奄一息。司馬談告訴兒子，自己最遺憾的事情，就是從孔子著《春秋》到現在已經四百多年了，因為戰亂不斷，史書散佚，記載中斷。好不容易漢朝建立，國家統一，自己作為太史令，卻沒來得及記載論述這段歷史，中斷了國家的歷史文獻。司馬談囑咐兒子，一定要完成這部史書的編寫，自己已經為它準備了很多資料。司馬遷含着眼淚，鄭重承諾，一定完成父親的遺願，不敢有絲毫缺漏。

父親死後，司馬遷接手父親留下的資料，開始着手編寫史書。可以這樣說，司馬遷最後能完成皇皇巨著《史記》，其父司馬談起了非常重要的促進作用。最後成書的《史記》中，也留有少量司馬談的原作。

公元前 108 年，司馬遷子承父業，擔任了太史令一職。在此期間，他結識了大量匯聚在長安的天下賢能之士。通過和這些人的交往，大大豐富了司馬遷的知識儲備，也更加開闊了眼界。

公元前 99 年，司馬遷因為替李陵辯護，激怒了漢武帝，被處以腐刑（也就是宮刑，閹割）。漢朝規定，可以花錢贖罪，司馬遷當然也可以花錢免除刑罰，不過需要五十萬錢。雖然司馬遷和他父親都是當官的，但一是為官清廉，二是做的又是太史令這個清水衙門的官，所以根本拿不出這麼一大筆錢來贖罪，也沒有朋友願意花費那麼大一筆錢幫忙，最終，司馬遷只得接受了這屈辱的刑罰。

說屈辱，是因為這種刑罰不光是對身體的摧殘，同時也是對一個人心理和生理的極大侮辱。司馬遷恨不得立刻去死，但是，凝聚着他和他父親兩代人心血的《史記》還沒有寫完，自己如果就這麼死了，書怎麼辦？不得已，司馬遷忍受着屈辱和痛苦，將全部心血和精力都寄託在了這部史書上。

公元前 91 年，我國第一部紀傳體通史《史記》終於全部完成。《史記》全書共一百三十篇，五十二萬六千五百餘字，包括十二本紀、三十世家、七十列傳、十表、八書。《史記》一書對後世的影響巨大，被公認為是中國史書的典範。該書記載了上起黃帝時代，下至漢武帝太初四年，共三千多年的歷史。《史記》被稱為“二十五史”之首，是“史家之絕唱，無韻之離騷”，與《資治通鑑》並稱為“史學雙璧”。在《漢書‧司馬遷傳》中，班固讚其為“貫穿經傳，馳騁古今……善序事理，辯而不華，質而不俚，其文直、其事核，不虛美、不隱惡，故謂之實錄。”

《史記》寫完之後，史書上沒有了關於司馬遷的記載。零零散散的資料中，有說其心願完成後，飄然離去的，有說其溘然長逝的，也有說因為怨言被下獄致死的。其實，不止卒年不詳，司馬遷的生年也存在爭議，大約有前 145 或前 135 年兩種說法，但是，這都不那麼重要了，司馬遷背負着父親未能完成的理想，在堅忍與屈辱中，完成了屬於自己，也屬於太史公的使命，已然名垂青史。

《史記》的流傳也並非一帆風順。司馬遷有一個女兒，丈夫是漢昭帝時期的宰相楊敞。夫妻二人有兩個兒子，其中小兒子楊惲自幼聰慧好學，很得父母喜愛，因而其母將珍藏的《史記》拿給他閱讀。楊惲愛不釋手，反復閱讀。後來，楊惲被封為平通侯，他希望能讓外祖父的這部巨著流傳下去並發揚光大，於是上疏漢宣帝，並獻出藏書，《史記》才得以流傳下來。

漢武帝的特務組織：繡衣使者 | 39

歷朝歷代的皇帝，對臣下大多有着較強的掌控慾，漢武帝尤其如此。一方面，他大膽使用人才，重用有識之士，文韜武略並重；另一方面，他又猜忌成性，總是用懷疑的眼光看待一切。為了掌控羣臣乃至治下所有百姓，漢武帝成立了一個專門的特務組織：繡衣使者。

所謂繡衣使者，又被稱為“繡衣御史”、“繡衣直指”等，就是專門挑選出來一批御史，身穿代表特殊身份的繡衣，手持節杖和虎符，以皇帝使者的身份四處巡視督查，一旦發現不法之事，可以隨時代表皇帝進行處罰。這些人的官階並不高，但是權力極大，他們直接聽命於皇帝，對皇帝負責，可以藉助皇帝的名義，處置級別很高的官員。

按照《漢書》上的記載分析，繡衣使者大約出現在公元前115年前後，當時因為更換五銖錢和白銀的興起，社會治安混亂，盜賊橫行。漢武帝先後任命了幾位酷吏負責此事，殺了不少人，但效果並不理想。於是，漢武帝指定了專門的人來負責調查偵辦，這就是繡衣使者的來歷，"後會更五銖錢，白金起，民為奸，京師尤甚……其治，所誅殺甚多，然取為小治，奸益不勝，直指始出矣。"

從誕生開始，繡衣使者就頗為活躍。這些人的主要職責是"討奸"、"治獄"，奉皇帝旨意督查各地，查訪官員權貴奢侈、逾制、不法等事。作為漢武帝的耳目，他們四處查訪，有時更是穿上便衣，化裝查案，神出鬼沒，無處不在。因為這些人直接受命於皇帝，所以對各級官吏具有很大的威懾力。

失控的利刃

漢武帝大肆對外用兵，同時也沒少花錢供自己享受，導致國庫空虛。加捐加稅、鹽鐵官營後，漢武帝倒是不缺錢了，但實際上，這些錢當中雖然有一部分掠奪自商人，但更大的一部分還是轉嫁到了百姓身上，從百姓碗裏奪食。

隨着社會矛盾的加劇，老百姓造反、叛亂的現象時有發生，有些聲勢浩大者，引得天下騷動。

面對聲勢浩大的反抗勢力，朝廷當然是全力鎮壓。對於那些鎮壓不力的地方官吏，漢武帝非常不滿，於是，他又給繡衣使者增加了"捕盜"的職責，讓他們直接插手抓捕盜賊之事，當然這裏的"盜賊"，並非指那些雞鳴狗盜的小偷小摸，更多是指那些叛亂之人。這些繡衣使者領命之後就分赴各地，督促地方官吏鎮壓叛亂，上至州郡刺史、太守，下至一般官吏，凡是被發現鎮壓不力的，可以就地正法。與此同時，繡衣使者還可以代替各級官吏指揮軍隊，對參與叛亂的百姓實行了殘酷鎮壓，甚至大肆株連。《後漢書·烏桓鮮卑列傳》記載："武帝情存遠略，志辟四方……民不堪命，起為盜賊，關東紛擾，道路不通，繡衣直指之使，奮斧鉞而並出。"作為皇帝親自掌控的一把利刃，繡衣使者掌握了生殺大權，愈發肆無忌憚。

這柄利劍確實替朝廷解決了一些問題，以至於不但漢武帝越用越順手，在他之後的列位西漢皇帝也感覺非常好用，於是繡衣使者規模不斷擴大，並一直延續了下去。到了王莽篡漢時，繡衣使者依舊活躍在朝野內外，又成了王莽手中的利刃。

也許，漢武帝設立繡衣使者的初衷是好的，它也確實起到了一定的積極作用。但是，所有缺乏監督的利劍，最終都會走向反面，而且，劍越鋒利，傷害越大。這個傷害的對象，甚至包括持劍者本人。隨着繡衣使者的權力越來越大，其所針對的目標級別也越來越高。在江充擔任繡衣使者頭領的時候，其目標甚至直接對準了太子劉據和皇后衛子夫。

繡衣使者的頭領：江充

江充，本名江齊，趙國邯鄲人。江充的妹妹嫁給了趙王的世子劉丹。親戚關係，加上頗有才華，江充因此受到了趙王的重用。後來，劉丹懷疑江充向父王告發了自己淫亂王宮的醜行，對江充下了死手，想殺掉他。江充得到消息，提前逃跑了。劉丹便將江充的父兄都抓起來殺掉了。走投無路的江充喬裝改扮逃離趙國，輾轉逃到長安，直接向漢武帝告發了劉丹淫亂趙國王宮，以及暗自結交豪強，殺人越貨等不法之事。

漢武帝派人將劉丹抓了起來，查證後，就要處死。後來在趙王苦苦哀求，並表示願意傾盡趙國之力攻打匈奴，以贖免劉丹罪行的情況下，留了他一命，但是廢黜了他的趙王世子之位。

事情結束後，漢武帝召見了江充。見江充身材魁梧、儀表堂堂、知書達禮、進退有據，便留下了非常好的第一印象。一番交流、詢問之後，漢武帝發現江充不光形象出眾，而且確有真本領。這下，印象更好了。接下來，江充又主動提出，願意出使匈奴。這可是個生死難料，非常危險的差事。要想既不辱使命，又安全返回，難度不是一般的大。漢武帝問江充出使的方略，江充回答：「現在不明匈奴的具體狀況，所以不能預先謀劃，不過隨機應變，將計就計而已。」漢武帝頗為認可。結果，江充非常出色的完成了這次出使任務。

漢武帝由是更加器重江充，任命他為繡衣使者，負責監督京畿地區豪門權貴過分奢侈、逾制、不法以及抓捕盜賊等事。要知道，長安及附近地區別的不一定多，但是皇親國戚、勳貴權臣確實多到數都數不清。這些人囂張跋扈、目無法紀是常態，而且互相之間又是環環相扣的裙帶關係，哪個都不好惹，不知道哪個手眼通天。

江充知道這個差事非常不好幹。但是他毫不在乎，大張旗鼓、認認真真地幹了起來。凡是被江充發現的不法事，不管是奢侈無度也好，逾越禮制也罷，橫行不法也算，他都一一向漢武帝舉報、彈劾，並強烈建議沒收其逾越規定的車馬，將這些人抓起來，送入北軍大營，在將來攻打匈奴時，讓這些人做先鋒、敢死隊。漢武帝龍顏大悅，當即批准。江充立刻將皇帝的批復傳達下去，並督促趕快展開抓捕行動。

那些權貴之子別看平時一個個耀武揚威、專橫跋扈，似乎一切都不在乎的樣子，可是在江充面前，卻都被嚇得膽戰心驚，惶惶不可終日。於是，這些人紛紛拉關係、找後門，求見漢武帝，磕頭求饒、賭咒發誓，願意痛改前非，並表示願意交錢贖罪。只要不被送到北軍大營，花多少錢都行。結果，光是這一次行動，權貴們為贖罪就交上來幾千萬錢。漢武帝正缺錢呢，這下，憑空飛來一筆，當然很高興，認為江充忠誠正直，執法鐵面無私、不徇私情，更加器重他。

江充不但對普通的豪門權貴不徇私情，對皇帝的至親，包括太子，執法也是毫不手軟。一次，江充跟隨漢武帝去甘泉宮。路上遇見了太子派往甘泉宮的使者，使者正駕駛着馬車，在馳道上行駛。按照當時的法律規定，當皇帝離開皇宮的時候，馳道上只允許皇帝及隨從的車駕行駛，太子的使者這是違法了。所以，江充當即將太子的使者及車馬扣押起來。太子知道後，派人向江充道歉及求情。太子表示，自己願意受罰，只是請江充不要將這件事稟告皇帝，否則可能會讓皇帝認為自己對手下人管教不嚴，留下不好的印象。沒想到江充根本不加理睬，如實向漢武帝做了匯報。漢武帝對江充的做法非常滿意，稱讚他：「人臣當如是矣。」此後，漢武帝對江充更加信任，更加重用，江充威震京師。當然，江充也因此和太子劉據有了仇隙。

江充其人

既然江充如此鐵面無私、忠誠正直，那為甚麼歷史上對江充的評價那麼低呢？江充被人所詬病的地方，主要就是他所有行動的動機都被評價為「邀名買直」，是為了一己之私而沽名釣譽。也就是說，江充一切鐵面無私的舉動都是政治投機，是為了投漢武帝所好，為自己求得功名利祿而採用的手段。

江充另一大缺陷，或者說「污點」就是其繡衣使者的身份了。繡衣使者本身就是漢武帝手中的一把刀，而江充又是其中最鋒利的刀刃，怎麼會不為人所詬病呢？要知道，雖然在帝制時代，皇帝幾乎就是法律的代名詞，但畢竟皇權不能完全代替法律。繡衣使者代表着皇帝，並不是代表着法律，所以其專權跋扈、濫用職權、踐踏法律之事頻頻發生。這些，雖然當時大家敢怒不敢言，但又怎麼可能不被歷史詬病？當然，江充最受抨擊的就是他在巫蠱之禍中所扮演的角色了。

如果按照《漢書‧江充傳》的記載分析，江充有正直果敢、不畏權貴的一面，但也絕不是公而忘私之人。當他獲得足夠的權力後，就開始大肆為自己的家族、好友謀私利。"（江充）遷為水衡都尉，宗族知友多得其力者。久之，坐法免。"結果，宗族之人良莠不齊，犯了罪，江充也受到了連累，被罷了官。

嚐到了權力滋味的江充當然不甘心再失去，因而更加賣力地表現，希望能挽回自己在漢武帝心目中的印象。於是，繡衣使者這頭巨獸張開了血盆大口，其兇猛程度，遠遠超出漢武帝的預料。

巫蠱之禍 | 40

公元前 92 年的一天，漢武帝住在上林苑建章宮，無意中看到一個陌生的男子帶着寶劍從大門進了宮，看門的衛士絲毫未加阻攔。漢武帝懷疑此人心懷不軌，命人捉拿，結果卻被這人跑了，沒抓到。武帝大怒，將負責守衛宮門的相關人員全部處死，並派出大量人力在上林苑中大規模搜查，搜查無果，又關閉長安城門，在長安城中搜索。整整折騰了十一天，還是沒有找到。

年邁的漢武帝猜疑之心日甚，這下更是看誰都不順眼，看誰都像不懷好意的樣子。於是，繡衣使者全體出動，四處明察暗訪，尋找所謂的刺客和幕後真兇。結果刺客沒找到，幕後真兇也沒有眉目，卻發現了丞相公孫賀之子公孫敬聲貪瀆之事。

當年武帝還是太子的時候，公孫賀就追隨在側，也是皇帝身邊的老臣了。後來，他多次協助衛青出征，立下過不小的功勞；再後來，他被漢武帝任命為丞相。在漢武帝這個英明又刻薄的皇帝手下做丞相可不是件容易的事，在公孫賀之前的多任丞相或者死於皇帝刀下，或者被罷官奪爵，少有善終者。所以當漢武帝任命公孫賀為丞相時，他死活不肯接受。最後漢武帝硬是命人將丞相的印綬塞給他，然後起身徑直離去，公孫賀才不得已上任履職。

　　說起來，公孫賀不但是武帝身邊的老臣，和漢武帝還算是親戚，因為公孫賀的妻子衛君孺，就是皇后衛子夫的大姐。這個衛氏老太太也真不簡單，三個女兒，老三衛子夫是皇后，並生下了太子；老二衛少兒的兒子是冠軍侯霍去病；老大衛君孺嫁給了丞相公孫賀，她的私生子則是長平侯衛青。正因為有着這層關係，公孫賀也是太子劉據的政治同盟和外援。而且，此時衛青、霍去病等人都已經死去多年，太子劉據現在最大的助力就是公孫賀了。

　　公孫敬聲是衛君孺給公孫賀生的兒子。作為丞相的兒子，又是皇后的外甥，公孫敬聲一直飛揚跋扈。後來，他又擔任了九卿之一的太僕，更是驕奢不法、不可一世，最後膽大到擅自挪用了北軍大營的軍費一千九百萬錢。

　　漢武帝知道後非常憤怒，當即將公孫敬聲收監。公孫賀也害怕了，四處活動，希望能救出自己的兒子。可是公孫敬聲所犯之事太大，又證據確鑿，敢於出頭求情者寥寥，即使是皇后衛子夫也無計可施。此時的衛子夫，已是年老色衰，早就失寵，在漢武帝面前根本說不上話。

一隻螻蟻引出的驚天大案

　　就在這時，又有亂事發生，有陽陵大俠之稱的朱安世，因觸犯了法律而被官府緊急通緝。這個朱安世到底是何許人也，史書記載不詳，這次是犯了甚麼罪而被通緝也不得而知，但是從史書上零散的記載來看，此人人脈極廣，且手裏掌握有大量權貴豪門的隱私和把柄。估計屬於半黑半白的人物，既是黑社會性質的幫派首領，同時又是各豪門貴族的座上客，替他們做一些見不得人的勾當。

本來，一個江湖遊俠是不會引起皇帝矚目的，但是讓漢武帝吃驚、憤怒的是，就是這麼個螻蟻般的人物，在漢武帝親自下達通緝令後，居然抓不到。此時，公孫賀主動站出來表示，自己願意負責抓捕朱安世的行動，並希望以此來為兒子贖罪。漢武帝同意了。還別説，公孫賀畢竟是當朝丞相，又要替兒子買命，其能量還是遠超朱安世的。所以，朱安世很快落網，但令所有人沒想到的是，這卻惹下了滔天大禍。

朱安世眼見昔日的"合作夥伴"轉眼就都翻臉不認人了，自己索性也徹底翻臉。他在獄中向漢武帝告發公孫敬聲與漢武帝的女兒陽石公主私通，並用巫蠱之術詛咒皇帝。年邁的漢武帝本就疑神疑鬼，看到朱安世的舉報，那真是怒火萬丈，當即喝令繡衣使者全力調查此事，牽扯進來的所有人都決不輕饒。很快，公孫賀也被抓捕入獄。然後被羅織了諸多罪名，不但父子二人死於獄中，還落得族誅的下場。這還不算完，漢武帝連自己的女兒都沒有放過，陽石公主、諸邑公主都因為牽扯到進這件事而被賜死，衛青的長子衛伉也因為與此事有牽連而被殺。

這下，皇后衛子夫的娘家人折損大半，太子的政治盟友也傷筋動骨了。因為此事主要是江充負責，也就導致江充和皇后衛子夫、太子劉據之間的仇恨難以化解了。如果説前面的"使者事件"江充和太子只是略有罅隙的話，此時就是深仇大恨了。

巫蠱之禍

對於和皇后、太子的仇怨，江充並不是太在乎。為甚麼呢？那是因為江充已經抓住了事情的重點，畢竟此時漢武帝仍然健在，依然穩穩掌控着權力。而且他既然能殺了女兒，為甚麼就不能殺死兒子呢？太子又怎麼樣，漢武帝又不是只有劉據一個兒子，其他的兒子又不是不想當這個太子，他們之間同樣勾心鬥角。自己只要讓漢武帝懷疑太子，那換個太子並不是沒可能的。比如，漢武帝寵愛鈎弋夫人，而她所生的兒子劉弗陵，當下就非常受漢武帝喜愛，這就是所謂的"母愛者子抱"。

事實上，有些大臣已經開始猜測漢武帝是不是有更換太子的念頭了。而且，太子越是年長，就越容易受到年邁的漢武帝的懷疑。懷疑太子心急當皇帝，所以對自己行巫蠱之術加以謀害。巧合的是，就在此時，漢武帝做了個夢，夢見有很多木頭人拿着棍子要打他。醒來之後，不知是心理作用還是真的，漢武帝感覺自己的身體明顯變得很差。他本來就懷疑有人用巫蠱之術在害他，這下更加確信了。

江充見此良機，當然是極力鼓動漢武帝不能忽視此事，應該一查到底。漢武帝便讓江充全權負責此事。江充大權在握，再次活躍起來。他召集了一些胡族巫師，讓他們負責搜尋行巫蠱之事的人，四處挖掘行巫蠱事的必須用品木偶人。本來，這時的長安城中頗為流行巫蠱之事。不管有用沒用，哪怕只是覺得好玩，很多人都在這樣做。所以江充的行動簡直是大豐收。凡是被挖掘出木偶人的地方，附近的人都會被當作嫌犯抓起來。然後嚴刑拷打，施以鐵鉗燒灼之刑，逼他們認罪，並逼問同夥。很多人受刑不過，胡亂攀誣。江充則是一個都不放過，只要相關的，一律抓、打、殺。從都城長安，到下屬各地、各郡國，因為此案受牽連而死的多達數萬人。

對於死了多少人，漢武帝並不在意。他關心的是，用巫蠱害自己的人，是不是全部被抓住了，還有沒有漏網之魚？江充向漢武帝匯報："皇宮之中也有巫蠱之氣，不剷除的話，於陛下身體不利。"此時，漢武帝因為身體不好，又懷疑皇宮中有人要害他，所以並沒有住在長安城的皇宮之中，而是住在更加舒適，但是距離長安有一定距離的甘泉宮中。聽罷江充的匯報，漢武帝不假思索，當即讓他帶人入宮，搜查宮中行巫蠱之人。江充帶着人在皇宮中一通搜查，最後在太子宮中挖掘出行巫蠱之事的木偶人。江充當即表示，要馬上稟報皇帝。這可把太子劉據嚇壞了。

太子宮中搜出的木偶人到底是太子所為，還是江充故意陷害，說法不一。很多人認為是太子遭江充陷害，但是《漢書》上幾處提及這次"巫蠱之禍"，卻沒有一個字表示是江充陷害。如果真的是太子主動行此巫蠱之事的話，細想起來，就更加可怕了。不管怎麼樣，這件事太子是解釋不清楚了，而且他也不敢到漢武帝面前去解釋。

劉據感覺自己被逼上絕路，也下了狠手。他派人假冒皇帝的使者，將江充等人抓了起來。江充萬萬沒想到太子還有這一手，毫無防備，當即被抓住帶到太子面前。劉據恨得眼裏冒火，指着江充破口大罵："你個奸賊，禍害了趙國國君和世子還不夠，現在又來禍害我們父子來了。"然後，劉據命人砍了江充的腦袋。說不上忠還是奸，也說不上成還是敗，總之，這就是江充的結局了。當然，還有點餘波，那就是江充的家族後來也被滅族。

太子也知道自己闖了大禍，無奈之下，武裝起一批忠於自己的衛士，起兵造反了。或者說，擁兵自保。

漢武帝得知太子造反，開始還不太相信，派使者去召太子前來。結果派出去的使者害怕被太子殺死，根本沒敢去見太子，而是躲了一段時間，就跑回來向漢武帝匯報說，太子真的造反了，不肯應召前來。漢武帝雷霆大怒，派丞相劉屈氂帶兵捉拿太子。太子不甘束手就擒，率軍迎戰，雙方在京城大打出手，死傷數萬人。最後，漢武帝決定親自收拾局面，帶病返回長安城。

見武帝回鑾，太子軍隊瞬間瓦解。太子知道大勢已去，帶着自己的兩個兒子逃離長安，藏到湖縣泉鳩里。不久之後，消息洩露，地方官派人抓捕，劉據不願受辱，自縊而死，他的兩個孩子也一同遇害。沒有跟隨他逃離的妃子、孩子也都被殺。劉據一共有三子一女，都死於這次巫蠱之禍中，但是一個尚在襁褓中的嬰兒卻幸運地活了下來，他叫劉病已，是劉據的孫子，也是後來的漢宣帝劉詢。

事後，漢武帝怒火未息，又派人收繳皇后衛子夫的印信。衛子夫痛哭一場後，自縊身亡。

一場巫蠱之禍，漢武帝逼死自己的妻子、女兒、兒子、孫子，豪門權貴身死族滅的不知凡幾，普通百姓和士兵受牽連及戰亂死者更達數萬之眾。

逼死妻兒的漢武帝

漢武帝如此倒行逆施，雖然在其威壓之下，多數人敢怒不敢言，但也還是有德高望重之人向漢武帝進言。

太子逃亡在外的時候，就有名叫令狐茂的壺關三老（壺關是地名，三老是官職名，是負責掌管教化的地方官，一般多是由當地威望較高的長者擔任），向漢武帝上書，申明太子是被逼無奈，為了自保才不得不如此。希望漢武帝赦免太子，將之召回。漢武帝當時也頗為心動，但是猶豫之時，太子已經身死。

巫蠱之禍稍稍平息之後，漢武帝追思起來，已經頗有悔意。畢竟死的都是自己的至親之人。而且，隨着調查的深入，發現江充等人判定的巫蠱害人案件，很多都是百姓被屈打成招，並不是真的。漢武帝後悔之意更重。

正在漢武帝後悔又沒有台階可下時，有個管理漢高祖廟堂的小官田千秋上了一道替太子伸冤的奏章，其中說到："兒子玩弄父親的刀兵，是應該受到懲罰，責打一頓也就夠了；身為皇帝的兒子，即使犯錯誤殺了人，也罪不至死，受到適當的懲罰就可以了。這些話可不是我說的，而是我夢到一個白髮老者教我這麼說的。"

漢武帝本來就已經頗有悔意，正好藉助田千秋的話下了台階。於是漢武帝召見田千秋說：〝父子之間的矛盾，外人本來很難說話。你能夠說得這麼簡單明白，可見，這一定是高祖皇帝宗廟裏的神靈讓你來教導我的，我一定接受。你就留在我的身邊，隨時提醒我吧。〞於是，漢武帝擢升田千秋為大鴻臚（負責掌管禮儀的高官，屬於九卿之一），田千秋可謂一步登天。這還不算，幾個月之後，丞相劉屈氂因參與諸皇子爭太子之事而被殺，漢武帝就提拔田千秋做了丞相。

雖然田千秋沒有甚麼過人的本領，但是他為人安分守己、樸實厚道，處境倒是很安穩，也能及時向漢武帝提出一些合理化建議。漢武帝病死，漢昭帝即位後，田千秋仍然擔任丞相。做了十二年丞相後，老死於任上。在他年紀特別大以後，皇帝特意允許他坐着小車上朝面君，因而田千秋又被稱為〝車丞相〞，或者〝車千秋〞，一時傳為美談。

封賞了田千秋之後，漢武帝又下令將江充一家滿門抄斬，將江充的幾個助手和曾經對太子刀兵相向的人也陸續斬殺。至於這些人是不是冤枉，是不是只是在執行他的命令，漢武帝就不管了。

為了表示自己思念兒子的真摯情懷，漢武帝在湖縣太子身死的地方修建了一座宮殿，起名為〝思子宮〞，又修建了一座高台，起名〝歸來望思台〞。在宮殿和高台修好之後，漢武帝還真的在這裏住了一住，在高台上東望望、西看看，似乎在盼望着兒子能回來。

天下人見漢武帝如此，既痛恨他逼死妻兒的絕情，又替這麼一個老人心酸、惋惜，所謂〝天下聞而悲之〞。

輪台罪己詔，皇帝認錯 | 41

巫蠱之禍餘波未平，朝廷內部紛亂又起。貳師將軍李廣利聯合丞相劉屈氂，想要爭取讓漢武帝立昌邑王劉髆為太子。因為李廣利是李延年和李夫人的哥哥，也就是劉髆的舅舅，而劉屈氂和李廣利是兒女親家，所以這些人都希望擁立劉髆為太子。此時，又恰逢匈奴人前來入侵，於是漢武帝派李廣利領軍出征。

公元前 90 年，李廣利率軍出征匈奴。李廣利出征後，有人告發李廣利和劉屈氂密謀擁立昌邑王為太子，漢武帝大怒。要知道，皇帝最忌諱大臣參與奪嫡、立儲之事，因為那代表着拉幫結派，代表着要控制新任皇帝。經過查證，漢武帝將劉屈氂腰斬，將李廣利的妻子也抓了起來。

消息傳到軍中，李廣利焦急萬分，但是又沒有好辦法，只得將希望寄託在自己能打個大勝仗，好將功折罪。結果自己本領太差，被匈奴人打得大敗。李廣利走投無路，投降了匈奴。漢武帝毫不客氣，滅了李廣利全族。李廣利的結局更悲慘，一年後，在衛律的挑唆下，李廣利被匈奴單于斬殺，成為匈奴人祭祀天地的祭品。

立儲之爭對漢武帝打擊很大，本來就被巫蠱之事搞得焦頭爛額的漢武帝，這下頗有點心灰意冷的感覺，也令他終於開始反思自己的行為是否恰當。當然，最關鍵的還是，漢武帝已將近 70 歲高齡，已是風燭殘年，再也禁不起折騰了。按《資治通鑑》記載，公元前 89 年，漢武帝封禪泰山後，對眾臣說：「朕即位以來，所為狂悖，使天下愁苦，不可追悔。自今事有傷害百姓，糜費天下者，悉罷之。」能説自己所為狂悖，也算是比較深刻的自我批評了。

就在這年夏天，桑弘羊向漢武帝建議，西北邊境的輪台（在今新疆維吾爾自治區輪台縣）有五千多頃土地可以耕種，請求漢武帝移民戍邊、屯田。漢武帝不僅斷然拒絕了桑弘羊的建議，而且下"輪台詔"，明確表示了自己前面的政策有錯誤之處，"曩者，朕之不明"，現在自己不忍心繼續這樣大規模擾民，"今請遠田輪台，欲起亭隧，是擾勞天下，非所以憂民也。今朕不忍聞。"同時，漢武帝也明確表示，"當今務，在禁苛暴，止擅賦，力本農，修馬復令，以補缺，毋乏武備而已。"就是說，接下來將以休養生息為主，至於兵事，只要維持住現有狀態，不讓武備缺乏就行。因為漢武帝在這封詔書中有承認錯誤、悔過自新的意思，所以這封詔書又被稱為"輪台悔過書"，或者"輪台罪己詔"。

這樣一道詔書，似乎讓人們看到了希望，朝野間那種怨恨及反抗的情緒消散了很多。一個眼看就要走向崩潰的國家，居然奇跡般地重回正軌。

奇怪的金日磾 | 42

政策調整後，漢武帝用人的策略也有所調整。在他統治的後期，手下最重要的文臣是：田千秋、趙過、桑弘羊。田千秋為丞相，總攬全局，趙過負責農事，桑弘羊負責經濟。趙過是當時著名的農業專家，經田千秋推薦被漢武帝任命為搜粟都尉，專門教導百姓種地。趙過不負眾望，教百姓改變耕種方式，並改良農具，使糧食單產明顯提高，大大緩解了糧食危機，被百姓當作活着的"神農氏"看待。

此時，漢武帝手下最重要的武將則為：霍光、金日磾、上官桀。霍光是霍去病同父異母的弟弟，為人忠誠可靠，辦事勤謹，能力也很強。經過這些年的歷練，早已成長為漢武帝的心腹重臣。上官桀為人勇武，做過漢武帝的親衛，後來提升為給漢武帝養馬的未央廄令。一次，漢武帝生了病，病好以後，去看馬，發現馬都瘦了，這是上官桀這個養馬的人不負責任，漢武帝大怒，要治罪於他。不成想上官桀邊磕頭邊流淚説："我聽説陛下生病了，日日夜夜擔心您的身體，哪裏還有心思管馬呀？"一邊説，一邊淚如雨下。漢武帝被上官桀打動，認為他對自己忠心耿耿，自此信任有加，連連提拔，不久之後，就已經身居高位了。

　　在這些臣子中，出身最奇怪的要算金日磾了。金日磾原來是匈奴休屠國的太子。因為匈奴內部不和，渾邪王和休屠王投降漢朝。事到臨頭，休屠王又反悔，結果在霍去病的壓制下，渾邪王斬殺休屠王及逃亡士卒八千人。作為休屠國太子的金日磾，因為沒有參加父親的行動，得以活命，並和母親、弟弟一起歸順了漢朝。當然，因為父親的緣故，他被貶為奴隸，在黃門養馬。那一年，金日磾只有 14 歲。

　　因為金日磾體形魁梧，再加上匈奴人特有的外貌，所以引起漢武帝的興趣，慢慢提拔起來。金日磾原來不姓金。但是漢武帝因為曾經繳獲過休屠王祭天的金人，所以就賜其姓為"金"。不知是源於匈奴人崇拜強者的天性，還是秉承着生存為第一要務的原則，金日磾不但不記恨漢朝和匈奴人之間的宿怨，也沒有為父親報仇的想法，反而對漢武帝忠心耿耿，對漢武帝交代下來的任務更是任勞任怨，務求盡善盡美，幾乎從不犯錯。因此，他也越來越得到漢武帝的信任、欣賞和器重。金日磾母親死的時候，漢武帝還下詔在甘泉宮中為她畫像，並題名"休屠王閼氏"作為紀念。這個舉動可謂榮耀至極，金日磾當然感激不已，更加歸心。

　　正因為金日磾的忠誠與細心，還破獲了一次針對漢武帝的刺殺案，相當於救了漢武帝一命。漢武帝身邊有個侍中僕射（內侍主管）馬何羅，和繡衣使者江充交情深厚。其弟馬通是漢武帝身邊一員將領。兄弟二人在巫蠱之禍中，都是江充的堅定支持者，馬通更是因為配合丞相劉屈氂與太子大戰而被封為重合侯。但是漢武帝後來又認為太子無辜，將江充一家滅門。曾經對太子動過刀兵的人，也相繼被漢武帝以各種理由和藉口，或者直接誅殺，或者派遣到與匈奴作戰的前線。

馬何羅兄弟看到這種景象，大為憂懼，擔心自己不定甚麼時候也遭到漢武帝的毒手。兄弟二人越想越無路可走，開始謀劃刺殺漢武帝。不成想，馬何羅的心機不夠深沉，露出端倪，引起金日磾的注意。但是這麼重大的事情，又不能只憑着猜測就向漢武帝舉報，於是金日磾就一直暗中密切關注着馬何羅的動靜。馬何羅也發現自己引起了金日磾的注意，更加緊張，也更加小心謹慎。

公元前 88 年的夏天，漢武帝再次到甘泉宮避暑。馬何羅兄弟覺得機會已到，決定由身為漢武帝內侍，可以自由出入皇宮的馬何羅動手刺殺；馬通則假傳命令，帶領一些不明就裏的士卒埋伏在甘泉宮外接應。

馬何羅本來打算連夜行刺，可是夜間皇帝身邊的守衛更加嚴密，無法下手。好容易捱到天明，守衛稍稍鬆懈，漢武帝還沒起牀時，馬何羅終於找到機會，袖藏利刃，進入了寢宮。這一情景，恰好被金日磾看見，攔住詢問。馬何羅做賊心虛，急忙向漢武帝的臥室跑去，因為心慌意亂，不留神撞到了掛在牆上的寶瑟，寶瑟掉在地上，響個不停，驚動了寢宮的侍衛。馬何羅忙中出錯，不但沒有一鼓作氣衝進皇帝的臥室，反而停下來，準備用手按住琴弦，使它不再發出聲音。這時，金日磾看到了馬何羅手中的兵刃，飛身撲上，一把抱住馬何羅，大喊："馬何羅造反！"說時遲那時快，侍衛們也反應過來，將他們二人團團圍住。

此時，聽到動靜的漢武帝也來到一旁。侍衛們拔刀想斬殺馬何羅，漢武帝擔心誤傷金日磾，急忙阻止。好在馬何羅遠不是金日磾的對手，被金日磾高高舉起，摔到殿下，侍衛們一擁而上，將馬何羅捆綁起來。稍一審問，馬何羅便將陰謀合盤托出。霍光和上官桀將馬通等人輕鬆擒獲。一起針對漢武帝的叛亂陰謀，就這樣被剿滅了。自此，漢武帝更加信任金日磾。其受寵信程度不在霍光之下。

漢武帝的繼承人 | 43

這場暗殺行動波瀾不驚，雖然沒有造成任何實質性的損失，但漢武帝還是受到了驚嚇，本已年老體弱的皇帝，自此身體狀況急轉直下，儘管不想承認，但他知道，自己的生命即將走到盡頭了。

現在，最困擾漢武帝的，就是太子的人選，也就是接班人問題。漢武帝一共有六個兒子，其中長子劉據（廢太子）、次子劉閎（齊王）、五子劉髆（昌邑王）已死，只剩下三子劉旦（燕王）、四子劉胥（廣陵王）和年僅7歲的幼子劉弗陵。

在太子劉據死後，加上齊王劉閎早死，年紀最長的劉旦理所當然的認為太子之位應該落到自己頭上，於是直截了當地謀求太子之位。他給漢武帝上疏，請求進京擔任皇宮侍衛。這其實就是在向漢武帝討要太子之位了。不成想，劉旦的奏章卻觸怒了漢武帝。好啊，我還沒死，你就開始折騰了，也太早了吧。我給你可以，但是你不能討要，現在還輪不到你做主。暴怒的漢武帝當即斬殺了劉旦派來的使者。劉旦不但不思悔過，還變本加厲，窩藏逃犯，陰謀不法之事，徹底觸怒漢武帝，將他排除在太子候選人之外。四子廣陵王劉胥雖然有拔山舉鼎之力，能空手搏殺熊、野豬等猛獸，但是為人驕橫跋扈、奢侈無度，且行為舉止毫無法度，當然也不能立為太子。

這樣一來，太子之位的候選人，就只剩下幼子劉弗陵了。但是將這麼一個泱泱大國，交給一個七八歲的孩子，行嗎？讓這麼小的孩子直接處理國家大事，當然不行，但是加上一個忠心可靠，又有治國之才的輔政大臣幫忙，問題就不大了。當然，這個輔政大臣可不好選。既得有治理好國家的能力，還得能在小皇帝長大，有能力獨立治理國家後，心甘情願將大權交回給皇帝才行。

漢武帝經過慎重抉擇，選中了霍光來做這個輔政大臣。漢武帝讓人畫了一張"周公背成王朝諸侯圖"賜給霍光。其實是在暗示霍光，自己要將國家託付給他，希望他能像當年的周公對待周成王那樣，忠心輔佐自己的小兒子劉弗陵。

安排好了臣子，漢武帝又想到了劉弗陵的母親，自己心愛的妃子鈎弋夫人。子幼母壯，是外戚專權的最佳環境。為了防止當年呂后那樣太后專權的事件再次發生，漢武帝一狠心，將鈎弋夫人賜死，消除隱患。為了劉氏的江山，漢武帝也算得上心狠手辣了。

轉過年來，到了公元前 87 年的春天，漢武帝病重。霍光、金日磾、上官桀等人共同前來拜見問安，霍光垂淚詢問皇位繼承人之事。漢武帝明確回答："你呀，難道還不明白我前面賜給你那幅畫的含義嗎？立我的小兒子劉弗陵為太子，你做輔政大臣，希望你能做我大漢的周公。"霍光含淚推辭，但是漢武帝決心已定。

當天，年僅 8 歲的劉弗陵被立為皇太子。第二天，漢武帝拜霍光為大司馬大將軍，受命輔政。同時，拜金日磾為車騎將軍，上官桀為左將軍，桑弘羊為御史大夫，三人作為霍光的副手，共同輔佐朝政。次日，漢武帝病死於五柞宮，享年 70 歲，共做了 54 年的皇帝。

蘇武歸來 | 44

漢武帝死後，太子劉弗陵即位，是為漢昭帝。大將軍霍光秉政，領尚書事，金日磾、上官桀副之。

　　見皇位落到劉弗陵的頭上，劉旦怒氣沖沖，聯合宗室子弟劉澤，準備起兵造反。劉旦偽造了一份詔書，宣稱劉弗陵不是漢武帝的兒子，號召天下人一起討伐他。但這幫人都是志大才疏之輩，事機不密，被人告發，叛亂剛起，就被輕鬆平定。劉澤被誅，燕王劉旦當然也應該被處死，但是霍光不願意漢昭帝剛剛即位，就背上殺死親哥哥的罪名，於是給了劉旦一個改過的機會，沒治他的罪。可惜，劉旦不但不領情，心中恨意反而更盛，返回封地後，他繼續挖空心思，尋找盟友，靜待時機。

　　就在這一時期，匈奴發生了更大的內亂。且鞮侯單于死後，接任的是狐鹿姑單于。此時，狐鹿姑單于也死了，其子壺衍鞮單于接任。狐鹿姑單于的弟弟和左賢王都不服壺衍鞮單于的統治，二人在各自的領地內自立為單于。這下，匈奴相當於分裂成了三個國家。本來這幾十年，匈奴人已經被漢朝打得元氣大傷，現在又出現內耗，國力更加衰微。無奈之下，壺衍鞮單于再次派遣使者前來漢朝講和。

　　漢昭帝和霍光等人知道，現在漢朝國力不足以支持發動大規模戰爭，於是接受了匈奴人講和的請求，並派出使者回訪匈奴，要求只有一個，放回被扣押的蘇武、常惠等人。匈奴人不知出於甚麼心態，不想放蘇武等人回國，就欺騙漢朝使者說蘇武等人早就死了。

　　當漢朝再派使者到匈奴的時候，常惠得到了消息。常惠也被困在匈奴十九年了，時時期盼着能返回家鄉。現在見機會來了，趕快行動，買通了單于的手下，找機會悄悄見到了漢朝使者。雙方見面，自有一番唏噓感慨。常惠向漢朝使者說明了蘇武的現狀，並教給他一番說辭。

　　第二天，漢朝使者再次提出要帶蘇武等人回國，壺衍鞮單于堅持說蘇武等人早就死了。沒想到漢朝使者卻嚴肅地說：“如果你們想真心和漢朝交好，就不要欺騙我們。我大漢天子在上林苑打獵，射下一隻大雁。大雁腳上綁着一封帛書，乃是蘇武親筆所書，説自己現在正在北海牧羊。您怎麼能説蘇武死了呢？"漢朝使者的話，讓壺衍鞮單于目瞪口呆，認為是蘇武的忠心感動了上天，讓飛鳥幫助他送信，只得承認了蘇武還活着的消息，並同意讓蘇武等人回國。

蘇武歸國前夕，李陵置酒為他送行。兩人都知道，此一別，恐怕就是訣別，此後將永無相見之日了。李陵先向蘇武表示祝賀："今足下還歸，揚名於匈奴，功顯於漢室，雖古竹帛所載，丹青所畫，何以過子卿！"然後又為自身的遭遇感歎。兩人邊飲邊談。最後，李陵起身舞蹈，歌曰："徑萬里兮度沙幕，為君將兮奮匈奴。路窮絕兮矢刃摧，士眾滅兮名已隳。老母已死，雖欲報恩將安歸！"歌罷，李陵痛哭着與蘇武訣別。

蘇武出使時是公元前 100 年，歸來時，已經公元前 81 年。出使時，他是個 40 歲的壯年人，經過 19 年苦寒之地雪雨風霜的侵蝕，歸來時，已經是年近花甲、滿頭白髮的老人了。當年與蘇武一同出使的共有 100 多人，現在一起回來的，只剩下常惠等 9 個人了。

蘇武回到長安城的時候，萬民空巷，大家爭相目睹蘇武的風采。當見到一個鬚髮皆白的老人，手持已經只剩光桿的漢節出現在大家面前時，無不唏噓落淚。

蘇武拜見漢昭帝，交還使節。漢昭帝也很感慨，又將使節交還給他，讓他到先帝（指漢武帝）廟裏去祭祀一下，將使節交還給先帝，好讓先帝也知道這個消息。蘇武與一同歸來之人都受到了封賞。不過，對於這些歷盡艱辛，終於回家的人來説，能活着回來已經是萬幸，是最好的報答了。

歸國的蘇武，很受漢昭帝及其後的漢宣帝器重。不過，就在蘇武回來的第二年，他的兒子因為參與了上官桀與燕王劉旦等人的謀反而被誅。有人提議追究蘇武的責任，霍光沒有同意，只是罷免了蘇武的官職，讓他賦閒在家。到了漢宣帝時期，蘇武不但官復原職，還被封為關內侯。後來，因為蘇武年高德劭，漢宣帝賜予他"祭酒"的尊號，優容有加。蘇武一直活到81歲，於公元前60年去世。

公元前51年，漢宣帝為了表彰往昔輔助自己的有功之臣，特意令畫師在未央宮麒麟閣繪製十一名功臣的畫像，並註明他們各自的官職、爵位和姓名。輔政大臣霍光當然名列首位，蘇武也以"使於四方，不辱君命"位列其中。後世往往將麒麟閣十一功臣和東漢光武帝的"雲台二十八將"，唐朝唐太宗的"淩煙閣二十四功臣"並提，屬於臣子的榮耀之最。

其實，大家也沒有忘記李陵。漢昭帝即位後，因為霍光、上官桀等人當年都和李陵關係不錯，於是在和匈奴交好後，也曾經讓使者悄悄和李陵聯繫，告訴他新天子已經大赦天下，大家都盼望李陵能夠回去。並表示只要李陵肯回歸中原，不但不會治罪，還可以享受榮華富貴。李陵明白好友是一番好意，但畢竟生殺大權掌握在皇帝手裏，所以還是有擔心和顧慮。他表示自己不願反復無常，再次蒙羞，終於沒有答應回歸故里。公元前74年，李陵在匈奴生活二十多年後，病死異鄉。

漢昭帝與霍光 | 45

就在蘇武回來的第二年，也就是公元前80年，漢朝又起內亂，輔政大臣上官桀、桑弘羊，還有漢昭帝的大姐鄂邑公主（又稱為蓋長公主）勾結燕王劉旦謀反。

實際上，這幾個輔政大臣之間早已矛盾重重。這幾個託孤大臣中，漢武帝最器重和信任的是霍光和金日磾，又以霍光為主。霍光的女兒很多，史書中有記載可查的就至少有七個，其中一個嫁給了上官桀的長子上官安，還有一個嫁給了金日磾的次子金賞，最小的女兒嫁給了後來的漢宣帝劉詢，成了漢宣帝的第二任皇后。按說，這三位重要的輔政大臣都成兒女親家了，應該能團結一心，不會有甚麼問題了吧？可惜，事與願違。

在漢武帝死後的第二年，也就是公元前 86 年，剛剛輔政一年多之後，金日磾就病死了，死時還不到 50 歲。而那位上官桀，則是一門心思謀求着攫取更大的權力和更高的地位。漢昭帝劉弗陵即位時只有 8 歲。為了防止外戚亂政，漢武帝死前又逼死了劉弗陵的母親鈎弋夫人，所以，年幼的漢昭帝就由姐姐鄂邑公主撫養。漢武帝有多少個女兒，史書記載不詳，從零星的記載中可知，至少有六個，但此時應該是大多都已不在，只剩下這個鄂邑公主了。

鄂邑公主的生年不詳，但是年齡應該比漢昭帝大很多。《漢書·外戚傳》記載：燕王劉旦曾經上疏漢昭帝，其中寫道："今臣與陛下獨有長公主為姊……"，燕王劉旦的生年也不詳，但其在公元前 117 年就被封為燕王。也就是說，即使是出生不久就被封王，此時的劉旦，也已經 30 多歲，而作為姐姐的鄂邑公主，年齡當然更是在這個之上了。鄂邑公主的丈夫是誰，史書上也沒有明確記載，只是不管是誰，此時，都應該已經死去了。所以鄂邑公主得以長居宮中照顧漢昭帝。

這個鄂邑公主不甘寂寞，和自己兒子的門客丁外人私通。而且她也沒隱瞞，所以連漢昭帝和霍光都知道了這件事。漢昭帝和霍光並沒有責備或者懲罰鄂邑公主，也沒為難這個丁外人，反而覺得不能阻止鄂邑公主尋開心。於是下詔讓丁外人侍奉鄂邑公主。這下，丁外人倒是可以名正言順地呆在公主身邊，甚至以公主的丈夫自居起來。

上官桀的兒子上官安和丁外人相交莫逆，並且通過丁外人這層關係，上官桀父子和鄂邑公主聯合起來，謀劃着一個大陰謀。

伸向霍光的黑手

　　按説，以上官桀和上官安父子的身份地位，犯不上刻意和丁外人結交，但是他們所圖謀之事，必須鄂邑公主配合才行，因此才曲意逢迎着丁外人。因為鄂邑公主正在給漢昭帝挑選後宮人選。上官桀父子就計劃着將上官安的小女兒，也就是霍光的外孫女，當時年僅 6 歲的小上官氏，給漢昭帝做皇后。如果此事能成的話，上官一家可就是正宗的皇親國戚了。

　　上官桀先是勸説霍光，希望通過霍光的關係將孩子送進宮中，嫁給漢昭帝。憑藉霍光的地位和威望，如果開口，皇帝一定會同意，而且上官氏被冊封為皇后也是十拿九穩的事，但是霍光認為孩子太小，就沒同意。

　　上官桀不甘心就這麼放棄，轉而讓上官安通過丁外人向鄂邑公主進言。當然，投桃報李，上官安也表示，如果此事成就，自己一定給丁外人爭取個列侯的爵位。丁外人當即向鄂邑公主做了匯報，鄂邑公主也樂見此事成功，痛快答應下來。漢昭帝此時年紀還小，又一直將自己這位老大姐當母親看待，所以鄂邑公主怎麼説，小皇帝也就怎麼答應了。

　　不久之後，也就是公元前 83 年，年僅 6 歲的小上官氏就進了宮，過了一個多月，被封成了皇后。這一年，漢昭帝也才 11 歲。

　　上官安成了正牌的國丈，封車騎將軍、桑樂侯。這下，上官桀父子權力大增。當霍光不在朝中的時候，上官桀經常替代霍光處理國家大事。霍光雖然對此事不怎麼同意，但畢竟對自己也沒甚麼損害，而且自己的外孫女能成為皇后，對自己也是利大於弊，再加上鄂邑公主一力主張，霍光也就不再反對，算是默許了。

　　上官父子心願達成，該兑現給丁外人的承諾了。於是上官安出馬，去自己的岳父霍光面前，替丁外人討要列侯的封賞。因為此時皇帝還遠不到親政的年齡，所以國家大事，基本是霍光一言而決。霍光一口回絕了上官安的請求。無奈，上官桀親自出馬。

結果同樣碰壁而回。霍光一句"無功不得封侯"就將上官桀駁斥得啞口無言。上官桀退而求其次，希望給丁外人求取個光祿大夫的職位，霍光還是拒絕了。上官桀又羞又惱，恨恨離去。這下，上官桀父子、鄂邑公主、丁外人等人都恨怨上了霍光。

此時，御史大夫桑弘羊也加入了反霍的行列。桑弘羊倒是和霍光沒有甚麼太大的私人恩怨，但因政見不合，也使他站到了霍光的對立面。說起來，桑弘羊也算是個能臣，當年為漢武帝聚斂錢財的成績斐然，但是其推行的政策實質上還是"與民爭利"，也就是飽了國庫，窮了百姓。而此時的霍光，聽從了諫議大夫杜延年的建議，認為武帝時期大動干戈，使百姓苦不堪言，現在應該實行與民休息的政策。既然如此，就要廢除很多與民爭利的政策，其中甚至包括鹽鐵專營的部分項目，這就大大觸及了桑弘羊起家的根本。因為施政方針的不同，再加上曾經為自己的子姪謀求官職被霍光拒絕，桑弘羊也迅速站到了霍光的敵對面。

燕王劉旦一直沒斷了皇帝夢，因此一直在尋找機會。發現這樣的良機，當然是立刻撲上。他不斷派人運送大量金銀寶物進京，送給鄂邑公主及上官桀父子等人。幾方面可謂一拍即合，很快達成統一戰線，準備先找機會除掉霍光，等時機成熟，再廢掉漢昭帝，讓燕王劉旦即位。

這幾位現在是信心十足。朝廷上，文有御史大夫桑弘羊，武有左將軍上官桀和車騎將軍上官安，宮內有鄂邑公主，外有燕王劉旦。他們自認為是萬事俱備，只等霍光露出破綻，就可以給他致命一擊了。

明察秋毫的少年天子

機會還真讓他們等到了。公元前80年的一天，霍光外出檢閱羽林軍，檢閱完畢又把一個校尉調動到大將軍府任職。本來這都屬於霍光職責之內的事情，但上官桀等人卻從中找到了攻擊霍光的突破口。他們假藉着燕王劉旦的名義，給漢昭帝上了一道奏章，然後趁霍光休假的日子，將奏章呈遞給漢昭帝。在這份奏章裏，燕王先是表達自己的赤膽忠心，然後參奏霍光辦事不公、任用私人、道上稱蹕，而且擅調益莫府校尉，專權自恣，因而懷疑霍光有圖謀不軌之心，表示自己寧願不當這個燕王，也願意到京城來護衛皇帝。

　　説霍光辦事不公、任用私人，倒不是完全的捕風捉影。在處理朝政的過程中，在朝廷一些關鍵位置，霍光必然要任用一些自己的親信，至少不是和自己唱對台戲的人，其中必然夾雜着霍光的一些私心，打壓反對者，也必然是應有之意。哪怕霍光完全是為了治理好國家，這些舉動也難免受到一些詬病，更何況霍光性格中也頗有跋扈的一面。所以這兩條指責還算是中規中矩，但顯然算不得致命一擊。

　　接下來的兩條，卻是條條致命。所謂"道上稱蹕"的"蹕"，是專指皇帝出行的車駕及儀仗。這句話是説，霍光出去檢閱軍隊的時候，其排場和皇帝一樣，用皇帝才能使用的儀仗，這當然是典型的僭越，一定是有了不臣之心。而最厲害的就是説他擅自調動校尉到大將軍府，如果沒有上面的鋪墊，那麼就是無足掛齒的小事一件，但是沿着上面有不臣之心的線索，卻成了驚天大事，因為可以由此認定，霍光這已經不是只有不臣之心，而是要採取行動了。而皇帝對於這類指責最常見的做法就是，凡是能威脅到自己皇位的，哪怕只是一絲一毫，甚至是無中生有，寧殺錯，不放過，先消滅了再説。

　　上官桀等人打的就是這個如意算盤。他們覺得，一個 14 歲的小孩子，雖然貴為皇帝，又能高明到哪去？哪怕他不能作出處決霍光的決定，只要一懷疑，自己和桑弘羊等人再一起參奏，來個火上澆油，自己現在又代霍光處理朝中大事，只要皇帝流露出要處理霍光的意思，自己完全可以先斬後奏，將霍光抓起來，甚至處死。

　　就在上官桀等人信心滿滿，以為大事可成的時候，就見漢昭帝拿着這封奏章看了又看，想了一會，就平靜地放在一邊，沒下文了。上官桀等人急得像熱鍋上的螞蟻，漢昭帝卻沉穩得像沒見到這份奏章一樣。

　　第二天，霍光上朝，聽說了燕王參奏他之事，也嚇了一大跳。不管怎麼說，霍光也只是個臣子，聽到有人參奏他僭越、專權，有不臣之心，無論如何都會緊張。這裏霍光的舉動非常有深意。他並沒有急於見皇帝，為自己解釋，而是呆在偏殿的一座畫室之中，靜靜等待皇帝處置。霍光此舉，一是為了表示自己沒有不臣之心，也就是任憑皇帝處置的意思；二是未嘗沒有以退為進的意思。那意思就是，我就在這裏了，皇帝你是信任燕王還是信任我，我也不解釋，你自己看着辦吧。

　　上官桀卻全然不知霍光此舉的含義，等皇帝問大將軍為甚麼不上殿時，還得意洋洋地告訴皇帝："以燕王告其罪，故不敢入。"皇帝當即召霍光進入。霍光上殿後，摘下冠冕，跪地請罪。漢昭帝卻表示，大將軍不必在意，那奏章是假的，這是有人誣告你，沒你甚麼事。

　　此話一出，別說上官桀等人，就是霍光都大吃一驚："陛下，您怎麼知道這奏章是假的呢？"漢昭帝解釋說："大將軍你到廣明去檢閱羽林軍，是非常正常的事情，而且你調動校尉到大將軍府中，從事情發生到現在不過十來天。這麼短的時間，燕王身在燕地，怎麼可能知道這個消息，並且寫好奏章，派人送到京城來呢？時間上根本來不及。況且，大將軍你要是真有不臣之心，多這麼一個校尉，少這麼一個校尉，又有甚麼關係呢？所以，這封奏章一定是假的，是有人要謀害大將軍。"一個 14 歲的少年，能如此明察秋毫、聰明睿智，實在是不凡。不枉當初漢武帝將這大好江山留給他。

　　霍光當然是感激涕零，發誓必以死報答皇帝的知遇之恩。上官桀等人卻是面色蒼白，渾身冒冷汗。

大陰謀毀於小人物

霍光是沒事了，但是不表示陷害霍光這件事到此為止，漢昭帝當然要找出幕後黑手。最直接的線索就是那個送信的使者了。不過，當漢昭帝下令抓捕他時，此人早就不知所蹤了。漢昭帝不肯善罷甘休，下令在全國通緝此人。

那個所謂的使者當然是上官桀的親信。上官桀自然不會讓皇帝抓住這個人，所以，他在皇帝面前橫遮豎攔，還一再向漢昭帝表示，此事不值得這樣折騰，就到此為止吧。此舉真是愚蠢之極。身為幕後主使，在這種敏感的時刻，最應該做的是小心隱藏自己，儘量置身事外以避嫌疑；再不然就大張旗鼓地支持皇帝抓捕嫌疑人 (當然不可能有實質性的行動)，這樣，才能儘量不讓別人懷疑到自己身上。

也許是皇帝聰慧成熟的表現使得上官桀等人的頭腦失去了冷靜，急於彌補漏洞；也許是這些人的政治智慧本身就不高，總之，這一欲蓋彌彰的做法，使得結果和他們的期待恰恰相反 —— 漢昭帝明確將懷疑目標確定在上官桀等人身上。

事已至此，上官桀等人還不知收斂，不斷在皇帝面前毀謗霍光。皇帝當然一如既往地不予理睬，對霍光依舊信任有加。上官桀等人拙劣的表現，除了更多暴露自己在政治上的低能之外，最大的作用就是讓漢昭帝越來越懷疑並日漸疏遠他們。見這幫人還是不斷在自己耳邊聒噪，漢昭帝實在忍不住了，大聲斥責到：“大將軍是忠臣，所以先帝才讓他輔助我治理國家。如果再有敢詆毀大將軍的，一律嚴懲。”這下，上官桀等人只得暫時偃旗息鼓。

不過，有了這一番較量，他們與霍光之間的關係已經勢同水火，走向決裂了。等霍光緩過手來，抓住他們的把柄，肯定也不會放過他們。所以，雖然局面暫時穩定下來，但是上官桀等人背後的聯繫更加緊密，緊鑼密鼓地商議着對付霍光的辦法。燕王劉旦還在蠢蠢欲動。最後，他甚至給上官桀開出一個極具誘惑力的條件：只要能殺死霍光，廢黜漢昭帝，讓自己坐上皇位，就封上官桀為異姓王。不過燕王不知道的是，上官桀父子還有一個計劃中的計劃，那就是等除掉霍光，廢掉昭帝後，再尋機殺掉燕王，然後自己坐上皇位。

最終，他們定下的計劃是，由鄂邑長公主出面擺下一桌"鴻門宴"，以勞苦功高，設宴慰勞的名義，請霍光赴宴。只要霍光出席，就能在酒宴上讓提前埋伏好的甲士殺死他，然後馬上入宮廢黜漢昭帝，迎立燕王進京。

上官安感覺太子之位正向自己急切地招手，不禁心潮澎湃，難免和手下心腹暢想一下美好的未來。這時，有人提出，那皇后怎麼辦？那可是上官安的親生女兒。沒想到上官安輕描淡寫地回答："獵狗在追逐麋鹿的時候，哪有時間管小兔子啊（逐麋之狗，當顧菟邪）？"意思就是完全不必在意她。這句話可以理解成欲成大事者，應該不拘小節，但皇后是畢竟是他的親生女兒，如此冷血無情，令人心寒。

上官桀等人的計謀如果安排周密，不令霍光察覺的話，還真有成功的可能。可惜，這麼一個有可能導致官場大地震，甚至皇位更迭的大陰謀，卻被一個小小的稻田使者 —— 燕倉 —— 得到了消息。

稻田使者應該是個管理稻田租稅的小官，芝麻綠豆大小那種。燕倉的兒子是鄂邑長公主門下的舍人，就是門客之類，知道了這個陰謀，回家告訴了父親燕倉。燕倉感覺事態嚴重，急忙去向大司農楊敞告發。

謀反者的結局

這個被燕倉寄予厚望的楊敞，就是太史公司馬遷的女婿。楊敞屬於霍光的心腹，其大司農的位置，就是霍光力排眾議，強行提拔的。楊敞素來膽小怕事，懦弱無能，遇到大一點的事，只會唯唯諾諾而已。因此霍光為了提拔他，很是惹來一些非議。不過好在此人勤謹有加，作為主管全國農業的高官盡職盡責，又對霍光言聽計從，霍光用起來也還算順手。

沒想到的是，這位楊敞膽小怕事到了極點，聽聞此事，嚇得是魂飛魄散，渾身顫抖，不知如何是好。向霍光去告發吧，不敢；不去告訴霍光吧，不行。無計可施之下，楊敞乾脆躲回家裝病。按照《漢書》記載：「敞素謹畏事，不敢言，乃移病臥。」不過楊敞躺在牀上又一想，這也不行，瞞不住，也不能瞞。於是，他命人將這個消息告訴了諫議大夫杜延年。杜延年倒是果斷，聽到這個消息，一面通知霍光，一面立刻向漢昭帝匯報。

漢昭帝大吃一驚，立刻吩咐丞相田千秋，迅速撲滅亂黨。說起來，丞相田千秋也屬於比較悲催的角色。本來身為丞相之職，應該是朝臣的第一人，政府的一把手，而霍光的大將軍大司馬一職，實際上掌控的是軍權。可是因為漢武帝臨終託孤給霍光，因此霍光成了朝廷上上下下的一把手，軍政、朝政一把抓，小皇帝又對他信任有加，所以田千秋這個丞相也就成了個擺設。加之田千秋是被漢武帝迅速提拔起來的，不管是從自身能力上，威望上，還是人脈上，都較霍光遠為遜色，因此在朝廷上，幾乎被霍光的光芒徹底掩蓋住了。

不過再怎麼低調，畢竟是一國丞相，接到漢昭帝的詔令，田千秋立刻執行。為了防止事態發生不可意料的變化，預防上官桀父子破釜沉舟，田千秋實行了誘捕行動，他派丞相府屬官分別將上官桀父子誘進丞相府，然後分別抓捕。抓住上官桀父子之後，大抓捕行動正式展開，凡是牽連在內者悉數被抓，其中也包括燕王劉旦派在京城，負責和上官桀父子聯絡的密使。

抓到嫌疑人後，丞相府官吏迅速審問，拿到口供後，再繼續抓捕漏網之魚。最後，所有參與謀亂及有瓜葛者都受到毫不留情的嚴懲。上官桀父子被殺，並誅三族。桑弘羊、丁外人等人也都被殺，並滅族。説起來，這個桑弘羊有點冤枉。雖然桑弘羊和霍光的政治立場相對立，但是整個謀亂過程中，至少在《漢書》中，沒有一處提到桑弘羊參與了這次行動。

至於鄂邑長公主，漢昭帝並沒有直接將之誅殺，但是也勢必不會放過，既然鄂邑長公主起了廢立之心，漢昭帝無論如何也不可能放過這個大姐了。鄂邑長公主也明白事情不可挽回，自盡而亡。

在京城一片紛亂之時，降罪燕王的詔書也日夜兼程向燕地發去。此時，那位燕王劉旦也知道事情已經徹底敗露，開始想負隅頑抗，發動叛亂。但是他也明白，此時發動叛亂，除了讓自己犯下更大的罪孽之外，毫無勝算。既然起兵叛亂不過是垂死掙扎，死亡的結局幾乎無可避免，燕王也徹底放棄了，索性破罐子破摔，開始放縱自己，享受人生的最後一點美好時光，在絕望中等待最後時刻的降臨。

接下來，朝廷的赦令下達，減免燕國相關人員的罪行。燕王劉旦見此，仰天長歎道：“只赦吏民，獨不赦我。”知道自己這次真的難逃一死了。在希望用封地換性命的幻想也破滅之後，劉旦以綬帶自絞其頸而死。劉旦之子劉建被貶為庶人，燕國被除國。

這件事中，唯一沒受到牽連的，就是那個到現在也剛剛 9 歲的上官皇后。畢竟，整件事中，一個 9 歲的小女孩，雖然名義上是皇后，但不可能真的參與進去，再加上又是霍光的外孫女，自然另當別論。最後，其皇后的位置也得以保全，沒受影響。而此時，霍光的女兒，也就是那位小皇后的母親也早就去世，當然不會受到這件事的牽連。

上官桀謀反事件株連極廣，因之而身死族滅的豪門權貴頗多，因為站錯隊或者想投機取巧而波及者更是不知凡幾。當然，立功受賞的人也是有的。御史大夫杜延年和稻田使者燕倉都因功而封侯，杜延年為建平侯，燕倉為宜城侯。就連田千秋派出去誘捕上官桀父子的那兩個丞相府屬官都被封侯。只是那位膽小怕事的大司農楊敞，雖然最早接到了舉報，因為沒有甚麼實質性的舉動，因此不賞不罰，錯過了這次封侯的機會。不過楊敞畢竟是霍光手下比較得力的心腹，至少非常聽話，因而其官運還是相當不錯。公元前77年，丞相田千秋去世後，由王訢接任。不到兩年，王訢也因病去世，楊敞被任命為丞相。

藉上官桀謀反事件而興起的大肆株連，使得各地藩王、各級官吏人人自危，朝廷內部更是動蕩不安，以至朝政都難以正常進行下去。為了朝廷的安定團結，霍光以漢昭帝的名義下詔，表示這件事到此為止，即使還有沒被發覺的參與者，也一律不再追究。至此，這件事才算是畫上了句號。

此後，漢昭帝更加信任霍光。霍光權傾朝野，威震海內。漢昭帝和霍光，君臣相得益彰，對內，減輕賦稅，與民生息；對外，以防禦、軍事震懾為主。因為施政措施得當，國內矛盾得到進一步緩解，對外也是成效顯著，"百姓充實，四夷賓服"。

荒唐皇帝**劉賀**｜46

公元前74年，做了13年皇帝，剛剛21歲的漢昭帝劉弗陵病死了。漢昭帝生前沒有留下子嗣。為了讓上官皇后能得到皇帝的寵愛，多些機會給漢昭帝生下孩子，身為外祖父的霍光也是想了很多辦法，可惜，一直到漢昭帝去世，那個15歲的小皇后也沒能給皇帝生下一男半女。

皇位總得有人繼承，選誰呢？這時的情況非常類似當年呂后死後，陳平、周勃等人選立漢文帝之前的情景，但是，具體操作起來又有很大不同。此時，漢武帝的六個兒子中，唯一還活着的就是那個以專橫跋扈、無法無天著稱的廣陵王劉胥。顯然此人不是合格的人選。漢武帝的兒子沒得可選了，只能從他的孫子中選擇合適的。當時，長子劉據的兒子全都死了，齊王劉閎無子，燕王劉旦的兒子劉建已被廢為庶人……。所以，選來選去，只剩下昌邑王劉髆的兒子劉賀了。真是風水輪流轉，當年劉髆活着的時候，天都快捅出個窟窿來，也沒爭取到的皇位，就這麼以天上掉餡餅的方式，掉到了他兒子的頭上。

從昌邑王到皇帝

劉髆只有劉賀這麼一個兒子。劉髆死的時候，劉賀大約四五歲的樣子，就繼承了昌邑王的爵位。現在，劉賀已經是 18 歲的成年人了。因為漢武帝的孫子輩中，只有這麼一個候選人，沒甚麼好挑選的，所以，包括霍光在內，在誰都不了解劉賀的情況下，就確定立他為皇帝。

劉賀當然是欣喜若狂，興高采烈的從封地來到長安。劉賀到達長安後，先是被立為皇太子，走個過場，然後就迅速即位，在公元前 74 年六月，做了大漢的皇帝。不過，劉賀即位之後，帶給大家的不是驚喜，而是驚詫。因為這位劉賀，屬於整個歷史上都少有的荒唐皇帝。

就拿聽到自己要即位這件事來說吧。突然見皇位落到自己頭上，是個人都會高興，這位昌邑王倒好，聽到消息後，興奮得等不到規定的出發時間，自己一個人騎上馬就跑，一口氣跑了一百三十多里，發現一個侍從也沒跟上來，這才不得不停下來等待。等了大半天，侍從才陸陸續續追上來。為了追他，很多侍從騎的馬都被累死了。但在進京的路上，他又不那麼着急了，一邊遊山玩水，一邊購買一些地方土特產。興致上來了，還不時強搶民女供自己淫樂。被朝廷使者發現、指責時，又不敢承認，讓手下奴僕頂了罪，被砍了頭。好不容易到了京城東門，按照禮儀規定，奔喪的人該痛哭先皇，劉賀卻以"嗓子疼，不能哭"為由，就是不哭。一直到未央宮門口，劉賀的手下人實在看不下去了，威脅他，你再不哭，恐怕就當不成皇帝了，劉賀這才裝模作樣地趴在地上，哭了那麼幾聲。

當上皇帝後，劉賀更加肆無忌憚。按說這是在漢昭帝的喪事期間，本不許大肆享樂，再加上你剛剛即位，沒有一點根底，總該謹慎小心才是。可是這位新皇帝根本不管那一套，整天帶着自己從封地帶過來的一幫佞臣俳優，吃喝玩樂，沒幾天就將整個皇宮折騰得烏煙瘴氣。在皇宮內折騰還不夠，他還帶着侍從，跑到上林苑去鬥雞走馬，行圍採獵，鬥虎豹，逐熊羆。即使這樣，劉賀感覺還不帶勁，甚至讓侍從將人和猛獸關在一起，看他們相鬥取樂。更出格的是，劉賀還跑到漢昭帝妃子居住的宮殿中淫亂取樂，敢於洩露消息者，都被他處以腰斬之刑。

從皇帝到海昏侯

劉賀的做法搞得眾臣是鬱悶不已，後悔怎麼選了這麼一個人做皇帝。其中，最鬱悶的就要數霍光了。因為現在這種局面，可以說是他一手造成的，但是霍光還真沒甚麼好辦法可想。管吧，劉賀根本不聽，而且再怎麼說，現在劉賀畢竟是皇帝，他不聽你還真不能把他怎麼着；不管吧，這樣下去，要不了多久，非天下大亂不可，而且看這位皇帝的架勢，自己這幫人，用不了多長時間，誰都別想有個好下場。唯一的辦法，就是廢掉這個皇帝，另立一位。對於大權在握的霍光來說，這樣做的難度並不大，但是作為一個大臣，擅自行廢立之事，是要被歷史所唾罵，釘在歷史的恥辱柱上的。這對於一心要成為周公的霍光來說，可是一個艱難的決定。

拿不定主意的霍光找來心腹手下，大司農田延年商議。田延年倒是乾脆利落，他建議說：「大將軍您現在才是國家的柱石，既然您覺得他不配做皇帝，那就稟告太后，另立賢明的君主。」其話語背後的意思就是，您現在掌握着朝廷大權，廢立皇帝還不是一句話的事？如果您擔心引起非議，那就打着皇太后的旗號去做就是了。反正皇太后也是您的外孫女，又只有 15 歲，對您言聽計從。

霍光還有點猶豫，真能這麼做嗎？歷史上有沒有類似的先例？田延年回答：“當然有啊。當年商朝的伊尹放逐商王太甲於桐宮，不就是先例嗎？伊尹即使這麼做了，可是仍然被後世稱為聖人。大將軍您現在這樣做的話，您就是我大漢朝的伊尹。”霍光當然知道“伊尹放太甲於桐宮”的故事，之所以這樣問，不過是想給自己的行動找個台階罷了。之後霍光又找到車騎將軍張安世商議。張安世也是一口同意。

這下，霍光真的下定了決心。不過還得取得丞相的支持，現任丞相就是那個膽小怕事的楊敞。當霍光派田延年來向楊敞說明情況的時候，楊敞毫無思想準備，猛一聽如此大事，“敞驚懼，不知所言，汗出洽背，徒唯唯而已。”就是說楊敞被嚇得渾身冒冷汗，說不出話來，只是嗯嗯啊啊的胡亂應着。還是楊敞的夫人果斷，知道這是關鍵時刻，如果應答的不好，不能讓霍光滿意的話，恐怕第一個被霍光拿來開刀的，就是這個丞相了，於是趕忙說服丈夫，一定要痛快地表示尊奉大將軍的號令，與大將軍共進退，共同廢黜這個昏庸的皇帝。順便提一下，現在楊敞的這個夫人，已經不是司馬遷的女兒了。此時司馬遷的女兒已經去世多年了。

統一了幾個主要文臣武將的意見後，霍光正式召集羣臣商議廢黜皇帝之事。霍光首先發言：“昌邑王行為昏亂，長此以往，會危害到國家社稷的安危，大家都說說，該怎麼辦？”這裏的霍光，已經擺明不認這個皇帝了，因此連稱呼都又改回當初的昌邑王了。毫無思想準備的眾大臣面面相覷，誰也不知道怎麼回答好。

早就安排好的田延年打破僵局，挺身而出。他手按劍柄，橫眉立目，大步跨出，對着霍光厲聲說道：“先帝（指漢武帝）駕崩前，將自己的幼子和整個天下都託付給大將軍，是因為先帝認為大將軍中正賢良，能保全這大漢天下。現在人心惶惶，國家將要滅亡，難道大將軍不應該快點決定大計嗎？現在皇帝昏聵，大將軍卻不能早下廢立的決心，如果因為你的優柔寡斷，導致漢朝天下滅亡，劉氏宗廟絕祀，你大將軍死後，又有何面目見先帝於地下？今天必須確定下來這件大事。羣臣後應者，臣請劍斬之。"田延年這番話慷慨激昂，擲地有聲。另一方面，田延年同時又恫嚇了羣臣，誰敢不服從，甚至表態慢了點，都會有生命危險。

霍光當然是順風扯旗，馬上向大家請罪，表示自己錯了，必須承擔這個責任，準備馬上改正。

朝堂上的大臣，哪個不是久闖江湖的老油條，見此情景，又怎麼可能還不知道怎麼選擇？於是大家在丞相楊敞的帶領下，異口同聲地表示，願意支持大將軍的決定，同進共退。於是，霍光拿出早就寫好的奏章，讓主要幾個大臣都簽名後，一起進宮，去見太后。霍光作為羣臣的代表，向上官太后奏明情況，認為昌邑王不能繼承宗廟，應該廢黜，另立新的皇帝。上官太后只是一個 15 歲的小女孩，能有甚麼主意？當然是霍光怎麼說，她怎麼聽了。於是在上官太后的主持下，劉賀被廢，另行安置。劉賀還想掙扎幾下，但是人單勢孤，一絲浪花都沒掀起來，就被按下去了。

劉賀是在公元前 74 年六月即位當上的皇帝。在位僅僅 27 天后，就被廢黜為庶人，史稱為漢廢帝。劉賀也因為 27 天的在位時間，而榮登歷史上在位時間最短的皇帝之一的稱號。霍光還算給劉賀留了點情面，並沒有趕盡殺絕。最終劉賀的結果還算不錯，雖然又被削去了昌邑王的爵位，貶為庶人，但還是被批准回到故國昌邑，並賜給湯沐邑二千戶，而且原來昌邑王的全部家財也都給了劉賀。公元前 63 年，漢宣帝又封劉賀為海昏侯，前往海昏縣居住。公元前 59 年，劉賀去世。

浪漫深情的漢宣帝 | 47

劉賀被廢，霍光等人又面臨着前面同樣的問題：誰來繼承皇位？漢武帝的兒子、孫子輩，已經沒有合適的人選了，只能從重孫子輩中選擇了。和前面的局面幾乎一模一樣，漢武帝的第二個、第三個、第四個、第五個、第六個兒子，或者沒有孫子，或者不符合要求，全都被淘汰，候選人只剩下原太子劉據的孫子了。這時，光祿大夫丙吉上書霍光，推薦劉據的孫子劉病已，說他很有才德，可以繼承皇位。

苦難的童年

這個劉病已，雖然身為漢武帝的重孫，衛太子劉據的孫子，經歷卻非常坎坷。

衛太子劉據有三個兒子，長子是劉進。劉進的兒子，就是劉病已。至於劉據具體有幾個孫子，史書上記載不詳，唯一有明確記載的，就是劉病已。公元前 91 年，劉據和他的兒子、女兒都死於巫蠱之禍中。當時的劉病已剛生下來幾個月，還在襁褓之中。即使如此，漢武帝也沒放過這個小家伙，雖然沒直接殺死，但是也將他關入長安城的監獄之中。幸運的是，劉病已遇到了丙吉。當時的丙吉，恰好奉漢武帝的詔書，負責檢查、治理監獄。丙吉看到剛剛出生幾個月的劉病已關進監獄，非常同情他。於是利用手中的權力，專門挑選謹慎厚道的女囚犯來照顧他，並儘量給小家伙營造了舒適一點的環境。就這樣，劉病已一直被關押了四年。好在有丙吉的照料，總算是活了下來。

公元前 87 年，漢武帝病重，又誤聽讒言，準備將監獄中關押的犯人不分罪行輕重全部殺掉。當漢武帝的使者帶着詔書前來執行命令的時候，丙吉堅守在牢內，認為即使是皇帝，也不應該這樣做，說甚麼也不開門，就是不讓使者進入。使者萬般無奈，只得回去向漢武帝復命。當然，免不了彈劾丙吉。好在此時的漢武帝也反省過來，意識到自己的舉動太過分了，就收回了詔令，並大赦天下。劉病已因此才得以離開監獄。

離開監獄的劉病已，沒爹沒娘，年紀幼小，無依無靠，很難生存下去。丙吉拿出錢來，給他雇來保姆照顧。再後來，丙吉終於找到了這個小家伙的親人，其祖母史良娣的娘家。當然，史良娣也已經在巫蠱之禍中死去。小家伙被交給史良娣的哥哥史恭撫養。當時史恭的老母親貞君還健在，年紀已經很大了，看到這個小家伙孤苦無依的樣子非常心疼，就親自照顧他，小家伙總算過上了幾天安逸的日子。

漢武帝臨終前留下遺詔，將劉病已的名字錄入皇家宗譜。又過了差不多兩年，劉病已從史家搬出，被養育於掖庭，由掖庭令張賀負責。所謂掖庭，是指供後宮妃子，或者候選妃子住的地方。這個張賀的來歷也是不凡，他的弟弟是霍光的心腹，車騎將軍張安世（當時還是右將軍，後來升為車騎將軍）。張賀當年曾經侍候過衛太子劉據，感念當年劉據的恩德，因此對劉病已非常照顧。在張賀的撫養下，劉病已順利長大。而這一時期，丙吉已經做了大將軍霍光的長史，很受霍光的器重。

故劍情深

公元前 75 年，16 歲的劉病已娶了小吏許廣漢的女兒許平君為妻。一年後，許平君給劉病已生下兒子劉奭，也就是後來的漢元帝。公元前 74 年，劉病已當爸爸幾個月後，僅僅當了 27 天皇帝的劉賀被廢黜，丙吉向霍光上書，推薦劉病已。

霍光和丞相楊敞、車騎將軍張安世等人商議後，上疏上官皇太后，奏請讓劉病已即位。上官皇太后同意了。就這樣，一個曾經的皇族，如今已是平民百姓的劉病已，先是被封為陽武侯，然後很快即位做了皇帝，他就是漢宣帝。大漢的皇位兜兜轉轉，又回到衛太子劉據一脈。

因為當時皇帝的名字需要避諱，而"病、已"這兩個字都比較常用，避諱起來比較困難。漢宣帝為了減少這種現象，索性將自己的名字改為劉詢，並將前面因為觸諱而犯罪的人全部赦免。由這件事就可以看出，這位漢宣帝屬於比較講道理的皇帝。畢竟他起於民間，和普通百姓有過很多接觸，對百姓的同情心還是有的。

有了皇帝得立皇后啊。這時，大將軍霍光的小女兒霍成君還沒出嫁，和漢宣帝年齡又比較合適，於是有很多大臣的心裏活動了，真能促成此事的話，豈不美哉？至於早就嫁給漢宣帝並給他生了一個兒子的許平君，一個小吏家的女兒，不值一提，被大家都選擇性遺忘了。不過，漢宣帝可沒有忘記自己患難與共的結髮妻子。剛剛即位，根本談不到根基的漢宣帝，並沒有直截了當地和羣臣對抗，而是下達了一份莫名其妙的詔書：尋故劍。

宣帝在詔書中表示，自己當年貧微之時曾經有一把寶劍。現在自己做了皇帝，非常思念那把寶劍，希望大家能幫助自己找回那把舊寶劍。大家猛一看這份詔書都暈了，這怎麼找？不過很快有人反應過來，連一把貧微時的舊寶劍都念念不忘，又怎麼會拋下相濡以沫的結髮妻子呢？於是大家只好奏請立許平君為皇后。漢宣帝痛快地答應了。這就是"故劍情深"的故事，屬於少有的發生在皇帝身上的浪漫深情的故事。史上不乏浪漫的皇帝，但像這樣不忘糟糠之妻的深情故事，能發生在一位皇帝身上，真的是難能可貴了。

霍家滅族 | 48

當上皇帝的劉詢，當然要大肆封賞支持自己繼位的有功之臣，除了霍光、楊敞、張安世等人外，丙吉作為主要的推薦人被封為關內侯。丙吉為人寬厚，從不誇耀自己，更是絕口不提自己當年曾經救助、撫養劉詢之事。因而從劉詢到滿朝文武大臣，都不知道丙吉當年的功勞。直到公元前 67 年，霍光死後，霍氏一門因謀反而被誅，劉詢親政，在檢查尚書省事務時，才無意中知道了往事，不由感慨萬千，更加感激和器重丙吉，封他為博陽侯。公元前 59 年，丙吉又擔任了丞相一職。因為丙吉是從小吏做起的，所以深知民間疾苦，再加上為人寬厚、禮讓，所以也算得上是一位賢相。公元前 56 年，丙吉去世。後來，漢宣帝命人在麒麟閣繪功臣像時，丙吉也位列其中。

當然，漢宣帝也沒忘記張賀撫養自己長大的功勞。可惜的是，漢宣帝即位時，張賀已經病故，於是被追封為陽都侯。其弟張安世也是麒麟閣十一功臣之一。

令皇帝膽寒的霍氏一族

漢宣帝拒絕接納霍光的小女兒，當然讓霍光不太高興。從公元前 87 年開始，一直是霍光總理朝政，此時，大漢朝的軍政、朝政大權幾乎全部掌握在他的手中。更因為他立二帝，廢一帝，使人臣的威權達到不正常的巔峯。此外，霍光的兒子霍禹以及他哥哥的孫子霍雲都是中郎將，霍雲的弟弟霍山為奉車都尉，霍光的兩個女婿分別是長樂宮（東宮）、未央宮（西宮）的衛尉，掌管整個皇宮的警衛，其兄弟的女婿、外孫等人中，也不乏在朝從政的高官。其他一些重要職位，也大部把持在霍光的心腹，至少是親近霍光之人的手中。可以說，霍氏一族在朝中盤根錯節，牢牢掌控着權力。

　　説明一下，這裏提到的霍光的哥哥，指的並不是霍去病。霍去病生前只留下一個兒子霍嬗，可惜 11 歲就死了，因此霍去病這一脈實際上是絕嗣了。霍光的這位兄長應該另有其人，但具體姓名已無從考証。後來，霍光為了讓霍去病能有人祭祀，臨死前將霍山過繼到了霍去病名下。

　　漢宣帝沒當皇帝時，就深知霍氏一族的強盛，當上皇帝後，更是深深感到來自霍氏一族的壓力。可以說，任何一件朝廷政務，沒有霍氏家族點頭，就別想正常執行下去。霍光本人雖然沒有篡逆之心，但是執掌朝綱這麼多年，威權日重，也是越發剛愎自用。

　　漢宣帝即位之日，前去拜謁高廟（祭祀漢高祖劉邦的祖廟）。霍光作為陪同，和漢宣帝同乘一車，坐在車的右側（驂乘）。漢宣帝很忌憚霍光，感覺渾身不自在，坐立不安，如同芒刺扎在背上一樣難受。後來，由車騎將軍張安世代替霍光陪同漢宣帝乘車時，漢宣帝就感覺舒服多了，沒那麼緊張了。成語“芒刺在背”即來源於此。

　　漢宣帝劉詢比漢廢帝劉賀高明之處在於，他雖然明確感覺到了來自霍光的壓力，甚至威脅，但是他深知自己的根底，選擇了克制和隱忍。一面慢慢發展自己的勢力，一面多次對霍光表示信任和器重，每次見到霍光，更是恭敬得無以復加，以此來鞏固和霍光的關係。甚至當霍光明確表示自己準備退休，要還政於君時，漢宣帝都苦苦挽留霍光，堅持不讓霍光離開，並當着文武大臣的面宣佈，所有朝政大事，先報請大將軍，再奏明皇帝。

　　漢宣帝這樣做的最大作用，就是順利渡過了剛剛即位的這段危險期，緩和了朝廷內部的危機，成功使自己避免了成為第二個漢廢帝的命運。要知道，除了漢武帝曾孫這個身份，劉詢一無所有，如果選擇與霍光集團直接對抗，甚至哪怕稍稍表現出不滿的樣子來，其命運都難以預料。

被毒死的皇后

　　即使漢宣帝如此隱忍，危機還是發生了。其根源還是來自當初拒絕霍光小女兒霍成君之事。

　　霍光的原配夫人早就去世了，現在的夫人是由原來的使女轉正的，因此隨了霍光的姓，名為霍顯。霍成君就是霍顯給霍光生下的女兒。霍顯一直想讓自己的女兒成為皇后，但是奈何漢宣帝不忘舊情，冊封了結髮妻子許平君為皇后。不過霍顯並沒有放下這個念頭，而是不斷尋找着機會。

　　公元前 71 年，許皇后再次懷孕，只是在臨生產時感覺身體不適，於是召醫生前來診治。為了安全，漢宣帝還特意讓以婦科出名的女醫生淳于衍進宮照顧皇后。而漢宣帝大概不知道的是，淳于衍與霍顯有些私交。

　　當霍顯知道這件事後，覺得機會來了，她謀劃讓淳于衍趁機毒殺皇后，好讓自己的小女兒上位。當然，對淳于衍和她的丈夫許以榮華富貴的承諾是少不了的。不過，要想謀害一國之皇后，並不容易。不說戒備森嚴的皇宮，閒雜人等根本進不去，即使對皇后身邊的人，也有很多防範措施，哪怕是醫生開的藥，也要由醫生，或者專門的人嚐過之後，才會給皇后服用。但是這一切防範措施，在一個一心要害人的醫生面前，卻是形同虛設了。

　　開始時淳于衍有些猶豫。霍顯進一步表示，女人在生孩子的時候，本來就是九死一生，今天皇后正好分娩，藉此機會，下藥毒死皇后，可謂神不知鬼不覺，事後醫生完全可以推脫得乾乾淨淨。而且即使出了問題，我家霍大將軍總理天下，只要他隨便插上一手，誰又敢多言多語？就看你願意不願意助我完成此事了？淳于衍一來根本不敢得罪霍家，二來更是想通過霍家一步登天，所以答應了下來。一椿驚天大陰謀，就這麼隨隨便便就確定下來。霍家之跋扈，可見一斑。

　　淳于衍悄悄帶着霍顯給她的“附子”這味藥進了皇宮。此時的許皇后已經順利生下一個女嬰，只是產後虛弱，需要調養一番。此時也有其他醫生在場，大家共同琢磨了一個方子，給許皇后開了一些補養藥。藥物開好後，其他醫生都紛紛離開了。淳于衍則一直服侍在皇后身邊，並趁人不備，將附子混入補藥之中，調和成藥丸，經過簡單的檢查後，讓許皇后服下。附子也是一種較為常見的中藥，能治療一些疾病，對普通人也沒有明顯的毒副作用，但是對於剛剛生產之後的女性，卻是致命的毒藥。

許皇后吃下藥丸，不久就感覺頭痛難忍，且越來越厲害。許皇后雖然心中有點疑惑，但是因為淳于衍在旁邊遮掩，也沒有深究。等到眼見人已經不行了，再急忙召集其他醫生前來時，許皇后已經絕氣身亡了，年僅 18 歲。

漢宣帝傷心悲痛之餘，對這幾個醫生產生了懷疑，派人將他們都抓起來審問。霍顯擔心淳于衍招供，只好將事情的前因後果向霍光坦白，希望霍光想辦法了結此事。霍光聞聽，如五雷轟頂，嚇得魂飛魄散。要知道害死一國皇后，不管有多大功勞，那都是抄家滅門的罪過啊。

怎麼辦？擺在霍光面前的只有兩條路，要麼，事發後家族被滅，最好的結局不過是自己能活下來，但勢必要離權力中心；要麼，用自己的權勢和威望，將這件事徹底壓下去。至於向皇帝坦白，霍光想都沒想。最終，霍光選擇了壓下此事。

霍光面見漢宣帝，建議漢宣帝不應該懲辦醫生。漢宣帝本來也只是懷疑，現在見大將軍出面，也就將醫生都放了出來。此事也就了了之了。

接下來，霍成君被送入皇宮。公元前 70 年，霍成君被冊封為皇后。霍顯的心願終於達成，霍氏一族更加顯赫。順便說一句，霍成君和上官太皇太后的輩分關係非常有意思，從皇帝這邊論的話，霍成君得稱呼她為祖母，但是從霍光這裏論的話，霍成君又是她的親姨母。

霍光時代的終結

　　再大的權勢也擋不住死神的召喚，公元前 68 年，霍光去世了。漢宣帝為他舉行了非常隆重的葬禮。平心而論，霍光雖然有其跋扈剛愎、任用私人的一面，也有以自己手中的權力，為霍氏一族謀取私利的一面，但總的來說，其功還是遠大於過。從公元前 87 年開始，大漢的運轉基本上都是依靠霍光在維持。在關鍵時刻，霍光更是以他的絕對權威，確保了皇位的順利繼承，沒有讓國家出現大的動蕩和內亂。漢宣帝評價霍光為："故大司馬、大將軍、博陸侯，宿衛孝武皇帝三十有餘年，輔孝昭皇帝十有餘年，遭大難，躬秉誼，率三公、九卿、大夫定萬世冊，以安社稷，天下蒸庶咸以康寧。功德茂盛，朕甚嘉之。"

　　霍光一直以成為大漢的周公為自己的目標和努力方向，但是因為廢立皇帝之事，後世一般不把他和周公相提並論，而往往將他和伊尹放在一起，並稱為"伊霍"，這就是褒貶參半了。後來人們以"行伊霍之事"，來代指權臣行廢立皇帝之事。

　　霍光去世，漢宣帝終於可以親政。漢宣帝明白，霍氏一族控制着朝廷中幾乎所有的重要部門。不過沒有了霍光這個帶頭人，以霍光兒子霍禹的威望和能力，對付起來，要容易得多。漢宣帝先是重用御史大夫魏相，朝中大事都與他商議，後來更是他拜為丞相。然後又任命丙吉為御史大夫，同時更是大膽重用張安世，任命他為大司馬、車騎將軍兼領尚書事。可以説，霍光的大部分權力都給了張安世。張安世原來雖然是霍光的心腹，但畢竟是大漢朝的臣子，並非霍氏家奴，所以漢宣帝這一手連消帶打，堪稱絕妙。

　　公元前 67 年，漢宣帝立許平君給他生的兒子劉奭為太子，然後又封許皇后的父親許光漢為平恩侯。為了平衡，漢宣帝並沒有一味打壓霍氏一族。霍光臨死的時候，漢宣帝已經封霍禹為右將軍，並繼承了霍光博陵侯的爵位，同時封霍山為樂平侯。在封賞許光漢的時候，又封賞霍雲為冠陽侯。此時的霍家，雖然少了霍光，但是一門三侯爵，再加上皇后，以及關係密切的太皇太后，仍然是聲名赫赫，權勢熏天。

對於漢宣帝來說，容忍霍家，不過是權宜之計，真實的目的當然是為了朝政大局的穩定，需要慢慢分化霍家的權力，尤其是兵權。要知道，直到這時，負責保護長樂宮和未央宮的禁衛軍的軍權，一直把持在霍光的兩個女婿手中，這可是隨時能掌控皇帝生死的職位。

當年淳于衍親手毒死許皇后，自認為為霍家立下大功，但霍顯給的賞賜並沒有滿足她的貪慾，因而一直暗恨於心，難免偶爾和知己發發牢騷。這樣一來，尤其是在霍光死後，一些風言風語就慢慢傳了出來，連漢宣帝也聽到了一些風聲，令他對霍家及霍皇后更加了幾分小心。

此時，霍顯再次作死。霍顯將自己的女兒推上皇后的寶座後，下一步當然是期待着她給皇帝生個兒子，然後立為太子，繼承皇位。可是現在，自己的外孫還沒蹤影，太子的位置已經是別人的了，這怎麼行？史書記載，霍顯聽到劉奭被立為太子後，憤怒不食，氣得吐血說：「劉奭是皇帝在民間時生的，怎麼能當太子？如果現在的皇后生了兒子，反而為王嗎？」必須毒死現在這個太子，給自己的外孫騰地方。於是，霍顯指使霍成君，利用皇后的便利條件，找機會毒死太子。

霍成君也不是甚麼好人，聽到母親的吩咐，立刻準備好毒藥，然後多次請太子來自己這裏吃飯，準備找機會毒死太子。可是，吃一塹長一智的漢宣帝，早就在防範着霍家和霍皇后。因而太子走到哪，隨身保護的保姆就跟到哪，一時一刻也不離開，所有食物，都是保姆嚐過沒問題後，太子才會食用。

灰飛煙滅的霍家

隨着時間的流逝，漢宣帝自己的勢力越來越穩固。眼見時機逐漸成熟，漢宣帝開始削減霍家權力。首要的是兵權。漢宣帝採取的方法很簡單，就是明升暗降，將霍家的權力變實為虛。

第一步，就是兩宮禁衛軍的軍權。漢宣帝將霍光的兩個女婿都升了官，派到外地做封疆大吏，實際上是剝奪了他們統領禁衛軍的兵權。然後又陸續將霍家掌握兵權的將領紛紛調離軍中要職，派往外地做官。接下來，漢宣帝將所有未央宮、長樂宮，包括長安城的守衛將士，都換成許家（許皇后的娘家）、史家（漢宣帝的祖母的娘家）的子弟擔任，並由張安世統帥。這下，漢宣帝終於覺得自己的人身安全有保證了。

對於霍禹，漢宣帝也是如法炮製，提升他為大司馬，但是卻又巧妙地剝奪了他領軍的權力。然後，漢宣帝又稍稍改革了部分朝政制度，架空了霍山、霍雲等掌控朝政的文臣的權力。直到這時，漢宣帝終於徹底掌握了朝政大權。

對於漢宣帝的一系列操作，霍氏一族當然非常不滿。霍禹索性請了長假，不去上朝了。其餘霍氏子弟也是牢騷滿腹。

此時的輿論對霍氏一族已是越來越不利，蒙在鼓裏的霍禹等人還委屈得不行。當霍顯終於扛不住壓力，將自己吩咐淳于衍毒死許皇后一事告訴霍禹、霍山、霍雲後，這些人也傻眼了，一時不知如何是好。還是霍禹膽量大點，既然已經走到這一步了，乾脆先下手為強，學學當年老爹的做派，廢掉這個皇帝。不過，現在的劉詢可不是當年的劉賀，漢宣帝大權在握，想直接廢掉根本不可能。必須先斬斷他的左膀右臂，也就是丞相魏相和他的岳父許光漢，然後再讓上官太皇太后下一道詔書，廢黜漢宣帝。

可惜，這次霍氏謀逆的商議，再次被小人物聽聞並舉報。長安男子張章知道了霍家的密謀，層層向上告發，最後告發到皇帝面前。這個張章是何許人也，史書上記載不詳。也許只是一個"湊巧"聽到了這個消息的小人物；也許是被皇帝派去刺探霍家的耳目；也許是在人授意下站出來"告密"的⋯⋯

漢宣帝下令逮捕了兩個外圍的參與者，但他尚未下定決心徹底剷除霍氏一族。畢竟，活的有上官太皇太后、霍皇后，死的有霍光等人的面子和情分在那裏。因此，漢宣帝下詔，讓手下人不要再追究此事。實際上在此之前，已經有人舉報冠陽侯霍雲謀逆，漢宣帝壓下了此事，並沒有處理。

霍禹等人知道陰謀敗露，更加慌了手腳。他們並沒有理解皇帝的一番苦心，反而認為這是自己最後的機會。公元前66年七月，霍禹等人和霍家的幾個女婿約好，準備一起謀反，先殺魏相和許光漢，再讓上官太皇太后下詔廢黜漢宣帝，立霍禹為皇帝。可惜，這羣紈絝子弟志大才疏，他們的謀劃再次洩露。道理很簡單，漢宣帝上次雖然沒有正式懲處他們，但是怎麼可能不防範？他們這麼做的唯一作用，就是終於讓漢宣帝起了殺心，準備將霍氏一族徹底剷除。

在絕對的實力和大義面前，霍家的叛亂連一絲浪花也沒濺起來，就被剿滅了。霍雲、霍山、范明友（霍光的女婿）自殺，霍顯、霍禹、鄧廣漢（霍光的另一個女婿）等人被抓。沒了尊貴身份保護的霍顯，剛一受審，就將指使太醫淳于衍毒死許皇后之事徹底交待了。結果是霍顯被殺頭，霍禹被腰斬，霍家被滅門。不但如此，霍光的幾個女兒女婿家，孫女孫女婿家，以及其他和霍家有牽連的人家，因之被滅門的，有數千家之多。至於皇后霍成君，則被宣帝廢黜，雖然沒有直接殺掉她，但是因為毒死許皇后及陰謀毒害太子一事，也讓漢宣帝對她深惡痛絕，從此打入冷宮。公元前54年，霍成君自殺身亡。盤根錯節，佔據大漢朝廷半壁江山的霍氏一族，就這麼覆滅了。當然，對於有功之人，漢宣帝也給予重賞，皆賜予爵位，神秘的小人物張章被封為博成侯，一步登天。

漢宣帝親政之後，開始按照自己的意願治理這個龐大的國家。總的來說，漢宣帝算得上有為之主。雖然長於民間，沒怎麼受過帝王之術的訓練，但是因為幼時吃過很多苦，所以深深明白官宦貴族之貪婪，百姓生活之疾苦。因而漢宣帝大力發展生產、輕徭薄賦，又大力整頓吏治、嚴懲貪腐。到了漢宣帝中期，國家呈現出經濟繁榮、政治清明、百姓安居樂業、軍事力量強盛的景象，史家稱之為"孝宣之治"，或"孝宣中興"。《漢書》評價漢宣帝是可以和商王武丁、西周宣王並稱的明君。

千古風流人物之**張敞** | 49

作為一個皇帝，本身的才華、文治武功等等都不是最重要的，最關鍵的是能識人，善用人，還得駕馭得住這些人才。漢宣帝在這一點上做得就非常不錯，因而手下也聚集起大批的文臣武將，君臣齊心，打造出一個蒸蒸日上的中興治世。

在漢宣帝手下，除了那些聲名赫赫的名臣之外，還有大量廉潔能幹的中層官員，其中也頗有一些在歷史上非常著名，為人所熟知的人物，張敞就是其一。

張敞最初只是個小小的鄉官，後因清廉有為而受到器重。劉賀當皇帝的時候，張敞因為實在看不慣他的所作所為，曾上書勸諫，並因此而揚名。漢宣帝繼位後，張敞也多次上書言事。漢宣帝很欣賞他，於是破格提拔。可惜張敞不留神得罪了霍光，受到排擠，被調離中央。漢宣帝本來就不放心廢帝劉賀，索性派張敞到劉賀居住的地方做太守，暗中監視劉賀。張敞經過仔細觀察，發現劉賀對漢宣帝沒有絲毫威脅，據實作了匯報。自此，漢宣帝才算放下這件心事。

張敞做官頗有政績，尤以善於捕盜治亂而聞名。他執法嚴格而又剛柔相濟，因此凡是張敞所治地方，皆盜賊屏息、吏民相安。張敞做京兆尹時，曾一次性捕獲盜賊數百名，使京城治安煥然一新。每逢朝廷有重要事件商議時，張敞總能博引古今，有針對性地拿出一些意見，因而很受宣帝器重。

不過，漢宣帝手下能臣眾多，張敞算不得出類拔萃者，真正讓張敞流名千古的，並不是他在仕途的作為，而是他的一個業餘愛好——給自己的妻子畫眉毛。這就是"張敞畫眉"的典故。

傳說，張敞和他的妻子小時候是同村人。一次，頑皮的小張敞亂扔石塊，正打在一個小女孩的眉毛上。小女孩傷好後，眉角留下疤痕，有了缺點。看到誤傷小女孩，張敞很害怕，撒腿就跑了。等張敞長大後做了官，聽說那個女孩因為眉角有缺點，一直沒嫁出去，於是就上門提親，將那個女子娶了過來。結婚後，二人非常恩愛。為了彌補當年自己的過失，張敞每天去衙署處理公務前，都細心的為夫人畫好眉。這也算是夫婦二人家中的一件樂事。因為每天都畫，張敞畫眉的技術練得非常高超，畫出來的眉毛非常漂亮、嫵媚。

沒想到就這點小事還有人看不過眼，認為張敞有失體統，並且參奏到漢宣帝面前。漢宣帝也挺感興趣，就召張敞詢問。沒想到張敞理直氣壯地說："臣聞閨房之內，夫婦之私，有過於畫眉者。"張敞的意思就是，夫妻之間比畫眉毛更親昵的事情很多，你管得着嗎？你作為皇帝，問我國家大事做好沒有是應該的，我替我夫人畫眉毛，和你有甚麼關係？漢宣帝也只得啞然失笑，揮揮手讓張敞下去。

別看就張敞給妻子畫眉這麼點小事，不但驚動了皇帝親自過問，還被認為是古代著名的風流韻事之一。

傳奇皇后王政君 | 50

公元前 49 年，漢宣帝得了重病，不久去世。太子劉奭即位，是為漢元帝。家天下的最大弊病之一，就是不管繼承人的能力、品性如何，皇位只能在家族內部傳承。遇到英明的、有作為的君主，國家就變得強大，百姓也能過幾天好日子，趕上昏庸的、能折騰的君主，不管是國家也好，百姓也好，只能認倒霉。實在活不下去了，起來反抗，成功後，換上一個新的家族，坐在那個位置上。

漢元帝治理國家的本領遠遠比不上他父親。漢宣帝時期，為了平衡朝局，重用了很多皇親國戚和宦官。因為漢宣帝本身能夠駕馭得了他們，所以，這些人並沒有給國家和朝廷帶來多少問題。到了漢元帝時期就不行了，漢元帝也學着父親的做派，重用外戚和宦官，可是自己能力不行，駕馭不了這些人，於是導致宦官專權、外戚干政。而且他們還結合起來，結黨營私，打擊、排斥中正之臣。沒過幾年，就將朝廷弄得烏煙瘴氣。朝廷內部忙於爭權奪利，百姓死活沒人放在心上，再加上連續幾年的水旱災害，既沒人治理，也沒人救濟，很快，流離失所的百姓又多了起來，社會秩序也遭到了極大程度的破壞。漢宣帝留下的大好局面，就這麼迅速敗壞了。

歷漢四世為天下母

漢元帝一生庸庸碌碌，並沒有甚麼出奇之處，可他的皇后王政君的一生卻堪稱傳奇。

王政君是中國歷史上壽命最長的皇后之一：她生於公元前 71 年，死於公元 13 年，壽享 84 歲。王政君不但長壽，更是從公元前 49 年登上皇后的寶座，從皇后、皇太后到太皇太后，身居后位長達 61 年，是中國歷史上居於后位時間第二長的（時間最長的是清朝順治皇帝的第二任皇后孝惠章皇后，從公元 1654 年當上皇后，公元 1661 年當上皇太后，直到公元 1718 年去世，共64 年）。

王政君不但長壽、在后位時間長，而且接下來漢朝的所有政治活動，國家的走向，包括西漢的滅亡，幾乎都和她息息相關。也正因為王政君長時間執掌後宮，甚至遙控朝政，她的娘家人都沾她的光發達起來。權勢最煊赫之時，毫不弱於當年的霍家。《漢書·元后傳》引用班彪評論王政君的話："由孝元后歷漢四世為天下母，饗國六十餘載，群弟世權，更持國柄，五將十侯，卒成新都。"那位篡漢的王莽，就是王政君的姪子，是被王政君一手提拔起來的。

獲命運垂青的王政君

按照《漢書·元后傳》記載，王政君的母親李氏，在懷着她時，"夢月入其懷"，然後生下王政君。王政君慢慢長大，到了應該出嫁的年齡了。先是許嫁給一戶人家，可是沒等結婚，男方突然死了。後來，東平王想納她為妾，還沒等王政君嫁過去，東平王也死了。連續兩次未出嫁，未來的丈夫就莫名其妙死去，這在當時可是個了不得的大事，甚至能導致這個姑娘再也嫁不出去。王政君的父親王禁也很鬱悶，就去找人卜算了一卦。沒想到結論卻是"當大貴，不可言。"就是說此女的未來將貴不可言。於是，王禁將女兒訓練一番，學習了各種才藝技能，在王政君 18 歲的時候，將她送入皇宮做了家人子，也就是太子妃的候選人。

在皇宮苦苦等待一年多以後，王政君的機會終於來了。太子劉奭最寵愛的姬妾司馬良娣死了。司馬是姓，良娣卻不是人名，而是皇太子妾的一種稱號，屬於太子妾中品級較高的一種，地位僅次於太子妃。更要命的是，司馬良娣臨死時，哭哭啼啼地告訴劉奭，自己不是病死的，而是因為劉奭其他姬妾嫉妒、詛咒自己，自己是被她們活活咒死的。司馬良娣的話，劉奭深信不疑，從此對所有的姬妾再不加理睬。

這下，漢宣帝着急了。劉奭到現在還沒有兒子呢，身為皇位繼承人，遲遲沒有後代可是個大事。於是漢宣帝讓皇后挑選幾個合適的太子妃候選人，送給太子，讓太子從中挑選出自己滿意的。

此時漢宣帝的皇后，早已經是王皇后了。前面講過，許皇后被霍顯勾結醫生毒死，霍皇后參與娘家人謀反被廢，所以漢宣帝在選擇第三任皇后的時候，特意選擇了平時低調且沒有子嗣的王氏，然後讓劉奭認其為母。王皇后對待劉奭倒是真心的好，盡心盡力地撫養他長大。因此，王皇后的結局也是非常不錯，在劉奭即位後被尊為皇太后，漢成帝時被尊為太皇太后，居后位長達49年。

王皇后聽到這件事也很着急，親自挑選出 5 個貌美的女子，然後讓太子來挑選。這 5 個人中，就有王政君。太子對於挑選新的姬妾之事毫無興趣，但是又不忍心違逆皇帝和皇后的好意，敷衍地說：「隨便一個就行。」說着，用手隨意指了指。此時，命運又一次關照了王政君。因為王政君的位置距離太子最近，而且其他幾個都打扮得花枝招展，唯獨王政君打扮得比較素雅，所以非常顯眼，於是大家都認為太子欣賞的就是王政君了，就將她送入太子宮中，和太子劉奭成了夫妻。

太子本來已有十幾個姬妾，但是多年來一直沒有人懷孕。可是王政君卻是和太子一次歡好後，居然就懷孕了。十個月後，公元前 51 年，王政君給劉奭生下一個兒子。這下不但劉奭長出一口氣，連漢宣帝和王皇后都很高興。漢宣帝親自給這個小皇孫起名為劉驁，字太孫，並經常帶在身邊，親自教養。王政君當然是母憑子貴，身份陡升。

劉奭即位後，王政君被冊封為皇后。到了公元前 47 年，劉驁被立為太子。實際上，劉驁跟王政君並沒有甚麼感情。當年的緣分也只是因為胡亂的一指，連眼緣都談不上，其他的也就更加不值一提了。所以說，王政君的地位並不穩固，幾乎完全是靠着兒子劉驁的地位在支撐着。這位被漢宣帝寵愛的劉驁，小時候的表現還頗為搶眼，愛讀書，為人也寬博謹慎，等慢慢長大一些後，卻漸漸開始沉溺於飲宴享樂之中，不思進取。

此時的漢元帝早已有了其他兒子，他寵愛的妃子傅昭儀給他生下了兒子劉康。別看漢元帝治理國家的能力不行，在文學藝術方面卻是個高手，寫得一手漂亮的篆書，音樂方面更是全才，"鼓琴瑟，吹洞簫，自度曲，被歌聲，分刌節度，窮極幼眇。"而劉康在音樂方面也是內行，吹拉彈唱，無不精通。父子二人不時就一起彈奏一番。相同的愛好，使得漢元帝越來越喜愛劉康，越看劉驁越不順眼，於是動了更換太子的念頭。

王政君和劉驁當然都緊張異常，但又沒有任何好辦法。此時，命運之神再次垂青了王政君母子。漢元帝最信任的臣子史丹，在漢元帝的病榻前不惜一死，誓保劉驁的太子之位。史丹痛陳，太子在位十餘年，並沒有大的過失，如果貿然更換，乃是動搖國本的表現。邊說邊表示，願意一死來證明自己是一片忠心。

漢元帝本來就沒甚麼主意，又非常信任史丹，見史丹情真意切，一邊頓首下拜，一邊痛哭流涕，非常感動。加上想起皇后王政君為人謹慎，當年漢宣帝又特別喜愛劉驁這個孩子，也就打消了更換太子的念頭。

就這樣，劉驁太子之位有驚無險地保住了，王政君的地位當然也就沒有任何問題了。至於史丹為甚麼這樣力保劉驁？當然是將寶押在了他身上，希望將來更高的榮華富貴唄。顯然，史丹的押寶是成功的。

昭君出塞 | 51

　　漢元帝時，匈奴分裂成南北兩部，南匈奴呼韓邪單于和北匈奴郅支單于大打出手。為了結好漢朝，雙方都向漢朝示好，呼韓邪單于不但遣子為質，更是在公元前 51 年和公元前 49 年，兩次親自來長安覲見漢宣帝。郅支單于也曾經將自己的兒子送到漢朝做人質。後來，郅支單于見漢朝偏向呼韓邪單于，就又和漢朝翻了臉，殺害了漢朝使者。於是，漢軍在西域都護甘延壽和副將陳湯的帶領下，聯合西域十五國打敗了北匈奴，殺掉了郅支單于。陳湯那句名言“明犯強漢者，雖遠必誅”即出於此時。

　　呼韓邪單于聞訊，又高興又害怕。高興的是，自己沒有競爭對手了，害怕的是漢朝這麼強大，萬一要是看自己不順眼，也派大軍來攻打，自己可受不了。於是，公元前 33 年，呼韓邪單于第三次來漢朝覲見，並希望和漢朝和親，永結盟好。

　　漢元帝同意了呼韓邪單于和親的要求。這時的和親與當年的和親已經有了本質上的區別。當年漢朝初建，實力不如人，為了討好匈奴，不得不挑選皇室公主，至少也得是皇室宗親的女兒嫁給單于。現在不一樣了，現在的漢朝實力強大，是匈奴上趕着討好漢朝，所以現在隨便賞賜給呼韓邪單于一個宮女，他也得興高采烈地娶回去，還得封為閼氏，禮敬有加。

　　對於漢元帝來說，掖庭裏的宮女多了去了，所以隨便送幾個出去，他一點也不心疼。於是漢元帝宣佈，誰願意嫁到匈奴去，就把她作為公主對待。王昭君就是在這種情況下遠嫁匈奴的。

　　王昭君，本名王嬙，字昭君，本來也是住在掖庭裏的一名待選女子。像這樣的女子還有很多，其中很多人一輩子都見不到皇帝一面，更別說被皇帝選中作為妃子了，因而都盼望着離開皇宮，但是聽說是遠嫁到匈奴去，又都不願意了。這時，王昭君站出來，表示自己願意去匈奴和親。

漢元帝很高興地答應下來，並讓呼韓邪單于和王昭君在長安城中成了親。呼韓邪單于見漢元帝賜給自己這麼一個年輕漂亮的妻子，自然很高興。當然他更滿意的是漢廷賞賜的豐厚嫁妝，哪怕這個公主是假的，嫁妝可是一點也不摻假。

呼韓邪單于和王昭君成親後，該返回匈奴了，於是一起去向漢元帝辭行。這是漢元帝第一次見到王昭君，當然也是最後一次。一見之下，漢元帝被王昭君的美貌驚呆了，非常後悔將她嫁給匈奴人，奈何木已成舟，只得遺憾地送他們上路了。

王昭君到達匈奴，很受呼韓邪單于的寵愛，被立為寧胡閼氏，寓意為她將給匈奴帶來和平、美好和安寧。王昭君慢慢習慣了匈奴的生活，和當地人相處得很融洽。她一面不斷規勸呼韓邪單于不要隨意發動戰爭，一面把漢朝文化和技術教給匈奴人。在王昭君的努力下，呼韓邪單于和後來的幾任單于都和漢朝保持了較為友好的關係。王昭君死後，她的女兒、外孫、姪子等人，依舊為漢朝和匈奴的友好努力着。這種和平保持了差不多六十年，《漢書・匈奴傳》稱"是時邊城晏閉，牛馬佈野，三世無犬吠之警，黎庶亡干戈之役。"這就是在民間廣為流傳的"昭君出塞"的故事。

王昭君是否是自願遠嫁到匈奴，史書中記載並不一樣。《漢書・元帝紀》和《漢書・匈奴傳》中的記載為："賜單于待詔掖庭王嬙為閼氏"和"元帝以後宮良家子王嬙字昭君，賜單于。"就是說，王昭君根本不是自願出塞的，而是被漢元帝下令賞賜給呼韓邪單于的。然而到了《後漢書・南匈奴傳》裏，昭君出塞又被記載成了自願："昭君字嬙，南郡人也。初，元帝時以良家子選入掖庭。時呼韓邪來朝，帝敕以宮女五人賜之。昭君入宮數歲，不得見御，積悲怨，乃請掖庭令求行。呼韓邪臨辭大會，帝召五女以示之。昭君豐容靚飾，光明漢宮，顧景裴回，竦動左右。帝見大驚，意欲留之，而難於失信，遂與匈奴。"

　　以上都是正史，記載卻是差異明顯。哪種準確性相對高一些呢？《漢書》為東漢史學家班固所著，《後漢書》為南北朝時期南朝宋的史學家范曄所著，按照時間早晚及資料的翔實性來說，應該是《漢書》可靠性更高一些。但是有趣的是，後世廣泛流傳的，卻偏偏是《後漢書》所記載的昭君自請出塞的版本，而《漢書》的版本，反而沒有多少人知道了。

外戚王家的囂張氣焰 | 52

　　昭君出塞後沒多久，也就是公元前 33 年五月，年僅 42 歲的漢元帝病死。太子劉驁即位，是為漢成帝。那位傳奇皇后王政君，順理成章的成了皇太后。

　　在漢元帝時期，王政君的娘家就已經富貴發達起來，但是因為沒能真正掌握朝堂上的大權，所以還算不上權傾朝野。現在王政君的兒子當上皇帝，王政君當上皇太后了，王家也成了最頂級的豪門世家。王政君的父親王禁，在漢元帝剛剛冊封王政君為皇后的時候，就被封為陽平侯。王禁子嗣眾多，有八個兒子，四個女兒，王政君是他的第二個女兒。不過沒等到劉驁繼位，王禁就死了，他的封爵由長子王鳳繼承。

　　漢成帝劉驁繼位後，拜自己的大舅王鳳為大司馬大將軍兼領尚書事。這個職位，就是當年霍光的職位。王鳳一舉掌握了朝政大權。同時，漢成帝還增加了王鳳的食邑，王鳳成了地道的萬戶侯。然後，漢成帝又封王政君的同母弟王崇為安成侯。其他的五個舅舅，漢成帝也沒虧待，都賜爵關內侯，給食邑。

　　幾年後，漢成帝又在同一天內，將自己的五個舅舅從關內侯晉封為列侯（比關內侯高一級）。其中，王譚為平阿侯、王商為成都侯、王立為紅陽侯、王根為曲陽侯、王逢時為高平侯。因為是同一天內五人一起封侯，世人稱其為"五侯"。這樣一來，王家八兄弟中，除了王曼早死之外，其餘的七個都成了列侯。

王鳳大權獨攬之後，在一大家子兄弟、子姪的幫助下，專權跋扈、黨同伐異，凡政治立場不合者，或殺或逐。如此以來，朝中剩下的幾乎都是王家人或親近王家之人，包括地方之上的官吏，也漸漸地換成了王鳳的黨羽。這也就為接下來的王莽篡漢打下了基礎。

不但朝中羣臣懼怕王家，權威鼎盛之時的王鳳，連皇帝都不得不看其眼色行事。一次，漢成帝看中了光祿大夫劉向的兒子劉歆，認為他聰慧通達、博學多才，就準備提拔他為中常侍。中常侍只是一個虛銜的加官，屬於皇帝的近臣，有資格陪伴在皇帝身邊。也就是皇帝為了方便召見某人，給予他一個沒有多大權力的官職而已。漢成帝命人將官服都準備好了。就在準備正式任命時，旁邊的大臣提醒皇帝，"大將軍王鳳還不知道這事呢！"漢成帝無所謂地擺擺手説："這麼一件小事，大將軍知不知道有甚麼關係啊？"可是大臣們執意不從，堅持讓皇帝必須通知大將軍，等大將軍點頭認可才行。漢成帝無奈，只得命人告知王鳳。沒想到王鳳認為這件事不妥，不同意。於是，這件事就此罷論。王鳳的威權由此可見一斑。

王鳳死後，由其最貼心的堂兄弟王音接替他執掌朝政，不過官銜稍有不同，王音擔任的是大司馬、車騎將軍。王音是王弘的兒子，而王弘是王禁的弟弟。王鳳活着的時候，王音對王鳳是尊敬不已，在這個堂兄的面前，王音謙恭得簡直像兒子尊敬老子那樣。因此，王鳳臨死前才撇開自己的幾個親兄弟，推薦這位堂兄弟接替自己的職位。

相對來説，王音算是王氏一門中最為正直之人了。在他輔政期間，也多次向漢成帝提出一些好的建議，"王氏爵位日盛，唯音為修整，數諫正，有忠節。"王音輔政八年，死後由成都侯王商接替，王商的官銜為大司馬、衛將軍。

既然王音算得上忠臣，為甚麼不趁機還政於君，另外選王氏一門之外的人來接替這個大司馬的職位，從而平衡一下朝局呢？最主要的問題是皇帝不要他們還政。漢成帝一門心思信任自己母親的娘家人，就是讓他們替自己治理這個國家。當初還是王鳳執掌朝綱的時候，漢成帝不是沒機會削弱王家的勢力，甚至罷免王鳳。可架不住皇帝對所有關於王家為非作歹的一切，一概裝聾作啞、不聞不問，讓人只能徒呼奈何了。

王商死後，由大司馬、驃騎將軍、曲陽侯王根接替。王根臨死前，又推薦自己的姪子王莽接任大司馬的職務。這時的王莽，也已經早就被冊封為新都侯。

終漢成帝時期，王家先後九人封侯，五人擔任大司馬。古今罕見。即使當初的霍氏一族，也不及也。當然，論起對朝廷的功勳、威望和才能，王鳳等人是騎着馬也趕不上霍光的。

趙飛燕的故事 | 53

在王鳳等人大權獨攬，王家徹底掌握漢朝朝政之時，漢成帝在幹甚麼呢？這位漢成帝覺得朝廷中有王家替自己執掌朝綱；邊境上有精兵強將威震四方，自己只需要踏踏實實享受皇帝的美好生活就行了。既然要享受美好生活，那當然離不開美人。除了皇宮中的皇后、妃、嬪之外，漢成帝還經常外出，尋歡作樂。

公元前 18 年的一天，漢成帝到陽阿公主家裏去玩樂。陽阿公主將家中精心培養的的歌女叫出來給皇帝唱歌跳舞，以助酒興。結果漢成帝一眼就看中了其中一個姓趙的歌女，向陽阿公主討要。陽阿公主培養這些歌女，本來就是為皇帝準備的，現在機會終於來了，當然是興高采烈地將她敬獻給漢成帝。看來，大漢公主都有給皇帝培養歌女的愛好。趙飛燕進皇宮的故事，簡直就是當年衛子夫的翻版。

這個趙姓歌女因為長得嬌小玲瓏，舞姿輕盈如燕飛蝶舞，故得名為"飛燕"。趙飛燕出身於平民之家，剛出生時，父母嫌棄是個女孩，不想要，於是將她拋棄。結果過了三天，這個小女孩也沒死。父母不忍心了，又抱回家撫養。這才有了後來的趙飛燕。稱頌美女不同風情、各有所長的"燕瘦環肥"中的"燕"指的就是趙飛燕（環是指的唐朝的楊玉環）。

趙飛燕進宮後，很快就將漢成帝迷住了。不久後，漢成帝聽說趙飛燕還有個妹妹叫趙合德，也是美貌無雙，和姐姐趙飛燕各有千秋。便又將趙合德召入宮中，讓這姐妹二人陪伴在自己左右。於是，姐妹二人"俱為婕妤，貴傾後宮。"但光是冊封為婕妤，顯然無法滿足趙氏姐妹的胃口，她們的目標可是皇后的位置。那就想辦法、找理由，讓皇帝廢掉現在皇后。果然，以趙飛燕姐妹在皇帝心中的位置，沒費太大力氣，許皇后就被廢掉，空出了寶座。

不過，在準備封趙飛燕為皇后的前夕，又出現阻礙了。諫議大夫劉輔上書反對此事。漢成帝毫不客氣，下詔將劉輔押入大牢。大臣們聯名求情、費盡週折，劉輔才勉強保住性命。這時，漢成帝的母親，皇太后王政君又出來反對。王政君是嫌棄趙飛燕的出身太低微，覺得冊封這麼一個平民家的女兒為皇后，有失皇家威嚴。其實，她王政君自己的出身也沒高到哪裏去，不過也就是一小吏之家。但是再多的困難，難不住漢成帝對趙氏姐妹的滿腔愛意。當然，漢成帝不可能把自己的親媽下獄，就派皇太后身邊的親近之人反復去做她的思想工作。在基本取得王政君的同意後，漢成帝又封趙飛燕的父親趙臨為成陽侯。這樣一來，趙家也算進入了權貴階層。

掃清一切障礙後，公元前 16 年，漢成帝封趙飛燕為皇后、趙合德為昭儀。心滿意足的漢成帝和趙氏姐妹終於暫時踏實下來。

　　漢成帝一直有一個最大的問題，就是沒有兒子。後宮那麼多妃嬪，倒不是沒有人給他生下兒子，而是生下好幾個都夭折了。趙飛燕姐妹專寵後宮十幾年的時間，也沒有給漢成帝生下一男半女。公元前9年，定陶王劉欣來長安城朝見皇帝。劉欣是劉康的兒子，當年漢元帝寵愛多才多藝的劉康，差點讓他替代劉驁做了太子。此時，劉康早已死去，劉欣繼承了王位。劉欣知道漢成帝沒有子嗣，於是對皇帝的那張寶座就動起了心思。

　　為了向皇位靠攏，到達京城後，劉欣大肆活動，凡是能影響到皇帝決定的人，像皇太后王政君、大司馬王根等，他都是重金結好。其祖母傅太后（就是劉康的生母，漢元帝的妃子傅昭儀）當時還健在，也是傾盡全力，支持自己的孫子爭取這個儲君之位。當然，他們最主要的目標還是趙氏姐妹。為了結好趙氏姐妹，定陶王一系拿出數不清的珍玩珠寶、金銀布帛，終於買動了她們，答應幫劉欣在漢成帝面前說話。本來漢成帝就在為繼承人的問題焦急，劉欣又是他的親姪子，加上身邊最親近的人都在幫劉欣說話，漢成帝也就答應下來。

　　公元前8年，劉欣被立為皇太子。

王莽篡漢 | 54

　　就在定陶王劉欣被立為太子前後，大司馬王根病重，推薦自己的姪子王莽接替自己的職位。漢成帝痛快地答應了。就這樣，38歲的王莽接替王根，坐到了大司馬的位置上，成了王家，同時也是大漢朝廷的主事人。

　　王莽生於公元前45年，是王曼的次子。他的父親王曼在王政君的八個兄弟中去世最早。在王莽少年之時，他的父親和哥哥就都相繼去世了，王莽大部分時間是跟隨在叔伯們身邊生活。漢成帝即位，王鳳兄弟幾人都被封侯的時候，只有王曼這一支沒趕上這次機會。也因此，在整個王家，王曼這一支算是相對窮困的。

嶄露頭角的王莽

王莽在家族中的名聲一直很好，孝順母親、尊敬叔伯、友愛兄弟、謙恭有禮。當王氏家族大權在握的時候，家中之人難免驕橫跋扈、橫行不法。包括王鳳等老一輩的人都如此，下一代就更加不堪了，一個個吃喝玩樂、聲色犬馬。唯獨王莽成為了一股清流般的存在。

當時的王莽，幾乎佔全了孝、悌、忠、信、禮、義、廉、恥這八個字，成為傳誦一時的道德楷模。王莽服侍自己的母親和寡嫂，非常孝順和恭敬；撫育哥哥留下的孩子，並將他送入名師門下。生活上，王莽勤儉節約、獨守清淨；追求學問上，王莽努力讀書，孜孜不倦；待人接物上，王莽謙恭和藹，虛心待人；對待自己那幾位叔伯，王莽也是極盡孝順、尊敬之能事。

王鳳病重期間，王莽在牀前殷勤伺候，親嚐湯藥，幾個月的時間衣不解帶，人明顯消瘦了很多。王莽的舉動讓王鳳感動不已，於是在臨終前將他託付給太后王政君，希望王政君能儘量多照顧一下這個可憐的姪子。王政君本來就對王莽的觀感不錯，加上大哥臨終前的託付，又加上自己也挺可憐、心疼這個姪子，於是從此對王莽另眼相看。此前王莽雖然已經步入仕途，但是並不受重視，而自此之後，王莽可謂平步青雲，開始了獨屬於他的飛騰之旅。

幾年之後，王莽的叔父成都侯王商又主動給皇帝上書，願意將自己的部分封地讓給王莽，希望皇帝能給王莽也封侯。此事傳出之後，朝中大臣紛紛上書稱讚王莽。漢成帝本來就對王莽的印象不錯，自己的母親王政君更是不斷給王莽説好話，因此此事順利通過。公元前 16 年，王莽被封為新都侯、騎都尉、光祿大夫、侍中。不但正式進入勛貴階層，更是成了皇帝的侍衛近臣。從此，王莽有了更多的機會在王政君和漢成帝面前表現。

王莽的表現也確實是異常搶眼，"宿衛謹敕，爵位益尊，節操愈謙"，隨着王莽的地位越來越高，為人卻越來越謙和。按照《漢書·王莽傳》記載，此時的王莽，禮賢下士、謙恭和藹，經常用自己的俸祿救濟門客和百姓，甚至將家裏的馬車賣掉救濟貧民，以至於家裏都沒有多餘的財物。同時，王莽還接納、供養了許多名士，並大量結交將相公卿、豪門權貴。

在這樣多管齊下的情況下，王莽幾乎得到了自太后、皇帝、勛貴、公卿，到學者、名士、百姓等所有階層的一致擁戴。其名聲傳遍朝野、遠播四方，一時無兩。此時，王莽的名聲早就超過了他的那些大權在握的叔叔們，這也就為接下來王莽入主王家，打下了堅實的基礎。

皇帝和權臣的較量

公元前 8 年，王莽擔任了大司馬，開始執掌朝政。當然，王莽的崛起之路並非一帆風順，家大業大的王家也遇到過強勁的對手。歸根結底，他們的權力來自於皇帝，皇位的更替，理所當然會引起權力的爭鬥，王家當然也不能倖免。

就在王莽上位後不久，公元前 7 年，45 歲的漢成帝暴亡。這天晚上，漢成帝又住在了趙合德的宮中。第二天早晨準備起牀的時候還毫無異樣，哪知漢成帝衣服剛剛穿了一半時，突然身體動不了了，也不能説話了，連衣服都抓不住了。沒過一會，人就死了。這下，朝野上下全亂套了。皇帝暴斃，太后王政君"治問皇帝起居發病狀"，大家不約而同地將矛頭指向趙合德。趙合德眼見無路可走，自殺身死，算是給漢成帝殉葬了。

接下來，太子劉欣即位，是為漢哀帝。漢哀帝尊王政君為太皇太后，趙飛燕為皇太后。並尊自己的祖母傅太后為恭皇太后，自己的母親丁氏為恭皇后。此時漢哀帝早已經娶了祖母傅氏娘家的女孩，立為傅皇后。

面對大權獨攬的王家，漢哀帝當然要強化皇權，分化、排擠王家的勢力。其方法也很簡單，給王家找幾個強勁的對手就行了。一方面，傅氏家族和丁氏家族得到大量的封賞，家族子弟紛紛進入朝堂。同時，漢哀帝感念趙飛燕姐妹當初擁立自己的功勞，在尊趙飛燕為皇太后的同時，也大肆加封趙家之人。如此一來，既是對當初給予自己助力之人的回報，也給王家豎立幾個對手，好制衡一下王家的權勢。

面對漢哀帝的步步緊逼，王政君和王莽都頗感為難。王政君索性以退為進，主動下了一道詔書，斥責姪子王莽，讓他主動辭職回家。王莽立刻明白了姑姑的手段，馬上向皇帝上書，"乞骸骨"，意思就是自己年紀大了，沒精力再為朝廷做貢獻了，請求辭職回鄉安度晚年，使自己這把老骨頭能歸葬家鄉。

漢哀帝當然希望王莽離開，但是又不敢立刻答應。畢竟此時的王家，勢力遍佈朝野，自己所扶持的勢力距離真正掌握朝政大權還有很長的路要走。毫不誇張地說，如果此時以王莽為首的王氏一門全部撂挑子，朝政能立刻陷入停頓狀態。漢哀帝不得不讓幾個朝廷重臣去王政君面前說好話，懇請王政君讓王莽留下。拿捏一番後，王政君才算收回詔書，讓王莽繼續留下做大司馬。漢哀帝還得作出一副興高采烈的樣子，心中暗暗鬱悶不已。這一回合算是王政君和王莽小勝。

這一切讓漢哀帝更加忌憚王家，在自己的勢力初步成型之後，與王家的爭鬥注定會更加激烈。後來，曲陽侯王根和成都侯王況（王商的長子，繼承了王商的爵位）犯錯被抓住把柄，遭到彈劾。雖然罪不至死，而且王根當過大司馬，算是有大功於國，但是責罰難免，結果王根被趕出京城，返回封地，王況更是被直接貶為庶人，趕回老家。漢哀帝還藉機罷黜了一批經王家舉薦而升遷的官吏。漢哀帝扳回一局。

有一次，漢哀帝在未央宮舉行宴會。負責安排座位的內者令將傅太后的座位放在了太皇太后王政君的旁邊，和王政君並排。王莽一見，勃然大怒，指着內者令痛斥：「定陶太后藩妾，何以得與至尊並。」意思是，傅太后當年只不過是漢元帝的一個普通妃子，哪裏有資格和太皇太后王政君並列而坐。説完，勒令內者令立刻將給傅太后安排的座位撤去，重新安排。傅太后聞聽，差點沒氣死，説甚麼也不肯去赴這個宴會。漢哀帝惱怒異常，但是因為王莽所説又符合當時禮法的規定，漢哀帝也是無計可施。王莽又替王政君贏回一局。

不管怎麼説，漢哀帝畢竟掌握着大義和名分，而此時王莽的勢力還遠遠達不到能篡位的程度。因此，隨着漢哀帝逐漸掌握了朝政大權，皇帝的親信勢力也越發壯大，王家受到的壓力越來越大。面對皇帝的步步緊逼，王莽不得不再一次「乞骸骨」。感覺已經掌握大局的皇帝，這次也沒客氣，痛快答應了王莽的請求，將這個心腹大患打發回了他的封地新都。王家的勢力跌入谷底。

如果截止到這裏為止的話，王家和王莽完敗，漢哀帝大獲全勝。可惜，這裏遠遠不是終點，最多算中場休息。

王莽戰勝皇帝

王莽辭職歸隱於封地新都，閉門不出。當然，以王莽的襟懷和抱負，是不可能這麼輕易認輸的，重新崛起的機會還多得是。但是，王莽也明白，不能與皇帝正面硬碰硬，必須以巧破之。於是，王莽再次選擇以退為進，選擇了隱忍待發。

一次，王莽的二兒子王獲打死了自家的一個奴僕。主人無故打死奴僕，在當時也屬於違法行為，但是這事可大可小，尤其是在王家這樣的權貴之家，絕對算不上甚麼事。小呢，告誡一番就算完了；大呢，不過是處罰一頓，再賠點錢了事。不過即使再往嚴重裏說，主人也只是受罰，斷沒有償命的道理。可是王莽卻偏偏非常嚴厲地處罰了王獲，並逼着他自殺，給死了的奴僕償命，"莽切責獲，令自殺。"這一下，所有人都稱頌王莽是個正直無私的人，其聲望幾乎可與聖人比肩。本來在王莽辭職歸隱時，就有很多人認為皇帝這樣對待他不公平，替王莽奔走呼號。現在王莽逼死兒子之事一出，有無數官吏、士人，甚至百姓向皇帝上書，為王莽說好話，希望皇帝能讓王莽復出。

漢哀帝迫於越來越大的壓力，只得在公元前 2 年再次召王莽回京，但是皇帝是以太皇太后王政君年事已高，需要有親人在身邊服侍為理由將王莽召回的，所以並沒有恢復他的官職。到這裏，只能說王莽略略挽回了一點頹勢，並沒有對漢哀帝造成太大影響，更談不到重新掌握朝政大局。如果照這樣發展下去，用不了太長時間，等王政君一死，王家也就失勢了，但是不久後，局勢就發生了翻天覆地的變化。其起因是漢哀帝自己作死，這裏的作死，是真的作死，把自己往死裏作的意思。

如果說漢成帝劉驁算是個昏君的話，這個漢哀帝劉欣，比起劉驁還要差得很遠。劉欣自從當上皇帝開始，除了培植自己的親信勢力，從王家手裏奪權之外，基本就沒怎麼幹過正事。那他都幹了甚麼？怎麼打發時間呢？八個字可以概括：吃喝玩樂、胡作非為。

和當年那個僅當了 27 天皇帝就被廢掉的漢廢帝劉賀相比，劉欣除了及時抓住權力之外，其他的也差不了多少。經過劉欣日夜不停地折騰，公元前元年，也就是王莽被召回的第二年，漢哀帝劉欣終於把自己折騰死了，年僅 25 歲，只做了 6 年的皇帝，而且也沒有留下子嗣。

當時，漢哀帝的祖母傅太后，生母丁皇后也已經早於漢哀帝去世，漢哀帝的傅皇后年紀輕輕，毫無主見。當時的大司馬是漢哀帝的寵臣董賢，此人是個佞幸之輩，面對漢哀帝的死亡，也是束手無策，不知如何是好，連如何辦理漢哀帝的喪事都不知道。

此時的王政君雖然已經是 70 歲的高齡，卻是老辣無比。見此良機，迅速出手。王政君一面迅速調集部分王氏子弟控制皇宮各要害部門，一面坐着車駕到了未央宮。到達之後，先是將玉璽收繳上來，掌握在自己手中。然後，面對着惶惶然的大司馬董賢，沉穩地問道：「你打算怎麼辦理皇帝的喪事？」這時的董賢早就六神無主，哪裏還能拿得出完整的章程來，只得拜倒於地，一邊叩頭請罪，一邊懇請太皇太后主持一切事宜。王政君順理成章地說：「新都侯王莽曾經以大司馬的身份主持過先帝的喪禮，熟悉所有禮儀，讓王莽來幫你辦理，可好？」董賢哪敢反對，叩頭答應。王莽重新回到大漢中樞。

王莽回來的第一件事，就是搜集董賢的罪證，然後匯報給王政君，準備藉助王政君的口奪取兵權。董賢平素為人太差，看他不順眼的大臣比比皆是。現在見王莽挑頭，紛紛藉機告發董賢的各種不法事宜。王政君趁勢讓王莽收回了董賢的兵權，並將之免職。隨後，董賢自盡而亡。接下來，王政君下詔書，讓大臣推舉新的大司馬人選。這還推舉甚麼呀？這不明擺着，王莽就是唯一的候選人嗎？於是，王莽再次登上大司馬的寶座。

雖然王氏家族的勢力這幾年遭到漢哀帝的打壓，但是幾十年的積累，堪稱根深蒂固，短時間內哪有那麼容易徹底清除？只不過在皇權強盛時，暫時收斂、蟄伏而已，王家的實力，依然雄厚。而且因為此時既沒有皇帝，也沒有太子，所以這次，王莽在王家嫡系人馬的支持下，徹底掌握了朝政大權。

王莽的心機

別看王莽平素總是一副謙恭和藹、雅量高致的樣子，但是在權力之爭上面，他可不是甚麼大度之人。上台之後，當然要清算舊賬。所有幫助過漢哀帝，或者漢哀帝扶植起來，用來制衡王家的勢力，有一個算一個，挨個清算。

漢哀帝的祖母和母親雖然已死，但還是被革去尊號，墳墓被挖開，然後按照普通百姓的規格再次安葬。趙飛燕的結局也不好。漢哀帝活着的時候，就不斷有人上書指責趙飛燕及趙氏家族，只不過漢哀帝念在她當初曾經幫助過自己，當下又是共同對付王家的盟友，沒有處置她。現在漢哀帝已死，趙飛燕最大的保護傘沒有了，王莽也就不再客氣，以王政君的口氣斥責趙飛燕："前皇太后與昭儀俱侍帷幄，姊弟專寵錮寢，執賊亂之謀，殘滅繼嗣以危宗廟，悖天犯祖，無為天下母之義。貶皇太后為孝成皇后，徙居北宮。"乾脆利落地廢掉了趙飛燕的皇太后身份。過了一個月，王莽又用王政君的口氣下詔，將趙飛燕和漢哀帝的傅皇后一起貶為庶人，並讓她們二人分別去看守自己丈夫的陵寢。被貶當天，二人同時自殺。

清理完皇宮內廷，朝堂之上就簡單了。本來傅家、丁家、趙家等等，只是這幾年才剛剛崛起，在朝堂上的根基並不穩固，輕易就被王莽連根拔起。

這下，皇宮內，太皇太后王政君獨尊；朝堂上，王莽一手遮天。王莽可沒有當年霍光的忠心，甚麼伊尹、周公之類的，哪有自己當皇帝來得痛快。至此，大漢朝距離改姓王，只是時間早晚而已了。

不過，當下最要緊的是，漢哀帝死了，皇位該由誰來繼承呢？王莽感覺自己現在坐上去時機還不成熟，還得找個姓劉的來坐在那裏裝裝樣子。找誰呢？選來選去，王莽選中了中山王劉衎。

為甚麼選他呢？這得往上數到漢元帝劉奭那裏。劉奭有三個兒子，長子是漢成帝劉驁，但是劉驁並沒有留下子嗣。次子是定陶王劉康，也就是漢哀帝劉欣的父親。劉康應該只有劉欣一個兒子，而劉欣沒有後代，所以這一脈也沒人可做候選人了。三子是中山王劉興，當初漢成帝立劉欣為太子之前，還曾經有大臣勸漢成帝立這個弟弟為接班人，只是後來沒被採納。當然，立了也白立，因為劉興在公元前8年就死了，那時漢成帝還在呢。劉興死後的第二年，他唯一的兒子，年僅3歲的劉衎繼承了這個中山王的爵位。也就是說，劉衎是漢哀帝劉欣的堂弟，同一個輩分。到漢哀帝死的時候，也就是公元前1年，劉衎也剛剛9歲。

劉衎之所以被王莽選中，一是因為他是和漢哀帝血緣關係最近的唯一候選人；另一個重要原因是，一個剛剛9歲的孩子，而且其母親、祖母一系的外戚勢力也不算強大，便於控制。於是，在漢哀帝死後不久，劉衎被迎進京城即位，是為漢平帝。轉過年來的公元元年，漢平帝改年號為元始元年，正式開始他的時代。但是一個10歲的孩子不可能真的治理國家，再加上劉衎身體還不怎麼好，因此是由王政君代替他執政。一個70多歲的老太太當然也沒那個精力和能力來掌握朝堂，所以，真正的大權就落到了王莽的手裏，所有朝政大事幾乎都由王莽一言而決。《漢書・元后傳》記載："帝年九歲，當年被疾，太后臨朝，委政於莽，莽顓威福。"

王莽深知，此時整個大漢朝上上下下，能夠鉗制自己的只剩下了自己的姑姑王政君。於是，王莽費盡心機討好王政君。當年王政君的七個兄弟都封了侯，但是王政君還有三個姐妹。於是王莽奏請王政君，將她的三個姐妹都予以加封。其中，王君俠為廣恩君、王君力為廣惠君、王君弟為廣施君，並且都賞賜給湯沐邑。於是這些人在王政君面前"日夜共譽莽"，不斷地說王莽的好話。

這還不算，王莽還琢磨着，像王政君這樣的老太太，雖然錦衣玉食，但是一輩子悶在皇宮之中，一定"厭居深宮"，於是不時地組織各種活動，讓老太太參加，而且是一年四季，換着花樣讓老太太四處遊玩，登山涉水、狩獵郊遊。凡是老太太所到之處，王莽還會讓人以太皇太后王政君的名義，給當地百姓以各種賞賜。百姓得到賞賜，當然對王政君感激涕零。王政君的內心當然也充分感受到了滿足。於是王政君越玩越開心，越看王莽越順眼，也就越發放心的將朝政大權徹底交給王莽，自己過起了優哉遊哉的幸福生活。

安漢公王莽

在哄王政君開心，自己徹底掌握朝政大權的同時，王莽大肆任用私人，將自己這一系的官員如孔光、王舜、甄豐、甄邯等，或者提升，或者安置到重要的崗位上。而對於那些怨恨、反對，或者暗中和自己作對的，不管是普通官吏也好，還是皇室貴族也好，王莽都是毫不手軟，該殺的殺，該貶的貶，該奪爵的奪爵。

此時的朝堂之上，不僅是王莽的一言堂，甚至到了都不需要王莽出頭，自有心腹揣摩着他的心思，向皇帝或者太皇太后上奏的地步。凡是對王莽有利的，例如加官、進爵、封賞之類的，王莽三番五次推辭，藉以博得聲望，迷惑太皇太后和小皇帝。當然，最後這些好事還是會一件不落的落到王莽頭上。而凡是不利於王莽的消息或事情，根本就不會出現在朝堂上，更別說讓小皇帝和太皇太后知道了。

各地的地方官也幾乎都唯王莽的馬首是瞻。為了討好王莽，公元元年的一天，益州的地方官帶着南方的蠻夷部落越裳氏前來表示友好，敬獻白雉，就是白色的山雞。這在當時可是吉祥的象徵。於是朝中大臣紛紛引經據典，向太皇太后王政君上奏，說當年周朝的周公輔成王的時候，就有塞外蠻族敬獻白雉，現在又來敬獻，這就說明大司馬王莽就是漢朝的周公。因此新都侯的爵位已經不適合王莽了，根據王莽"定國安漢家"的功勞，應該進爵為"安漢公"，封地也應該類比開國的丞相蕭何，漢昭帝、宣帝時期的輔政大臣霍光。王政君見自己的這個姪子聲望如此之高，也很高興，同意了大家的建議。

王莽聞聽此事，急忙上書推辭。王莽表示，之所以有現在的局面，不全是自己一個人的功勞，還有孔光、王舜、甄豐、甄邯等人的輔助之功，這次您乾脆只封賞那四個人算了。然後王莽又再三再四地推辭，堅決不接受封賞，甚至在王政君召他進宮，準備當面封賞的時候，他在家裝病，"莽稱疾不肯入"。

王政君一看，乾脆將這幾個人一塊封賞。於是加封孔光為萬戶侯、太師；王舜為萬戶侯、太保；甄豐為廣陽侯，食邑五千戶，少傅；甄邯為承陽侯，食邑兩千四百戶。王莽、孔光、王舜、甄豐四人為"四輔"，就是四個輔政大臣。然後晉封王莽為安漢公、太傅，位列四輔之首，封邑兩萬八千戶。王莽接受了安漢公的封號，又推辭了半天，堅決表示要退回增加的封邑。

一番封賞之後，王政君明確表示，皇帝年幼，還不能處理國家大事，自己又"春秋高，精氣不堪"，所以"自今以來，惟封爵乃以聞，他事，安漢公、四輔平之。"就是除了封爵這樣的大事告訴自己一聲以外，其他的朝政之事都由王莽、四輔他們看着處理就行，不用告訴我了。這下，王莽的權力更是大到極點，幾乎快和皇帝的權力等同了。

接下來，為了收買人心，王莽大肆慷國家之慨，廣開善門。先是優待皇族，王莽奏請王政君，將漢宣帝的三十六個後代子孫都封為列侯，其他諸侯王、諸侯、列侯等，沒有兒子但是有孫子的，就由孫子繼承爵位。皇族中即使是曾經因為犯罪被削去爵位的，也一律恢復爵位，被開除族籍的，也都予以恢復。

拉攏完皇族，就輪到朝臣了。王莽規定，所有在職的王公大臣，各按等級封賞。同時規定，凡是二千石以上的高官，退休後，終身給予三分之一的俸祿作為養老金。二百石以上的官吏，試用期沒滿的，都按照已滿對待，發全額薪俸。

同時，王莽也沒忘記再下層的士人和百姓，"上尊宗廟，增加禮樂，下惠士民鰥寡，恩澤之政無所不施。"這還不算，按照《漢書‧平帝紀》記載：賜天下民爵一級。這下，王莽更是得到朝野及全天下所有階層的擁護和愛戴，其聲望達到頂點。

戲份到了這個地步，王莽感覺還差點，於是又打起艱苦樸素的主意。公元2年，中原大旱，又鬧蝗蟲，百姓死走逃亡。王莽向王政君建議，由王政君帶頭過起了艱苦樸素的日子。王莽自己全家更是只吃素，不用酒肉，並且帶頭拿出一百萬錢和三十頃地，交給國家，用以救濟災民。在王莽的帶頭下，有二百三十多名官員積極響應號召，出錢的出錢，出地的出地，再加上減收受災地區的賦稅，受災地區的百姓慢慢安頓下來。這下，王莽的聲望更是直衝霄漢。

王政君聽說王莽為了救災省錢，一直吃素，更是感動不已，特意下詔："聞公菜食，憂民深矣。今秋幸執，公勤於職，以時食肉，愛身為國。"意思就是，聽說你一直只吃素，這可不行啊，現在國家最困難的時期已經過去了，你應該開始吃肉了，哪怕是為了國家，你也得多愛惜自己的身體啊。

王莽殺子

聲望、地位到了如此地步，王莽感覺還是不夠，還應該再繼續提高。還怎麼提高呢？簡單，有霍光的故智在前，模仿就行了，那就是以女配帝，就是將自己的女兒送進皇宮做皇后。這時已經到了公元3年，漢平帝12歲，可以選皇后了。於是王莽奏請太皇太后王政君同意，開始給漢平帝選妃。沒多久，就報上來幾十個姑娘的名字。作為候選人之一，王莽的女兒當然在列。王莽要想確保自己的女兒爭取到唯一的那個名額，就必須淘汰掉其他候選人。於是，王莽再次以退為進。

王莽拿着名冊去見王政君，謙虛地表示，自己德行不夠，自己的女兒才貌也不足，而且這些候選人裏面，王家的女子還有很多，這樣不太合適，所以，請太皇太后先將我女兒的名字劃去吧。王莽的做法再次感動了王政君，認為他誠心誠意為大漢江山，為皇帝着想，不讓王家的勢力更加擴大。於是王政君下詔："王氏女，朕之外家，其勿採。"意思就是王家是我的娘家，所有王家的孩子，都退出這次皇后的採選，其中當然也包括王莽的女兒。王政君的這道詔書一下，滿朝文武大臣、將相公卿都不幹了，別的王家女孩無所謂，王莽的女兒可不能退出這次採選。於是大家全都向王政君上書，紛紛為王莽的女兒打抱不平，強烈建議，不能取消王莽女兒的候選人資格，正確的做法應該是直接立王莽的女兒為皇后。

王政君每天接到的懇請奏章幾乎到千份。王政君也有點傻眼了，這也太厲害了吧。看這樣子，如果不立王莽的女兒為皇后，簡直成罪大惡極的罪人了。最後連王政君都感覺不能違逆這麼多人的意願，立就立吧。王莽又是幾番推辭，最終同意。於是，公元 4 年，王莽的女兒成了漢平帝的皇后。王莽成了皇帝的岳父，地位更高。

不過在此期間，王家內部出了一點小亂子。漢平帝即位之後，王莽為了不讓漢平帝的生母衛氏一族崛起，防止再出現能和王氏家族競爭的外戚，因而敕封漢平帝的生母衛氏為中山王后，就讓她帶着自己的弟弟等衛氏族人留在中山國，不許到京師來。衛后只有這麼一個兒子，年紀又小，心疼兒子，就上書給王莽，希望王莽能同意自己到京師來照顧兒子。王莽始終不答應。王莽當然是希望將皇帝嚴嚴實實地關在皇宮中，牢牢地攥在自己的手心裏，才感覺踏實，但是這事讓王莽的長子王宇頗為不安。王宇擔心，自己的父親如此不通人情，不讓人家母子相聚，一定會讓皇帝懷恨在心。現在皇帝小沒辦法，可終有長大的一天。到時候，您老人家壽數一到，撒手離去，留下我來承擔皇帝的怒火和報復，這可不行，得想個辦法解決這事兒。不過，他不知道的是，王莽根本就沒想給小皇帝留下長大的機會。

王宇悄悄找來自己的老師吳章和自己妻子的娘家哥哥呂寬商議此事。吳章給王宇出了個主意，吳章認為，直接勸說王莽肯定不行，王莽不會聽，但是王莽好鬼神，所以可以用一些怪異之事來嚇唬他。等王莽害怕了，再藉上天的名義勸說，或許就能起到效果。王宇鼓掌稱善，當即讓呂寬去辦理。呂寬當夜就帶着一些豬羊狗血之類的污血，偷偷潑到王莽府邸的門口。可沒想到呂寬動作太慢，王莽府邸的看門人反應太快，聞到血腥氣，立刻出來查看，一眼就看見了正在逃跑的呂寬。這是大公子的舅爺啊，看門人怎麼會不認識？於是立刻向王莽匯報。王莽一聽氣壞了，當即命人將呂寬抓回來。審問之下，呂寬一五一十都說了。

憤怒的王莽當即下令將王宇、吳章等人全部抓起來。嚴刑拷打之下，又牽連出與他們有聯繫的衛后等人。王莽非常善於將混亂變成機遇，這次也不例外。藉助這次不期而遇的事件，他痛下殺手，大肆剷除政治上的敵人，包括王家之人，只要妨礙到了自己，都在剷除之列。

王宇被抓進監獄後，被王莽用毒酒毒殺。都說虎毒不食子，但是這句話，在王莽這裏無效。繼當年逼死次子王獲之後，長子王宇也死於生父手中。如果說逼死王獲還算是有個正當理由，這次王宇之死，就純粹是政治鬥爭的犧牲品了。殺死自己的親兒子都如此乾脆利落，殺其他人，王莽更是眼都不眨，斬盡殺絕。衛氏被滅族，只留下衛后一人。吳章被腰斬。呂寬也不可能繞過，包括呂氏家族都受到牽連。王宇的夫人呂焉因懷有身孕，被抓入監獄後得以暫緩行刑，等到她生完孩子，照樣被處死。

接下來，與這件事有牽連沒牽連的，凡是王莽看着不順眼的，用着不順手的，不管是呆在京師的還是郡國的，也不管是王公大臣還是皇親國戚，統統被清洗掉，其中包括和王政君同一輩分的敬武公主(漢宣帝的女兒,漢元帝的姐妹)、梁王劉立、紅陽侯王立(王莽的親叔叔,素與王莽不和)、平阿侯王仁(王莽的叔叔王譚之子,為人剛正忠直,素為王莽所忌憚)。最後因為這事被株連而死的王公貴族多達數百人,海內震動。

篡逆權臣的標配:九錫之賜

王莽的一貫特點,就是殺完人後,一定還要給自己找些大義凜然、冠冕堂皇的理由和藉口,好繼續維持自己光輝燦爛的人設,這次當然也不例外。這些事不用王莽操心,自然有一大批御用文人替他歌功頌德。於是,王莽被塑造成大義滅親、"為帝室不敢顧私"的光輝形象,並被寫成專門的文章分發各地,讓全國的官吏、百姓誦讀,作為國家選拔人才的必讀書目。王莽再次受到包括太皇太后在內天下所有人的敬仰。

為了大規模搜羅人才,繼續提高聲望,王莽又來了個大手筆操作。向王政君啟奏後,王莽主持建立、修繕了明堂(祭祀場所)、辟雍(官辦大學,尊儒學、行典禮的場所)、靈台(天文台,太史令的下屬機構)等重要的機構和場所,吸引來經學、禮學、天文、歷史、音樂、兵法等領域學者上千人。為了留住這些人才,王莽修建房舍一萬多間,解決他們的後顧之憂,讓他們可以踏踏實實地做學問。然後,王莽又大規模修建市場和常滿倉(國家倉庫),促進物品的流通,調節糧食的價格,並給災年救災做好準備。從這一點來說,王莽還是真做了一些好事和實事的。

這一番操作,當然又是贏來滿堂彩。中間再夾雜着朝廷屢次要加封王莽,王莽屢次推脫的橋段。於是全天下人又都上書,要求加封王莽。先是四十八萬七千多百姓和小吏,然後是各諸侯王、公、列侯、宗室,再然後是九百多公卿、博士、議郎等官員,紛紛上書,羣情激昂,必須給安漢公以"九錫"的榮譽,否則全天下人都不答應。所謂的"九錫",是指九種最高規格的賞賜,"錫"

通"賜"，包括"一曰車馬，二曰衣服，三曰樂器，四曰朱戶，五曰納陛，六曰虎賁之士，七曰斧鉞，八曰弓矢，九曰秬鬯。"車馬指的是金車大輅和兵車戎輅；衣服指的是袞冕之服和配套的鞋子；樂器指的是特定的定音、校音的器具；朱戶指的是朱紅色的門戶；納陛指的是登殿時特鑿的有屋簷的台階；虎賁指的是可以有專門守門的軍士三百人；斧鉞指的是能先斬後奏的刀斧；弓矢(彤弓矢、玄弓矢)指的是特製的紅色、黑色的專用弓箭；秬鬯指的是祭祀時專用的香酒。這九種器物都不是一般人能享用的，得到這九種器物的賞賜，可以説是對一個臣子最高規格的賞賜。但是因為王莽、曹操、司馬昭等歷史上有"不臣之心"的權臣都得到過這"九錫"的賞賜，以至於後來索要"九錫"之賜幾乎就成了篡逆的代名詞。

王莽為了營造一個太平盛世的景象，又特意派出八名"風俗使者"去全國各地考察。當然，這些人都是王莽的心腹，不管實際情況如何，考察回來的結論一定是太平盛世。這八個使者回來後，寫了長篇大論的報告向王政君及王莽匯報。報告中極盡吹捧之能事，將當時的大漢描述為空前絕後的太平盛世，"市無二賈，官無獄訟，邑無盜賊，野無饑民，道不拾遺⋯⋯"，已經老糊塗了的太皇太后王政君還真相信了這番吹噓。

王莽接受九錫之賜後，感覺自己可以再向皇帝的位置前進一步。於是，馬上有貼心人謀劃。不久，泉陵侯劉慶給太皇太后上書建議説，當年周公輔成王的時候，因為周成王年紀幼小，所以由周公完全代行天子的職權。現在安漢公比周公還要賢明，皇帝年紀同樣很小，所以應該讓安漢公像周公那樣，完全代行天子職權。王政君同意了。自此，王莽名正言順的成了皇帝代理人。

轉眼間到了公元5年的冬天，漢平帝已經14歲了，即位也5年了。這一年的臘日(漢代以大寒後的第一個"戌"日為臘日，類似現今的臘八節，在當時算是一個不大不小的節日)，皇帝舉行酒宴犒勞辛苦了一年的臣子們。大家歡聚一堂，舉杯同慶。席間，按照正常的儀式，王莽親自給漢平帝獻上一杯椒酒（用椒浸製的酒），這是當時的習俗，寓意祝福、拜賀之意。漢平帝接過來就喝了。

次日，從宮中傳出消息，酒宴之後漢平帝就病倒了。

漢平帝之死

聽到這個消息，王莽表現得比誰都着急。當年周武王病重時，周公曾經寫下禱文，向上天祈禱，表示自己願意代替周武王去死。寫好後，按照要求，將禱文秘密藏在箱子裏。現在王莽要做漢朝的周公，於是他也寫了這麼一篇禱文，向上天禱告，表示自己願意代替漢平帝去死，然後將禱文藏在箱子裏，放在皇宮的前殿。不過，王莽的祈禱應該沒被上天認可，因為僅僅幾天之後，公元 6 年年初，漢平帝連遺詔都沒留下就死了。

對於漢平帝是不是被王莽毒死的，史學界一直存在爭議。《漢書·平帝紀》中藉王政君的詔令明確記載了漢平帝的死因，"皇帝仁惠，無不顧哀。每疾一發，氣輒上逆，害於言語，故不及有遺詔。"意思就是漢平帝本來身體就不好，經常發病。一旦發病，連話都説不出來。這次只不過是舊病復發，沒有挺過去。因為病情發展的太快，所以沒有留下遺詔就死了。那為何又有王莽毒死漢平帝的説法呢？這種説法出現在漢平帝駕崩一年半之後。那時王莽篡位的企圖已經越來越明顯，公元 7 年九月，東郡太守翟義擁立嚴鄉侯劉信為天子，自封為大司馬柱天大將軍，起兵討伐王莽。翟義在起兵時，向天下各郡國發出檄文，"言莽鴆殺孝平皇帝，矯攝尊號。今天子已立，共行天罰。"（《漢書·翟方進傳》）《漢書·王莽傳》在記載翟義起兵時也稱："言莽毒殺平帝，攝天子位，欲絕漢室，今共行天罰誅莽。"説王莽毒殺漢平帝，既有可能是事實，也有可能是翟義為了將大義掌握在自己手中而給王莽潑的髒水。這道檄文發出之後效果非常明顯，"郡國皆震，比至山陽，眾十餘萬。"也就是各郡國都受到這道檄文的震動，紛紛響應，等翟義的軍隊到達山陽的時候，已經聚攏起十餘萬大軍，反莽浪潮鋪天蓋地而來。

面對急轉直下的形勢，王莽也很緊張，急忙派大軍剿滅。此時的王莽畢竟還是代表着國家大義，所以，翟義的軍隊很快被擊敗，翟義在固始被抓住，碎屍於鬧市，劉信逃走，不知所蹤。

翟義雖死，但是王莽毒殺漢平帝的説法卻流傳了下來。給《漢書》做註的唐代大儒顏師古就接受了這種説法，在為《漢書・平帝紀》所做的註中，詳細記載為："漢註云帝春秋益壯，以母衛太后故怨不悦。莽自知益疏，篡弒之謀由是生。因到臘日上椒酒，置藥酒中。故翟義移書云'莽鴆弒孝平皇帝'。"顏師古不但記載了王莽毒殺漢平帝的事件，連原因也説的很明白，那就是因為母親衛氏的原因，隨着年齡增長，漢平帝對王莽越來越怨恨。王莽也知道這種裂痕無法彌合，索性動了殺心，藉助臘日的酒宴，獻上有毒的椒酒，毒死了漢平帝。雖然合情合理，但是似乎有很大程度的猜測和個人分析。司馬光的《資治通鑑》也採納了王莽毒死漢平帝的説法，但記述很是簡略："冬，十二月，莽因臘日上椒酒，置毒酒中，帝有疾。"

也有學者不同意這種看法，認為當時漢平帝年紀尚小，還遠不到親政的年齡，王莽的女兒又成為皇后不久，過上幾年，有可能給皇帝生下兒子，那必然是太子，那樣，王莽的外孫就必定是下一任皇帝。那時王莽的權力將更大，篡位更容易。畢竟弒君的危險性非常高，一旦露出一點破綻，別人不説，就連太皇太后王政君都饒不了王莽，所以王莽大可不必如此着急。再結合從劉衎當皇帝那天起，就一直身體不好的情況來看，他病死的可能性也很大。如果這種推測屬實的話，王莽可真是蒙受了天大的冤枉了。

總之，漢平帝死了，皇位又空了。而且漢平帝既沒有後代，臨終前也沒有留下遺詔指定繼承人，面對種種輿情和猜疑，王莽又不想就這麼急急忙忙地坐到那個位置上去，所以，還得選個姓劉的來當這個皇帝。當然，這個選擇權是在王莽手裏的。這次，王莽選中了一個剛剛 2 歲的小家伙劉嬰。

假皇帝

　　為甚麼選這個 2 歲的劉嬰呢？從血統上來說，漢平帝已經是漢元帝這一脈的最後一個候選人了，所以這次只能從漢宣帝的後人中選取繼承人了。不過這樣範圍一擴大，候選人就多了。此前王莽在受封為安漢公時，為了籠絡皇室宗親，曾經一次性將漢宣帝的三十六個後代子孫都封為列侯。既然如此，為甚麼還要選這麼一個甚麼都不懂的小孩子呢？原因很簡單：便於控制。他選擇劉嬰冠冕堂皇的理由是，漢宣帝一脈的子孫，已經成年的要麼是漢平帝的長輩，要麼是漢平帝的平輩，不能做他的繼承人，應該選一個比漢平帝晚一輩的人來繼承皇位。不過，這說法其實站不住腳，因為當年選的漢平帝劉衎和漢哀帝劉欣就是同輩。但王莽不管了，反正掌權之人，怎麼說怎麼是。至於道理，自有下面無數的文人墨客操心，總能找出來的。

　　這個劉嬰，是漢宣帝次子楚王劉囂的後代，比漢平帝劉衎晚一輩。即使是這樣一個甚麼都不懂的小孩，王莽也不打算讓他真的坐到皇位上去，也就是連正式的皇帝名號都不打算給他。王莽的打算，自然不需要自己親自動手操辦，甚至連表示一下都不需要，自然有無數善於揣摩他心思的人替他完成。不然的話，這些人存在還有甚麼意義呢？於是，就在選立劉嬰的這個月，武功縣縣長孟通在指揮人挖掘水井時，挖出一塊白色的石頭，上圓下方，上面有八個紅色大字："告安漢公莽為皇帝"，當時人們就轟動了。

　　王莽這次可沒再謙讓，立刻讓人向太皇太后王政君匯報。王政君雖然願意看到自己的娘家王氏家族壯大，但還沒想要讓王氏替代劉氏。畢竟自己嫁入劉氏這麼多年了，自己的子孫後代也都姓劉。於是，她罕見地駁斥說："此誣罔天下，不可施行。"意思就是，這是個騙局，不行。可惜，王政君不知道的是，老邁的自己，已經沒有能力遏制王莽的野心了。

這時，太保王舜站出來了。王舜是王音的兒子，可惜，他沒學到父親的正直，而是成了王莽的心腹。所以，見王政君反對，他立刻出面來說服王政君"太皇太后，這事不能反對。事已至此，您反對也無效，還不如順水推舟同意了呢。再說，王莽也沒別的意思，就是想徹底掌握攝政大權，好讓天下人服氣，不敢反對罷了。這也沒甚麼大不了的。您還不信任王莽嗎？他可是您的姪子，您一手扶持起來的啊！"王政君無可奈何，只得同意了。

於是，王舜等人立即以王政君的口氣下詔，讓王莽"居攝踐祚，如周公故事。""居攝"是指因為皇帝年幼，不能親政，由大臣代居其位處理政務的意思。"踐祚"則指即位，一般指皇帝登基。這樣一來，王莽的身份已經遠遠高於正常的輔政大臣了。不僅如此，跟在王莽身後的臣子們立刻詳細羅列出王莽能享受的特權：上朝時穿皇帝的衣服，和皇帝一樣面南背北接受朝臣的朝拜，處理政事；天下所有臣民對待安漢公行禮、自稱時必須和對待皇帝一樣；祭祀天地、宗廟時，給上天及祖先的祭文中稱王莽為"假皇帝"，臣子和百姓則稱王莽為"攝皇帝"；可以用皇帝專門的自稱"予"，處理政務下達的命令稱"制"等等。所有的這一切，都已經和皇帝一模一樣了。唯一一點和皇帝不一樣的，就是在覲見太皇太后和皇太后時，還是以臣子的身份，"其朝見太皇太后、帝皇后，皆復臣節。"估計這也是為了給王政君個台階下，讓老太太能夠繼續自欺欺人下去吧。對於這些荒唐透頂的特權，王政君也只得表示同意了。公元 6 年，王莽改年號為"居攝"。這一年，也就是居攝元年。

這一番操作下來，王莽還説沒有謀朝篡位的野心，大概再也不會有人相信了。

無恥文人的春天

改年號之後，王莽當即主持了一系列應該由皇帝主持的儀式，像在南郊祭祀天帝，在東郊迎接春天，在明堂舉行大射禮等等。

那劉嬰呢？王莽尊漢平帝的皇后（也就是自己的女兒）為皇太后，然後立劉嬰為皇太子，號曰“孺子”，世稱“孺子嬰”。説起來，無論是“假皇帝”還是“攝皇帝”，都是代理皇帝的意思，現在的關鍵在於：劉嬰只是皇太子，皇帝的寶座“虛位以待”，所以代理皇帝也就成了真正的皇帝了，所差的，只是沒有改換朝代名稱，還蓋着這最後一塊遮羞布而已。

王莽的做法，當然有很多人反對。畢竟劉氏天下到如今已經超過兩百年，不管王莽如何一手遮天，忠於劉氏的臣子還是有的。於是從京師到地方，有官吏或辭職不幹，或告老還鄉，不願與王莽為伍。對這些人，王莽倒是不在意。天下人才有的是，難道還會少了願意當官的人不成？

劉氏皇族也有起事發難的。居攝元年四月，安眾侯劉崇舉兵起事，反對王莽。可惜這個劉崇能力實在不怎麼樣，只聚集起百餘人，在進攻宛城的時候，連城門都沒攻入，就失敗了。因為參與這次舉兵的人裏面有張竦（字伯松）的從兄，張竦為了洗脱自己，就寫了一篇給王莽拍馬的文章遞上去。文中引經據典，極盡阿諛奉承之能事，且力度和角度恰到好處。王莽看到這篇文章，非常滿意，張竦不但無罪，還被封為淑德侯。想當初，飛將軍李廣為國征戰一生，最終也沒能封侯，這個張竦僅憑一篇拍馬文章就輕鬆封侯，怎不讓人心寒？所以，當時的長安城中流傳着“欲求封，過張伯松；力戰鬥，不如巧為奏”的歌謠。説來可悲，這個張竦，就是喜歡給自己妻子畫眉毛的那個張敞的孫子，也算是名門之後了。

還有更加無恥之輩，趁機向太皇太后王政君上奏。這些人認為，劉崇等人之所以敢謀逆，是因為王莽的權力太小了，應該更加放權給王莽。於是王政君下詔書，讓王莽再朝見皇太后時，也不用稱臣子了，也可以稱"假皇帝"。這裏倒不是王政君不願意給王莽更大的權力，實在是王莽的權力已經到頭，沒得可給了。

當然，王莽也沒忘了自己那幫心腹和圍在自己身邊的諂媚之徒，不斷地給他們加官進爵，讓他們更加緊密地圍繞在自己身邊。可悲的是，事情發展到這一步，不管王莽是真心信任這些人，還是迫於無奈，他都不得不以是否支持自己篡位為出發點來選人了。凡是支持的，就是自己人；凡是反對的，就是敵人，而不管這些人是否有本領、才能，是否為國為民，道德上是否過關……。至於這些人上位之後，會對國家、百姓造成甚麼惡果，王莽也已經顧不上了，他現在唯一考慮的，就是先能在這些人的支持下當上皇帝，其他的，到時候再說吧。

齊郡臨淄縣昌興亭的亭長夜裏做夢，夢到天帝的使者對他說，攝皇帝應當成為真正的皇帝。你如果不相信我是天帝使者的話，這個亭驛裏面會出現一眼新井，就是最好的證明。第二天亭長起來一看，亭驛裏面果然有一眼新井，深達百尺。接下來，巴郡發現了石牛，扶風出現仙石，都是在向人間傳達天帝的旨意：代理皇帝應該成為真正的皇帝。

就在這關鍵時刻，出了點差錯，事情的發展並沒有完全按照王莽設定的劇本進行下去。沒等王莽手下那羣專業演員登台，一個業餘演員搶先開始表演了。

西漢的滅亡

有個梓潼人叫哀章，在長安的太學中讀書，此人沒甚麼學問，但是非常善於鑽營。他敏銳發現王莽正在排演一出大戲，感覺這是個好機會，雖然自己不是被邀請的專業演員，但未嘗不可以"搶戲"。雖然會冒很大的危險，但是一旦成功，必將功成名就，一步登天。

哀章做了兩個銅盒子，裏面放着書簡。一個盒子裏面放着"天帝行璽金匱圖"，一個盒子裏面放着"赤帝行璽某傳予黃帝金策書"。這個"某"指的是漢朝開國皇帝劉邦，這個"黃帝"指的就是王莽了。金匱圖和金策書中都明確寫着王莽是真命天子，劉邦要將皇帝的位子傳給王莽的文字。當然，哀章也沒忘記自己。金策書中還明白寫着十一名輔助王莽登基的輔政大臣的名字，其中十個都是本來王莽手下的重臣，另一個，就是他自己，連官職和爵位都寫得清清楚楚。哀章並沒有將這兩個銅盒子直接交給王莽，而是將之送到高帝廟，就是劉邦的廟，交給看管宗廟的官員。這位官員不敢隱瞞，將這件事上報。

王莽知道這件事後都有點迷糊了，這不是我導演的劇本裏的內容啊，這個哀章又是誰？

大半輩子一直謙讓不已的王莽，這次不再謙讓，表示願意聽從天帝的命令，當這個人間的真正帝王。公元 8 年，54 歲的王莽正式登基稱帝，改國號為"新"。至此，立國兩個多世紀的西漢滅亡。

王莽改制 | 55

王莽做皇帝後，第一件事就是找王政君索要傳國玉璽。因為孺子嬰太小，且沒有當上皇帝，所以玉璽一直在王政君手中保存。

王莽派人找王政君索要玉璽，王政君不給。於是王莽派王舜去說服王政君。王政君一見王舜，就知道是來索要玉璽的，指着王舜大罵："你們父子宗族承蒙漢家之力，才能世世代代享受榮華富貴。可是你們不思報答，反而趁受人託孤的機會，奪取漢家江山，完全不在乎恩義。你們豬狗不如！既然你們要改朝換代，那為甚麼不自己製作新的玉璽？為甚麼還要找我這個漢家的老寡婦來討要亡國的不祥玉璽？我反正要死了，這個玉璽我是準備陪葬的，是不會給你們的。"

王舜被罵得啞口無言，面紅耳赤，但是沒拿到玉璽，回去也沒辦法向王莽交差。過了半天，王舜才歎息着對王政君說："您罵的都對，我無言可答。王莽是無論如何都要得到這顆傳國玉璽的，您難道能至死都不拿出來嗎？依我看您還是痛快交出來算了。"

面對王舜這赤裸裸的威脅，王政君除了大發雷霆之外，一點辦法也沒有了。無奈之下，她只得將玉璽拿出，"投之地以授舜"，就是使勁摔到地上，算是交給王舜了。結果，玉璽還被崩碎了一個角。王政君怒衝衝地對王莽說："我已經快要老死了。我們王家有你們兄弟這樣的人，早晚會被滅族的。"

王莽倒不在乎王政君怎麼想，反正自己得到了傳國玉璽，非常高興。只可惜碎了一個角。不過沒關係，王莽找來高手匠人，用黃金修補好，因此這顆傳國玉璽又稱"金鑲玉璽"。

拿到傳國玉璽後，王莽感覺自己這個皇帝當得是天命所歸，理直氣壯了。國號改了，朝代變了，其他人的封號也得變。王莽尊原來的太皇太后王政君為皇太后，更換了漢朝發給她的印璽等物。再後來又尊王政君為新室文母太皇太后。王莽也感覺有點對不起自己這位姑姑，也知道她怨恨自己，於是想方設法討好她，可是王政君根本不領情。公元 13 年，84 歲的王政君死去，與漢元帝劉奭合葬於渭陵。

王莽將孫子嬰由太子降為安定公，也給他分了封地，當然絕不會讓他到封地去，而是給他在京城中修建了一座府邸，將只有 4 歲的小劉嬰關在府邸之中，隔絕所有對外聯繫，同時也不讓任何人和他說話。在這樣環境中長大的劉嬰就是個癡呆。十幾年之後，已經 20 歲的劉嬰心智還只是幼兒的程度。21 歲時，劉嬰死於亂軍之中。隨後，王莽又將皇太后，也就是自己的女兒，改封為安定公太后，此時這位小太后也才 18 歲。後來王莽想讓自己的女兒改嫁，又將她的封號改為黃皇室主，但是這位王氏至死不從，王莽無奈之下，也只得隨她。後來新朝被滅，王莽被誅殺時，王氏也自焚而死。接下來，王莽大封功臣，所有追隨王莽的從龍之臣皆有封賞，包括那位投機的哀章也如願以償。

全方位的改制

漢朝從漢元帝開始的五十幾年間，就沒出現過一個幹正事的皇帝。做皇帝的只知驕奢淫逸、肆意妄為，導致吏治腐敗，官吏肆意搜刮民脂民膏，再加上地方豪強大肆兼併土地，百姓流離失所，隨時掙扎在死亡線上。到王莽篡漢前夕，漢朝上下已經是矛盾重重、人心浮動，大漢朝的統治處於隨時可能崩潰的邊緣。

王莽並非無能之輩，他深知自己面對的是一個怎樣的局面。因而，登基不久，王莽就實行了一系列的惠民措施，希望能緩和一下尖銳的社會矛盾，史稱為“王莽改制”。王莽的改制，可不是一點點的修修補補，而是全方位的改變。

首先，王莽為了展示改朝換代的新氣象，從中央到地方，全面修改各級官府機構和官員官職的名稱，就連地名也被修改了一大批。比如，在中央官職中，更名大司農為羲和（後又改為納言），大鴻臚改為典樂，少府改為共工，衛尉為太衛……；在地方官職中，太守改為大尹（或卒正、連率），都尉改為太尉，縣令（長）改為宰……；地名的變化也很多，比如長安改常安，山陽改巨野等等。這下，弄得大家都分不清哪裏是哪裏，誰是幹甚麼的，甚至官員自己都快弄不清自己是幹甚麼的了。最搞笑的是，王莽下達的旨意中提到的官職、地名等等，連負責執行的官員都搞不明白。後來，為了減少這種現象，王莽在下達詔令時，不得不加上備註說明，也算是夠奇葩的了。

其次，王莽改變了封爵品秩和俸祿發放辦法，充滿了理想主義色彩。公元 12 年，王莽效法周朝的制度，將郡縣制改回分封制。並依照周制，將爵位分成"公、侯、伯、子、男"五等，然後規定，爵位數總數為一千八百，附城（就是諸侯的附屬、附庸，這也是王莽改的新稱謂），總數也是這麼多。其中，公爵的封地為一萬戶，方圓百里；侯爵、伯爵的封地五千戶，方圓七十里；子爵、男爵封地為兩千五百戶，方圓五十里。附城的封地最大的九百戶，方圓三十里，接下來的依次降等。王莽規定，這些人的薪俸主要依靠自己封地的租賦，國家只給一點點錢意思一下。當然，如果真的這麼實行的話，由國家直接管理的地方也沒多少了，國家沒有稅收來源，也不可能有多少錢給大家發薪俸了。

經過一番冊封、賞賜，此時已經封爵的諸侯有 796 人、附城有 1511 人。因為人數較多且變化較大，封給他們的土地、人口、戶籍等等都還沒整理好，沒辦法及時移交，這些諸侯自然沒辦法從封地獲取租賦，暫時只能繼續從京城領取薪俸。可王莽不知道，他認為已經給這些人封地了，國家就開始執行只給他們一點點薪俸的政策。這下，這些諸侯們的日子可就悲慘了，每月只能領到幾千錢的俸祿。這點錢哪夠一大家子人用啊。為了吃飽肚子，有的諸侯甚至需要給有錢人家打短工來補貼生活。

王莽改制中最重要的一項是"王田制"。公元 9 年，王莽頒佈詔令，"今更名天下田曰'王田'，奴婢曰'私屬'，皆不得買賣。"這道詔令包含兩方面的內容，一是廢除土地私有制，將所有土地收歸國有，私人不得買賣；二是將原來作為商品，可以隨意買賣的奴婢，改稱為"私屬"，明確其屬於主人的私有財產，但是不得隨意買賣。王莽是希望通過禁止買賣奴婢，掐斷奴婢的來源，從而使其自然消亡。

關於王田制，王莽詳細規定，一家裏面有八個男丁的，就可以得到九百畝的土地，沒有土地的，由國家授田。那田地從哪裏來呢？當然是從土地有多餘的人家裏來。因為王莽同時還規定，一家男丁不足八個，或者土地超過九百畝的，必須將多出的部分分給宗族鄰里。那有土地的人不同意怎麼辦？不同意也得同意。因為這些土地的所有權已經不屬於你了，是屬於國家的，國家當然可以任意安排。敢於破壞法令者，一律流放到邊境地區。

此外，王莽還大刀闊斧地改革幣制，改革商業制度，嚴格商業行為的管理。然後，王莽又規定山川河流都屬於國有。同時，在教育、祭祀、法律、音樂、漏刻、建築、曆法、度量衡、車輛製作等方面，也都有各種革新措施。

改制的失敗

平心而論，王莽的改制，有一部分內容確實是找到了當時社會矛盾最尖銳的地方，而且是有針對性地提出了解決辦法。就拿王田制和奴婢私屬制來說，就完全是針對當時最嚴重的兩大社會問題。

當時的漢朝，土地兼併嚴重，大量失去土地的農民不得不背井離鄉，賣兒賣女。而這些，又嚴重影響了國家人口及稅收，同時造成了嚴重的社會隱患。而土地國有，不許私人買賣土地，可以非常有效地緩解這些問題。但是，王莽忽略了一點，畢竟所有的政策，都是需要各級官吏去實施的，而他的改制又徹底地將各級官吏都推到了他的對立面，得罪了整個官宦、貴族階層。

以王田制和奴婢私屬制為例，官僚貴族階層大多奴婢成羣、良田萬頃，正是土地兼併和奴婢買賣的最大受益者，是既得利益集團，必然強烈反對這一政策的推行。在某些地方，甚至發生了大地主舉兵反抗的情況，其烈度甚於對王莽篡漢的反應。即便是朝廷內部那些追隨在王莽身邊的大臣，對此也是非常不滿，他們羣起抗議，或推諉搪塞，或拒不執行。

這項政策看起來是對農民有利的，他們應該支持吧？也不是。因為大部分農民也沒得到任何好處，反而處於更加悲慘的境地，所以也不支持。一是很多農民根本沒得到國家許諾的土地，從中央到地方，各級官吏、豪強地主，幾乎沒有人真正認真執行這項政策，而是不斷地推諉、搪塞、拒絕。二是那些真得到了土地的農民，也很難從中受益。種地得需要種子、農具、耕牛，而這些，很多農民是不具備的。原來租種地主土地的時候，一般可以由地主家提供，至少是可以借貸，收穫後用糧食償還。但是現在，那些原來的地主家氣得恨不得要造反了，怎麼可能還管這些？而一窮二白的農民，拿到了土地卻沒能力耕種。官府當然站在地主家那邊，不會給農民實質的幫助。對這些農民而言，更麻煩的是，土地分給你了，你種得了種不了是你的事，國家的事不能耽誤，你或者得無償給國家種田，或者得給國家交稅，這是跑不了的。辦不到，那就等着國家的處罰吧。

所以說，王田制的實施不但沒讓百姓過上好日子，反而使更多的百姓生活更加艱難，哀鴻遍野、民不聊生。就這樣，在朝野上下一致的反對聲中，焦頭爛額的王莽，不得不在詔令頒佈的第三年，也就是公元 11 年，宣佈取消"王田"和"奴婢私屬"制度，"諸名食王田，皆得賣之，勿拘以法。犯私買賣庶人者，且一切勿治。"這一禁一放，天地翻覆，人們無所適從，朝廷已毫無威信可言。

王莽在商業上的改制也不成功。王莽改革了幾項重要的商業制度，並強調，鹽、鐵、酒等物品由國家專賣，鑄錢由國家專營，又多次改革幣制。王莽採取這些措施，目的是希望通過控制商業行為，平抑物價，減輕普通百姓的負擔，同時增加稅收，加強皇權。但是在操作過程中，因為觸及到豪強、商賈的核心利益，結果都走了樣。尤其是幣制的反復改變，更是導致幣制混亂，商業交易不順暢，百姓手中僅有的一點點錢，在幣制的反復變化中也被盤剝殆盡。

另外，王莽規定山川河流都屬於國有，其目的是讓那些從中取利的職業，包括樵夫、漁民、獵戶、養蠶人等等都必須交稅。可是這樣一來，靠山川河流生活的百姓也越發艱難。

雖然近現代以來，不少歷史學家都肯定了王莽改革的膽識和積極解決社會矛盾的出發點，但是不管怎麼說，王莽改制有着泥古復古、脫離實際、急於求成等嚴重缺陷，必然是失敗的結局。

王莽改制失敗的原因是多方面的，其中，無可用之人和用人不當，是最重要的一環。或者說，王莽的改制過於理想化，脫離實際，將絕大多數階層，包括他依仗為後盾的豪門權貴、官吏儒生等，都推到了自己的對立面。而這些人，恰恰又是王莽所依賴的統治核心。他們不配合、消極抵制和反對，必然導致王莽所有的決策都難以正常實施，別說改制，連國家的正常運作都成了問題，最終王莽的統治也只能走向滅亡。

其他的原因也不可忽略。例如，王莽在已經明確知道執行人員不得力，法令無法有效實行的情況下，既沒有反思自己的問題，也沒有找到好的解決辦法，而是寄希望於用嚴刑峻法來強制執行。而執行這些法令，同樣還是需要各級官吏，那些本來就心懷不滿的官吏怎麼可能認真執法？結果是，在執行改制的過程中，上至王侯公卿，下至商賈百姓，因為違反各種法令而受到嚴厲處罰，或者傾家蕩產之人不計其數。當然，損公肥私、中飽私囊之人也不計其數。不合理的改制，加上官吏的不作為或者肆意妄為、假公濟私、轉嫁損失、貪污舞弊等等，導致整個社會亂成一團。

窮兵黷武

王莽的改制，不僅僅涉及內政，還開始向周邊少數民族地區擴展。漢朝自昭宣以來，對外一直奉行懷柔政策，邊境雖然也偶有戰事，但一般規模都不太大，大體上相安無事。因為漢朝的強大和富庶，周邊各國家也願意和漢朝交往，尊漢朝皇帝為名義上的君主，包括匈奴呼韓邪單于也尊漢朝皇帝為君主，名義上接受了漢朝皇帝的敕封。漢朝也明白這一點，對這些君主也保持着基本的尊敬，像頒授給匈奴單于的印信就稱為"璽印"，其他族裔建立的較為弱小的政權，一般也是封對方的君主為王。因此，多年來，各國家之間一直保持着較為友好的來往。

王莽稱帝後，姿態大變。為了顯示新朝的強大，為了顯示惟我獨尊的地位，王莽派出東、西、南、北四路使者，將周圍各大小國家的首領，像甚麼玄菟、樂浪、高句麗、扶餘、句町等，包括整個西域的各個國家，都由王爵降為侯爵，將賜予匈奴單于的"璽"也改為"章"。這下，引起各國家君主的強烈不滿，句町、西域各國先後起兵，向中原地區發動進攻。

當王莽的使者到達匈奴，讓匈奴單于交出原來漢朝給的璽印，更換新印的時候，單于開始並沒怎麼在意。這時的匈奴單于是呼韓邪單于的眾多兒子之一，烏珠留若鞮單于（或稱烏珠留單于）。烏珠留若鞮單于認為，中原換了朝代，更換一下璽印，也屬於正常，於是痛快交出舊的璽印。

王莽的使者先是將舊有的璽印砸碎，然後發給單于新的印章。烏珠留若鞮單于一看新的印章和原來的不一樣了，原來的上面有"璽"字，現在改成"章"字了，明白這是將他當作臣子看待，不再是平等關係，不幹了，堅持要使者還給自己舊的璽印，自己不換了。使者也很乾脆，你要，行，給你，反正已經成一堆碎片了。烏珠留若鞮單于這才知道上當了。

等王莽的使者一離開，單于立刻召集自己的臣子商量："我們匈奴受過漢宣帝的大恩是不假，這個我們不能忘。但是，現在的皇帝又不是漢宣帝的子孫，我們為甚麼還要聽他的？"於是匈奴人開始厲兵秣馬，邊境局勢越來越緊張。

這時，王莽不但不想着怎麼緩和局勢，反而變本加厲，先是將單于改名為"降奴單于"，接着又下令將整個匈奴分成十五部，每部立一個單于。王莽以為，自己這一手堪稱絕妙，旨意一到，匈奴人還不得立刻執行，這樣，也就永遠解決了匈奴的威脅。可惜，王莽這麼做的直接後果，就是徹底激怒了匈奴人，邊境地區重燃戰火。王莽正想找機會顯示一下新朝的強大呢，見匈奴來攻打，反而很高興。立刻派立國將軍孫建帶領十二個將軍，並準備招募三十萬大軍，給匈奴一個血的教訓。

大軍招募，加上糧草的徵集和運輸，大大加重了人民的負擔。有大臣建議，和匈奴人作戰應該以速戰速決為上策，遷延時日長了，國力損耗太大。但是王莽根本不聽，認為既然要打，就要和匈奴好好打一仗，要打得匈奴心服口服才行。於是王莽動員起全國的人力、物力，準備和匈奴長期作戰。本就苦不堪言的百姓，這下更是雪上加霜。活不下去的人們，要麼死，要麼造反。

為子復仇的 **呂母**｜56

王莽改制並沒有改善百姓的生活，而他的大動刀兵卻實實在在加重了百姓的負擔，加上自然災害頻繁，逼得百姓不得不鋌而走險，揭竿而起。

西北邊境的五原、代郡一帶，地近匈奴，本來就不時受匈奴人的騷擾和劫掠，現在又需要大量供應邊境駐軍的軍需糧草等物資，負擔更重，實在被逼得活不下去的百姓，紛紛造反。公元 15 年前後，五原、代郡一帶發生多起造反事件。他們或者三五百人一羣，或者一兩千人一伙，雖然規模都不大，但是依仗着熟悉當地環境，讓官府和駐軍頭疼不已。

這邊還沒平滅，東方、南方等地，也紛紛有人起來造反。為了對付各地的叛亂，王莽一次次增加軍隊。軍隊增加了，費用就需要相應增加，於是王莽又不斷加捐加稅。負擔越來越重，就有更多的百姓活不下去，也就有更多的百姓加入造反的行列。如此惡性循環，成立沒幾年的新朝，陷入徹底的混亂中，造反的隊伍幾乎遍佈全國。其中最大的兩支，要數南方荊州的綠林軍和活躍在北方泰山一帶的赤眉軍，但是最奇特的，卻要數為子報仇的呂母了。

琅琊郡海曲縣有一戶姓呂的人家，丈夫早亡，留下妻子呂氏帶着獨子呂育生活。好在呂父生前留下一份家業，母子二人也算是衣食無憂。呂育孝敬母親、心地善良、為人忠誠、勤奮好學，後來成了海曲縣裏的一個小吏，負責巡查捕盜，收取捐稅。公元14 年，呂育因為沒有按照縣令的吩咐，嚴厲懲罰那些交不起捐稅的窮苦百姓，被縣令辦成死罪，處死了。呂母聞聽，悲痛萬分，下決心要替兒子報仇。她將家產全部拿出來，開設酒舖，並大量購買刀劍衣服。有來買酒的青年，手頭沒錢的，呂母就賒給他們；如果有更加困難的，呂母就借衣服、糧食給他們，不論多少。因呂母的幫助而活下來的百姓不知凡幾，呂母在當地聲望越來越高。

沒過幾年，呂母的家產用盡。那些受過呂母恩惠的青年人聚集在一起，商量着要想辦法償還呂母的錢財。呂母哭着說："我之所以多次救濟各位，不是為了求利發財。只因為縣令不公，枉殺了我兒的性命。我要殺掉縣令，給我兒報仇雪恨，各位能助我一臂之力嗎？"這些青年人本來就被這世道逼得忍無可忍，現在被呂母一鼓動，無不熱血上湧。再加上這些年如果不是呂母的救助，這些人早不知死幾回了，於是大家全都慨然允諾。

呂母一下就聚集起百十人的隊伍。因為此地地處大海邊緣，呂母召集來的人手中，頗有靠着大海為生，熟悉大海之人，所以呂母領着大家，轉戰於茫茫大海之上，一邊繼續積蓄力量，一邊尋找機會替子報仇，很多活不下去的農夫和漁民都紛紛投靠到呂母麾下。沒過多久，呂母的隊伍就發展到幾千人。

呂母感覺時機已經成熟，於是自稱為將軍，率領手下，猛攻海曲城。那些做官為宦的平日裏威風凜凜，面對氣勢洶洶的亂軍，卻驚慌失措、四散逃命的窘態。

義軍很快攻破海曲城，活捉了縣令。呂母準備好祭奠儀式，準備殺掉縣令，給自己的兒子報仇。縣中官吏，大部分和呂母都認識，至少有一面之緣。畢竟當年呂家也算是縣中富戶，呂母的兒子又曾經在縣中當差，所以呂母對這些人也沒有趕盡殺絕。這些人於是紛紛跪在地上，一邊磕頭一邊哀求呂母放過縣令。呂母大聲斥責道："當初我的兒子犯了小錯，受到責罰也就是了，但罪不至死，卻被這個殘忍的縣令直接殺死。殺人償命，你們有甚麼理由要求我饒過他？當初他怎麼殺我兒子來着？"說完，呂母命人將縣令當眾斬殺，用縣令的首級祭奠了自己的兒子。

呂母也知道，自己這次破城殺官，朝廷必然會調兵遣將前來剿滅自己。於是呂母再次率部回到大海之中，準備以星羅棋佈的海島為依托發展自己勢力，和朝廷大軍打持久戰。

果然，郡守兵發海曲城，準備消滅這股叛軍。大軍到達之後才發現，叛軍早已回到大海之上，於是繼續追擊到大海上。呂母利用地理優勢，指揮部眾忽聚忽散、有分有合、時撤時打，搞得官軍暈頭轉向、疲憊不堪。呂母的勢力卻越剿越大，最多時發展到一萬多人。在和官軍周旋的同時，他們還一邊打魚，一邊在海島上開荒種地，艱難維持着自己的生存。

就這樣一直堅持到公元18年，呂母病故。失去首領的義軍再難以堅持下去，於是各奔前程，主力加入到赤眉軍中，其餘人馬分散加入青犢、銅馬等各路義軍之中。

綠林軍、赤眉軍的崛起 | 57

公元 17 年前後，荊州鬧饑荒，百姓沒有糧食吃，只能靠在山野間挖一種野荸薺充饑。但是饑民太多，野荸薺都不夠挖了。為了爭一口野菜，為了多一點活下去的希望，饑民們有時會大打出手。這時，新市人王匡和王鳳站出來給大家調解。這兩個人在當地素有威望，為人處世又比較公平，加上承諾給大家找一條活路，於是得到大家的一致擁戴，被推舉為首領。

綠林軍

大批活不下去的饑民聚集在王匡、王鳳周圍，王匡、王鳳順勢拉起大旗造反了。隨着反旗豎起，附近的江洋大盜、亡命罪犯、饑民流民紛紛來投。其中就包括南陽人馬武（劉秀手下雲台二十八將之一）、潁川人王常（劉秀手下大將）和成丹（江洋大盜）等後來頗具影響的人物。

王匡、王鳳佔據附近的綠林山作為根據地，然後四處出擊，或佔領附近的鄉村，或攻打不遠的集鎮。隨着名氣越來越大，周邊那些困苦的百姓紛紛來投。沒多久，綠林山就聚集起七八千人的隊伍，這就是歷史上有着赫赫威名的"綠林軍"。

公元 21 年，綠林軍勢力越來越大，消息終於傳到王莽的耳朵裏，王莽急忙聚集眾臣商議。這時王莽身邊的大臣，多是趨炎附勢、阿諛奉承之輩，這些人異口同聲地勸慰王莽，這算甚麼事，不用陛下您操心，派大軍去剿滅就可以了。也有明白點的大臣提出了一些切實可行的建議，如讓王莽減少百姓的賦稅；懲辦貪官污吏；派賢明大臣安撫地方；和匈奴等周邊國家議和，撤回邊境的大軍；皇帝本人發"罪己詔"，向天下人承認自己的過錯等等，但是王莽根本聽不進去。

王莽傳下命令，讓荊州牧趕快剿滅綠林軍的叛亂。荊州牧召集起兩萬大軍，前往綠林山平叛。可惜，兩軍對壘，朝廷軍隊居然不是綠林軍的對手，被殺得大敗，死亡數千人，荊州牧帶領殘兵敗將狼狽而逃，糧草輜重等物品全被綠林軍繳獲。王匡、王鳳挾大勝之威，先破竟陵，再攻雲杜、安陸。攻下城池之後，綠林軍打開監獄，放出關押的犯人，再將府庫劫掠一空，凱旋而歸。這下綠林軍聲威更盛，隊伍發展到五萬多人。

糟糕的是，就在這一年，綠林山爆發了瘟疫。瘟疫迅速傳開，綠林軍死亡人數直線上升，死亡人數幾近一半。由於死人太多，埋都埋不過來了。

眼見綠林山沒辦法呆下去了，王匡、王鳳決定分兵下山。王匡、王鳳、朱鮪、馬武等人率領主力部隊往北，攻佔了南陽，稱為“新市兵”；王常、成丹等人率領部分人馬向西，攻佔了南郡，稱為“下江兵”。這時，平林人陳牧、廖湛也舉兵起義，加入綠林軍，稱為“平林兵”。三支隊伍各自佔據一塊地盤，各自發展。不久，綠林軍不但恢復了元氣，而且變得更加強大了。

赤眉軍

就在綠林軍崛起的同時，泰山附近的赤眉軍也發展壯大起來。赤眉軍的首領名叫樊崇。他原來是琅琊郡一個普普通通的農民，雖然家境貧寒，但是因為身高力大、勇武過人，平時好見義勇為、打抱不平，所以頗受鄉鄰的擁戴。

公元 18 年，樊崇聯合當地農民在莒州起事。隊伍很快擴大，在當地打出名氣。不久，樊崇的同鄉逢安，還有東海郡人徐宣、謝祿、楊音等人，也紛紛起兵造反，並率領人馬投奔樊崇，樊崇的勢力陡然增長到數萬人。呂母病故後，呂母手下的義軍失去主心骨，大部分也就近加入樊崇的義軍中，樊崇的勢力變得更加強大。

樊崇的義軍中，絕大多數都是當地的農民，他們造反純粹是被逼得活不下去了。樊崇這位最高首領自號"三老"，下面的軍官稱"從事"、"卒史"，普通義軍之間彼此互相稱呼"巨人"。因為大家都不識字，所以這支隊伍也僅僅以言辭作為約束，並沒有軍隊中常見的文書、旌旗、部曲、號令等等。

就是這麼一支怎麼看怎麼不像樣的軍隊，偏偏又是當時紀律最嚴明的軍隊。因為他們都是窮苦人出身，深知百姓在這個亂世之中活着不容易，所以他們訂了兩條公約：殺人者死，傷人者償創。也就是說，殺害百姓的，要抵命；胡亂傷人的，要賠償損失，負責救治。別看只是這簡簡單單的兩條，在當時，在處處烽煙的亂世，已經難得了。

公元 21 年，王莽派將軍景尚率軍前去剿滅樊崇。樊崇的義軍戰鬥力不強，景尚的指揮能力更差。雙方打了一年多，不會打仗的義軍在戰鬥中學習戰鬥，戰鬥能力越來越強，最終將官軍打得大敗，景尚也死於亂軍之中。王莽大怒，派太師王匡（和綠林軍的首領王匡同名同姓）和更始將軍廉丹率領十萬大軍圍剿樊崇的義軍。

王莽的軍隊氣勢洶洶殺來，樊崇也積極備戰，但是千軍萬馬混戰之中，萬一分不清敵我該如何是好？於是樊崇就讓他的部下都將眉毛塗成紅色，作為和官軍的區別。正因如此，這支軍隊被稱為"赤眉軍"。

牛背上的開國皇帝：劉秀 | 58

隨着戰爭的發展，赤眉軍越打越兇，拼命廝殺，官軍從上到下都不願死戰，因而越打越亂，越打越爛。成昌一戰，官軍大敗，太師王匡大腿被樊崇扎了一槍，帶傷落荒而逃。更始將軍廉丹跑都沒跑了，被赤眉軍將領董憲當場擊殺。赤眉軍軍威更盛，發展到十餘萬人。

　　眼見天下亂作一團，漢朝劉氏宗室和各地豪強坐不住了。這些人雖處於亂世，但是家大業大，國家再亂，他們也衣食無憂，而且又有部曲家兵，具有一定自保的實力，一般的義軍、亂匪等，也不敢輕易招惹他們。新朝初立的時候，王莽將其中不大聽話的一批人清洗掉了，其餘人雖然不滿意王莽篡漢，但是並沒有急於跳出來起兵造反，而是隱忍不發、靜觀其變。現在一看，機會來了，該出手分一杯羹了，於是也紛紛起兵。他們或者自成一股勢力，或者和綠林、赤眉等義軍聯合，攻城佔地，共同對付王莽。其中，南陽的漢室宗親劉縯和劉秀兄弟二人帶領着族人和家中賓客，聚集起七八千人，在春陵起兵，稱為"春陵軍"。他們很快和綠林軍取得聯繫，合兵一處，連敗王莽軍的進攻，聲勢大漲。

劉秀的人生理想：做高官，娶美妻

　　劉縯、劉秀兄弟和漢朝皇室的關係，要一直追溯到漢景帝身上。他們是漢景帝的兒子長沙定王劉發的後代，是漢高祖劉邦的九世孫。劉縯、劉秀兄弟雖然貴為漢室宗親，但是到他們父親劉欽這一代，已經只是濟陽縣縣令這樣的小官了。劉欽共有三子三女，劉縯、劉仲、劉秀和劉黃、劉元、劉伯姬。其中，劉黃為大姐，然後是劉元，接下來是劉縯、劉仲、劉秀，劉伯姬是最小的妹妹。

　　公元 3 年，劉欽在南頓縣縣令的任上去世，劉秀兄妹都成了孤兒，生活上沒了來源。這時劉縯 19 歲，劉秀剛剛 9 歲。好在住在南陽郡的叔叔劉良將他們接過去撫養，劉秀等人才算是重新過上了安定的生活，不過，從此也就成了普通百姓。

　　別看劉縯和劉秀是親兄弟，但是二人性格差異卻非常大。劉縯剛毅豁達、鋒芒外露，按照《後漢書·宗室四王三侯列傳》記載，劉縯"性剛毅，慷慨有大節。自王莽篡漢，常憤憤，懷復社稷之慮，不事家人居業，傾身破產，交結天下雄俊。"也就是説，劉縯是個不安心平平淡淡生活，常懷報國之志的江湖豪俠類型。劉秀"性勤於稼穡"，喜歡踏踏實實地種莊稼。因此經常以漢高祖自許的大哥劉縯，就常常嘲笑這個小弟是劉邦的次兄劉喜。因為當年的劉喜就是個老老實實的莊稼漢。

劉秀的二哥劉仲死得較早，在歷史上留下的記載很少。包括劉仲這個名字，實際上都不一定是真的名字，因為"仲"就是排行第二的意思。劉秀的二姐夫名叫鄧晨，住在南陽郡的新野。鄧晨有家親戚姓陰，也住在新野。這陰姓人家是當年齊國名相管仲的後代，是當地的豪門大戶。因為有鄧晨的關係，劉秀也時常和陰家有走動，關係還算密切，因而也能和陰家的女眷有近距離接觸的機會。其中，陰家的漂亮小姐陰麗華給劉秀留下了深刻印象。

天鳳年間，也就是公元 14—19 年之間，劉秀到都城長安學習。一天，在長安街頭，劉秀看到執金吾率領部下出行，執金吾是當時負責統領禁軍，保衛京城和皇宮的官員，地位較高，權力也很大，那威風凜凜的場面深深震撼了劉秀，他脱口而出："仕宦當作執金吾，娶妻當得陰麗華。"要當官，就得當執金吾這樣威風凜凜的的大官；要娶妻，就要娶陰麗華那樣漂亮的女子。當時的劉秀，應該是將此視為自己最高的人生理想了。

後來，劉秀雖然沒當成執金吾（執金吾見了他，都要跪下磕頭），但是卻真的娶了陰麗華，並寵愛其一生。夫妻二人年紀相差了 10 歲，相伴 30 餘年，歷經風雨，同患難共富貴，直到劉秀過世。而且，劉秀還將皇位傳給了陰麗華給他生的兒子劉莊，也就是漢明帝。

哪個劉秀當為天子？

劉秀和鄧晨關係很好。一次，劉縯、劉秀、鄧晨等人在宛城和一羣人一起飲酒，席間有個叫蔡少公的人，頗為精通圖讖學説。所謂圖讖，就是指預言、預兆一類。此時天下已亂，有些大逆不道的讖緯之言在社會上廣為流傳，其中有一句是"劉秀當為天子"。當蔡少公説到這裏的時候，大家藉着酒興，紛紛猜測這個劉秀是誰。有人認為，應該是當時擔任王莽國師的劉秀，也就是曾經叫劉歆，後改名為劉秀的那位。

這時一起喝酒的劉秀有點意見了，開玩笑説："何用知非僕邪？"僕，是古代男子對自己的謙稱。就是説，眼前就有一個叫劉秀的，你們怎麼知道預言裏説的那個劉秀不是我呀？大家一聽，這才想起來，身邊就有一個叫劉秀的，但是大家都不相信一個喜歡種莊稼的百姓能是未來的皇帝，於是鬨堂大笑。宋代李昉等人編撰的《太平御覽》也收錄了這個故事，劉秀的回答被簡化成"安知非僕？"

當時劉秀應該也只是玩笑罷了，唯獨鄧晨當真了。後來，劉秀住在鄧晨家裏，鄧晨趁機對劉秀説："王莽悖亂而又暴戾，按照正常的禮法規定，即使犯了死罪，該殺頭，也應該秋後處決，但是王莽卻在盛夏就直接殺人。如此肆意胡作非為，這是上天要他滅亡。你還記得昔日宛城聚會時，蔡少公説過的，劉秀當為天子的話嗎？那就是應驗在你身上的啊！"劉秀笑而不答。

劉秀稱帝後，一日與鄧晨聊天，説起陳年舊事，又説到這個預言。鄧晨看着劉秀，忍不住説道："僕竟辦之。"你竟然真的成了天子！劉秀也不禁哈哈大笑。

有意思的是，那個原名為劉歆的劉秀，竟然也知道這個預言。也正因為這個預言，一直忠心耿耿，為王莽篡漢立下汗馬功勞的劉歆（為了不容易弄混，還是這麼稱呼吧）也動心了。正因為一直替王莽賣命，所以王莽對劉歆非常信任，並沒有因為其漢室宗親的身份而有所懷疑。劉歆就準備利用這個有利條件，找機會刺殺王莽。劉歆的如意算盤是，自己佔據着天命，又親手除掉篡漢的王莽，天下豪強一定會雲集景從，自己就可以輕鬆地坐到皇帝的寶座上了。也正因為那條預言的流行，還真有一些將軍表示願意追隨劉歆。可惜，計劃還未實施，消息就已經洩露，劉歆自殺而亡，那幾位追隨的將軍也都被誅殺。

騎牛上陣的劉秀

公元 22 年前後，劉縯、劉秀兄弟起事的條件基本成熟了。當時，劉秀沒在自己家，而是住在姐夫鄧晨家。這時，距離新野不遠的宛城豪強李氏主動找上了劉秀。

當時流傳的圖讖可不是只有"劉秀當為天子"這一句，還有很多，其中流傳很廣泛的就還有一句："劉氏復興，李氏為輔。"李氏家族的李通因此也早有起兵的心思，希望能混個從龍之臣。但是既然是李氏為輔，那為主的劉氏，該選哪個劉氏呢？天下姓劉的太多了。李通找來自己的堂弟李軼商議。李軼胸有成竹地説："南陽一帶的漢室宗親中，也就是劉縯、劉秀兄弟是個人物，咱們可以和他們共謀滅王莽興漢室的大事。"

李通讓李軼來找劉秀商量。開始的時候，劉秀還有點猶豫，畢竟和李氏並不熟悉，貿然商量如此大事，似乎不妥。但是又一想，以自己大哥的脾氣，一定會起兵討莽，能給大哥找個幫手就是個幫手吧，遂痛快地答應了下來。

經過一番謀劃，公元 22 年十月，劉秀等人在宛城秘密起事。起事後，劉秀帶着李軼和部分手下回春陵，和自己大哥商議起兵之事，留下李通在宛城。劉秀和李軼走後不久，消息洩露，李氏在長安和宛城的族人幾乎被官府滅門，只有李通等少數人逃走了。

等劉秀回到春陵時，劉縯也已經正式起兵了。劉縯認為，現在天下兵戈四起，正是滅亡王莽的好時機，於是提出口號"復高祖之業，定萬世之秋"，然後派出賓客，四處聯絡，扯起大旗。開始的時候，很多劉氏家族的人害怕，不願意和劉縯一起造反，紛紛嚷嚷着"伯升（劉縯的字）殺我"，有的準備逃跑，有的準備藏起來。正在混亂之際，劉秀"絳衣大冠"而至。所謂絳衣大冠，就是穿着深紅色的衣服，戴着高大的帽子。當時這可是將軍才能穿的服裝，劉秀一個普通百姓卻穿上這身衣服，就證明已經造反了。大家見平時素以穩重著稱的劉秀都造反了，覺得這事沒准靠譜，稍稍安定下來。不久，鄧晨在新野起兵。各路人馬匯集到一起，劉縯手下也聚集了七八千人。於是劉縯將這支隊伍命名為柱天都部，意思是大漢朝的擎天之柱，歷史上一般稱之為"舂陵軍"。

剛剛起事的舂陵軍兵微將寡，裝備更是沒有多少，連劉秀都沒能找到一匹戰馬騎乘，是騎着牛上陣的，這就是後世演義中所謂的"牛背上的開國皇帝"。一直到後來殺死新野縣尉，搶到敵人的戰馬，劉秀才擺脫了騎牛的尷尬局面，"光武初騎牛，殺新野尉乃得馬。"

劉縯和劉秀都明白，光靠自己這點力量，別說消滅王莽，一不小心，自己就有被消滅的可能。為了生存和發展，必須和附近的綠林軍聯合。於是，劉縯派堂弟劉嘉去見綠林軍首領。劉嘉先後到新市、平林軍中，見到其首領王鳳、陳牧等人，表達聯合之意。此時的綠林軍剛剛打到南陽郡一帶不久，正急於在這一帶打開局面，見劉氏兄弟主動前來聯合，當然歡迎。於是，雙方合兵一處，共同對付官軍，並連戰連捷。他們西擊長聚，殺了新野尉，然後進屠唐子鄉，殺湖陽尉，再攻佔棘陽。

綠林軍畢竟是一支以饑民、流寇為主的部隊，士卒紀律性很差，和舂陵軍關係也不太和諧。就在這樣小小的幾次勝利之後，因為分發戰利品的問題，綠林軍覺得不公平，就差點對舂陵軍刀兵相向。為了大局，劉秀將自己族人所得的戰利品都收集起來，全都交給綠林軍，這些人才轉怒為喜，得意洋洋地拿着財物走了。

危急關頭的劉秀

接下來，劉縯率軍攻打宛城，不料卻遇到了硬骨頭，在宛城之下，義軍碰得頭破血流。

王莽派來南陽郡的最高軍事負責人是前隊大夫甄阜和屬正梁丘賜（屬正是王莽改制後的官職名稱，相當於南陽郡都尉）。他們見義軍的實力增長很快，於是率領全軍迎戰。雙方在小長安一帶一場大戰，結果義軍大敗，敗得慘不忍睹。混亂中，劉秀也不得不落荒而逃。在逃跑的路上，劉秀遇到了小妹劉伯姬，便急忙把妹妹拉上馬，兄妹二人騎着一匹馬，繼續向棘陽的方向逃命。

跑了一會兒，劉秀又看見了自己的二姐劉元，也就是鄧晨的妻子，急忙招呼姐姐上來一起逃走。劉元看看已經騎了兩個人的那匹馬，知道如果自己也上去，馬根本承受不住，那樣，姐弟三人誰也跑不了，於是搖搖手說：「你們快走吧。耽誤下去，誰也走不了。」劉秀無奈，只得帶着妹妹繼續逃跑。不一會兒，莽軍追至，將劉元和她的三個女兒全都殺死了。

在這場戰鬥中，劉氏宗族死傷慘重，包括劉秀的二哥劉仲在內的數十個兄弟戰死。慘敗後的義軍退到棘陽休整。甄阜和梁丘賜率莽軍隨後掩殺而來，準備徹底殲滅這股叛軍。他們將糧草輜重都留在藍鄉，十萬大軍輕裝前進。莽軍渡過黃淳水，前鋒到達沘水河邊，在兩河之間紮下大寨。這十萬大軍的營寨，可謂浩浩蕩蕩，讓棘陽的義軍心驚膽顫。

莽軍主帥甄阜更是一副名將的做派，命人將後面黃淳水上的渡橋全部拆掉，以示自己不滅叛軍，絕不生還的決心，同時也要讓士兵們知道，這是破釜沉舟，是背水一戰，是置之死地而後生，只能前進，後退無路。

綠林軍麾下的新市、平林兩軍，大敗之後已經無心戀戰，對莽軍產生了畏懼心裏，現在見莽軍不但大軍壓境，還擺出一副誓不罷休的架勢，真的被嚇住了，就準備發揮流寇的特色——跑。劉縯和劉秀可沒打算這麼不戰而逃，而且他們也不認為莽軍不可戰勝。但是，如果綠林軍不肯參戰，只有自己手下這幾千人，根本不可能和十萬莽軍對陣。所以，必須讓綠林軍留下。

也算是天無絕人之路，正在劉縯兄弟焦急思考對策的時候，李通來了。李通自從宛城事敗，從家裏逃出來之後，一直四處奔波，也收集了小部分人馬，現在聽到劉秀等人在棘陽有難，特意趕來。李通還帶來了一個好消息，綠林軍的另一隻人馬，王常帶領的下江兵也到了附近，就駐紮在宜秋。劉縯當機立斷，帶着劉秀和李通趕赴下江軍中，對王常曉以大義，許以富貴。王常見劉氏兄弟有大才，絕對是能幹大事之人，現在也正是自己結交二人的一個好機會，於是痛快地答應了。

王常率領下江軍迅速從宜秋趕到棘陽，和新市、平林及南陽軍匯合。下江兵的到來，讓新市、平林兩軍軍心有所振奮，就都留了下來，準備和莽軍再鬥上一鬥。

真將軍與偽名將的對決 | 59

眼見義軍恢復士氣，劉縯"大饗軍士，設盟約"，然後休息三天，同時和各路義軍的首領制定了詳細的作戰計劃。

就在這一年大年三十夜裏，劉縯將全軍分成六路，藉助夜色的掩護，直撲莽軍糧草存放地藍鄉。甄阜在藍鄉雖留下了足夠的兵力防守，但是這些士卒的警惕性不足，防守也不夠嚴密。他們認為，前面有十萬大軍在進攻，那些叛軍沒有狼狽逃竄就已經不錯了，怎麼可能還有能力、有膽量來襲擊遠在後方的囤糧處？再說了，今天大過年的，打甚麼仗啊，先過個年吧。就在半夜時分，義軍突然從四面八方蜂擁而上，毫無防範的莽軍當即陷入混亂。劉縯率軍輕鬆消滅這裏的莽軍，將其糧草輜重盡皆繳獲。獲勝的義軍絲毫沒有停歇，直接向莽軍主力部隊發動進攻。

這時，甄阜和梁丘賜剛剛得知藍鄉戰敗，糧草輜重盡失的消息，正在慌亂之中。不成想，義軍已攻到眼前。劉縯兄弟領兵從西南攻擊甄阜部，下江兵從東南進攻梁丘賜部。雙方展開了一場殊死搏鬥。莽軍比想象的更加不堪，差不多正常早飯時間，梁丘賜的軍隊率先抵擋不住義軍的進攻，陣腳大亂，士兵潰逃。甄阜軍見狀，也無心戀戰，開始逃跑。義軍當然是緊追不捨，驅趕着莽軍向黃淳水方向狼狽潰退。

等莽軍的敗兵到達黃淳水邊，才突然絕望地想起，河面上沒橋了，被自家的將軍下令全部拆除了。此時的莽軍，並沒有按照甄阜原來設想的那樣，因為陷入死地而激發起求生的慾望，轉身與敵死戰，而是陷入了更大的混亂之中。

身為主將的甄阜和梁丘賜也早就亂了手腳，莽軍戰死、溺死的超過兩萬人，甄阜和梁丘賜也死於亂軍中。此戰不僅大破莽軍在南陽郡的主力，更是因為奪得大批糧草輜重及軍械，大大緩解了義軍的裝備及軍糧的困難。同時也展示了劉縯兄弟卓越的謀略及指揮能力。

大勝之後，深諳兵貴神速之道的劉縯引軍直奔宛城而來。莽軍的將軍嚴尤和陳茂聽到甄阜和梁丘賜戰敗的消息，也率軍趕來，準備以宛城為屏障，遏制這股義軍的勢頭，並尋機剿滅。可是他們沒想到的是，義軍速度如此之快，還沒等他們到達宛城，在育陽城下就遇到了義軍的大部隊。

莽軍的阻截早在劉縯的預料之中，因此劉縯絲毫不懼，而是"陳兵誓眾，焚積聚，破釜甑，鼓行而前"，以一往無前的態勢，向莽軍發起猛攻。這才是破釜沉舟，這才是決一死戰。義軍早有準備，勇往直前；莽軍匆忙迎敵，瞻前顧後。結果義軍再次大勝，陣斬敵首三千餘級。嚴尤、陳茂不得不棄軍而逃。義軍再接再厲，乘勝包圍宛城。劉縯也藉此戰威名，自號"柱天大將軍"，威名遠揚、天下震動。

古今罕見的**高額懸賞** | 60

　　王莽早就聽說過劉縯，現在聽到他接連大勝，"大震懼"。遂頒佈懸賞令，"購伯升，邑五萬戶，黃金十萬斤，位上公。"也就是說，誰能殺死劉縯，封賞給五萬戶的食邑，還賜給黃金十萬斤，並且封為上公的爵位。如此重的懸賞，真是大手筆，古今罕見。可見劉縯在南陽郡的勝利對王莽的打擊之大。

　　那麼，王莽對劉縯的這個懸賞到底有多重呢？我們來對比一下。當年輔佐吳王闔閭滅掉楚國的伍子胥，按照《史記‧伍子胥列傳》記載，伍子胥在楚國被通緝時，官府的懸賞是：楚國之法，得伍胥者賜粟五萬石，爵執珪。就是給予五萬石糧食，封賞類似於上大夫的爵位。楚漢相爭時，被劉邦視為心腹大患的霸王項羽，按照《史記‧項羽本紀》記載，項羽乃曰："吾聞漢購我頭千金，邑萬戶。"就是說，劉邦給的懸賞，不過是千金和萬戶侯。

　　我們再拿那些開國功臣或者百戰名將的封賞來和這個懸賞比比。曾經和劉邦出生入死，為劉邦建立大漢朝立下不朽功勞的漢初三傑，除了韓信情況特殊之外，蕭何，"上以（蕭）何功最盛，先封為酇侯，食邑八千戶"，後來又加封兩千戶，才湊成了萬戶侯。張良呢？劉邦認為張良"運籌策帷幄中，決勝千里外"，功勞蓋世，也不過打算封張良三萬戶，張良還沒敢要，只要了留城，被封為留侯。再說漢武帝時期的"軍神"衛青和霍去病。衛青共七次帶兵進擊匈奴，共斬殺、俘獲匈奴五萬餘人，因而多次被封賞，封邑加起來也不過一萬六千三百戶，加上三個被封為侯爵的兒子的封地，總計二萬二千戶。霍去病非常受漢武帝欣賞，一共六次出擊匈奴，共斬殺、俘獲匈奴十一萬人，四次受到封賞，封邑最後也只有一萬七千七百戶。就連王莽自己，在篡位之前，加封安漢公的時候，也不過封邑兩萬八千戶。

　　也就是說，這些人出生入死一生的封賞，還比不上劉縯一顆人頭。由此可見，王莽對劉縯的懸賞可謂史無前例的高。這還沒完，和懸賞令同時下達的命令還明確規定，長安城所有官署及天下各地鄉亭的門內側堂上，都要掛上劉縯的畫像。然後，王莽要求，各級官吏每天早晨上班的第一件事，就是向劉縯的畫像射箭。這也說明，劉縯已經讓王莽害怕到寢食難安，不得不尋求心理安慰的地步了。不過這下，王莽倒是替劉縯做了全國性的免費宣傳了。新朝大小官吏及全國百姓，每天睜眼看到的就是劉縯的畫像，他想不出名都難。於是，"百姓日有降者，眾至十餘萬"，也就是說，在王莽的大力宣傳下，加上劉縯自己打出來的名聲，每天都有人前來加入，很快，隊伍就擴張到十多萬人。

更始帝劉玄｜61

人越來越多，隊伍越來越大，管理也就越來越混亂，必須得有個最高的首領，號令統一才行。既然是安漢興劉，那當然要找個姓劉的來當這個首領了。舂陵軍和下江軍都推舉劉縯為首領，但是新市軍和平林軍不同意。這些人自由散漫慣了，劉縯一向非常嚴格，他們不願意受劉縯的約束。原來是盟軍還好點，現在要是劉縯真當了大家的首領，往後的日子可不好過。因此，他們不同意由劉縯做首領，而是推舉性格軟弱，能力也很一般的劉玄為首領。這些人立劉玄的目的也很明確，就是選個傀儡而已。

劉玄也是漢室宗親，長沙定王劉發之後，和劉縯、劉秀等是同族的兄弟，因為在家中犯了事而逃亡在外。平林人陳牧、廖湛舉兵加入綠林軍時，劉玄也加入了陳牧所部。等劉縯擊敗甄阜和梁丘賜，聲威大震的時候，綠林軍不想被劉縯壓一頭，就抬出劉玄與之對抗，從那時開始尊稱劉玄為更始將軍。現在，見有人推舉劉縯為首領，這些人立刻跳出來反對，提出應該讓劉玄做首領。接下來，這些人暗中串聯好，又拉攏了下江軍主將之一的張卬，在佔據多數之後，前來找劉縯，不但準備讓劉縯退讓，還要一步到位——立劉玄為皇帝。

劉縯、劉秀等人當然氣憤不已，但是掂量一下自己的力量，還不能與綠林軍決裂，只得咬牙同意了讓劉玄出任首領的決議，但是對立劉玄為皇帝還是提出了反對意見。劉縯認為，現在自己這邊雖然勢力不小，但是赤眉軍那邊實力也很強大。如果這裏立了皇帝，那邊勢必也會找個漢室宗親立為皇帝。那樣的話，王莽未滅，咱們義軍內部就有可能打起來。不如先稱王，稱了王，咱們內部就可以統一號令了。即使赤眉軍那邊也有人稱王，也無所謂。如果將來赤眉軍那邊的君主賢明，咱們歸附赤眉軍也可以。如果那邊沒有，等咱們消滅王莽，統一天下，再立皇帝也不遲。

劉縯的話，實際上非常有道理，屬於老成持重之言。當然，其中也包含着私心。畢竟皇帝是唯一的，如果立了劉玄，將來劉縯自己再想當皇帝，要麻煩很多，局面也會很被動，甚至有可能被人認為是篡位。但是稱王就不一樣了，可以有很多王啊。到時自己也稱王，就又站到同一個起點了。但是劉縯的話，綠林軍並沒有聽進去，張卬還火了，拔出寶劍，用力砍在地上，嚷道："這麼三心二意的，能成甚麼大事？今天的事就這麼決定了，誰也不許提反對意見。"

劉縯見此，只得默然。大家見劉縯同意了，也只得閉嘴不言。就這樣，劉玄被立為皇帝，史稱為更始帝。公元 23 年二月初一，在淯水河邊，劉玄舉行了即位儀式，建元更始，然後大封功臣。

那羣扶立他上位的綠林軍好漢們，等的就是這個時刻。劉玄封族父劉良（劉縯、劉秀的叔叔）為國三老，王匡為定國上公，王鳳為成國上公，朱鮪為大司馬，劉縯為大司徒，陳牧為大司空，其餘眾將都拜為九卿或者將軍，劉秀被封為太常偏將軍。從此，這支軍隊，不管是綠林軍也好，是春陵軍也好，都統一稱為漢軍。對於這個封賞，很多將領感覺不公平，並不怎麼服氣。劉縯、劉秀等人倒沒說甚麼。

接下來，漢軍兵分兩路。王鳳、王常、劉秀等人率軍進攻昆陽；劉縯繼續進攻宛城。王鳳、王常、劉秀這一路進攻非常順利，不但很快佔領昆陽，還順勢又佔領了臨近的定陵和郾城。劉縯這一路也是收獲頗豐，當他率領大軍到達新野的時候，新野縣令直接開城投降。然而到了宛城，劉縯再次受阻。宛城守將岑彭能征慣戰，能攻善守。劉縯圍住宛城，連連進攻，用盡辦法，就是攻打不下。直到五月，城中彈盡糧絕，又沒有救兵，岑彭才獻城投降。

漢軍將士吃盡了岑彭的苦頭，紛紛要求將岑彭砍了。劉縯愛惜岑彭是個人才，為人又忠義，勸住了大家，他說：「岑彭守宛城的時候，我們是兩國的仇敵，當然得各盡所能。岑彭能讓咱們吃這麼大的苦頭，說明他本領高超。這樣的將軍，正值得我們尊敬。我們不但不應該殺他，還應該向皇帝請求加封於他。這樣，才能有更多的人才來投奔我們。」然後，劉縯說服更始帝，封岑彭為歸德侯，歸在劉縯部下。後來，岑彭屢立戰功，成為劉秀手下的雲台二十八將之一。

劉縯佔領宛城後不久，更始帝劉玄進入宛城，並將宛城定為自己的都城，然後大封宗室及諸將，光列侯就封了一百多。

昆陽之戰 | 62

此時，全國各地已是烽煙四起，劉玄這邊更是連戰連捷，稱帝並定都宛城，令王莽深感不安。他命司徒王尋和司空王邑徵調各郡縣的兵馬到洛陽匯合，然後出兵剿滅各地的叛亂。

　　王尋和王邑到了洛陽後，聚集起四十二萬人馬，號稱百萬，浩浩蕩蕩殺奔昆陽而來。就在這時，前面被劉縯打跑了的嚴尤和陳茂也領着殘兵敗將前來匯合，王尋和王邑的聲勢更大了。

　　王莽軍中還有個猛士，叫巨無霸。這家伙是個巨人，身高一丈，腰粗十圍，而且此人善於驅使猛獸，不管甚麼虎、豹、犀牛、大象，在他手裏，都得服服帖帖的聽指揮。因此，他手下也就有一支奇怪至極的猛獸部隊。王莽見他本領奇特，就封他為壘尉。這次也把他派來，以助軍威。

劉秀的風采

　　雖然王莽的四十餘萬大軍並沒有全部用來攻打昆陽，但是光是前鋒部隊，就有十萬人。而昆陽城中漢軍只有八九千人。聽聞王莽大軍即將到達昆陽的消息，昆陽的漢軍將士們嚇壞了。這仗可怎麼打？乾脆，咱們散伙得了。大家各跑各的，跑出去算命大，被敵人追上就自認倒霉吧。

　　關鍵時刻，劉秀挺身而出，喝止大家。劉秀勸大家說：“現在敵人強大，而我們兵微將寡。正因為如此，我們才更要合力抵抗。如果我們能同心協力，那麼還有戰勝敵人、建功立業的可能，如果分散開來逃跑，誰也活不了。而且，現在我們後方也不穩定，另一路人馬正在進攻宛城。如果我們輕易放棄昆陽，那麼，王莽的軍隊一天就可以將我們全部殺光。現在的情況是，如果大家想活，就必須想盡辦法守住昆陽城。當然，沒有救兵是不行的。如果大家願意誓死守城，那麼我願意殺出重圍，前去搬請救兵。”眾將還是猶豫不決。

　　正在這時，負責查看敵情的士兵報告，敵軍已到城北，軍馬列陣數百里，根本看不到隊尾。諸將一聽，完了，現在想跑也跑不了的，只能聽從劉秀的建議，死守昆陽城，讓劉秀去搬請救兵，爭取那一線生路吧。不知不覺間，官職並不高的劉秀儼然成了這支軍隊的靈魂人物。

劉秀安排王鳳、王常負責守城，自己帶着宗佻、李軼等十三名武藝高強的將領，騎着馬，連夜從南門殺出重圍，趕赴定陵、郾城一帶調集援兵，前來昆陽解圍。劉秀不知道的是，自己一方的軍隊，馬上就會佔領宛城（就在昆陽大戰的前三天，宛城被攻下），實際的局勢比他預估的要稍微好一點。

既然劉秀這裏局勢這麼危急，劉縯攻佔宛城後為甚麼不來救援呢？應該是時間來不及，而且一時也脫不開身。畢竟漢軍佔領宛城後，宛城的形勢也並不是那麼穩定，千頭萬緒的事情極多，不可能今天佔領宛城，明天劉縯就將大軍全部調走，那宛城還不立刻就亂了。而且劉縯手下士兵進攻宛城時已經是苦戰連連，不經過休整，根本就沒有多少戰鬥力了。最重要的是，現在劉玄身邊的主要力量就是劉縯率領的這支軍隊了，劉玄也不敢讓劉縯帶走。都走了，萬一莽軍繞過昆陽，前來進攻宛城，他這個皇帝遇到危險了怎麼辦？而等到這邊安頓好之後，昆陽大戰也已經落幕了。

劉秀突圍的時候，莽軍的包圍圈還沒有完全成型，即使這樣，也讓劉秀吃足了苦頭，差點衝不出去。劉秀突圍而出後，連夜趕到郾城和定陵，準備召集起這兩座城池的所有漢軍，殺回昆陽城中救援。郾城、定陵中的漢軍將士也知道自己無路可退，準備救援昆陽。可是這些草莽之輩實在沒怎麼見過好東西，現在好不容易打下兩座城池，搶到不少好東西，就這麼放手捨不得，於是商議着準備留下一部分兵馬防守，剩下的人馬前去救援昆陽。

劉秀按捺住火氣和大家解釋："現在敵軍人多勢眾，我們全軍都去，還是人單勢孤，如果再分兵兩處，更是難以取勝。而且，只要我們能大破敵軍，繳獲的珍寶將萬倍於這裏，何必在意這點東西呢？如果不能戰勝敵人，到時候，我們連腦袋都保不住了，要這些財物又有甚麼用？"眾人這才恍然大悟。於是郾城和定陵的漢軍全軍出動，隨劉秀救援昆陽。

此時的昆陽城激戰正酣。昆陽城雖然不大，但是城池還算堅固，漢軍因為有了指望，防守的意志也比較堅決。因而莽軍猛攻昆陽，卻沒有很快攻下。這時，嚴尤給主將王邑提建議說："昆陽城池雖小，但是非常堅固，急切間難以迅速攻破。而這些人的真正首領，那個自立的皇帝劉玄在宛城，所以我們只需要派部分兵馬將這裏包圍，然後派大軍直接進攻宛城，劉玄等人必然因為害怕而逃走，我們再追而擒之。宛城一敗，昆陽也就不攻自破了。"

應該説，這是個非常正確的建議，擒賊先擒王，但是以名將自詡的王邑卻斷然否決。王邑認為，自己率領百萬大軍，遇到這麼小小的一個昆陽城就要繞道，豈不丟自己這個領軍主將的臉面，不行，必須打下來。於是莽軍加緊攻打。為了炫耀軍威，莽軍將昆陽城包圍了十幾層，包圍圈一道連着一道，光軍營就設置了一百多座。

戰神附體

莽軍製造了大量十幾丈高的雲車，這些雲車比昆陽城的城牆都高。然後將雲車推到昆陽城附近，讓士兵站在雲車上，既可以瞭望城內的動靜，又可以向城內射箭。地面上，莽軍用衝車等攻城器具撞城，地下則挖地道，向城內進攻。猛烈的攻勢讓城內的守軍異常吃力，度日如年。因為莽軍佔據空中優勢，不斷向城內射箭，城內漢軍連出門打水都得背着門板擋箭。

王鳳等人實在吃不消了，向莽軍請求投降。按說王尋、王邑也算是嚐到了名將的滋味，現在敵人又主動投降，應該可以見好就收了吧？不行。按照王尋、王邑的理解，昆陽城馬上就要被攻破，到時候，自己率軍馬踏昆陽城，將其血洗，才既能彰顯自己的名將之風，又能震懾天下反賊，讓他們聞風喪膽。所以，他們斷然拒絕了漢軍的請降，繼續猛攻。

漢軍這回是徹底走投無路，只剩下拼死防守，等待援兵這一線生機了。結果就是，莽軍攻昆陽城不下。按照《資治通鑑》記載，這裏嚴尤再次建議，應該圍三闕一，就是在圍城的時候，只包圍三面，有意識地給昆陽城的守軍留出一面出口，供他們逃跑用。這樣，守城的士兵就不會抱着必死的決心拼命，而是想着如何逃跑了。等敵人一開始逃跑，我們既可以在後面輕鬆追殺，又可以讓敗兵將這裏潰敗的消息傳遞給更多敵人知道，從而瓦解敵人的軍心。這一建議又被拒絕了。

莽軍繼續四面包圍昆陽城，猛烈進攻。漢軍繼續死守。就這樣，數十萬莽軍，被拖在小小的昆陽城下，久戰無果，士卒疲憊、士氣大降。

就在這時，劉秀帶領援軍來到。面對鋪天蓋地的莽軍，即使是援軍，心裏也是緊張萬分，猶豫不前。為了鼓舞士氣，劉秀主動提出，自己願意當先鋒，率先向莽軍發起進攻，並尋求願意和自己共同衝鋒的勇士。總有不怕死的勇士和熱血之輩，陸陸續續有一千多人主動站出來，願意和劉秀一起殺敵。其中，既有步兵，也有騎兵。劉秀就率領着這一千多拼湊起來的人馬，率先向莽軍大營前進，直到距離莽軍大隊人馬四五里的地方，擺開陣勢。

王尋、王邑為了擺自己名將的架子，見對方只有千餘人，也沒派太多人馬，只是派了數千兵馬前去迎戰。劉秀躍馬揚鞭，帶着自己的千餘人馬，主動向莽軍發起衝鋒。劉秀衝鋒在最前面，連續斬殺數十名莽軍兵將。這一刻的劉秀，仿若戰神附體。別説莽軍大吃一驚，就連漢軍將領都吃驚不小，平日裏劉將軍看見弱小的敵人都小心謹慎的，怎麼今天在強大的敵人面前這麼勇猛？主將衝鋒在前，士卒自然不甘人後，大隊人馬一起向莽軍發起進攻，斬殺莽軍一千多人。漢軍小勝一場，並趁勢推進到距離昆陽城下不遠處。

這時，劉秀並不知道宛城已經被劉縯攻下，但是為了鼓舞士氣，劉秀派出使者，裝作是從宛城前來的樣子，向昆陽城中報信，說是宛城的大隊援軍已經到達。昆陽城中的漢軍士氣大振。劉秀還故意讓莽軍也得到消息，稍稍瓦解一下莽軍的士氣。接下來，劉秀挑選出三千敢死隊，迂迴到莽軍的側翼，從城西水上向王尋、王邑的中軍主將所在地發動猛攻。

開始的時候，王尋、王邑並沒有把這一小股漢軍看在眼裏。為了防止自己手下將領擅自出兵，引起混亂，王尋、王邑還命令各營將領守把好自己的營寨，不得擅自出兵，然後王尋、王邑率領一萬多中軍士卒，殺向劉秀率領的漢軍。

在莽軍所有人眼中，這數千漢軍就是來送死的。可惜的是，王尋、王邑高估了莽軍的戰鬥力，又低估了漢軍拼死一戰的決心。戰鬥開始不久，這支莽軍就被人數遠遠少於自己的漢軍殺得節節敗退，並最終形成大潰敗。劉秀本來就是抱着不勝則死的決心來的，現在見形勢逆轉，當然是趁機擴大混亂，並在混亂中斬殺王尋。莽軍更加混亂，並有向全軍蔓延的趨勢。至此，攻守之勢易位。幾乎可以說是板上釘釘的勝負態勢，終於出現變化。

昆陽大捷

眼見中軍陷入混亂，並呈現雪崩式的潰敗，莽軍其他將領左右為難，不知所措。率軍救援吧，主將剛剛下達了不得擅自出兵的將令，自己出兵救援就等於違抗軍令，這可是掉頭的罪過，即使救援成功，能不能將功補過都難說，如果救援不成功更不用說，肯定是死罪；不予理睬吧，可是眼見主將被殺，中軍亂作一團，難道就這麼袖手旁觀？

昆陽城中的漢軍見援軍發動進攻，莽軍陣勢出現混亂，也知道機會難得，鼓噪而出，伴隨着驚天動地的喊殺聲，全軍殺向莽軍。莽軍徹底陷入混亂，亂奔亂跑，自相踐踏，死傷不知凡幾。關鍵時刻，猛士巨無霸指揮着自己的猛獸軍隊前來解圍。老虎、豹子、犀牛、大象等猛獸嗷嗷叫着，向漢軍衝去。漢軍雖然殺紅了眼，氣勢如虹，可是再勇猛，眼見各種猛獸向自己撲來，本能的還是害怕。

就在戰場局面又一次出現轉變，漢軍有可能再次敗亡時，天氣變了。要知道，莽軍雖然現在混亂不堪，但是只要猛獸部隊稍稍拖住漢軍進攻的腳步，給莽軍留出整頓的時間，讓他們穩住陣腳，那麼出現在漢軍面前的，還是數十萬的部隊，漢軍還是隨時會面臨滅亡的危機。可就在猛獸部隊出現在戰場上不久，還沒來得及打亂漢軍的進攻陣勢的時候，就見滿天黑雲頓起，狂風呼嘯，電閃雷鳴，傾盆大雨從天上直灌而下。再厲害的猛獸都怕打雷，電閃雷鳴加狂風暴雨，這些野獸都被嚇得發了狂，再也不聽從指揮，四散奔逃。至於阻擋在自己前進路上的士卒，管你是莽軍還是漢軍，全都成了尖牙利爪下的碎肉。這下，莽軍更加混亂，死傷更重。就連那位猛士巨無霸，也被發狂的野獸擠得掉入水中，在無數野獸踩踏之下，再也沒有露出頭來。

此一戰，莽軍死傷不計其數。等王邑終於逃回洛陽的時候，出發時率領的四十幾萬大軍只剩下了幾千人。而且，集全國之力聚集起來的供應數十萬大軍的糧草輜重和軍械等物，全部落入漢軍手中。繳獲的物資太多，漢軍光運輸就用了一個多月，最後，實在拿不走的只能一把火燒掉。至此，昆陽之圍解除，莽軍主力幾乎全部被消滅，天下震動。

眼見王莽的新朝大勢已去，各地殺官造反的人越來越多，包括很多朝廷命官也紛紛起兵反莽，並宣佈改用漢朝的年號。其實，雖然吃了敗仗，但此時王莽的精銳仍在，只不過大多在和匈奴、西域諸國、西南少數民族作戰，遠在邊陲，急切間抽調不回來而已。這就看出當初王莽和周圍各國鬧到兵戎相見是多麼愚蠢。如果此時王莽手裏能掌握着數十萬精銳，且隨時能機動派往各地，即使不能徹底挽回頹勢，至少形勢要好得多。

劉縯之死 | 63

　　宛城與昆陽的勝利令天下震動，劉縯、劉秀兄弟聲望更高。但是，本來就視劉縯為最大威脅的更始帝劉玄，愈發坐臥不安，殺心大起。劉玄等人密謀，藉助昆陽大捷，大宴諸將的機會，在酒席宴上殺死劉縯。心思縝密的劉秀敏銳地感覺到了危機，提醒大哥小心。不過劉縯並沒有在意。

　　酒宴之上，劉玄藉故和劉縯表示親近，取來劉縯的寶劍欣賞。此時，早就安排好的繡衣御史申屠建獻上玉玦。按照原計劃，只要劉玄舉起玉玦，埋伏着的武士就一擁而上，斬殺劉縯。不知道是劉玄膽小害怕，還是劉縯威勢太盛，直到酒宴結束，劉玄也沒敢舉起玉玦。這次謀劃，就這麼不了了之。劉玄的舉動被劉縯的舅舅樊宏看出問題，於是用鴻門宴的典故提醒劉縯。可惜，劉縯還是一笑置之。

　　此時，當年和劉秀一起在宛城起兵的李軼，已經暗中倒向了劉玄，並與劉玄的心腹大司馬朱鮪相交莫逆。劉秀發現端倪，提醒劉縯注意，提防暗算，但還是沒有引起劉縯的重視。

　　時隔不久，劉玄等人再次行動。這次的藉口，是劉縯的部將劉稷。劉稷和劉縯是同宗，是一員猛將，“數陷陣潰圍，勇冠三軍”。劉稷一直瞧不起劉玄，當初劉玄被立為皇帝時，劉稷正在指揮軍隊進攻魯陽。聞聽此訊，頓時大怒曰：“本起兵圖大事者，伯升兄弟也，今更始何為者邪？”劉稷這話的意思是，帶領大家起兵反莽，要做一番大事業的是劉縯。你劉玄算甚麼東西？有甚麼資格坐到那個位置上？這話傳到劉玄的耳朵裏之後，對他恨得是咬牙切齒，但是又心懷忌憚。於是，劉玄任命劉稷為抗威將軍，希望能暫時拉攏住他，但被劉稷拒絕了。劉玄這下可算找到藉口了，既然你敢抗命不遵，那就別怪我不客氣。他親自帶人馬來到劉稷營中，將劉稷抓了起來，準備處死。當然，劉玄的醉翁之意不完全在劉稷。

劉縯見自己手下重將被抓，當然要向皇帝講情，並據理力爭。劉玄等的就是劉縯。這時朱鮪、李軼跳出來，指責劉縯，說劉稷之所以抗命不尊，背後主謀就是劉縯，劉縯應該和劉稷同罪。於是劉玄大手一揮，將劉縯也一併抓了起來，並迅速將二人問斬。可歎劉縯，讓王莽寢食不安的一代英豪，沒有死於戰場，卻慘死於自己人手中。

此時的劉秀，並不在大哥身邊，而是正率領漢軍繼續攻城略地。聽聞噩耗，如五雷轟頂。劉秀父親早亡，劉縯在劉秀心中屬於亦父亦兄的角色。起兵之後，兄弟二人又互相依靠，互相支持着，歷經坎坷，數次死裏逃生，才走到今天，沒想到大哥卻這樣不明不白的慘死在自己人手中。但是，劉秀的頭腦非常清醒，他知道，既然劉玄敢殺害他大哥，如果自己稍有不慎，劉玄同樣會毫不介意順手殺掉自己，為了活命，為了報仇，自己必須隱忍。

劉秀擦幹眼淚，快馬加鞭趕回宛城。對於劉玄，劉秀不但沒有絲毫的怨言，反而主動向劉玄請罪，說自己沒能好好勸導大哥，以至於他觸怒了皇帝，不但他該死，自己也有罪。同時，在劉縯的部下來勸慰時，劉秀更是擺出一副無所謂的樣子，只是按照禮節答謝大家，並沒有甚麼傷心的模樣。對於這些大哥原來的部屬，劉秀絕不私下接觸、拉攏，反而處處擺出一副劃清界限的架勢。有人問起昆陽大捷的情形，劉秀也推脫說都是將士們的功勞，自己只是適逢其會，跟着沾光而已。這還不算，劉秀根本就沒給哥哥穿孝，而是該吃吃，該喝喝，和平常一模一樣。

為了進一步麻痹劉玄，劉秀不顧哥哥剛死，還在大喪期間，就在宛城迎娶了陰麗華。此時的劉秀 29 歲，陰麗華 19 歲。不管怎麼說，也算是有情人終成眷屬了。只是時機不太對而已。

劉秀的所作所為，免不了被人指指點點。而劉秀要的，就是這個結果。這下劉玄總算暫時放下戒心。殺劉縯是因為感覺他對自己的皇位有威脅，但是對於劉秀，這個擔心要小得多。現在見劉秀又是這樣知情識趣，而且再怎麼說，也是同宗兄弟，立有不少的功勞，真要現在就下殺手，感覺沒必要不說，也找不到一點的藉口。為了穩住劉秀，劉玄不但沒有難為他，反而加封他為破虜大將軍、武信侯。不過，這些都是虛銜，沒有兵權。畢竟剛剛殺了他的哥哥，劉玄無論如何也不可能重用劉秀，劉秀雖然憤恨，但也是把牙咬碎了，嚥到肚子裏，準備先隱忍不發，再伺機復仇。

王莽的滅亡 | 64

劉秀被劉玄"雪藏"，但是漢軍進攻的腳步並沒有停下。畢竟昆陽一戰，王莽的主力被殲，漢軍已經轉入戰略進攻態勢。

經過一段時間的休整後，同年八月，劉玄分兵兩路發起進攻。一路由定國上公王匡率領，進攻洛陽；另一路由大將軍申屠建率領，攻武關，進逼長安。

此時，王莽能夠直接控制的，也就剩下洛陽到長安之間的一小點地盤了。但無論如何，王莽也不可能束手就擒。面對來犯之敵，他一方面命太師王匡和國將哀章固守洛陽。這個哀章，就是當年主動參與表演的那個業餘演員，新朝建立後，任國將，封美新公，位列上公，成為了王莽的重臣。另一方面將昆陽大戰的敗軍之將王邑調回長安，升任大司馬，和大司徒張邯、大司空崔發等人一起，負責長安防務。與此同時，王莽還任命了九位將軍，都以“虎”為號，號曰“九虎”，率領精兵數萬在長安附近佈置防線。最關鍵的一環是：為了防止這些人叛變或者不盡心盡力，王莽將他們的家眷都扣留在皇宮之中作人質。

此時的新莽政權，國庫中還頗為豐盈，光黃金就有六十匱，一匱為一萬斤，也就是六十多萬斤黃金。其他地方也還有不少的黃金及財寶。可是當“九虎”要求王莽拿出一些錢來激勵屬下將士的時候，王莽卻只發給“九虎”手下的士卒每人四千錢。此舉當即引起“九虎”和士兵極大不滿，軍心動搖。

眼見王莽大廈將傾，各地官員皆無戰心，所以漢軍所到之處，守將紛紛投降，一些有見識的能人異士，更是趁機起兵響應，準備在這場盛宴中分一杯羹。被王莽寄予厚望的“九虎”，連漢軍的面都沒正式見到，就被另一支以鄧曄、于匡為首的義軍擊敗，“九虎”中的二虎自殺，四虎在大敗後逃亡，只剩下三虎收集殘兵敗將繼續死守。

漢軍申屠建部輕鬆佔領武關，繼續向長安進兵。各路義軍見漢軍勢大，紛紛自稱為漢軍將軍，或者和漢軍合兵一處，或者帶着自己的士兵，從各個方向向長安合圍而來。王莽手裏幾乎沒有了可用之兵，只得將監獄裏的囚犯釋放出來，發給武器，讓他們去和漢軍戰鬥。這些人當然不會替王莽賣命，出城不久，還沒接戰，就一鬨而散。

公元 23 年十月，漢軍攻入長安城。王邑別看本領不怎麼樣，對王莽卻是忠心耿耿，直到此時，還在率領剩下不多的士卒和漢軍死戰。可惜，此時的形勢，別說是他，恐怕就是孫武、吳起復生，也難以為繼了。戰鬥到第三天，莽軍已經死傷殆盡，而漢軍和其他義軍則是越聚越多。城中百姓也乘勢而起，直接從外面放火點着了皇宮。走投無路的王莽跑到了未央宮中的漸台，此處周圍有水池環繞，一來大火暫時燒不到，二來王莽還想藉此地勢固守。此時王莽身邊只剩下一千多官吏、士卒。漢軍將漸台層層包圍並發起猛攻。王莽手下的文武大臣，包括王邑等人在內，紛紛戰死。最後，王莽被商人出身的杜吳殺死。死後的王莽被眾人分屍，其狀慘不忍睹。隨後，漢軍佔領長安城，王莽的新朝正式落下帷幕。

此時，另一路由王匡率領的漢軍也佔領洛陽。王匡、哀章投降，後來被殺。

更始帝劉玄得知消息，心花怒放，感覺天下真的歸了自己。於是，劉玄先是遷都洛陽，不久又移都長安。公元 24 年二月，劉玄定都長安，大赦天下，只要不是王莽的子女，都在赦免之列。

劉秀經略河北 | 65

定都長安之後，局勢稍安，劉玄也準備好好享受皇帝的美好生活了。但是，天下形勢並不像他想象的那麼美好，一方面，赤眉軍及黃河以北的幾股頗為強大的割據勢力並沒有臣服於劉玄，而是仍舊割據一方，甚至仍然在不斷擴張自己的地盤。另一方面，劉玄也一直放心不下劉秀。不把這些危險人物都剪除掉，劉玄這個皇帝當得不踏實。

劉玄還在洛陽的時候，準備派大軍征討河北各義軍，但是大司徒劉賜建議，不用派遣大軍征討，可以派劉秀前去河北招撫他們。劉賜的建議遭到朱鮪、李軼等原綠林軍將領的反對，他們擔心放劉秀去河北，會縱虎歸山、養虎成患。劉玄猶豫不決，既想藉助劉秀的能力平定河北，或者藉河北羣雄的手除掉劉秀，又擔心劉秀真的會坐大。劉秀也知道這是自己逃脫險境的一個良機，於是花費重金買通劉玄身邊的近臣曹竟，替自己說好話。在劉賜和曹竟等人的輪番勸說下，劉玄終於同意派劉秀以破虜將軍的身份，行大司馬事，持節北渡，安撫河北各地。當然，只調撥了很少的軍隊給他。

眼光卓絕的鄧禹

此時的河北，各股勢力錯綜複雜，彼此之間殺伐不斷。劉秀帶領着一點點人馬加入這個亂局，別說收降各路豪傑，連自保之力都幾乎都沒有，可謂九死一生。然而，終於脫離劉玄掌控的劉秀，不但沒有前去赴死的怨念，反而滿腔豪情，自己終於可以一展身手了。

就在此時，一個叫鄧禹的年輕人主動前來投奔劉秀，並以其卓越的才能迅速成為劉秀的左膀右臂。鄧禹是南陽人，年紀比劉秀小一些。當年劉秀在長安求學時，鄧禹也在，所以兩人算是同窗。當時，鄧禹就感覺劉秀頗為不凡，因而二人交往密切。看來這個鄧禹的眼光也是不凡，和劉秀的姐夫鄧晨不相上下。要從族譜上算起來，鄧禹和鄧晨還真有點親緣關係，是關係比較遠的同族兄弟。

鄧禹在當地也是頗有聲望。劉玄在宛城稱帝的時候，就有不少當地的豪傑推舉鄧禹出來做官。可是鄧禹看不上劉玄，不願做劉玄的官。他聽說劉秀離開劉玄，獨自安撫河北，不禁大喜，急忙動身，渡過黃河，追趕劉秀，想和劉秀一起共謀大業。

鄧禹一直追到鄴縣才追上劉秀。看到鄧禹前來投奔，劉秀也非常高興，便要封賞他。沒想到鄧禹搖搖頭，表示對小小的官職沒甚麼興趣。劉秀奇怪了，那你幹甚麼來了？鄧禹慷慨激昂地對劉秀表示：「但願明公威德加於四海，禹得效其尺寸，垂功名於竹帛耳。」鄧禹的意思是，我的目的是輔助你開基立業、平定天下，然後名垂史冊。這番話正說到劉秀的心坎裏，深感鄧禹真是知音。

鄧禹和劉秀一起分析天下形勢。鄧禹認為，雖然劉玄稱帝，但是天下並沒有安定，各方勢力混雜，還處於分崩離析的狀態。而現有的這些義軍的將領，並沒有甚麼真正的英雄，大多是些目光短淺的無能之輩。不過這對於你劉秀來說，倒是個好機會。你應該儘量招攬四方英雄，大力收攏民心。如果真能這樣，你就能

"立高祖之業，救萬民之命"。劉秀更加高興，將鄧禹視為心腹，不時和他謀劃大計。鄧禹不但本身才能卓絕，也頗能識人，他陸續向劉秀推薦了不少的人才，都非常稱職。劉秀越發倚重鄧禹。

騙吃騙喝的劉秀

公元 23 年十二月，算卦占卜出身的王朗在邯鄲稱帝，並自稱是漢成帝之子劉子輿。然後，他派人到河北四處招降各路人馬，自然而然就和同樣在經略河北的劉秀發生了激烈的衝突。為了穩住河北的局面，劉秀北上巡視到薊城。為了除掉劉秀，王朗懸賞十萬戶，求購劉秀的人頭。此時，已故廣陽王劉嘉的兒子劉接，貪圖王朗的懸賞，在薊中起兵，策應王朗。這下，薊城立刻就亂了，大家紛傳邯鄲派出的使者馬上就要到達薊城的謠言。嚇得劉秀不得不立刻帶着隨從逃出薊城。路上，為了隱蔽行蹤，劉秀一行經過城池時根本不敢進去，吃飯、睡覺，都是在荒郊野地裏湊合。等他們到達饒陽的時候，隨身攜帶的糧食都吃完了，大家實在餓得受不了了，於是，劉秀冒充是邯鄲派來的使者，壯着膽子找到傳舍（驛站）準備好好吃一頓。

劉秀的隨從人等實在餓得不行了，見到食物端上來，爭先恐後搶着吃。這些人的吃相引起了驛站小吏的懷疑。就這羣餓死鬼投胎一樣的人，真的是邯鄲派來的使者？別是假的吧？於是這個小吏擊鼓數十通，大聲喊着"邯鄲將軍來了"，嚇唬劉秀他們。

劉秀的從人都嚇壞了，劉秀也嚇了一大跳。如果邯鄲將軍來到，自己這夥人立刻就得露餡被活捉，不行，必須趕快跑。可是轉念又一想，別慌，現在跑已經來不及了，還不如穩下心神，見機行事。於是，劉秀強裝鎮定，從容就坐，吩咐小吏："請邯鄲將軍進來見我。"見劉秀沒露出破綻，小吏只得諾諾而退。劉秀一行人吃飽喝足之後，從容離開。

劉秀一行人等晝夜兼程，歷盡艱辛，到達信都郡才踏實下來，因為此地太守任光屬於漢軍系統。在這裏，劉秀組織起四千士兵，算是有了一點起家的本錢，開始展開反擊。

政治聯姻

劉秀確實是個優秀的統帥，他不但會用兵，而且心胸開闊，敢於用人，加上威望素著，還有着更始皇帝任命的大司馬的頭銜，在戰場上不斷取得勝利，四方豪傑也紛紛帶兵來投。不久，劉秀的部下就達到數萬人。隨着實力增強，劉秀一面繼續向邯鄲方向用兵，一面向漢軍各部發送檄文，號召大家共同進兵邯鄲。

劉秀傳檄各地，各郡縣紛紛響應。上谷太守耿況、漁陽太守彭寵分別派遣手下大將吳漢和寇恂率領精銳前來助戰。劉玄也派尚書僕射謝躬率軍前來。當然劉玄可不僅僅是為了消滅王朗，還有着就近監視，甚至有合適的機會除掉劉秀的打算。

劉秀是來者不拒。對於劉秀來說，只要你敢來，我就敢收。來很容易，到時候再想走就沒那麼簡單了。因而，經過不斷的戰鬥，劉秀手下的人馬不但沒有減少，反而越打越強。但是現在王朗的實力還是很強大，追隨王朗的各路勢力也是不少。其中，真定王劉楊的實力就不可小覷。

為了壯大自己的實力，削弱對手，劉秀派麾下將領劉植前往劉楊處做說客，希望能說服劉楊投靠自己。靠着劉植的遊說加上對比各方面實力，劉楊最終選擇了劉秀。同時，為了表示自己結盟的誠意及想給自己找一個靠山，劉楊準備將自己的外甥女郭聖通嫁給劉秀。按說以劉秀對陰麗華的感情，應該拒絕這門親事，但是劉秀並沒有那樣做。這倒不是說劉秀喜新厭舊或者已經變心之類，而是不敢拒絕。因為一旦拒絕，不管有多少理由，都意味着自己不願意真心接納劉楊，和劉楊的結盟就很可能出現變數。因此，劉秀毫不猶豫地接受了這門親事。

公元 24 年春，劉秀迎娶郭聖通。此時距離劉秀迎娶陰麗華，僅時隔半年左右。

劉楊歸附後，劉秀的實力大漲，他採納了耿純的建議，放棄難於攻打的柏人及巨鹿城，率領大軍直撲王朗政權的核心邯鄲城。

劉秀的決斷

公元 24 年的五月，劉秀終於率軍攻破邯鄲城，殺死王朗。讓劉秀震驚的是，在從王朗處繳獲的文書中，發現了數千封自己這邊各郡縣官吏、豪門大戶，甚至還有不少自己手下將領與王朗往來的信件。這些信無一例外，都是奉承王朗、毀謗劉秀的。這可是通敵啊。怎麼辦？

劉秀面臨着艱難的抉擇，如果一一追查下去，不知道自己的手下得亂成甚麼樣。按照通敵罪都殺掉的話，殺到最後，自己還能剩下幾個追隨者？這樣做很可能會直接逼得手下將領背叛自己。到那時，自己必將死無葬身之地。不追查？難道就這麼眼睜睜放過這羣背叛者？

劉秀確實有大氣魄。下定決心後，他對這數千封信是看也不看，召集起全部將領，當眾將這些書信一把火燒掉，然後很坦然的對眾將説：「大家都放心吧，這件事到此為止。」眾將無不心服，那些暗中和王朗有所勾連者更是既慚愧又感激。

掃平王朗之後，劉秀繼續四處出擊，逐漸消滅河北各地的割據勢力。

漢光武帝 | 66

劉秀手下的士兵越來越多，需要重新編排人馬，整頓隊伍。在整頓隊伍的過程中，劉秀發現，很多士兵都願意調到「大樹將軍」馮異的麾下。

　　馮異原是王莽手下的將領，後被劉秀收服，對劉秀忠心耿耿。在劉縯遇害，劉秀回歸宛城，隱忍待機的時候，馮異堅守父城，拒不接受劉玄的指揮，多次擊敗劉玄派來進攻的部隊。劉秀經略河北的時候，馮異一直追隨在劉秀左右，是劉秀的心腹重臣。

　　馮異為人謙恭禮讓，從不誇耀自己的功勞。每次大軍休息的時候，各位將領坐在一起，習慣性地談論自己如何厲害，怎麼令敵人聞風喪膽之類的話題，有時候為了爭功，彼此之間還鬧得面紅耳赤。每到這個時候，馮異都獨自一人躲到一邊，坐在大樹下乘涼，從不與其他將領爭功。因而大家都尊敬地稱他為"大樹將軍"。劉秀見馮異的威望如此之高，對他更加器重。

劉秀的人格魅力

　　劉秀不但沒被河北羣雄吞沒，還在河北站住了腳，打出好大一片天地，讓劉玄暗自心驚。劉玄覺得，若再讓劉秀發展下去，必然成為自己的心腹大患。於是，劉玄派使者到劉秀軍中，加封劉秀為蕭王，但是要求劉秀必須立刻回長安述職。

　　好不容易脫離牢籠的劉秀怎麼可能再回到死地去？別説蕭王，就是劉玄表示將皇位讓給劉秀，劉秀也不可能回去。劉秀以河北還沒有平定，自己無法抽身為理由，拒絕聽命。與此同時，劉秀還利用頻繁的戰爭，慢慢消耗掉謝躬的實力，並最終尋得機會，讓吳漢斬殺了謝躬。

　　劉秀拒絕回長安，劉秀和劉玄之間原來還維繫着的表面友好的關係，也就算徹底破裂了。對於劉秀來説，劉玄是殺死自己兄長的仇人，原來的隱忍不過是蓄勢待發，現在有了實力，如果形勢允許的話，劉秀恨不得立刻率軍進攻長安。劉玄呢？現在也沒時間管劉秀的事了，因為現在的天下更加混亂。各路豪傑本來就不怎麼服氣這個所謂的更始皇帝，再加上劉玄確實無能，政令混亂，因而大家紛紛脫離劉玄的約束，各自為政。梁王劉永佔據睢陽，公孫述在巴蜀稱王，李憲自立為淮南王，秦豐自號楚黎王，張步在琅琊起兵，董憲在東海起兵，延岑起兵於漢中，田戎起兵於夷陵……，這些大大小小的軍閥，再加上原來就不歸屬劉玄的各路人馬，總數合計有數百萬人，形成諸多規模不等割據勢力。他們四處燒殺搶掠，互相攻伐，天下亂作一團。

　　混亂的局勢對於劉秀來說，既是困局，也是機會。劉秀先是徹底消滅了河北最大的割據勢力銅馬義軍，光降卒就多達數十萬人。劉秀又充分利用自己的人格魅力，讓銅馬降將徹底融入自己的體系。劉秀的人馬擴充到幾十萬人，一躍而成為當時天下最大的勢力集團之一。因為關西一帶只知道銅馬軍實力強大，現在見劉秀更強於銅馬軍，於是皆尊稱劉秀為"銅馬帝"。

無能的更始皇帝

　　天下戰火紛飛，各路英豪大展身手，競相展現自己殺人放火本領的時候，赤眉軍在幹甚麼呢？赤眉軍基本上是在安靜地看熱鬧。

　　赤眉軍的大多數士兵本來就是農民出身，包括首領樊崇在內，只是因為活不下去了才起兵造反，並沒有太多的政治訴求，樊崇自己也沒有當皇帝的想法。因而在保證自己能存活下去的情況下，並沒有在亂局中過多地攻城略地、擴充實力。等到劉玄做了皇帝，綠林軍不斷消滅莽軍，並向洛陽、長安進軍的時候，赤眉軍更是按兵不動，有些人甚至開始憧憬着等漢朝恢復了，天下太平了，自己就可以回到家鄉繼續種地過日子了。

　　劉玄定都洛陽之後，派使者去招撫樊崇，樊崇本來就沒有太多爭權的心思，痛快地答應了。安置好自己的隊伍，樊崇帶着 20幾個主要將領到了洛陽。劉玄的能力及為人都實在是讓人不敢恭維，見到樊崇等人來了，劉玄卻又開始拿捏起來了，頗有點輕視樊崇。再加上劉玄認為樊崇不是自己的嫡系，不能信任，更不能重用，於是只是敷衍地封他們為列侯，既沒給封地，更沒有實權，對那二十幾萬赤眉軍也不供應糧草。劉玄的舉動徹底激怒了樊崇等人。他們尋機逃出洛陽，準備和劉玄鬥上一鬥。樊崇將赤眉軍兵分兩路，攻擊劉玄的漢軍。等劉玄從洛陽遷都長安後，樊崇又率眾向長安進軍。

從這件事上可以看出劉玄的無能，他既沒有雄心、魄力，也沒有長遠的目光和過人的手段。王莽敗亡的時候，皇宮大內只有未央宮被燒毀，其他的宮殿幾乎完好，各種應用器物也都和從前一樣，包括數千宮女，都仍舊居住在皇宮之中。所以在定都長安後，劉玄立刻享受到了王莽當初能享用的一切，並迅速沉迷於其中。

作為一個皇帝，總得召見大臣，處理一下國家大事。按說，當了這麼長時間的皇帝了，怎麼也該有點皇帝的威嚴了吧？可惜，劉玄這個皇帝依舊窩囊。朝堂之上，大臣們陸陸續續進來。劉玄呢？緊張得滿臉通紅，低着頭不敢看大家，手足無措，下意識地用手不停地刮着坐着的席子。

大臣們到齊了，都看着皇帝。總得說點甚麼啊？劉玄憋了半天，尷尬地笑了笑，然後問大家：「大家最近過得不錯吧，有沒有搶到很多好東西啊（更始問虜掠得幾何）？」此言一出，殿下羣臣目瞪口呆、驚愕不已，齊刷刷看着皇帝說不出話來。劉玄也感覺頗為尷尬，朝會草草收場。

為了安撫眾人，劉玄一口氣封了20個王爵，還不包括後來的蕭王劉秀。然後，劉玄納趙萌的女兒為夫人，寵愛非常，開始全身心地吃喝玩樂。劉玄本來就不會處理朝政，現在索性將所有國家大事都委託給老岳父趙萌全權處理。有時大臣有重要的事情要啟奏，但是因為皇帝時常處於酒醉之中，所以根本不接見。即使接見了，也不能指望醉醺醺的劉玄下達甚麼明晰的指令。後來，劉玄連接見的樣子都懶得做了，索性讓手下人坐在帳子裏，代替自己隨便答覆一下，糊弄過去就得了。大家心裏埋怨，但是也無可奈何。

趙萌小人得高位，專橫異常，作威作福。有正直一些的臣子向劉玄舉報趙萌專權放縱，劉玄不但不聽不信，也不調查不詢問，反而拔出寶劍，揮劍向舉報者就刺。此後，再沒人敢多嘴多舌。

此時，更始政權的境況是，皇帝享樂於後宮，趙萌專權於朝堂，李軼、朱鮪擅命山東，王匡、張卬橫暴三秦。朝堂之上，小人橫行，羣寇沐猴而冠，一片羣魔亂舞的亂象。更始手下領兵的將領，也和劉玄離心離德，各自打起自己的小算盤，"諸將出征，各自專置牧守，州郡交錯，不知所從。"

劉秀的危急時刻

就在更始政權混亂不堪時，樊崇率領二十萬赤眉軍攻入函谷關，逼近長安。對於更始政權的混亂和即將到來的失敗，劉秀早有預料。而且，他斷定劉玄等人不是赤眉軍的對手，必然失敗。劉秀則是坐山觀虎鬥，不想過早插手長安之戰，而是想藉此機會擴充實力，佔據更大的優勢。

在充分聽取了鄧禹等人的建議後，劉秀計劃先避開中原這個亂戰之地，從外圍入手，悄悄擴充自己實力。當然，劉秀也並不想讓赤眉軍在擊敗劉玄之後徹底坐大，他拜鄧禹為前將軍，率領兩萬精兵向長安方向進兵，尋機加入長安戰場，時刻準備摘取勝利果實。拜寇恂為河內太守，全權負責自己後路的安危，並負責督運糧草器械。劉秀又拜馮異為孟津將軍，主要防止洛陽的漢軍前來進攻。劉秀斷定，自己的大軍離開後，洛陽的朱鮪、李軼等人一定會抓住機會，前來進攻自己。到時候，自己的後方就全靠馮異和寇恂這二位了。一切安排妥當，劉秀率領剩下的大隊人馬，浩浩蕩蕩殺奔燕、趙之地。

開始的時候，劉秀的人馬作戰是順風順水、節節勝利，劉秀也難免有些驕傲起來。就在此時，因為劉秀的大意，草率輕進，被敵人打得大敗。眼見軍隊陣腳大亂，劉秀不得不親自上陣，與敵人短兵相接、生死搏鬥。劉秀且戰且退，敵人則是緊緊追趕。形勢越來越危急，劉秀的戰馬又受了傷，不能騎乘，眼見就要被敵人包圍了，情急之下，劉秀從一個高崗處跳下，結果不但沒逃出敵人的包圍圈，還把自己的腿摔傷了。這下慘了，連跑都跑不了了。

關鍵時刻，耿弇和王豐殺到，這才算救了劉秀一命。王豐將自己的馬匹讓給劉秀騎乘。到了此時，劉秀還保持着大將風度，不慌不忙。因為腿部受傷，上馬不方便，劉秀搭着王豐的肩膀騎上戰馬，順勢還衝着耿弇笑笑說：「剛才可真有點懸，差點被敵人看了笑話（幾為虜嗤）。」劉秀的鎮定，極大安撫了手下的情緒。

耿弇是個神射手，張弓搭箭，連連射倒了追上來的敵軍，嚇得敵軍不敢上前。就這樣，在耿弇和王豐的保護下，劉秀終於脫身，逃回自己的地盤范陽。

因為劉秀失陷於亂軍之中，沒能很快返回大營，敗退後重新集結起來的漢軍紛紛謠傳劉秀已死。一時間軍心浮動，各級將領也茫然不知所措，隨時有散伙的可能。緊要關頭，大將吳漢挺身而出，大聲呼喊：「關鍵時刻，我們大家更應該努力向前。即使蕭王真的出了危險，蕭王的哥哥劉縯的兒子就在南陽，我們尊奉他為主人就是，又有甚麼好擔心的？」吳漢的話，讓大家稍稍安定下來，不至於一鬨而散。

此時敵軍雖然勝利，但是懾於漢軍的威名，也沒有敢繼續進攻，而是連夜撤退，從而給漢軍留下了喘息之機。幾天之後，劉秀終於平安返回大營。漢軍徹底安定下來。

借刀殺李軼

恢復冷靜的劉秀再無敗績，燕、趙之地基本落入他的掌握之中。就在此時，駐守後路的馮異給劉秀寫來書信。原來，劉秀率領大軍離開之後，朱鮪和李軼果然準備趁虛而入，斷劉秀的後路。可是，馮異給劉秀的信卻不是求救的信，而是告訴劉秀，更始皇帝的重臣李軼準備投降劉秀，問劉秀能不能接受，並隨信附上了李軼和自己聯繫的信件作為證明。

對於朱鮪、李軼等人的舉動，馮異也早有預料，並已經想好了對策。因而在朱鮪、李軼的人馬還沒正式從洛陽出發的時候，馮異就給李軼寫去一封信，向他陳明利害，勸他棄劉玄，投劉秀。

此時的李軼心裏正煩着呢。本來，李軼是最早追隨劉秀起兵的元老之一，昆陽之戰時，更是和劉秀並肩作戰，是和劉秀共同突圍求取救兵的十三人之一。可以說，李軼和劉秀是共同生死的戰友，關係絕對親密。可惜的是，李軼見劉玄勢大，就投靠了劉玄。如果說這件事還不算嚴重的話，接下來，李軼作為一手促成了劉縯死亡的元兇，也就算是和劉秀徹底決裂了。現在眼見劉玄昏暗無能，自己這邊混亂不堪，劉秀卻強勢崛起，李軼懊悔不已的同時又忐忑不安。接到馮異的來信，李軼心動了，但是又猶豫不決。別的事情都好說，劉縯之死，自己可是罪魁禍首之一，劉秀真的能不計前嫌，真心接納我，像以前那樣對待我嗎？但是不投靠劉秀吧，眼看劉玄這艘破船就快沉了，再不趕快找個靠山，自己也必將一起沉沒。拿不定主意的李軼，含含糊糊地給馮異回了封信，追憶了一下當年和劉秀共同起兵的往事，又和馮異探討了一番現在的局勢，但是信中既不說願意歸附劉秀的事，也沒有一口拒絕。

馮異見到這封信非常高興。李軼的那點小心思，馮異怎麼可能看不透。不管你能不能痛快投誠，只要你起了別的心思，能夠兩不相幫，對馮異來說就已經是非常有利的局面了。接下來，馮異率軍主動出擊，連戰連捷，先向北佔領天井關、上黨，又南下河南成皋 13 個縣，斬殺劉玄手下大將武勃，殺敵無數，光收降的軍隊就達十幾萬人。

李軼的舉動也果如馮異所料，不管外面打得多熱鬧，己方的軍隊敗得多慘，怎麼派人求救，哪怕戰爭就發生在自己眼皮子底下，李軼一直是裝作甚麼也不知道，閉門不出，堅決不管。最後，連馮異都感覺李軼這人真不錯，這麼配合自己，覺得可以向劉秀推薦一下，於是將這件事向劉秀匯報。

劉秀是既不信任這個反復無常的小人，也放不下他害死哥哥的仇恨，根本沒打算接受李軼的示好。於是，劉秀一面給馮異去信，提醒他李軼不值得信任，一面故意將李軼寫給馮異的信洩露出去，並且特意讓朱鮪等人知曉此事。不管怎麼樣，先來個挑撥離間再說，反正又不費甚麼事。

朱鮪本來就已經對李軼產生了懷疑，現在見到從劉秀處得到的情報，大怒之下，派人將李軼刺殺。內部不和本來就是兵家大忌，何況是兩個主帥論起了生死？此後，洛陽一帶劉玄的軍隊更加軍心渙散，多有主動前來投降劉秀者。

朱鮪還不服氣，派手下將領率軍攻打溫邑，自己率軍攻打平陰，牽制馮異所部。馮異也是兩路分兵，並與寇恂合作，一起將朱鮪的兩路人馬殺得慘敗。朱鮪逃走，馮異、寇恂隨後率軍苦追，直接將朱鮪殺得敗退回洛陽城。馮異等人一直追到洛陽城下，環城一周，炫耀兵威後，敲着得勝鼓，凱旋而回。

怎麼不直接攻城，將洛陽拿下呢？不是不想拿，是根本攻不下。洛陽可不是其他地方可比，那可是當時的兩京之一，城高水深、糧草充足，城內劉玄的軍隊雖然慘敗，但是人馬還有不少，走投無路之下，難免要拼死一戰。因而洛陽城根本就不是馮異這點軍隊能攻打下來的。縱使如此，守軍也是驚慌不已，即使在馮異的人馬撤走後，洛陽城的城門也幾乎是日夜緊閉。

劉秀稱帝

劉秀得到馮異、寇恂等人大獲全勝的消息，當然是欣喜異常，這下後顧無憂了。自己這一路進軍非常順利，鄧禹那一路雖然進展稍慢，但也是連連取勝，劉玄手下將領基本沒有幾個是鄧禹的對手。之所以進展速度不快，那是有意壓下速度，為的是讓赤眉軍和劉玄的軍隊鷸蚌相爭，自己好漁翁得利而已。

形勢一片大好，劉秀手下將領心也都活動了，紛紛勸劉秀登基稱帝。劉秀幾番推讓之後，答應下來。公元 25 年六月，劉秀在鄗城即皇帝位，建元為建武。為了表示自己重興漢室之意，劉秀仍然使用了"漢"的國號，劉秀就是歷史上著名的漢光武帝。

抓鬮選皇帝 | 67

劉秀稱帝的時候，天下可不是只有他和劉玄兩個皇帝。當年被王莽圈養起來的那個孺子嬰，被平陵人方望捧出來做了皇帝。可惜時隔不久，就被劉玄派兵擊殺。稱霸巴蜀的公孫述，在比劉秀略早一點的時候也已經稱帝，國號為"成家"。在劉秀稱帝的同一個月，赤眉軍也立劉盆子為帝。赤眉軍為甚麼這時候想起立一個皇帝來了呢？又為甚麼要立劉盆子為帝呢？

劉盆子是泰山郡人，也算是漢室宗親，是城陽景王劉章的後代，劉章是劉邦長子劉肥的二兒子。實際上，劉盆子和他的兩個哥哥劉恭、劉茂，並不是自願加入赤眉軍，而是被強行掠入軍中的。加入軍隊之後，劉盆子沒甚麼特殊的本領，就被安排割草喂牛，號稱為"牛吏"。

隨着赤眉軍距離長安城越來越近，實力和影響力也越發強大。這時，有人向樊崇建議，我們現在已經擁兵百萬，又馬上就要打到都城了，但是我們卻沒有一個合適的稱號，一直頂着個逆賊的名義，這樣下去終究不是辦法，應該從劉姓的漢氏宗親中挑選一個立為皇帝。然後再挾大義討伐不臣，這樣一來，我們就名正言順了，"以此號令，誰敢不服"？同時，因為軍中的巫師宣稱自己得到過城陽景王劉章的神諭，"當為縣官（縣官是當時對皇帝的一種稱呼），何故為賊？"所以應該選劉章的後人為帝。

樊崇以為然。於是開始在軍中尋找劉章的後人，準備立為皇帝。結果這一找，符合條件的竟然有 70 多人。經過篩選，劉盆子、劉茂、劉孝三人和劉章的血緣關係最近，被確立為候選人。那接下來怎麼選呢？樊崇真有高招，他來了個非常公平的辦法：抓鬮。樊崇聽說，古代的天子親自領軍的時候，自稱為大將軍，於是在一塊小木牌上寫了"大將軍"三個字，放進抓鬮用的盒子裏，又放進去兩塊一模一樣的空白木牌，然後讓三個人按照年齡大小的順序摸取木牌。劉盆子年齡最小，所以是最後一個摸。沒想到前面兩個人摸出來的都是空白木牌，劉盆子摸出的是寫着"大將軍"三個字的木牌。於是，樊崇決定，立劉盆子為皇帝。

劉盆子當時只有 15 歲，又因為每天放牛的原因，所以披散着頭髮，光着腳丫子，穿的也是破破爛爛。現在突然見到大家向自己跪拜，嚇得直哭。他哥哥劉茂囑咐他，快把木牌收藏好，這可不能丟了啊，不然到時樊崇不認賬怎麼辦？劉茂不說還好，這一提醒，正在手足無措的劉盆子卻咬斷木牌，並使勁丟掉，表示不願意當這個皇帝。不過，扔了木牌也得當這個皇帝，樊崇就是這麼堅決。

當上了皇帝的劉盆子，還是喜歡和其他的小牧童一起玩。當然，現在沒人敢讓他放牛了。

現在赤眉軍也有劉姓皇帝了，和劉玄交戰也更加理直氣壯了。

更始帝謝幕 | 68

　　就在赤眉軍和鄧禹部向長安城節節逼近的時候，劉玄的部下對如何應對這次危機產生了巨大的分歧。以趙萌、李松為首的一派認為應該死守長安，自己一方乃是正統，代表着正義，那些亂軍終將失敗；以王匡、張卬、申屠建、隗囂等人為首的一派認為自己現在不是那些人的對手，乾脆縱兵搶劫長安城中的財物，然後退回到南陽郡。最後哪怕實在不行，躲入水中做水賊，也比在這裏等死強。劉玄是既沒有能力分辨建議好壞，也根本就不想分辨。他處理問題的方法很簡單，看提出建議的人和自己的關係遠近，越親近的人提出的建議就越正確。和王匡等人相比，當然是岳父趙萌和自己關係近。於是，劉玄堅決支持和赤眉軍死戰到底的建議。

　　劉玄下定決心後，命趙萌、王匡、陳牧、成丹等人率軍駐守新豐，命李松率軍駐守掫城，準備迎戰赤眉軍。張卬、申屠建、隗囂等人見劉玄如此不聽勸，加上本來就不怎麼看得上這個傀儡，於是密謀兵變，準備強行挾持劉玄按照自己的計劃進行。可惜，又是事機不密，張卬等人還沒動手，就被人告發給劉玄。別看劉玄平日糊裏糊塗，事關生死的關鍵時刻，還是拿出了主意。他裝作生病的樣子，派人召張卬等人前來。張卬、申屠建等人都來了，唯獨隗囂沒來。劉玄準備動手，又有點猶豫，想等等看隗囂來不來。張卬等人也發現事情不妙，殺出重圍。只有申屠建被當場斬殺。

　　劉玄派兵攻打隗囂和張卬在長安城中的住所。隗囂先是閉門據守，等到黃昏時分，帶領手下眾門客殺出包圍圈，破開城門，逃亡回天水。此後，隗囂和劉玄徹底決裂。隗囂本來就是從天水這一帶起家，後來才投靠劉玄，因而在天水一帶很有威望。回歸天水後，隗囂招兵買馬，割地自守，自稱西州上將軍。

　　張卬是當初綠林軍起家的元老之一，又長期帶兵，手下兵馬眾多。因此，張卬的反應比隗囂暴力得多，見已經和劉玄徹底翻臉，他索性放開了手腳，率軍和聽命劉玄的軍隊大打出手。為了激勵士卒，張卬縱兵在長安城中肆意劫掠。最後，放火燒毀皇宮大門，然後殺入皇宮之中，將劉玄殺得大敗。無奈之下，劉玄只得帶着皇后和少量隨從逃到駐守在新豐的趙萌軍中。

　　緩過神來的劉玄和趙萌等人商議，認為張卬叛亂的背後不可能沒有王匡等人的影子。劉玄早就對這幫人心中暗存不滿，他知道自己實際上就是這幫人推上前台的一個傀儡，他們也就勉強對自己保持表面上的尊敬而已。因此，雙方雖然名義上是一家人，但是早就貌合神離。

　　在趙萌不斷的慫恿下，劉玄也準備痛下殺手，將此處和趙萌一起領軍的王匡、陳牧、成丹等原綠林軍將領一網打盡。畢竟對於劉玄來説，這裏再出問題，自己跑都沒地方跑了。於是，劉玄故技重施，派人召集王匡、陳牧、成丹議事。陳牧、成丹來得早，剛一到達，就被劉玄早就安排好的伏兵給殺了。王匡遲來一步，得知陳牧、成丹已經被殺，急忙返回自己的大營，召集人馬返回長安，和張卬合兵一處對抗劉玄。

　　劉玄也徹底豁出去了，也不管即將打過來的赤眉軍了，一面讓趙萌接收陳牧、成丹的人馬，一面調駐守撤城的李松率軍回援。趙萌、李松對陣王匡、張卬，兩下裏一番廝殺，連戰月餘。最後，劉玄取得了勝利，王匡、張卬兵敗逃走，劉玄重返長安。

　　劉玄雖然取勝，可是也沒有幾天好日子過了。此時，赤眉軍已經到了距離長安城不遠的華陰。無處投奔的王匡、張卬索性就投降了赤眉軍，然後掉轉頭來，領着赤眉軍攻打到了長安城下。劉玄派李松迎戰，李松不是赤眉軍的對手，兵敗被捉。長安城的守門校尉是李松的弟弟，為了讓哥哥活命，打開城門，放赤眉軍進城。公元 25 年九月，赤眉軍輕鬆佔領長安城。

劉玄眼見大勢已去，帶着家室、隨從急忙逃離長安，好不容易逃到高陵，赤眉軍即派來勸降使者，並宣稱現在投降，還可以封為長沙王，如果超過 20 天，將不再接受劉玄的投降。劉玄本來就是貪生怕死之輩，見有活下去的希望，也就痛快投降了。劉盆子在樊崇的授意下，還真封劉玄為長沙王。同時派將領謝祿以保護的名義，對劉玄行監視之實。因為總有一些不甘心失敗的原綠林軍將領暗中聯繫劉玄，於是，在張卬等人的鼓動之下，謝祿藉邀請劉玄到郊外牧馬的機會，派人將他殺死。

東漢建立 | 69

此時的劉秀，正在加緊攻打洛陽。在李軼被殺後，洛陽守將只剩下了朱鮪。劉秀知道洛陽易守難攻，所以派出了精兵猛將。他派大司馬吳漢帶領着朱祐、岑彭、堅鐔、馮異等共十二位將軍，率軍將洛陽城團團圍住。這一戰，劉秀絕對是下了血本，可謂是精銳盡出。

朱鮪當然是死守洛陽。朱鮪也不是等閒之輩，又佔據絕對的地利，劉秀圍攻洛陽數月不下。但圍城日久，城中軍心動搖，東城門的守將不想繼續這樣堅持了，準備獻城投降，於是暗中與堅鐔聯繫。雙方約定好，在某日早晨打開城門，讓堅鐔趁機進攻。到了約定的時間，洛陽城東門果然大開，堅鐔和朱祐趁機領軍殺入。朱鮪聽聞，急忙率軍前來堵截。雙方一場混戰，各自死傷慘重。最終，朱鮪還是將劉秀的軍隊趕出了洛陽。

劉秀非常頭疼，於是抱着試試看的心態，讓岑彭去勸降朱鮪。岑彭原本是王莽手下的宛城守將，後來被劉縯收降。劉縯被害後，岑彭成為朱鮪手下，二人的關係還算不錯。岑彭曾經在陳平立下大功，朱鮪也曾經向劉玄極力舉薦。等到劉秀經略河北的時候，岑彭因為一直感念劉縯對自己的恩義，所以主動投到了劉秀麾下。這次，劉秀是希望藉助岑彭和朱鮪當年的這一點情誼，說服朱鮪投降。

此時的洛陽守軍，也已經到達了極限，快撐不住了。因為手下人的叛亂，朱鮪的信心發生了動搖，也失去了死戰到底的決心。這種情況下，岑彭和朱鮪的見面還算是和平而友好的。倆人一個在洛陽城頭，一個在洛陽城下，互致問候之後，岑彭直截了當地勸說朱鮪投降。更始皇帝都已經失敗投降赤眉軍了，你還死守着洛陽城有甚麼意義？朱鮪何嘗不想投降？但是他最擔心的就是當年劉縯之死，自己可是罪魁禍首之一，並且曾經多次阻撓劉秀的發展，數次勸說劉玄早點除掉劉秀，可以說是劉秀的死對頭之一，劉秀能饒過自己嗎？岑彭也不敢替劉秀打包票，於是回營向劉秀稟報。實際上，劉秀對於朱鮪的仇恨並沒有對李軼那麼深。畢竟比起叛徒來說，直接的對手，反而用甚麼手段也是可以理解的。於是劉秀痛快地答應："建大事者，不忌小怨。"然後劉秀讓岑彭向朱鮪保證，只要朱鮪願意投降，不但絕不會受到懲罰，連官爵都可以保住。同時為了取信於人，劉秀又手指河水發誓，決不食言。至此，朱鮪還有點猶豫，從城上放下一根繩子，要求岑彭順着繩子上城來。上到洛陽城頭，就表示將自己的生死交給了朱鮪隨意處置。岑彭毫不猶豫，拉着繩子就準備上來。朱鮪見岑彭來真的，相信了岑彭的話，同意投降。

五天後，朱鮪出城投降。出發前，朱鮪還是安排了後手。他讓手下親信將領守好城門，如果自己一去不回，讓他們趕快率領軍隊去投奔鄖王尹尊。安排完畢，朱鮪自縛雙手，和來迎接的岑彭一起到河陽來面見劉秀請降。

劉秀當然是遠接高迎，親自解開朱鮪的綁繩，熱情接待。然後又讓岑彭陪同他連夜返回洛陽。第二天一早，朱鮪率領洛陽城中守軍全部出城投降。劉秀當然也沒有食言，封朱鮪為平狄將軍、扶溝侯。後來，劉秀也沒有找過朱鮪的麻煩，朱鮪"傳封累代"。

劉秀終於佔據洛陽，並定為都城。漢朝之後的朝代，為了區分劉邦建立的"漢"和劉秀建立的"漢"，一般稱前面劉邦建立的為"前漢"，後面劉秀建立的為"後漢"。但是到了宋代及其後，為了再與五代十國期間的"後漢"區分開，又根據都城的位置，稱"前漢"、"後漢"為"西漢"、"東漢"。

赤眉軍的滅亡 | 70

定都洛陽後，劉秀又將目光轉向了長安。此時的長安一帶，戰火紛飛。鄧禹所部一直徘徊在主戰場旁邊，靜待時機。

在亂世之中，赤眉軍算是紀律比較嚴明的軍隊，因而在剛剛佔據長安城的時候，頗受城中百姓的歡迎。可是隨着勢力的擴大，人員的混雜，尤其是大量綠林軍的加入，再加上樊崇等人約束不嚴，赤眉軍的軍紀迅速敗壞，殺人、放火、搶劫等事件時有發生。這下，更加苦了長安城中的百姓，繼王莽、劉玄肆虐之後，赤眉軍暴虐起來，更有甚之。

被嚇哭的劉盆子

赤眉軍的軍紀敗壞到甚麼程度呢？就在赤眉軍佔領長安那年冬天的臘日，劉盆子在長樂宮中舉行慶典活動。在慶典之上，赤眉軍的各位將領是惡行惡相，毫無禮儀可言，後來，更是互相爭吵，甚至動起手來。這還不算，打紅了眼的將領，索性指使手下士兵闖入皇宮，搶奪酒肉，胡亂殺人。負責皇宮安全保衛的衛尉諸葛稚得到消息，急忙帶兵趕來，連殺數百人，才平息了這場混亂。眼前這一幕，嚇得那位放牛娃出身的劉盆子驚慌恐懼，日夜啼哭不止。又過了幾天，劉盆子見赤眉軍亂得不像樣子，實在受不了了，於是準備向樊崇等人提出自己要"退位"。

公元 26 年的正月初一，樊崇等赤眉軍將領舉行盛大的集會。集會上，先是由劉盆子的哥哥劉恭代替弟弟對眾人說，劉盆子認為自己的能力不足以當皇帝，希望能退位當一個普通百姓，請大家另選能人。樊崇等人都不同意。劉盆子見狀，解下皇帝的璽綬，跪倒在地，一邊給大家磕頭，一邊淚流滿面哀求大家說："大家讓我當這個皇帝，卻又不聽我的命令，仍然像過去做盜賊一樣橫行無忌，肆意搶劫，以至於天下百姓無不怨恨我。我願意退位讓賢，只求大家能饒我一命。如果真的不願意饒恕我，那就乾脆殺了我以謝天下人好了，勝過這樣活受罪。"

樊崇等人也坐不住了，大家知道是自己軍紀不嚴造成的惡果，不能怪罪到這個小皇帝頭上，於是紛紛跪倒請罪，表示一定嚴格軍紀，再不敢放縱。然後，不顧劉盆子的哭喊推脫，死活將璽綬掛在他的脖子上，讓他繼續當這個受罪的皇帝。

皇帝本人死活不願當皇帝，另外那些人則非要讓他當，此情此景，也是難得一見的詭異場面了。

此事過後，樊崇等人果然開始嚴肅軍紀，甚至不許士兵隨意離開軍營。赤眉軍的軍紀有所好轉，百姓對赤眉軍的觀感也好了一些。好一些也沒用，因為赤眉軍已經沒有糧食了。不光赤眉軍的糧食沒有了，整個長安城中的糧食幾乎都沒有了。軍紀再嚴格也管不住餓着肚子的士兵，於是赤眉軍再一次大規模劫掠。樊崇等人也知道長安城待不下去了，也就不再約束士兵。大家肆意搶劫一番之後，引軍殺向西方。

赤眉軍的狀況，早在鄧禹的預料之中。鄧禹自領軍向長安方向一路殺來的時候，軍紀一直很嚴格，一路行來，秋毫無犯，因而深得民心。此時長安城和附近的百姓都陷入缺衣少糧的窘境，大家無不翹首以盼鄧禹的軍隊趕快到來，打跑赤眉軍。

　　鄧禹本來帶着軍隊已經到達距離長安不遠的地方，見此情景，反而帶着軍隊越走越遠了。鄧禹手下將領都不明白鄧禹的意圖，都認為應該趕快攻打長安，消滅赤眉軍。鄧禹對大家解釋説："現在我們雖然也是兵多將廣，但是能打仗的精鋭並沒有多少，我們的糧餉物資運輸也很困難。而且，赤眉軍兵馬更多，又剛剛佔據長安城不久，正是聲勢最為浩大的時候，如果我們馬上進攻長安，一定會吃大虧。但是人馬眾多，恰恰又是他們最致命的問題。因為長安城中積存的糧草有限，他們又沒有穩定的糧食來源，所以，用不了太長時間，赤眉軍必然陷入缺糧的困境。到那時，他們自己就會發生變亂。我們需要做的，就是解決我們自己的糧餉供應問題，同時遏制住赤眉軍外面的糧道，加速他們缺糧的進程。我已經計劃好了，長安西面的上郡、北地、安定三郡，都是產糧區，畜牧資源也很豐富。我們就先奪取這三個郡，然後靜待赤眉軍發生變化。到那時，我們就能輕鬆戰勝他們了。"鄧禹的話，讓手下將軍無不敬服。

興亡百姓苦

　　赤眉軍離開長安，準備另尋出路，才發現自己雖然兵馬眾多，但是境況已經很糟糕。本來赤眉軍多是山東人，所以他們原本打算一路向東打回山東老家，但是離開長安之後才發現，東歸的必經之路洛陽現在已經成了劉秀的都城，被劉秀經營得風雨不透，根本打不下來。北上，有鄧禹的大軍虎視眈眈。南下就是漢中和巴蜀了，道路險阻不説，當地的割據勢力漢中王劉嘉和巴蜀的成家皇帝公孫述也都不好惹。看來看去，留給赤眉軍的只剩下西去這一條路。樊崇等人倒也沒怎麼介意，西去就西去，反正聽説西面的安定、北地等郡，都是物產豐富的產糧區，正好可以補充一下軍需糧草。

　　可誰知等赤眉軍到達安定、北地等郡的時候才發現，此地的糧食、牲畜等物資，早就被鄧禹搶先一步搜刮得乾乾淨淨。

　　既然安定、北地也解決不了缺糧問題，赤眉軍只得繼續向西。結果在天水一帶，遇到了脫離劉玄後的隗囂。此時，隗囂已經在天水站穩了腳跟。見赤眉軍來犯，當即給予迎頭痛擊。赤眉軍大敗，不得不避開天水，轉向西北方向逃走。可惜赤眉軍的運氣實在不好，當他們走到陽城、番須一帶時，突然遇上了暴風雪，很多士卒被凍死。無奈之下，赤眉軍只得轉回身，又向長安方向而來。九月前後，赤眉軍又回到長安一帶。就這樣，兜兜轉轉折騰了將近半年時間，赤眉軍又回到了原點。但回來的赤眉軍發現，長安城早就被鄧禹佔領了。

　　軍紀敗壞的赤眉軍見附近活人很少，十室九空，搶無可搶，於是開始發掘陵墓。長安一帶漢朝歷代的皇帝、皇后、王子公孫的陵墓比比皆是，這下全都倒了霉。赤眉軍胡亂發掘、肆意破壞。鄧禹聽聞大怒。不管怎麼說，自己追隨的皇帝劉秀也是漢朝皇室後代，打的也是漢朝的旗號。赤眉軍這是在挖劉秀的祖墳，這如何能夠容忍？於是鄧禹率軍主動出擊，向赤眉軍發起攻擊。沒想到早就紅了眼的赤眉軍，爆發出超強的戰鬥力，將鄧禹打得大敗，長安城也守不住了，鄧禹只得率軍邊戰邊退。當鄧禹的軍隊撤退到高陵的時候，劉秀見鄧禹連年征戰，士卒已經疲憊不堪，就將鄧禹及所部召回，派馮異另率兵馬和赤眉軍周旋。

　　臨出發前，劉秀叮囑馮異，不需要和赤眉軍死拼，以收取民心為上。長安無糧，赤眉軍在長安呆不住，到時他們自然會向東進軍。自己在洛陽一帶早就做好安排，就等赤眉軍過來了。

　　赤眉軍在長安一帶連續向四面征戰，敗多勝少，連連損兵折將，不但四面受敵而且減員嚴重。當時的長安一帶，因為連續戰亂，糧食近乎絕收，饑民哀嚎於四野，城郭皆空，白骨遍地。如此慘況，赤眉軍搶無可搶，堅持到十二月，實在堅持不下去的樊崇，再次率軍撤離長安。果然如同劉秀預料的那樣，這次，樊崇鐵了心要返回山東，於是率軍一路向東殺來。此時的赤眉軍只剩下了二十幾萬人，而且一邊行軍，一邊不斷有士卒逃亡。

赤眉軍離開長安不久，剛到華陰，就落入了劉秀的羅網，連連激戰。到公元 27 年一月，樊崇率領僅剩的十幾萬赤眉軍到達宜陽的時候，被劉秀親率大軍團團圍住。走投無路的赤眉軍，在劉盆子、樊崇等人的帶領下向劉秀投降。

劉秀倒是沒有苛待劉盆子，給了他很多賞賜，還讓他做了自己叔父趙王劉良的郎中。後來，劉盆子因病雙目失明，劉秀還特意賜給他一塊封地，用封地的稅收來奉養劉盆子終身。在傀儡皇帝中，劉盆子算是難得的好運了。劉秀也沒有難為其他赤眉軍將領，雖然沒有再讓他們當官，但是也都在洛陽城中賞賜了住宅和田地。可惜，夏天的時候，不知為何，樊崇再次造反，結果被誅殺。

至此，綠林、赤眉兩支最大的義軍算是都被徹底消滅，但是天下並沒有隨之安定，各地割據勢力還有很多。

光武中興 | 71

綠林軍和赤眉軍被消滅之後，劉秀的漢軍成了天下最強大的軍事武裝力量，但是他的對手也還有不少，局勢仍然錯綜複雜。其中，比較強大的勢力有：

梁王劉永在睢陽稱帝，佔據了青州、兗州、徐州等地，並封琅琊的張步為齊王，封東海的董憲為海西王，幾家聯合起來共同對付劉秀。

公孫述在巴蜀稱帝，牢牢掌控着巴蜀地區，並不斷對外擴張。

淮南王的李憲佔據舒城一帶，也已經自立為帝。

安定的盧芳將自己說成是漢武帝的曾孫劉文伯，自稱西平王，後來和匈奴人結親，被匈奴人立為漢朝皇帝。

漁陽太守彭寵本來是劉秀的盟友，當初劉秀經略河北的時候，彭寵曾經派吳漢等人幫助過劉秀，但是後來彭寵見自己的舊部吳漢等人的官職、爵位遠遠高於自己，心生不滿，索性北邊聯合匈奴，南邊聯合張步，佔據薊城、右北平等地，自立為燕王。

另外，楚黎王秦豐一直盤踞在黎邱一帶；平陵人竇融被推舉為五郡大將軍，佔據河西五郡，據境自保；天水的隗囂也早就佔據隴西諸郡，自立為西州上將軍……其他零零散散的小勢力更是多如牛毛，數不勝數。

艱難前行

面對紛繁複雜的局勢和各地割據力量，劉秀充分發揮自己的優勢，一方面採用剿撫並用的策略，征討割據力量。對拒不歸降者要辣手剿滅，對於隨從人員，則儘量拉攏，分化瓦解對手的同時，配合軍事力量威嚇、鎮壓；另一方面，劉秀積極搜羅人才、爭取民心、恢復生產，讓百姓看到了和平生活的希望，因而得到了最廣泛的支持。

從公元 26 年夏到公元 30 年初，差不多三年半的時間內，劉秀四處用兵，針對割據勢力頻頻出手。公元 26 年夏天，在還沒有徹底消滅赤眉軍的時候，劉秀已經派虎牙大將軍蓋延率軍征討劉永。戰鬥打得相當艱苦，反復拉鋸。到了公元 27 年，劉秀又派大司馬吳漢領兵增援蓋延。經過一番苦戰，劉永被困睢陽，彈盡糧絕，突圍逃跑，結果在路上被部下殺死。其餘部後來也被剿滅。接下來，劉秀又陸續派兵消滅了彭寵、秦豐、張步、董憲、李憲等。

此時，劉秀已經基本統一了中原、南部沿海地區及北部地區。但隴西的隗囂、河西的竇融、巴蜀的公孫述，還是處於獨立狀態。這三處割據勢力的共同特點是，實力較為雄厚、地理條件複雜、道路險阻、易守難攻。如果劉秀要同時消滅這三股勢力，基本不可能。這三處勢力的區別也很大。公孫述已經稱帝，一山不容二虎，那是死敵，一定要消滅。其餘兩家，還是很有爭取一番的餘地的。而且，隗囂和竇融也一直對劉秀保持着一定程度的善意。於是，劉秀確立了拉攏隗囂和竇融，消滅公孫述的戰略方針。

首鼠兩端的西州大將軍

隗囂自從和劉玄徹底分裂後，實際上一直和劉秀藕斷絲連。鄧禹率軍和赤眉軍纏鬥時，部下馮愔叛變，率軍離開鄧禹，西向而去，但在路過天水時，被隗囂在高平大敗，並繳獲了其全部輜重。因此，劉秀讓鄧禹派使者到隗囂處，任命他為西州大將軍，專制涼州、朔方一帶的政事。實際上，劉秀與其說是任命，不如說是承認。不過這樣一任命，對於隗囂來說，顯得更加名正言順一些，對於劉秀來說，則是相當於將隗囂拉入自己的陣營，至少隗囂在名義上算是劉秀的部屬了。

接下來，在赤眉軍進犯天水一帶的時候，隗囂大敗赤眉軍，算是間接幫了劉秀的忙。隗囂所做的這一切，主要目的還是保住自己的地盤。至於和劉秀的合作，不過是權宜之計而已。劉秀當然明白這一點。對於隗囂，劉秀也只是先儘量穩住，等自己緩出手來再做打算。

為了拉近和劉秀的關係，公元 27 年，隗囂特意上書給劉秀表忠心。劉秀對隗囂也是非常重視，用最高規格的禮儀接待了隗囂的使者。其規格高到已經超過了君主對臣子的禮儀，達到了國君對國君的程度。同時，劉秀對隗囂也表現得很親近，在給隗囂的回書中親切地稱呼他的字（古人稱名、稱字很有講究。一般是自稱稱名，稱尊者、長輩稱字，對同輩的人為了禮貌也稱字）。

劉秀和隗囂的關係顯得熱情而友好，但就在同一時間，隗囂和公孫述之間也在暗通款曲。而且，二人的關係更加複雜。公孫述一方面在積極拉攏隗囂，派使者封隗囂為大司空、扶安王；另一方面又不時派兵北進，希望能從隗囂統治的方向打開缺口，擴大自己的地盤。隗囂在向劉秀表忠心的同時，也不願和公孫述徹底決裂，希望能左右逢源。但是在接到公孫述的封賞時，隗囂又不高興了。別看他可以坦然接受劉秀的封賞，那是因為他從內心承認劉秀為漢室正統君主，但是他並不認可公孫述自封的皇帝，認為自己和公孫述應該平起平坐，沒有君臣的關係。於是，隗囂拒絕了公孫述的封賞，並殺掉了公孫述的使者，然後將公孫述北進的部隊打得落花流水，慘敗而歸。此後很長時間，公孫述不敢派兵北進。不過隗囂此舉向公孫述示威的成分更大些，並不表示要和公孫述徹底翻臉。

劉秀也看出隗囂的首鼠兩端，於是派人給隗囂傳達命令，讓他帶兵攻打公孫述。隗囂當然不會出兵，而是上書給劉秀，羅列出無數理由，說明現在不是攻打公孫述的好時機。劉秀試探出隗囂的心思，也知道現在不是和他決裂的好時機，但是對待隗囂也沒有以前那麼熱情了。

到了公元 28 年，隗囂因為聽到派去公孫述處的使者馬援回報，認為公孫述難成大事，自己又想緩和一下和劉秀的關係，於是又派馬援為使者去見劉秀。

馬援是扶風郡茂陵人，後因犯了罪，只好逃到北地躲避，並定居下來。新朝末年，因為在當地聲望很高，馬援被人舉薦做了官。很快，新朝滅亡，馬援只好逃到涼州避難。隗囂和劉玄鬧翻，割據隴西以後，將馬援收歸自己手下，任命為綏德將軍，非常器重。當隗囂在劉秀和公孫述之間搖擺不定，不知道選擇哪邊時，就想讓人去探探這兩邊的深淺，看看哪邊能成大事。於是，這個重任落到馬援身上。

周旋在兩個皇帝之間

因為馬援和公孫述是同鄉加好友，所以隗囂派馬援先去見公孫述。能見見老朋友，馬援也挺高興。按照馬援的想法，老鄉見老鄉，又是故友重逢，怎麼着也得熱情接待，把酒言歡吧？可惜，根本不是那麼回事。

公孫述聽說隗囂派馬援前來，就打算在同鄉故友面前炫耀一番，擺起了皇帝的架子。他先是讓兩邊佈滿了盛裝的衛士，一個個盔明甲亮、劍戟森嚴，然後才宣召馬援觀見。馬援見到公孫述，剛剛行完禮，沒等交談，公孫述就讓馬援出宮，住到館驛去了。然後命人給馬援製作都布單衣、交讓冠。這是公孫述嫌棄馬援穿着打扮不合乎觀見皇帝的禮儀規範，才故意這樣折騰。

這些都折騰完了，公孫述才會聚文武百官於宗廟之中，公孫述自己則“鸞旗旄騎，警蹕就車，磬折而入”，也就是擺出皇帝出行的奢華和儀仗，在馬援面前炫耀一番。炫耀完畢，才正式擺上酒宴招待馬援。酒席間，公孫述又擺出一副重看故友的架勢，要封馬援為侯爵、大將軍。

公孫述的做派，將馬援的隨從都鎮住了，覺得這位皇帝不得了，但是讓人沒想到的是，馬援卻一口拒絕了他的封賞。馬援認為，公孫述所做的這一切，不過是裝腔作勢罷了，毫無意義。現在天下混亂，大事未定，你公孫述不禮賢下士，銳意進取，反而這樣追求奢華排場，不過是個人形的木偶罷了，難成大氣，不值得輔佐。

回到天水向隗囂復命時，馬援坦言：“子陽（公孫述字子陽）井底蛙耳，而妄自尊大，不如專意東方。”公孫述只不過是井底之蛙，而且還妄自尊大，成不了大事。我們應該一心一意向東方的劉秀靠攏。

公元 28 年冬，馬援帶着隗囂的書信來洛陽見劉秀。劉秀可沒有公孫述那麼講排場，也沒安排多少侍衛，就是簡簡單單地在宣德殿召見了馬援。見到馬援風塵僕僕的樣子，劉秀半開玩笑地說：“哎呀，你看你周旋在兩個皇帝之間，這麼辛苦，讓我都有點不好意思了。”馬援也不含糊，向劉秀行禮畢，不卑不亢地回答：“當今之世，不光是君主選擇臣子，臣子也在選擇君主。”然後，馬援話鋒一轉，也半開玩笑地對劉秀說：“我和公孫述是同鄉，從小就是好友。我見他的時候，他還是戒備森嚴地召見我。我從很遠的地方來，您又不熟悉我的情況，卻這樣毫無防範，您怎麼知道我是不是刺客，是不是來刺殺你的呢？”劉秀哈哈大笑，説到：“我看呀，你不是刺客，倒是個説客。”劉秀的氣度風采，令馬援大為心折。劉秀也非常欣賞馬援，將馬援留在身邊一段時間後，才派使者來歙持節相送。

隗囂見到馬援，急忙詢問這次見到劉秀的觀感如何。馬援盛讚劉秀，認為劉秀的才明勇略，無人能敵，而且坦白誠懇，無所隱瞞，又胸懷闊達，深明大節。不但如此，劉秀還知識淵博，處理政事恰如其分，文章辭辯，也是無人可比。

隗囂問劉秀比當年的劉邦如何，馬援搖搖頭説：“劉秀不如當年的漢高祖劉邦。漢高祖處理政務的時候，無可無不可，比較隨心所欲，沒有一定的規矩。如今的劉秀喜歡處理政務，非常符合規矩，很有分寸，而且不喜歡飲酒。”隗囂聽得直咧嘴，你這明明説的是劉秀勝過劉邦，還甚麼不如？有這樣的不如嗎？（囂意不懌，曰：“如卿言，反復勝邪！？”）

隗囂非常信任馬援的眼光，於是決定真心歸順劉秀。為了向劉秀表示自己的真誠，公元 30 年，隗囂將長子隗恂送到洛陽做人質。同時，為了幫助兒子在洛陽更好地生存，隗囂讓馬援也攜帶着家眷跟隨隗恂到了洛陽。初到洛陽的那段時間，馬援無事可做，但他卻是個閒不住的人，在徵得劉秀同意後，馬援跑到上林苑屯田去了。

洛陽這邊風平浪靜，隗囂那邊卻又改變了主意。馬援走後，部將王元不斷慫恿隗囂。王元認為，現在成敗還是未知數，不應該聽從馬援的建議，這麼早就歸順劉秀。我們兵強馬壯，如果能北收西河、上郡，東收三輔之地，再用重兵扼守函谷關，這就是當年秦朝建國的成功之路，這可是千載難逢的好機會。退一步說，即使您不想匆忙起兵，也可以招兵買馬，據險自守，等待時局發生變化。到那時，即使圖王不成，也能成就一番霸業。現在就歸順劉秀，那是放着神龍不當，卻偏偏選擇當一條蚯蚓。本來就搖擺不定的隗囂深以為然，覺得憑藉自己這裏的地理條件和軍事實力，獨霸一方還是沒問題的。於是，隗囂再次變卦了，這次變卦，也最終將自己送上了絕路。

說起來，隗囂手下有本領的人也不少，馬援之外，史學大家班彪也曾經在其手下為官，並多次向他建言獻策，但是奈何隗囂野心勃勃，不納良言，因而後來班彪棄隗囂而投竇融，再後來隨竇融一起歸順了劉秀。

竇融的選擇

馬援聽聞隗囂翻悔，焦急萬分，他數次去信勸阻，提醒隗囂不要自誤。隗囂不但不聽，反而認為馬援徹底投靠了劉秀，背叛了自己，從而對馬援心生怨恨。後來，隗囂索性起兵和劉秀展開直接對抗。那隗囂就不擔心劉秀殺掉他那個作為人質的兒子嗎？也不能說完全不擔心。不過一個兒子的性命，和自己的王霸之業比起來，就顯得無足輕重了。

隗囂還派舌辯之士到河西去遊說竇融，勸竇融和自己及公孫述聯合，共同對付劉秀。

隗囂勸竇融，如果真能三家聯合在一起的話，最好的結局，能像當年的六國君主那樣，各自建國，成為一國之君。最差的結果，也可以像漢初的南越趙佗那樣，做個邊緣小國的國君，落得個逍遙自在。隗囂所說的趙佗，原來是秦朝將領，秦始皇派他南下攻打百越。他佔據百越地區後不久，恰逢秦末天下大亂，趙佗趁勢割據嶺南，建立南越國，自稱"南越武王"。漢高祖劉邦時期，趙佗臣服，成了漢朝的藩屬國。呂后時期，他又反漢，自稱"南越武帝"。到了漢景帝時，他又再次臣服。雖然叛降不定，但南越國實際一直處於獨立狀態，趙佗在其國內也一直自稱皇帝。趙佗死後，國君之位傳了四代，直到漢武帝時期，南越國才被漢朝所滅。

隗囂使者的言辭，在竇融這裏毫無效果。因為竇融和其手下人都認定，只有劉秀才能統一天下，在和手下商議之後，竇融下定決心歸附劉秀。公元29年夏天，竇融派使者帶着自己的書信和河西的駿馬等禮物，前去洛陽覲見劉秀。

竇融家族累世居住在河西一帶，家中有多人曾經在當地做官，屬於當地的豪門大戶，威望極高。竇融為人豪爽講義氣，年輕時曾經在王莽軍中做官，也立過一些功勞。昆陽之戰時，竇融就在王莽軍中，兵敗後逃回長安。王莽滅亡後，竇融投降了劉玄，在劉玄的岳父，大司馬趙萌手下任職。後來，趙萌推薦竇融擔任巨鹿太守，但是竇融不願意去。竇融已經看出更始政權命不久矣，繼續待在劉玄這艘破船上，難免一同落水，巨鹿更不是安全所在。對於竇融來説，最好的去處還是河西。竇家在那裏經營多年，根深蒂固，而且"河西殷富，帶河為國。張掖屬國精兵萬騎，一旦緩急，杜絕河津，足以自守，此遺種處也。"就是説，河西之地地勢險要、易守難攻，而且兵精糧足，完全可以自保。因此，竇融請求趙萌幫忙，希望能派自己去鎮守河西。趙萌還真在劉玄面前替竇融美言了幾句，於是竇融被派去河西，擔任張掖屬國都尉。

竇融帶着全家，立刻離開長安這個是非之地，赴張掖上任。在河西之地，竇融如魚得水，利用家族的聲望，加上自己的人格魅力，結交當地的英雄豪傑，與少數民族也和睦相處，深得當地百姓的歡心，與當地各郡的太守、都尉等人，也大多交好。竇融很快就成了河西實際上的統治者。等到更始政權崩潰後，竇融召集武威、張掖、酒泉、敦煌、金城這河西五郡的太守、都尉等人商議結盟自保之事，大家共同推舉竇融為"行河西五郡大將軍事"，也就是推舉竇融做了這個五郡的首領，竇融客氣一番也就答應下來。

　　河西處於邊境地區，雖然民風彪悍，但是百姓也很淳樸。竇融因為長期居住在此，非常了解當地情況。擔任五郡大將軍後，他為政寬和，和百姓相處融洽，百姓的生活也得到了改善。與此同時，竇融招兵買馬，訓練士卒，修建烽火台，積極備戰。對於匈奴人的入侵，竇融經常親自領軍出征，數次擊潰入侵者，令匈奴人不敢隨意侵擾。安全的環境，富裕的生活，吸引了大批附近其他州郡的流民前來投奔。竇融統治的河西之地，也因此變得更加富庶、強大。

　　劉秀稱帝之後，竇融一直想和劉秀聯繫，但因為山高水遠，加上沿路戰火紛飛，一直沒能正式聯繫上。這次，竇融下定決心，派出自己身邊的親信長史劉鈞出使洛陽，終於和劉秀取得了聯繫，向劉秀表達了自己希望歸附的意願。事實證明，竇融的選擇非常睿智。

能掐會算的劉秀

　　劉秀也一直關注着河西的情況，希望能將竇融拉到自己陣營。河西之地，物阜民豐、兵強馬壯不說，地理位置也十分緊要，處在連接巴蜀和隴西的關鍵位置。如果竇融真能站在自己這邊，對付公孫述和隗囂的難度要小很多。因此，就在竇融派出使者奔赴洛陽的同時，劉秀也派出了前往河西的使者。有意思的是，這兩撥使者在半路上遇見了。劉秀的使者開心地陪着劉鈞返回洛陽。

　　劉秀非常隆重地接待了劉鈞，知道了竇融的想法後，劉秀當即讓劉鈞帶着自己給竇融的璽書返回河西。劉秀在信中先是充分肯定了竇融保家為民、鎮守邊塞的功勞，然後筆鋒一轉指出，現在公孫述佔據巴蜀，隗囂佔據天水，他們必然會拉攏你，你倒向哪邊，哪邊的實力自然就會雄厚一些。是要向當年的齊桓公、晉文公那樣輔助天子成就霸業，還是三分天下鼎足而立，就看竇將軍你怎麼選擇了。我認為，現在天下還遠遠沒有統一，我們之間的距離較遠，且並不接壤，所以我們之間沒有生死矛盾，不是仇敵。而且我猜測隗囂必然會派人遊說你，要你效法當年漢初趙佗的故智，但我想說的是，作為一個君王，可以分土，不會分民。劉秀向竇融表達的意思就是，自己可以給有功勞的臣子封爵的賞賜，但是一定要統一全國，不會允許國家主權分裂。最後，劉秀也並沒有為了拉攏竇融而封賞一大堆顯赫無比的官職和爵位，只是封竇融為涼州牧，賞賜黃金二百斤。和竇融所處的關鍵位置相比，劉秀的封賞絕對算不上多豐厚，但卻是恰到好處，表現出劉秀的誠意。

竇融看到劉秀書信的時候，大感震驚。別的不說，就隗囂勸自己效法趙佗故智的猜測，就讓竇融感覺劉秀簡直是能掐會算，身處洛陽居然能知道萬里之外的事情，真是神了。

劉秀的心胸和睿智讓竇融深感折服，於是再派劉鈞向劉秀上書，表達自己絕不會和公孫述、隗囂等人合謀，並賭咒發誓地表達了自己對朝廷的一片赤膽忠心。為了證明自己的誠心，竇融還讓自己的同母弟竇友隨劉鈞前往洛陽，名義上是讓他代替自己親自向劉秀表達敬意，實際上就是主動派過去的人質。可惜的是，竇融這次派出使者剛剛走到半路，遇到了隗囂叛亂，道路阻斷，不能繼續前進，只得返回。後來，竇融又另派使者繞行偏僻小路，歷經艱辛到達洛陽，向劉秀道明原委。劉秀也很感動，再次表彰並賞賜了竇家兄弟。

竇融是非常決斷之人，並不想多面討好。竇融給隗囂去了一封信，信中直截了當地批評隗囂反復無常、出爾反爾、不忠不義，不顧百姓死活，而且目光短淺、不識時務。最後，竇融勸隗囂趕快迷途知返，不要誤人誤己。隗囂怎麼可能聽得進竇融的逆耳之言？竇融也早知這個結果。竇融也是厲兵秣馬，隨時準備迎擊隗囂的入侵，並向劉秀上書，請求主動出擊。

見竇融是真心和自己站在同一條戰線上，劉秀再次獎賞了他。同時告訴他，現在關東盜賊已定，漢軍即將西進，並和竇融約定"以應期會"。竇融接到劉秀的書信，當即將兵馬駐紮到和隗囂勢力接壤處的金城，並擊敗此處歸順隗囂的先零羌封何部，準備和漢軍一起夾擊隗囂。不過，因為路途遙遠，最終竇融的兵馬並沒有和漢軍配合上，竇融只得暫時撤軍。

隗囂的滅亡

竇融徹底倒向自己，劉秀開始緊鑼密鼓地佈置消滅公孫述的計劃。在和手下重要將領商議停當之後，劉秀坐鎮長安，命令建威大將軍耿弇等七位將軍率軍伐蜀。同時，劉秀派人通知隗囂，讓他派兵協助。

此時的隗囂，正做着自立為王的美夢，當然不會聽從劉秀的調遣，而且他也明白唇亡齒寒的道理，如果公孫述被消滅，自己絕對是下一個。於是，隗囂聯合公孫述向漢軍發起進攻，但是隗囂並不是漢軍的對手，敗多勝少，形勢對隗囂非常不利。

此時，已經對隗囂徹底失望的馬援，表示自己願意前往隗囂處，勸說隗囂手下將領棄隗囂，投劉秀。劉秀疑人不用，用人不疑，當即慨然應允，調撥給馬援五千騎兵，讓他見機行事。馬援在隗囂手下時威望本就很高，加上現在隗囂又處於風雨飄搖之中，手下將士早已離心離德，大家各懷心事，很多人都在悄悄尋找出路，所以馬援的勸說非常成功，很多將士棄隗囂而去。

隗囂見戰場失利，軍心又不穩，再這樣下去，敗亡就在眼前，只得再次向劉秀上書，説自己不是真的要和劉秀作對，而是被手下將領逼迫，身不由己，希望劉秀能再放過自己一次。

劉秀早就看透了隗囂的狡詐多變，而且大形勢上自己已經處於非常有利的態勢，不需要再和他虛與委蛇，就明確地對隗囂表示，我已經40歲了，在軍中征戰也10年了，不想再聽那些浮語虛辭的欺騙。你如果真心歸降，親自到我這裏來，我必然保全你的爵位和榮華富貴。如果不想的話，就不用回覆消息了。

隗囂一看，知道劉秀這邊對付不下去了，但是無論如何自己也不能到劉秀那裏去，那可是自投羅網。走投無路的隗囂只得向公孫述拱手稱臣，投降了公孫述。公孫述當然很高興，封隗囂為朔寧王，並且派兵支援隗囂。隗囂所處的隴西之地，本就地勢複雜，易守難攻，加上公孫述在旁邊威脅，因而此次漢軍出征，雖然將隗囂打得非常狼狽，縮頭不敢出來，但並沒能將其徹底消滅。

稍事休整後，公元32年，劉秀親率大軍再次征伐隗囂。出發前，劉秀派人通知了竇融，約會共同進兵。漢軍到達隴地後，劉秀見到山嶺重疊、溝壑遍佈、地勢險要、複雜難走，才真真切切體會到征服此地的困難。眾將也擔心劉秀真要出個差錯可不得了，於是紛紛勸劉秀回去。劉秀自己也是有些猶豫不決。

此時馬援奉命趕到，劉秀急忙召見馬援問計。馬援不同意眾將退兵的建議，他認為，現在隗囂所部已經處於分崩離析的邊緣，只要漢軍大軍到達，定然能大獲全勝。然後，馬援命人取一些米來，當着劉秀的面，用米堆成山谷溝壑等地形地貌，然後指點着山川地勢，詳細地告訴劉秀該從哪裏進兵，哪裏退回等等。馬援的分析讓劉秀豁然開朗，當即高興地説："哈哈，這下敵人全在我眼中，破敵無憂了。"遂決定繼續進兵。第二天，劉秀率軍繼續進發，兵鋒直抵高平第一城下。此時，涼州牧竇融也率領數萬兵馬及糧草輜重抵達，並和劉秀會師，漢軍軍威更震。

眼見隗囂形勢危急，公孫述也派來了援軍。但是，援軍的到

來並不能提振隗囂軍渙散的士氣。此時的隗囂軍，確實如同馬
援分析的那樣士氣低迷，隨時處於崩潰的狀態。眼見漢軍圍攻上
來，隗囂手下的 13 員大將，帶領着十餘萬士兵直接投降。漢軍兵
不血刃佔領十六座城池。眼見大勢已去，隗囂帶着妻子逃到西城。

　　就在這時，劉秀的後方又有人叛亂，劉秀不得不回師平叛，
隗囂又逃過一劫。但劉秀沒有給隗囂留下重整旗鼓的機會，他留
下大將岑彭、吳漢等持續對隗囂發動進攻。在漢軍的不斷打擊
下，公元 33 年隗囂病死。第二年，他的接班人隗純兵敗投降。至
此，隴西徹底平定。

得隴望蜀，統一天下

　　劉秀返回洛陽後輕鬆平叛，但是他一直對隴西的戰事念念不
忘。劉秀倒不是擔心消滅不了隗囂，畢竟之前隗囂已經被打得狼
狽不堪，當下不過是垂死掙扎罷了，滅亡只是早晚而已。劉秀所
惦念的是在消滅隗囂之後，如何消滅公孫述。因而，劉秀在給岑
彭的信中叮囑他說：“兩城（指當時漢軍正在進攻的西城和上邦）
若下，便可將兵南擊蜀虜。人苦不知足，即平隴，復望蜀。”這
就是成語“得隴望蜀”的典故。

　　此時的公孫述佔據巴蜀已經接近十年。巴蜀之地本就土地肥
沃、物阜民豐，公孫述的統治說不上多好，也不算很差。軍事上，
因為他不斷對外用兵，巴蜀之兵也算精強，附近的各少數民族也
多有歸附。再加上地勢險要，不但易守難攻，而且大軍行進非常
困難，所以想要消滅公孫述難度頗大。

　　劉秀身經百戰，當然知道平滅巴蜀非一朝一夕之功，因而雖
然不斷派兵進攻，但基本上是以消耗巴蜀的國力和軍力為主，並
不急於求成。戰爭斷斷續續，一直持續到公元 36 年，漢軍的優勢
已經越來越明顯了。征南大將軍岑彭在荊門大敗公孫述的田戎、
任滿部，巴蜀將領王政殺掉任滿，帶着任滿的人頭投降了漢軍。

田戎逃到江州，被漢軍威虜將軍馮駿圍困。岑彭率軍長驅直入，巴蜀將領紛紛獻關投降。最後，岑彭率水軍徹底平定巴郡。接下來，漢軍中郎將來歙率軍在下辯大敗巴蜀軍的王元、環安部。環安派間諜刺殺了來歙，但絲毫沒有減弱漢軍的攻勢。

為了鼓舞士氣，劉秀再次御駕親征。岑彭則率軍再接再厲，不斷取得勝利。無奈之下，公孫述也派出刺客，裝作投降，刺死了岑彭。岑彭的死，同樣沒有延緩漢軍進攻的腳步，反而徹底激怒了漢軍。怒不可遏的劉秀以吳漢為主將，率領水軍向公孫述發動猛攻。

公元 37 年一月，吳漢大敗巴蜀軍史興部，斬殺史興，佔領武陽城。七月，威虜將軍馮駿攻佔江州，生擒田戎。九月，吳漢斬殺巴蜀大司徒謝豐，佔領廣都，輔威將軍臧宮攻佔涪城，斬殺了公孫述的弟弟公孫恢。至此，公孫述的敗亡已成定局。公孫述的手下也是日夜驚恐，不知何日自己也會被漢軍斬殺，於是紛紛叛離。已經接近瘋狂的公孫述大開殺戒，敢於叛逃者誅殺全家，但即使如此，也不能禁止。劉秀寫信勸公孫述投降，公孫述執意不降。

戰爭一直持續到公元 37 年的十一月，此時的漢軍已經打到公孫述的都城成都了。公孫述親率數萬大軍迎戰吳漢，並派大司馬延岑率軍對陣臧宮。延岑非常勇猛，三戰三勝，漢軍被殺得狼狽不堪，拼死之下，才勉強守住。戰鬥從清晨一直打到中午，雙方的士兵都很疲勞了。就在這時，吳漢突然派出精銳部隊發起猛攻。猝不及防的巴蜀軍陣勢大亂，繼而開始潰敗。亂軍之中，公孫述胸口中槍墜馬。幸虧身邊的護衛拼死搶救，才將他救入城中。巴蜀軍慘敗，死傷無數。就在當夜，公孫述傷重不治身亡。臨死前，公孫述將兵馬都交給了延岑，但是延岑認為自己不是漢軍的對手，第二天就獻出成都投降了。

雙方交戰數年，各自都有無數袍澤死在對方手中，雖然公孫述最終失敗，但是漢軍的損失也是空前之大，僅大將就被暗殺了來歙、岑彭兩員。這種仇恨，並不會因為一方投降認輸就能簡單放下。早就殺紅了眼的吳漢揮起了屠刀，不但殺了公孫述的妻子，滅了公孫一族，還將那個獻城的延岑也一併斬殺並滅族。接下來，吳漢放縱士兵屠城，肆意燒殺搶掠，又將公孫述的王宮付之一炬。

劉秀聽聞，火冒三丈，寫信將吳漢等人大罵一通，但是劉秀畢竟捨不得殺掉自己的左膀右臂，所以此事最終也就不了了之。只是可憐了成都的普通百姓，死傷無數，成都城也被摧殘得凋零殘破，很長時間之後才慢慢恢復過來。

不管怎麼說，隨着公孫述的滅亡，天下大體上總算是安定下來。從公元 14 年各地陸續爆發起義開始算起，戰亂已經持續了超過 20 年。隨着戰爭的結束，百姓終於又可以過上幾天相對安生的日子了。

"好皇帝"劉秀

大規模的戰事結束，劉秀論功行賞，以鄧禹為首的眾人皆有封賞。此後，劉秀將關注的重點轉向民生，大力發展生產，改善百姓的生活。同時，劉秀開始削減各領軍大將手中的兵權。既然已經沒有那麼多戰爭了，那些大將手中掌握着那麼多的士兵，可不是一件好事。這些年，劉秀遭遇的背叛可是相當不少。

總體說起來，歷朝歷代開國皇帝中，劉秀算是非常念舊情的一個，即使是在收回兵權的過程中，採取的也是相當溫和的手段。收回兵權後，劉秀基本上也是讓大家各回自己的封地，享受榮華富貴的幸福生活去了。這些人即使有些小的錯誤，劉秀一般也會原諒，希望能儘量的保全這些多年和自己同生共死的功臣。有甚麼遠方進貢來的奇珍異玩，美味佳餚等等，劉秀也是先想到這些老伙計，"比先賜遍列侯，而太官無餘。"做皇帝的能到劉秀這個程度，算是非常少見了。

　　時不時的，劉秀還會召集大家聚一聚，聯絡一下感情，回憶一下過去的崢嶸歲月。按照《後漢書・馬武列傳》記載，有一次，劉秀和大家邊喝酒邊聊天。劉秀問大家："咱們想象一下，如果各位沒有遇到我劉秀的話，會怎麼樣？能做多大的官？"高密侯鄧禹為眾將之首，於是先站起來回答："我年輕的時候就喜歡研究學問，如果沒遇到陛下的話，應該能做個郡裏的文學博士。"劉秀本來就是在和大家玩笑，也就按照鄧禹的答覆繼續發揮："你太謙虛了，以你的出身、志向及本領，應該能當個郡裏的功曹。"功曹是主管考察記錄業績的官員，郡縣都有設置，是郡守、縣令的主要佐吏，級別比文學博士高一些。

　　接下來，大家紛紛回答。輪到馬武的時候，馬武也想客氣一下，回答說："我沒甚麼學問，只是以勇武見長。如果沒遇到陛下的話，估計能做個郡守或者縣尉之類的官職，負責抓捕盜賊。"劉秀指着馬武哈哈大笑着說："你呀，自己不做個盜賊，被負責抓捕盜賊的亭長抓住，就已經非常不錯了，還甚麼抓捕盜賊？"眾人當然更是大笑不止。馬武為人豪爽耿直，非常勇猛，對劉秀忠心耿耿，但缺點是嗜酒如命，而且喝醉了酒，即使在劉秀面前也甚麼話都敢說，對於其他大臣的優劣長短，也是張口就說，無所顧忌。劉秀呢，有時還故意讓他肆意胡說，以為笑樂。

　　對於這位漢光武帝劉秀，歷史上的評價負面的很少，基本上都是讚揚和肯定。這些評價，並不僅僅因為他是皇帝，而是因為那都是劉秀實實在在作出來的。

　　政治上，劉秀整頓吏治、善待功臣。對待中正的臣子，他絕對是一個好皇帝，直面其非毫無問題，對老臣甚至能達到言笑無忌的程度；對待貪官污吏，劉秀殺起人來當然也毫不手軟，畢竟他可是萬馬軍中衝殺出來的鐵血帝王。情感上，劉秀對待自己的妻子，算得上是少有的長情皇帝；對待兒子、親人，包括外戚，也都算得上有情有義，寬仁大度。經濟上，劉秀大力發展經濟，讓百姓休養生息，是歷史上少有的明君。他鼓勵生產、重視農桑、減輕賦稅、輕徭薄役，減輕了對百姓的盤剝。文化上，劉秀大力推廣教育，大興儒學。

正是通過這一系列的舉措，在這片殘破的土地上，短時間內，劉秀成功營造出"光武中興"的大好局面來。司馬光在《資治通鑑》中，曾盛讚劉秀的時代為"自三代既亡，風化之美，未有若東漢之盛者也。"連明朝的開國皇帝朱元璋都讚劉秀為："惟漢光武皇帝延攬英雄、勵精圖治、載興炎運、四海咸安，有君天下之德而安萬世之功者也。"

惟願古今多"酷吏" | 72

"酷吏"本意是指那些執法剛正不阿、不徇私情的官吏。這些人雖然有執法嚴苛、不近人情的一面，但是在面對豪門權貴、將相公卿時，為了法律，也可以碎裂頭腦而不顧。所以這個詞有褒貶兼半的意味。但後來，其中混雜了大量為了一己之私而濫用酷刑，以非人手段刑訊逼供的官吏，這個詞也就成了貶義詞。

劉秀本來有兄弟姐妹六人，但是到他稱帝，建立東漢政權的時候，只剩下了大姐劉黃和小妹劉伯姬兩位至親。劉秀將姐姐封為湖陽長公主，妹妹封為寧平長公主。陡然成了皇親國戚的姐妹二人，當然威風凜凜、不可一世，就連她們身邊的奴僕，也狐假虎威、藐視國法。

一次，湖陽長公主的奴僕光天化日之下就在大街上殺人行兇。事發後，官吏捉拿，這個奴僕就躲在長公主府裏不出來。這下麻煩了，沒有官吏敢闖入公主府邸抓人。這事歸洛陽令董宣直接管理。董宣可不管你是不是公主，在他眼裏，法律就是法律，不管違反法律的是誰，都得嚴懲。何況並不是公主本人犯罪，只是個奴僕，打殺了也不過是公主面子上不太好看而已。不能闖進公主府抓人怎麼辦？沒關係，派人密切關注，罪犯總有出來的時候。

　　湖陽公主當然知道自己手下奴僕殺人這件事，洛陽地方官府早就找過自己，希望交出人犯，她只是沒理睬而已。而且，她並沒有將這件事放在心上，這一天，湖陽公主外出，仍然大模大樣的讓那個奴僕陪乘在自己的車上。車駕到達夏門亭的時候，被董宣帶着手下的差役攔住了。董宣攔住公主的車馬，以刀畫地，大聲列舉公主在這件事上犯的過錯，然後喝令那個殺人的奴僕下車，當場殺掉了他。

　　湖陽公主感覺自己的面子大受傷害，哭哭啼啼地進宮找光武帝告狀。劉秀也是大怒，你小小的洛陽令，居然敢欺負到我親姐姐頭上來了，這還了得？立刻召見董宣，準備將他當堂亂棍打死，給姐姐出這口惡氣。

　　沒想到董宣既不害怕，更不後悔，從容地給劉秀磕頭完畢，說："請讓我說一句話再死。"劉秀怒衝衝地問："到了這個時候，你還有甚麼話好說？"董宣並不懼怕，對着皇帝侃侃而言："陛下您口口聲聲要中興大漢，可是您卻罔顧民情，不顧國法，縱容奴僕殺害良民百姓，不聞不問，如此下去，您該如何治理國家？如何讓大漢中興？我的話說完了，不需要您讓人亂棍打死我，我這就自殺。"說完，董宣一頭就撞在了宮殿的柱子上，當即血流滿面。

　　劉秀大吃一驚，急忙讓人攔住董宣。劉秀現在氣也消了，也知道董宣說得非常有道理。但是，怎麼下台呢？堂堂一國之君，總得找個台階下啊。於是劉秀改口了，不提打死董宣的話了，讓董宣向公主磕頭賠罪，這事就算是過去了。

　　董宣偏偏認死理，我沒錯，為甚麼要認錯？於是劉秀讓小黃門按住董宣的頭，只要點那麼一點，就算是董宣磕頭認錯了。董宣倔脾氣上來了，用雙手使勁撐住地面，說甚麼就是不低頭。

　　湖陽公主本來就不想輕易饒過董宣，見他如此不識抬舉，就陰陽怪氣地對劉秀説：“文書（劉秀字文書）當年做百姓時，就敢於窩藏罪犯，官吏都不敢上門捉拿。怎麼現在當了皇帝，一個小小的縣官竟敢違抗你的命令呢？”劉秀哈哈一笑説：“天子不與白衣同啊！”然後，就放過了董宣，不再追究，向湖陽公主的道歉也給免了。此事就此罷休。

事後，劉秀還賞賜給董宣三十萬錢，董宣將這些錢都分給了手下的差役們。此後，董宣打擊豪強更加理直氣壯，毫不手軟。京師人稱其為“臥虎”。

董宣一生為官清廉，死時，光武帝派人前去探看，只見“布被覆屍，妻子對哭”，家中只有大麥數斛，破車一輛。為此，劉秀感慨不已。要知道，董宣可是做過俸祿兩千石的郡太守啊！

如果這就是酷吏的話，惟願古今多酷吏！

將皇帝關在門外 | 73

説起湖陽公主，還有個著名的故事，也和她有關。

當時，湖陽公主的丈夫剛剛去世，劉秀不忍心見姐姐就這樣守寡，於是和姐姐一起遍數朝中大臣，看能不能找到意中人。湖陽公主一眼就看中了大司空宋弘，認為他“威容德器，羣臣莫及”，説宋弘不論人品相貌，都是上上之選。

這個宋弘確實不簡單，在劉秀手下的臣子中，以慧眼識人和敢於進諫而著稱。有一次，宋弘覲見皇帝。這時，劉秀正坐在新製作的屏風前，屏風上畫着幾個漂亮女子的畫像。劉秀在和宋弘談話時，時不時看一眼美女畫像。宋弘非常不滿意，當即鄭重地對光武帝進言：“未見好德如好色者。”這是《論語》裏孔子的話。宋弘這裏藉助孔子的話，批評劉秀不重視自身品德的修養，是非常錯誤的做法。劉秀尷尬之餘，命人撤掉了屏風。

　　現在劉秀見姐姐看中了宋弘，同意幫忙撮合的同時，也感覺有點為難，宋弘有妻子啊，怎麼辦？得想辦法試探一下宋弘的想法。於是，劉秀召見宋弘，讓姐姐湖陽公主坐在屏風後面偷聽。劉秀當然不好意思直接說這件事，於是拐着彎對宋弘說："我聽說貴易交，富易妻，這也算是人之常情吧？"劉秀的意思是，一般來說，人的地位高了，就會更換身份低微的朋友；有錢了，就會另娶漂亮的妻子。

　　沒想到宋弘當即答到："臣聞貧賤之知不可忘，糟糠之妻不下堂。"劉秀一聽，知道徹底沒戲了，只好對姐姐說："這事沒戲了，你要麼死心，要麼換人吧。"這就是"貧賤之知不可忘，糟糠之妻不下堂"的典故。

　　劉秀手下的官員中，類似董宣、宋弘這樣的不在少數，也正是因為這些人的存在，才能讓劉秀締造出"光武中興"的盛況。例如，還有一位叫郅惲的小官，就曾經直接將光武帝關在都城之外，說甚麼也不給開門。

　　這個郅惲，也是個奇人。當年王莽在位時，郅惲就曾經直接給王莽上書，認為王莽不應該篡位，應該將皇位還給漢朝皇帝。氣得王莽當即將郅惲抓了起來，還派人威脅他，讓他承認之所以說那些話，是因為當時精神病發作，純屬胡言亂語而已，"（王莽）使黃門近臣脅惲，令自告狂病恍忽，不覺所言。"但是郅惲根本不理這一套，大罵道："我說的這一切都是天文聖意，怎麼可能是一個精神病人能說出來的？你們要愚弄天下人你們去，我絕不會昧着良心承認，死也不行。"結果，郅惲就這樣一直被關在監獄中，直到王莽大赦天下才被釋放。

　　後來，劉秀手下的積弩將軍傅俊聽到郅惲的大名，特意禮聘而去，拜為將兵長史。郅惲幫助傅俊整頓軍隊、嚴肅軍紀，打了很多勝仗。戰後，該到論功行賞的時候了，郅惲卻不願意領軍功的賞賜，飄然離去，辭歸鄉里。再後來，郅惲被郡裏舉薦為孝廉，擔任了洛陽城上東門的守門小官。

　　有一次，劉秀忙裏偷閒，出外打獵，玩得太開心了，一直到半夜才回來。劉秀回來的城門，恰好是郅惲負責的上東門。此時城門早就關了，劉秀於是讓護衛呼叫守衛開門，沒想到郅惲乾脆利落地拒絕了。劉秀便派自己的隨從到城門邊，通過門縫讓郅惲看看，證明外邊等待的就是皇帝的車駕。沒想到郅惲說火把太過明亮、晃眼，看不清楚，就是不開門。劉秀無奈，只得繞到別的城門，從那裏進了城。

　　這件事到這裏還沒完。事後劉秀沒找郅惲的麻煩，郅惲反倒向劉秀上書勸諫，認為劉秀這樣日夜行獵的舉止非常不應該。劉秀不但沒生氣，反而賞賜給郅惲一百匹布，然後把違反規定放自己進城的那個守衛貶職了。其後，劉秀因為欣賞郅惲的剛正忠直，特意讓他教太子讀書。在劉秀廢立皇后的過程中，郅惲也敢於上書表達自己的意見，劉秀不但不以為忤，反而大發感慨，認為郅惲最明白自己。

劉秀主導的宮鬥大戲 | 74

　　歷朝歷代的皇帝中，劉秀屬於比較重感情的。他最愛的當然是從年輕時就一直暗戀的陰麗華。後來雖然又娶了郭聖通，但那純屬於政治聯姻。

皇后的廢立

　　公元 25 年，劉秀稱帝並入主洛陽，隨後他即將陰麗華接到身邊。此時，新婚不久就不得不分開的兩個人，分別了已經差不多兩年。

　　劉秀將陰麗華和郭聖通都封為貴人，又封陰麗華的哥哥陰識為騎都尉、陰鄉侯，但是卻並沒有封賞郭聖通的娘家人。從這裏就可以看出，在劉秀心目中，陰麗華的地位遠高於郭聖通。但是，在接下來冊立的皇后問題上，劉秀為難了。

因為陰麗華和劉秀聚少離多，所以一直沒有給劉秀生下一男半女，而郭聖通因為一直陪伴在劉秀身邊，所以早就給劉秀生下了長子劉彊。在那個年代，君主有沒有繼承人，以及繼承人身份的確立等等都是大問題。因此，在劉秀以"雅性寬仁"為理由，準備冊立陰麗華為皇后的時候，遭到了很多人的反對，陰麗華本人也堅辭不受。

不知是不是因為劉秀遲遲沒有確立皇后的原因，公元 26 年的正月，真定王劉楊和自己的弟弟臨邑侯劉讓合謀造反，被劉秀派耿純平定，並將其誅殺。這下，郭聖通連政治聯姻的作用都沒有了。好在劉秀並沒有因為這件事怪罪郭聖通，而且，由於郭家並沒有參與劉楊的造反，所以也沒有受到株連。不過她在劉秀心中的地位越來越低是可以預見的了。當時天下未安，為了穩定複雜的局面，安定漢軍內部的情緒，劉秀不但讓劉楊的兒子劉得承襲父爵，還在這年六月正式冊封郭聖通為皇后，立劉彊為太子，並大赦天下。

陰麗華在劉秀心中的地位，遠遠不是郭聖通能比擬的。不知道是不是因為前面長時間的分離讓劉秀非常遺憾，總之，接下來，哪怕是出征在外，劉秀也時常將陰麗華帶在身邊。公元 28 年，劉秀征討彭寵時，就將懷孕的陰麗華帶在身邊。當年五月，在行軍路過元氏城時，陰麗華生下了劉陽。雖然這時郭聖通已經給劉秀生下三個兒子了，但是這個孩子的誕生，還是讓劉秀欣喜不已。因為劉秀看自己的這個孩子臉龐"豐下兌上"，就是下巴圓潤，腦門狹窄，脖子部分是紅色的，外貌很像傳說中的聖君堯帝，越看越喜歡，給他取名劉陽（後來改名為劉莊），也就是日後的漢明帝。這下，陰麗華的最後一塊短板也補上了，當然更受劉秀的寵愛。後來，陰麗華又陸續給劉秀生了四個兒子。

劉秀一直希望將陰麗華立為皇后。現在好了，兒子有了，障礙掃除了，於是，劉秀開始話裏話外做鋪墊，準備廢郭聖通，立陰麗華。但是此時，各地戰事未息，劉秀自己也在東征西討，所以並沒有急於操作此事。

公元 37 年，公孫述被平滅後，劉秀大封功臣，卻沒有皇后郭聖通娘家人的影子。接下來，劉秀給諸位皇子封爵、封地，陰麗華的兒子劉陽非嫡非長（即不是皇后所生，也不是最年長的），但所得封地卻是最大的。劉秀的一系列做法，當然引得郭聖通非常不滿，甚至怨恨。

到了公元 41 年，天下平定已久，劉秀也終於下了廢后的決心，理由就是"懷執怨懟，數違教令"，擔心日後會發生當年的呂、霍之事，因而廢掉郭聖通的皇后之位，然後，直接冊立陰麗華為皇后。估計劉秀也有些內疚，於是給了郭聖通很多補償。先是封郭聖通給他生的二兒子劉輔為中山王，然後封郭聖通為中山王太后，並且將常山郡也劃撥給中山國，用兩個郡來奉養郭聖通。

同時，劉秀又大肆封賞郭聖通的娘家人。將她的弟弟郭況的封地轉到更大、更繁華的地方，爵位升為陽安侯；將她的從兄郭竟封為新郪侯；郭竟的弟弟郭匡封為發干侯。就連郭家的女婿陳茂都跟着沾光，被封了侯爵。郭聖通居后位十六年，郭家一直被劉秀有意打壓，沒想到現在皇后被廢了，郭家反而大受封賞，也算是"失之東隅，收之桑榆"了。

多說一句，"失之東隅，收之桑榆"這個成語也和劉秀相關。那是公元 26 年，赤眉軍第二次佔據長安之後，劉秀派馮異領軍與赤眉軍反復交戰之時。馮異在華陰被赤眉打敗，卻在澠池之戰中獲得大勝。劉秀稱讚他，失之東隅，收之桑榆。東隅，太陽升起的地方，指東方，指事情開始之時；桑榆，太陽落下的地方，指事情最終的結果。這句話的意思是，雖然開始失敗了，但

是最後還是取得了勝利。也指在某處先有所失，在另一處終有
所得。

太子的廢立

劉秀廢郭聖通，立陰麗華之後，最尷尬的人就要數太子劉彊
了。雖然劉秀並沒有直接廢掉劉彊的太子之位，但是，人人都能
看出他的太子之位岌岌可危。

本來劉彊子憑母貴，生母是皇后，自己是嫡長子，是名正言
順的太子。現在，母親被廢，陰麗華成為皇后，四弟劉陽成了嫡
子中年紀最大的，自己雖然還是長子，但是成庶子了，再佔據太
子之位，便與禮法不合了。再加上父親對劉陽的喜愛遠遠在自己
之上。劉陽本身也是聰慧異常，10歲通曉《春秋》，12歲就表現
出卓越的政治才能，而且雄心勃勃，對太子之位勢在必得。據《東
觀漢記》記載，劉陽10歲時，劉秀曾愛撫地摸着他的頭說："吳
季子。"劉秀這裏說的是春秋時期吳國的典故。吳季子（公子季
札）是吳王壽夢的第四子，本來沒有資格繼承王位，但是因為其
人非常賢明能幹，因而從吳王壽夢到季札的三個哥哥，都希望他
能繼承王位，但是季札說甚麼也不同意，甚至跑到其他國家躲了
起來。不得已，壽夢臨死前定下兄終弟及的規定，希望這樣能最
後將王位傳給季札。他的三個哥哥相繼即位後，為了能早點傳位
給四弟，甚至紛紛主動自尋死路。即使這樣，老三臨終前，季札
還是堅決不肯接受王位，王位最終被老三的兒子僚繼承。後來，
老大的兒子公子光聯合伍子胥，讓專諸刺殺了王僚，差點引起吳
國大亂。劉秀這裏是在詢問劉陽，你是打算像季札那樣謙遜退
讓，還是想爭太子之位啊？別看劉陽只有10歲，但通曉《春秋》
的他當即明白了父親話語裏面隱含的意思，痛快地回答："愚戇無
比。"劉陽的意思是，他認為季札的做法愚蠢之極，自己才不會
那樣呢。就這一句話，就充分表現出劉陽當仁不讓，一定要爭取

太子之位的決心。

　　劉彊想明白自己的處境後，再加上老師之一的郅惲暗中勸告，於是主動給父親上書，希望自己能退位為藩王，不做這個太子了。劉秀拒絕幾次之後，最終於公元43年，也就是郭聖通被廢兩年後，答應了劉彊的請求，廢去其太子之位，改立劉陽為皇太子，並改名為劉莊。因為劉彊本身並沒有犯錯，劉秀和他的父子之情也很深厚，所以也沒有苛待這位廢太子，將之封為東海王，封賞給他非常大的封地，又給了他諸多榮耀。劉彊之後的生活也還算是不錯，與劉莊兄弟之間也沒甚麼矛盾。公元58年，劉秀死後的第二年，34歲的劉彊病死。雖然是壯年而亡，但是作為一個廢太子，能有個善終，已經算是不錯的結局了。

　　劉秀將陰麗華冊封為皇后，又將她給自己生的兒子劉莊立為太子，終於得償所願、心滿意足了。陰麗華也確實對得起劉秀的寵愛，是歷史上少有的賢德皇后。《後漢書・皇后紀》稱讚她："后在位恭儉，少嗜玩，不喜笑謔。性仁孝，多矜慈。"算是相當高的評價了。

伏波將軍馬援 | 75

　　隨着國內的漸漸安定，割據勢力逐漸被消滅，劉秀開始將注意力集中到邊境地區。不過這些年來追隨劉秀一路走來的那些將軍，有的死於戰場，有的老死家中，活着的，也大多失去了進取心，安安生生地過起了富貴生活，能繼續馳騁疆場的已經不多了。而從隗囂處歸降劉秀的馬援，成了劉秀麾下最善戰的將領，而且，馬援一直雄心勃勃，不斷請纓，經常戰鬥在漢朝的邊境地區。

　　說起來，馬援加入劉秀麾下後，參與中原地區的內戰並不多。因為自己在邊境，尤其是隴西一帶威望很高，所以馬援的主要戰鬥方向也是這裏。他曾多次率軍，或者平定當地羌人的叛亂，或者擊潰入侵者。

公元 41 年，位於南方的交阯（今越南一帶）發生叛亂，劉秀任命馬援為伏波將軍，率軍平叛。馬援率軍長驅直入千餘里，和敵人多次交戰，連連取勝。不過因為山高路遠，環境惡劣，直到公元 43 年，經過兩年多的艱苦作戰，才終於徹底平定叛亂。馬援不但精通軍事，政事也頗為精通。每到一處平定叛亂之後，都組織人力，修理城郭，興建水利，安撫當地百姓，並根據大漢法律，完善當地法律，約束百姓。此後，當地人都按照馬援修改後的法律行事，即所謂"奉行馬將軍故事"。

公元 44 年，馬援班師回朝。馬援的朋友孟冀向馬援祝賀，讚揚馬援勞苦功高。馬援卻認為自己對國家的貢獻還遠遠不夠，況且，現在匈奴、烏桓等外族還不時入寇邊關，自己正打算向皇帝請求，進擊匈奴、烏桓等入侵者。接着，馬援正色道："男兒要當死於邊野，以馬革裹屍還葬耳，何能臥牀上在兒女子手中邪？"這就是典故"馬革裹屍"的出處。

馬援是這麼說的，就是這麼做的。回到京師一個多月後，聽到匈奴、烏桓再次入寇的消息，馬援憤然而起，向皇帝請求出征破敵。劉秀同意了。馬援當即整軍備戰。馬援是九月回到的京師，十二月的時候，就再次領軍出發了。

公元 47 年，62 歲高齡的馬援聽聞南部武陵地區蠻夷叛亂，主動請纓出戰，最後病死在途中。馬援如此赤膽忠心，已步入晚年的光武帝劉秀卻偏聽偏信，不但廢除了馬援的爵位，連屍首都沒能好好安葬。後來，馬援的夫人連續六次上書替馬援伸冤，前雲陽令朱勃也上書替馬援申辯，歷數馬援之功，劉秀才稍稍回心轉意，允許馬家將馬援的靈柩運回故土安葬。

明章之治 | 76

公元 57 年二月，62 歲的劉秀病死，共做了 33 年皇帝。劉秀死後，太子劉莊即位，是為漢明帝。漢明帝是幸運的，因為 30 多年前劉秀稱帝時，整個國家戰亂頻繁、山河破碎。經過數十年的努力，留給漢明帝的則是一個繁華盛世。

漢明帝在歷史上的評價也不低，同樣屬於一個比較賢明的君主。他延續了光武帝的治國理念，努力發展生產的同時，大力提倡文教。同時，因為戰爭越來越少，邊境地區也相對安寧，漢明帝減少了邊境的駐軍，百姓的負擔又減輕了一些。

雖然漢明帝幾乎沒參加過當年的征戰，但是他並沒有忘記那些幫助大漢中興的有功之臣，沒有這些人，就沒有父親的中興漢室，也就沒有自己的今天。因此，漢明帝決定表彰這些人。公元 60 年，漢明帝選出當年統一天下、中興漢室過程中，功勞最大、能力最強的 28 人，命人繪製他們的畫像，掛在洛陽南宮的雲台閣，這就是歷史上著名的“雲台二十八將”。然後，漢明帝又加上王常、李通、竇融、卓茂等四位有特殊功勞的人，合稱“三十二功臣”。這裏面唯一漏掉的就是伏波將軍馬援。這倒不是說馬援資格不夠，或者是漢明帝對馬援有看法，而是因為馬援的女兒已經是漢明帝的皇后了，為了遏制外戚的勢力，所以沒有將馬援名列其中。

由於光武帝為人比較寬和，對勛貴的約束相對寬鬆，所以很多權貴豪門、外戚子弟頗為肆意妄為。劉秀顧念這些人的上一輩和自己打天下不容易，所以只要能過得去，一般不予嚴懲，但是越是這樣，違法亂紀的事情越多。到了漢明帝時期，可就不再客氣，對這人嚴懲不貸，不管你是宗室權貴也好，功臣子弟也罷，甚至包括自己的弟弟在內，該懲的懲，該罰的罰，雷厲風行。這些膏粱子弟大感震恐，規矩起來，朝廷風氣一片肅然。漢明帝也非常注意整頓吏治，嚴格法紀，並改正一些不合理的規定。

漢明帝屬於非常合格的皇帝，同時，漢明帝本人也挺有性格，其業餘的小愛好是親自處罰官員，也就是將之痛打一頓，而且，頗有點樂此不疲的架勢。一次，有剛剛歸降之處的使者前來覲見，漢明帝挺高興，下令賞賜給使者十匹細絹。結果被負責記錄的尚書郎誤記成一百匹。漢明帝發現後，當即命人將那個尚書郎按在地上，他親自抄起大棒，準備將這個馬虎的家伙痛打一頓。幸虧尚書台的長官鍾離意跑來求情，漢明帝才悻悻然收手。還有一次，郎官藥崧不知因為甚麼原因惹怒了漢明帝，漢明帝抄起棒子就打。藥崧比較機靈，不敢還手，但是可以躲啊，於是一矮身躲到了牀底下。漢明帝不能也鑽到牀底下去，那太有失身份，棒子短，又夠不着藥崧，氣得漢明帝大叫：「藥崧，你給我出來。」藥崧在牀底下開導漢明帝：「陛下，您是皇帝，您得注意身份啊！您應該是莊重肅穆的。現在拿着棒子，打我這個小小的郎官，這像甚麼樣子？」漢明帝一聽，感覺也有道理，就饒過了他。

說到藥崧，因為他的關係，漢明帝還大大改善了尚書台郎官的待遇。據《後漢書》記載，藥崧為人質樸忠厚，但是家境貧寒。擔任郎官後，其他郎官欺負他老實，就常常讓他值夜班。藥崧值班累了，沒有被子，只得趴在桌子上睡一會。餓了，也只能吃點糟糠之類的東西墊墊。漢明帝每次晚上來，都看見是藥崧值班，問明情況後，非常欣賞他。見藥崧生活實在窘迫，漢明帝就賞賜給尚書台尚書以下的所有郎官每天早晚兩頓免費的飯食，並供給值班的郎官帷帳、被子、黑袍等，同時還派來兩個女侍史伺候他們。

對於以農耕為本的漢民族來說，不管甚麼朝代，重中之重還是發展農業。漢明帝當然也不例外。為了鼓勵生產，他多次下詔減免稅賦徭役，大力興修水利，並責令天下所有官員，按時令勸督農桑，不可懈怠。在漢明帝的統治下，人們安居樂業，人口也得到迅速增長。

漢明帝的兒子，漢章帝劉炟，也屬於比較有作為的君主，在他統治時期，國家也處於繁榮穩定的狀態，歷史上就將漢明帝和漢章帝在位時期稱為"明章之治"。

佛教傳入中國 | 77

　　公元 64 年，在劉秀身故 7 年之後，皇太后陰麗華也病故了。漢明帝和母親的感情非常好，母親亡故之後，常常思念。一天，漢明帝突然做了個夢，夢見一個高大的金人，頭頂上有一圈白光，站在自己面前。漢明帝正要詢問，就見那金人騰空而起，向西方飛去。醒來之後，漢明帝感覺有些奇怪，於是在第二天的朝會上，向羣臣詳細描述了夢中的情景，讓大家給自己破解破解。

　　大多數臣子都面面相覷，搖頭不知。不過也有學識比較廣博之人對此有所了解。博士傅毅對漢明帝說，我聽說西方 (天竺) 有神，名字叫"佛"，就和您描述的夢中的樣子非常相像。漢明帝對此有些好奇，於是派郎官蔡愔和博士秦景前往天竺求取佛經。

　　公元 65 年，蔡愔和秦景從洛陽出發，一路西行，歷經艱險，終於到達天竺。天竺人聽說他們是從遙遠的中國來求取佛經的，非常歡迎。後來，還有兩個沙門 (僧人) 攝摩騰和竺法蘭表示，願意跟隨他們到中國來傳播佛教。

　　公元 67 年，蔡愔和秦景帶着那兩個天竺僧人，用一匹白馬馱着一幅佛像和四十二章佛經回到了洛陽。漢明帝接見了他們，也看了看佛經，但是基本看不懂。來自天竺的僧侶向他講解了一下，他也聽不明白，興趣也不大。至於佛像和夢中的金人是不是一樣，這麼長時間了，漢明帝怎麼可能還記得那麼清楚？反正感覺可能差不多，至少頭上的那個光圈和夢中的差不多。不管怎麼說，人家萬里迢迢而來，漢明帝也給予了隆重的接待。

　　第二年，漢明帝下詔在洛陽城東門外修建了一座佛寺，把佛像供奉在裏面，請那兩個沙門做住持，同時將那匹白馬也養在寺中。為了紀念白馬馱經，這座寺廟就稱為白馬寺，是佛教傳入中國後修建的第一座正式的寺院。後來，攝摩騰和竺法蘭在白馬寺中將帶來的四十二章佛經翻譯成漢語，為現存的中國第一部漢譯佛經。

實際上在此之前，佛教應該已經傳入中國較長一段時間了，只不過因為流傳範圍不廣，並且只是在民間流傳，所以沒有引起官方的注意，沒有見諸於正式史料記載而已。

雖然佛教是經漢明帝之手正式傳入中國的，但是漢明帝對佛教的興趣並不大，其他王公大臣對佛教也沒甚麼興趣，洛陽百姓對這個外來的宗教也不怎麼關心，因而，很長時間，白馬寺都冷冷清清。不過，楚王劉英卻對這個新傳入的宗教十分重視，專門派使者來白馬寺請教佛法。見終於有貴族重視佛教，天竺僧人當然十分高興，不但認真講解佛法，還畫了一幅佛像，抄了一章佛經，讓使者帶回給楚王。劉英得到佛像和佛經後，供奉在自己的王宮之中，早晚進行禮拜。

楚王劉英是劉秀庶出的兒子，母親是許美人。劉英不是很受光武帝寵愛，封地也不大，但是此人野心不小，總夢想着坐到皇帝的寶座上。漢明帝曾允許犯罪的人繳納相應數量的細絹贖罪，楚王劉英不知是做了虧心事害怕，還是想逢迎一下聖意，主動繳納了三十匹細絹。漢明帝有些莫名其妙，不過還是挺高興，退還了劉英的贖罪細絹，並給他下了份詔書："楚王誦黃老之微言，尚浮屠之仁祠，潔齋三月，與神為誓，何嫌何疑，當有悔吝？其還贖，以助伊蒲塞桑門之盛饌。"意思是，楚王你每天誦讀老子，喜好佛教，曾經齋戒三個月，與神為誓。這樣的你，能有甚麼嫌疑的地方？能有甚麼需要贖罪的行為？所以退回你交上來的細絹。你用它給沙門僧侶們舉辦一場活動吧。這份詔書，是與佛教有關的文字第一次被正史記載。

當然，劉英信奉佛教，主要是希望藉助佛教的名義，實現自己的野心。公元 70 年，劉英的舉動被人告發，漢明帝革除了他的爵位。不久之後，劉英自殺。不過，大概漢明帝也不會想到，自己無意中引入的佛教，會在中國落地生根，並發展成為最主要的宗教之一。

雞黍之交，生死之交｜78

漢明帝真正關心的還是儒家學說，畢竟這才是他統治天下的根本。為了宣揚文教，漢明帝非常重視太學，不但投入大量的人力、物力發展太學，甚至親自到太學去講過課。

皇帝親臨太學授課，這在當時可是一件不得了的大事。據說前來聽課的人多達十萬之眾。這得多大的場所，才能容納這麼多人啊？而且，當時又沒有擴音設備。估計除了最前面的一些人能看到皇帝、聽到皇帝的講話之外，其餘的人也就是湊個熱鬧，感受一下現場氣氛，撈點吹噓的資本而已。

當然，那時的太學規模再大，也就那麼回事，而且，其中絕大多數學生都屬於碌碌之輩。但是人多了，總有幾個精彩的人物出現，范式就是其一。

范式，字巨卿，山陽人。在太學裏，和汝南人張劭是好朋友。一次，兩個人同時告假，各自回歸故里。臨走前，范式對張劭說：「兩年後我將回來洛陽。到時候我會去你的家裏，拜見你的父母，同時看看你的孩子。」張劭當然非常高興，和范式約定好具體日期，二人拱手告別。

要知道，在當時，范式要去張劭家拜見的承諾可不是一件能簡單實現的事情。范式的老家山陽（在今天山東菏澤），距離洛陽遠隔千里，張劭的老家汝南（在今天河南駐馬店），距離洛陽也有幾百里。范式雖然說是在回洛陽的時候順路過去，但是這個順路，也要多繞幾百里。那個時代的幾百里路，可不是隨隨便便就能走過去的，艱難險阻是一定的，如果遇到路上不平靜，搭上性命都有可能。所以，范式的這次拜訪，可謂情深義重。

兩年後，快到二人約定的日期了，張劭將自己和朋友的約定告訴母親，讓母親好好張羅一下，準備迎接朋友的到來。張劭的母親有些懷疑：「一別兩年，而且你們兩個遠隔千里，范式怎麼可能那麼准時到咱家？我估計他就是那麼一說，你別太當真了。」張劭卻肯定地回答：「母親，您放心，范式是個非常講誠信的人，他說過的話，一定會做到。」於是，張劭一家準備好豐盛的宴席，等待范式的到來。范式果然如約而至，先是恭恭敬敬地拜見了張劭的父母，然後和張劭訴說離別之情。兄弟二人暢飲一番，盡歡而別。

故事到這裏還沒完。後來張劭患了重病，當時范式並不在張劭身邊，張劭的另外兩個朋友，郅君章和殷子徵日夜不休地照顧他。臨終前，張劭歎息着說：「遺憾吶，見不到我的死友了。」殷子徵有些不高興：「我和郅君章日夜不休地照顧你，可以說是全心全意了。如果我們這樣的朋友都不算是你的死友的話，真不知道甚麼樣的朋友才算呢？」張劭搖頭道：「你們兩個當然是我的好朋友，但是只能算是我的生友。只有山陽范巨卿才是我的死友啊！」不久，張劭病故。

這天，范式突然做了個夢，夢到好友張劭跟自己訣別：「巨卿，我已經死去了，很快就會下葬，永歸黃泉，可惜不能再和你見面了。你如果沒有忘記我的話，能不能在我下葬的時候，趕來送送我？」夢到這裏，范式大叫一聲驚醒，淚流滿面。

第二天天一亮，范式當即向太守請假，要去奔喪。太守不太相信這件事，但是見范式傷心的樣子，不忍心阻攔，也就勉強同意了。范式穿着喪服，當即騎馬奔赴張劭的家鄉。

在范式還沒趕到的時候，張劭的喪事已辦，但是當棺槨抬到墳地，即將下葬的時候，卻突然間怎麼也抬不動了，放不到墓穴裏面去。張劭的母親拍着兒子的棺材，哭着説："孩子，你這是有心事未了嗎？你還在等甚麼人嗎？"於是吩咐，將靈柩暫時放下，等待一會。不久，就見素車白馬，一人大哭而來。張劭的母親看了一下説："這一定是范巨卿啊！"

等來人到近前，果然是范式。范式痛哭着對靈柩叩頭説："你怎麼這麼早就去了啊，元伯（張劭字元伯）！死生路異，永從此辭。今後再也見不到你了。"邊説邊痛哭不已。參加喪禮的一千多人無不落淚。

范式於是執紼而引，靈柩這才繼續向前移動，放入墓穴，正式安葬。范式留在好友的墳前，一直到修好墳前的樹木之後，才告辭離開。這就是著名的雞黍之交的故事。

班超平西域 | 79

在舉國上下大力倡導儒學的情況下，儒士的地位頗為清高，非常受世人尊重。不過卻偏偏有書香世家的儒士要棄文從武、投筆從戎。這個人就是班超。

班超的父親是當時的史學大家班彪，哥哥是《漢書》的著作者班固，連妹妹班昭都是博學高才之人，生長在這樣的家庭裏，即使薰陶都能薰陶出幾分的才氣來，何況班超也是聰明才智之輩，年紀輕輕，便已經是博覽羣書的飽學之士了。

班超少有大志、性格豪爽、膽大心細、口才便給。公元62年，班超隨哥哥班固一起到洛陽。因為家貧，班超靠替官府抄書來養家糊口，後來做過蘭台令史一類的小官。班固一直非常喜歡這種案牘工作，沉浸在歷史的海洋中，每日讀書、寫作、整理資料，為正式寫《漢書》做着知識的積累和各種準備工作。班超的想法和哥哥卻是截然不同。

投筆從戎

這種舞文弄墨的生活，並不是班超所追求的。他一直希望像當年的張騫、傅介子那樣揚威異域、馬上封侯。張騫是漢武帝時期的大臣，曾出使西域，打通了絲綢之路，封博望侯。傅介子是漢昭帝時期的大臣，曾經在出使樓蘭的時候，斬殺樓蘭王，另立在漢朝的樓蘭質子為王，封義陽侯。因此，每次聽到匈奴和西域侵犯漢朝邊疆的消息，班超就鬱悶不已，扔掉手中的筆，不願意繼續抄抄寫寫，而是希望自己能奔赴前線，殺敵立功。後來，他如願以償地加入了軍伍之中。這就是"投筆從戎"的典故。

那班超為甚麼非要投筆從戎呢？除了希望立軍功封侯之外，班超的外貌，可能也是促使他加入軍伍的因素之一。因為班超長的是"燕頷虎頸，飛而食肉，此萬里侯相也。"燕頷，指下額豐滿圓潤，也就是圓下巴、大下巴；虎頸，就是像老虎的脖子一樣粗壯。也就是說班超長的是粗脖子大下巴。真實的原因，應該是東漢開國至今，雄風猶在，縱使是儒生士子也有馳騁疆場、揚威異域、馬上封侯的豪情壯志，班超不過是其中的代表人物罷了。

公元 73 年，奉車都尉竇固奉命出擊北匈奴，班超隨軍出征，擔任代理司馬的職務。竇固是竇融的姪子，也是劉秀的女婿。班超加入軍隊後，很快顯示出其不凡之處，堪稱文武、全才智謀出眾、膽大心細、勇猛超羣。他曾率軍進攻伊吾，在蒲類海與匈奴人交戰，大獲全勝，斬獲頗豐。竇固對他是欣賞有加。

西域各國自王莽時期開始，脫離了漢朝的管轄，被北匈奴控制。因為有西域各國的歸附，北匈奴的勢力更加強大，屢屢侵犯漢朝邊疆。此時，竇固想要採取當年漢武帝的辦法，派遣使者聯絡西域各國，勸說他們和漢朝結盟，共同對付北匈奴。竇固認為，班超智勇雙全，是使者的最佳人選，遂命班超與從事郭恂帶着 36 名隨從出使西域。

不入虎穴，焉得虎子

　　班超一行首先到達鄯善國。這個鄯善國，就是原來的樓蘭，漢昭帝時期，改稱為鄯善。鄯善國王見漢朝派來使者，不敢怠慢，熱情接待，禮敬甚備。班超等人也很滿意。可是沒過多久，還沒談完聯合對抗匈奴的事情，鄯善國王卻突然變得越來越冷淡，開始疏遠起班超等人。

　　班超敏銳地發現了其中的變故，他召集部下商議：“大家都發現鄯善國王對我們的態度發生變化了吧。這一定是匈奴也派來了使者，鄯善國王惹不起匈奴人，因而變得猶豫不決，不知道該服從哪一邊了。我們必須採取行動，否則不但使命無法完成，自身也會有危險。當然，行動之前，還需要確認一下。”

　　班超找來鄯善國的侍者，作出一副一切盡在掌握的姿態，出其不意地發問：“我知道匈奴的使者已經來了好幾天了，他們被安排住在哪裏了？”本來，這些侍者早就被鄯善國王嚴厲警告過，不許向漢使透露任何關於匈奴使者的事情，但是猛然間聽到班超詢問，侍者嚇了一跳，人家漢使都知道得清清楚楚了，這還怎麼隱瞞啊？於是老老實實將匈奴使者的情況都告訴了班超。

　　班超了解情況後，將這個侍者關押起來，以防走漏消息。隨後，他將 36 名部下都召集起來，一邊飲酒，一邊對大家說：“我們來到異域他國，都是想要立大功，求得榮華富貴的。但是大家也看到了，現在匈奴使者剛到沒幾天，鄯善國王已經對我們置之不理了。照這樣下去，用不了多久，鄯善國王就該把我們都綁起來，送到匈奴人那裏去了。到那時，我們將死無葬身之地。我們總不能就這樣等死吧？大家都說說，我們該怎麼辦？”有膽量追隨班超來西域的都是猛士，也都是膽大妄為之輩，現在見形勢危急，異口同聲地說：“我們現在處在危亡之地，該何去何從，是生是死，全都聽從司馬您的安排。”

　　班超對眾人說：“不入虎穴，焉得虎子？我們必須除掉匈奴使者，才能完成使命，保證自己的安全。但是匈奴人多，我們人少，不能硬拼。最好的辦法是趁夜火燒匈奴使者營地，這樣他們就弄不清我們到底有多少人，我們則可以趁機消滅他們。只要消滅了匈奴使者，鄯善國王必定嚇破膽子，不但不敢處置我們，還不得不和我們合作，不然的話，匈奴人都饒不了他。到那時，我們就大功告成了。"大家基本同意班超的計策，但是也有人提出，是不是應該把從事郭恂也叫來一起商議一下？班超斷然拒絕了這個建議。郭恂是個文官，一定沒有這個膽子，和他商議只會壞事。

天黑之後，班超率領 36 名部下，直撲匈奴人營地。這時正颳着大風，因而班超的放火之法更加容易實施。班超派十個人藏身在匈奴使者營地的後面，和他們約定，見到匈奴人營地中火起，就一邊敲鼓一邊大喊，製造混亂，讓匈奴人不知道進攻的人有多少。然後班超將剩餘的 26 人都安排在匈奴人營地的前門兩側，準備好刀槍弓箭，隨時準備擊殺從大門衝出來的匈奴人。

一切安排妥當，班超站在上風頭，拿着引火之物開始放火，風助火勢，立刻熊熊燃燒。匈奴人頓時亂作一團。這時，班超安排好的人員在匈奴營地前後同時敲鼓吶喊，殺聲震天。匈奴人更加混亂。有膽大的想從前門殺出，但被班超及手下隨從殺死。不往外衝吧，眼見營地裏大火瀰漫，躲都沒地方躲。最後，匈奴使者被班超的隨從殺死，其餘匈奴人被殺死 30 多人，連班超都親手殺掉 3 人，剩下的 100 多匈奴人都被大火活活燒死了。

這一場殲滅戰打得乾淨、漂亮，匈奴人無一漏網，而班超這邊毫髮無損，無一傷亡。得知此訊，鄯善國王除了發愁之外，也只剩下仰天長歎，徒呼奈何了。漢朝和匈奴，他一個都得罪不起。班超也正是因為早就看透了這一點，才敢如此膽大妄為。鄯善國王本打算兩頭示好，現在讓班超這麼一鬧，只得下決心歸附漢朝，求得漢朝兵馬的幫助。不然的話，匈奴人的怒火，他一個小小的鄯善國可承受不起。

班超帶人返回營地之後，果不出所料，郭恂嚇得臉色都變了，既害怕事情會無法收拾，又擔心自己沒參與行動，這麼大的功勞和自己擦身而過。班超怎麼會猜不透郭恂的小心思，當即表示，這裏面所有的功勞，都有郭恂一份，郭恂才高興起來，一起和班超討論接下來的安排。

一切準備就緒，班超將鄯善國王請來商議，還特意將匈奴使者的人頭給他看，好徹底打消他的僥倖心理。被班超徹底斷掉後路的鄯善國王最後同意了漢朝使者的所有要求。此事傳開，在鄯善國引起相當大的轟動。既然成了自己人，當然是要穩住局勢的，班超等人特意出面撫慰了一番。為了向漢朝表達誠意，鄯善國王同意將自己的兒子送到漢朝做人質。至此，班超等人出使鄯善的任務圓滿完成。

降服于闐

班超出使鄯善國的成功令竇固大喜，他將班超等人的功勞上奏漢明帝。明帝也非常高興，獎賞之餘，任命班超為軍司馬，讓他再次出使西域其他諸國。竇固感覺班超只帶着 30 幾個人有點少，就準備多給班超一些隨從。沒想到班超不同意。班超認為，如果真的有甚麼不測之事發生的話，人數再多也沒用，人數少了反而靈活機動。於是，班超帶着原班人馬再次踏上征途。

這次班超出使的目的地是于闐國。當時的于闐國國王是廣德王，他剛剛攻破莎車國，正是聲威大震。當然，匈奴也隨時關注着西域各國的形勢，見于闐強勢，也派來使者，名義上是表示祝賀、聯合之意，實際上主要是為了監視于闐王。在這種錯綜複雜的情況下，班超一行到達于闐。

廣德王對班超等人非常冷淡和疏遠。而且，廣德王也沒打算和漢朝走的太近。畢竟匈奴在這一帶的統治更牢固些，真要和漢朝聯合，對于闐來說弊遠大於利。能夠接待一下漢使，沒直接將他們處理掉或者打發走，廣德王認為已是給足了漢朝面子了。

　　于闐國上上下下，包括國王在內，都信奉巫師，這些巫師號稱是神仙在人間行走的使者。見于闐王對漢朝使者猶豫不決的樣子，巫師代表神仙發話了："神仙發怒了，責怪你為甚麼要親近漢朝。漢朝使者手裏有一匹黑嘴黃馬（騧馬），是一匹寶馬，你趕快把那匹馬牽來殺掉祭祀神仙，否則必有災禍降臨。"廣德王害怕了，急忙派人向漢朝使者求取那匹馬。

　　班超開始有點莫名其妙，等他暗中弄明白情況後，非常痛快地答應了廣德王的請求，但是要求那個巫師親自來牽馬。在自己的地盤上，巫師料定漢使不敢亂來，很快就來牽馬了。結果，沒等巫師擺足神仙使者的架子，班超已經快步上前，手起劍落，一劍殺掉巫師，並砍下他的腦袋送到廣德王面前，當面歷數廣德王的錯誤舉動，警告他不要自誤。

　　廣德王早就聽說過班超在部善國全殲匈奴使者的事，現在見到班超一手提着巫師的人頭，一手拎着滴血的寶劍，橫眉立目地站在自己面前，嚇得立刻決定重新歸附漢朝。為了顯示誠意，廣德王當即派人殺掉了匈奴使者。班超代表大漢朝廷獎賞了廣德王及其下屬。就此，于闐國也被班超收服，再次歸附了漢朝。

　　班超之所以能這樣殺伐決斷而無所顧忌，有謀略、膽大、勇猛是一方面，最主要的還是有一個強大的漢朝在背後支撐他。如果班超沒有漢朝使者的身份，那是必死無疑的。

兩定疏勒

　　班超以過人的膽量和強硬的手腕收服部善和于闐，引起西域各國極大的震動。很多小國紛紛主動聯繫漢朝，表達願意歸附之意，並遣子入侍。就是派遣各國的王子到漢朝做人質，以示歸附的誠意。至此，與漢朝中斷聯繫六十五年的西域，再次恢復了和漢朝的交往。

　　當然，並不是西域所有的國家盡皆如此，龜茲國就是例外，它不但不準備歸附漢朝，而且還準備和漢朝兵戎相見。這倒不是說龜茲國有多強大，而是因為它的國王建是匈奴所立，所以才會死心塌地站在匈奴人一方。龜茲國王藉匈奴的威勢，在天山北路一帶橫行無忌，並攻破疏勒國，殺死疏勒王，然後立龜茲人兜題為疏勒王。也就是說，疏勒國實際上成了龜茲國的附庸。所以，疏勒也是站在漢朝對立面的。疏勒人雖然心懷不滿，但是實力不如人，不敢反抗，只能默默忍耐。

　　班超了解這一情況後，認為其中頗有能讓自己操作一番的空間。畢竟班超不是帶着漢朝的大軍來的，只能藉力打力，巧妙轉圜。

　　公元 74 年春，班超帶着隨從抄小路秘密來到疏勒國，停留在距離兜題所居住的盤橐城只有 90 里的地方。然後派出手下隨員田慮去招降兜題。班超囑咐田慮說：「兜題不是疏勒國人，因而疏勒人一定不會真心服從他的命令。他如果能痛快投降，一切好說，如果不投降，就想辦法將他抓起來，他的那些疏勒侍衛一定不會拼死保護他的。」

　　田慮也是智勇雙全的猛士，毫不含糊，當即前往盤橐城面見兜題。兜題見田慮人單勢孤，毫不在意，根本沒將田慮的勸說和警告聽進去，當然也沒將田慮視為威脅。田慮見兜題如此放肆，知道光憑語言無法奏效，也不生氣，而是趁其不備，猛地衝上前，一把將他抓住綁了起來。兜題大喊大叫，讓侍衛救自己，但是他身邊的侍衛都是疏勒人，本來對他就沒甚麼忠心，現在見事態緊急，一鬨而散，全都跑得無影無蹤。

　　田慮挾持着兜題，飛馬來見班超。班超聽聞，立刻率領其餘隨從，快馬趕到盤橐城。在盤橐城中，班超召集疏勒國的文武官員，歷數龜茲國的罪惡，宣佈廢除龜茲國所立的國王兜題，改立原疏勒王的姪子忠為疏勒王。疏勒人見漢朝使者是真心實意的幫助自己，盡皆拜服。就這樣，疏勒國也歸附了漢朝。

　　正當班超在西域大展身手的時候，公元 75 年，漢明帝病死。在那個時代，如果把整個國家比喻成一個人的話，皇帝就是這個人的大腦。現在大腦處於更換期，整個人體也就基本處於了停滯狀態。但是你停滯，敵人不停滯。不願意服從漢朝命令的一些西域國家感覺機會來了，紛紛跳出來興風作浪。其中，焉耆國直接派兵襲擊西域都護府，殺死了都護陳睦，並掐斷了班超和漢朝國內的聯繫，令班超在西域處於孤立無援的狀態。接下來，龜茲、姑墨等國又聯合起來，在匈奴人的支持下，多次發兵進攻疏勒。面對艱難的時局，班超並沒有放棄。他堅守盤橐城，和疏勒王忠攜起手來，互為首尾，憑藉着手中有限的兵力，多次打退敵人的進攻，一直堅守了一年多的時間。

　　漢章帝劉炟即位後，漢朝朝政慢慢開始正常運轉。公元 76 年，漢章帝聽到西域的混亂狀態之後，擔心班超在西域勢單力薄，不能自保，便令他回國。班超準備啟程回國的消息傳開，疏勒舉國憂恐。班超一走，龜茲等國勢必再次進犯，到那時，疏勒必將再次面臨滅國之禍。於是，疏勒君臣苦苦挽留班超。班超也不願意就這麼回國，但是皇命在身，班超也是無可奈何。當班超走到于闐國的時候，于闐國王和百姓都攔在班超的隊伍前面大哭，再三挽留，並抱住班超所騎戰馬的馬腿，說甚麼也不讓班超等人離開。他們也明白，別看班超只有這幾十個人，但是他代表的大漢朝。他這一走，就表示漢朝放棄了疏勒和于闐，于闐也有滅國的危機。班超等人見此，也很受感動。再加上班超本來就不願這麼回國，使自己這幾年的心血白費。於是班超一面給皇帝上書說明情況，一面帶人返回疏勒。

　　就在班超剛剛離開沒幾天，疏勒國已經發生了變動，有兩個城市主動投降了龜茲，並且和尉頭國聯合起來。班超返回後，聽說這種情況，立刻乾脆利落地出兵，斬殺反叛者，大敗尉頭國，重新安定了疏勒的局勢。

結盟烏孫

　　西域地形複雜，國家、民族眾多，再加上地理、歷史等因素，各國間的關係錯綜複雜，想要徹底平定西域，任重而道遠。事要一件件做，班超並沒有因為收服了三個國家就頭腦發熱，在對待西域問題上，他有着清醒的認識。現在，在西域各國中，漢朝最大的敵人就是龜茲國。所以，班超也將目標集中在如何削弱並最終消滅龜茲國上。

　　公元 78 年，班超召集疏勒、康居、于闐、拘彌等四個漢朝屬國的士兵，總計一萬人，向龜茲國的盟友姑墨國發動進攻。聯軍順利攻破了姑墨國的石城，斬殺姑墨士兵七百多人。這下不但姑墨國老實了很多，其他龜茲國的盟友也緊張不已，紛紛收起爪牙，不敢肆意挑釁了。班超的戰略目標順利達成。班超為甚麼不直接率軍攻擊龜茲國呢？因為龜茲國兵多將廣，是西域的一個大國，背後又有匈奴人支持，還有好幾個小國做盟友，實力非常強大，所以班超只能先去其羽翼，徐徐圖之。

　　經過這幾番經營，班超感覺自己有些勢單力孤，想要徹底平定西域諸國，僅僅靠自己和這幾個漢朝屬國不行，還需要朝廷的支持。於是班超向漢章帝上書，說明西域的形勢，並闡明自己的觀點，希望能得到朝廷的支持。

　　漢章帝繼位不久，年輕有為，見此事可行性非常高，而且並不需要花費朝廷太大人力和物力，當然是欣然同意。恰好平陵人徐幹和班超志同道合，願意輔助班超行此大事。於是漢章帝就委任徐幹為代理司馬，召集起一千多名願意前往西域建功立業者，前往支援班超。可能是因為西域之行在人們心目中太危險的緣故，或者皇帝也感覺這些人活着回來的概率不大，不願意派遣精銳士卒吧，因而跟隨徐幹前往的人員中，是以罪犯（馳刑）和義從（少數民族丁壯或自願從軍者）為主體。

　　班超得到支援，實力有所增強，但是相比龜茲國，還是不夠。

於是，班超又將目光轉向烏孫國。烏孫國在西域算得上是大國，號稱有十萬控弦之士，也就是有十萬能上陣殺敵的戰士。班超一面刻意交好烏孫國，一面上書給漢章帝，希望朝廷能派出使者出使烏孫，與之聯合。

在班超的周旋下，烏孫國先派出使者出使漢朝。漢章帝很高興，一面嘉獎班超等人，一面派衛侯李邑為使者，帶着大量禮物，陪同烏孫國使者回國，並出使烏孫國。沒想到李邑是個貪生怕死之輩，在到達于闐的時候，聽到前面路上龜茲國正在進攻疏勒國，害怕得不敢繼續前進了。可惡的是，為了推脫責任，李邑還惡人先告狀，向漢章帝上書誣陷班超在西域根本無所作為，是在吃喝享樂，最後總結為，"西域之功不可成"，就是說西域之地，漢朝根本經營不了。

好在漢章帝還算明白，下詔書嚴厲斥責了李邑，並將他劃歸班超管轄，這才算沒讓這家伙壞了班超的西域大計。班超倒是以國事為重，沒有計較李邑的陷害。既然李邑不敢去，班超只好自己派人護送烏孫使者回國，並説服烏孫國王送子為質。烏孫國王同意了，派他兒子跟隨班超的使者到達班超的駐地。

為了顧全大局，班超不但沒有刻意針對李邑，現在見結盟烏孫國的大事已成，反而派李邑帶着烏孫王子返回漢朝。這簡直是將這個大功勞拱手送給李邑。班超的舉動連徐幹都有些意見了。何必這麼以德報怨？其實，班超也是無奈之舉。之所以這樣做，並不是說班超真的寬宏大量，毫不計較個人得失，而是為了能夠實現自己的目標不得不如此。班超如此捨生忘死、吃苦受累，其所追求的當然也是封妻蔭子、光宗耀祖。但是，班超希望的是通過自己的努力，在給國家、給族羣建立功勞後，心安理得地去享受那些榮譽。如此目標下，就不得不委曲求全了。要知道那些小人都是成事不足，敗事有餘。為了能減少一點來自身後的明槍暗箭，班超也只能如此了。

　　漢章帝見烏孫國遣子為質，對於班超收服西域各國也更加有信心，於是在公元 84 年，命和恭等人率領 800 精銳漢軍增援班超。

揚威西域

　　班超得到增援，實力略強，便召集疏勒、于闐的兵馬，準備向龜茲的另一個盟國莎車國進攻。莎車國當然不會束手就擒，暗中聯絡疏勒王忠，用重禮賄賂他，希望他背叛班超。這個疏勒王不知道是野心膨脹，還是被金銀珠寶迷住了心竅，最後居然真的背叛了班超，他率軍佔據烏即城，在背後狠狠給了班超一刀。

　　事態緊急，班超不得不調回人馬應對。為了安撫疏勒民心，班超迅速改立原來的疏勒國府丞成大為新的疏勒王。此人雖然沒有疏勒王族的血統，但至少是疏勒人，而且在疏勒國威望還不錯。

　　安頓好疏勒內政，班超隨即率軍攻打反叛的前疏勒王忠。但攻打烏即城的戰鬥並不順利，因為這裏不光有疏勒國的人馬，還有康居國派來的援兵，實力並不比班超的聯軍弱多少。眼見軍事上暫時不能取勝，班超開始採取外交手段。他先是用厚禮買動月氏國，通過月氏國再聯繫康居國，向康居王曉以利害，最終嚇退康居國援兵。而且，康居國軍隊撤退的時候，順手還將原疏勒王忠也帶走了。班超佔據烏即城，算是平定了疏勒國的叛亂，但是進攻莎車國的計劃也只得暫時作罷了。

　　公元 86 年，前疏勒王忠從康居國借得士兵，又暗中聯合龜茲國，準備以詐降計消滅班超。班超將計就計，假做同意，然後在酒宴上輕鬆抓住並殺掉了他。

　　公元 87 年，班超調集于闐等屬國的兵馬二萬五千人，再攻莎車國。龜茲王知道班超的最終目標是自己，當即親自領軍，並派遣自己的左將軍召集溫宿、姑墨、尉頭等國人馬共計五萬人，前往救援莎車國。

　　班超見敵人人多勢眾，自己的實力不夠，知道不能硬拼，決定用調虎離山之計，以智取勝。班超裝作緊張不安的樣子，將手下的漢軍將校和于闐王等人都召集起來商議："現在敵人人多勢眾，我們兵少，不是他們的對手。所以我決定我們暫時分散，各自歸去。等將來有機會再發動進攻。行動時，于闐國人馬往東，漢軍往西。等到夜深人靜，以鼓聲為令，大家分散離開。"命令下達，班超的大營整個行動了起來，亂鬨鬨的。大家一邊收拾行李，一邊議論紛紛。因為之前已經和龜茲聯軍有過小規模交手，所以班超的大營中有一些龜茲國的俘虜。班超早就暗中吩咐過看守的士兵，有意放鬆對這些俘虜的看管。這些俘虜聽到班超的軍隊即將分散逃跑的消息，又見大營中亂成一團，看守得並不嚴密，就"趁亂"悄悄逃回龜茲大營，向龜茲王匯報。

　　龜茲王大喜過望，立刻分兵派將，絕不能讓班超輕鬆逃走。他親自率領一萬騎兵，以最快的速度向西出發，準備趕到漢軍前面，堵住班超的去路。同時派溫宿王率領八千騎兵，向東進軍，攻擊于闐國撤退的軍隊。留下莎車等國的人馬原地待命。

　　班超這邊別看動靜不小，但並沒有真的走多遠。等班超確定龜茲王的人馬走遠了之後，立刻召集起所有人馬，在雞鳴時分向莎車國大營發動猛攻。莎車國毫無防備，一下就被衝破了大營，人馬亂成一團，根本組織不起有效的反擊，被班超輕鬆斬殺五千多人，並繳獲大量物資。莎車國王眼見滅國之禍就在眼前，顧不得和龜茲國的盟約，投降了班超。龜茲國王得知上當後，發現班超早已收降莎車國，不敢再戰，黯然散去。

　　從此，班超威名更盛，在西域之地，幾乎達到可止小兒夜啼的程度。

外戚再次崛起 | 80

在班超等人的努力下，西域的形勢越來越有利於漢朝，但此時的漢朝，再出變故。公元 88 年，漢章帝劉炟年僅 31 歲就病死了，10 歲的太子劉肇即位，是為漢和帝。

同一年，那位將班超一手提拔起來的將軍竇固也病死了。一朝天子一朝臣，失去強有力的支持，班超一下就被邊緣化了。甚至朝廷中的大多數人已經忘記了在遙遠的西域，還有班超這麼一輩正在拼盡全力，為國家謀求利益的勇士。更糟糕的是，因為皇帝年幼，由竇太后臨朝稱制。竇太后為了鞏固自己的權威，大量啟用竇氏一族之人，竇家勢力迅速膨脹。大漢朝朝廷內部再次紛爭不斷，硝煙四起。

漢和帝並不是竇太后的親生兒子。竇太后雖然是漢章帝的皇后，深得漢章帝寵愛，但是並沒有給漢章帝生下兒子，而不太受寵愛的宋貴人和梁貴人卻相繼給漢章帝生下劉慶、劉肇兩個兒子。竇皇后耍弄手腕，逼得宋貴人自殺，又讓漢章帝廢掉劉慶的太子之位，然後立劉肇為太子，並且把劉肇的撫養權攬到了自己手上。為了免除後患，竇皇后又陷害劉肇生母梁貴人的父親梁竦，導致梁貴人憂憤而死。至此，年幼的太子劉肇被竇皇后攥在了手心裏。

劉肇即位後，尊竇皇后為皇太后。竇太后大權獨攬，將自己娘家兄弟竇憲、竇篤、竇景、竇瑰等人都提拔起來，安排到重要位置，作為自己的臂助。其中的領軍人物是竇太后的哥哥竇憲。竇憲在妹妹還是皇后的時候，就已經身居高位，但是因為驕橫跋扈，為漢章帝所不喜，並不受重用。等漢章帝一死，竇太后掌權，竇憲及竇氏家族的人都迅速身居要職，聲勢顯赫起來。

竇憲心胸狹隘、睚眥必報。大權在握後，更是膽大妄為、橫行無忌，其作為令人瞠目。漢章帝駕崩後，都鄉侯劉暢來京師弔喑。劉暢是劉縯的曾孫,也算是正牌的皇親國戚了。抵達京城後,竇太后曾數次召見他。竇憲知道後,擔心劉暢會被竇太后重用,奪走屬於自己的權力,於是派刺客刺殺了劉暢。不明所以的竇太后派竇憲捉拿兇手。竇憲順手就將這口黑鍋扣在了劉暢的弟弟利侯劉剛的頭上,說他們兄弟不和,自相殘殺。竇太后居然相信了。因為劉剛的封地在青州,於是竇太后派御史和青州刺史一起查辦劉剛的罪責。

再怎麼說竇憲也不可能一手遮天,朝廷中還是有明白人的。他們提醒竇太后,劉剛遠在青州,這件案子發生在京師,不先在京師捉拿兇手,怎麼跑到外地去查案? 接下來,太尉何敞出手調查此案,沒用多久就真相大白。又羞又惱的竇太后命人將竇憲抓了起來,關押在內宮之中。竇憲也知道這次的禍惹大了,竇氏一門的權力都來源於竇太后,現在自己偏偏把這位太后妹妹得罪了,這下可不好辦了。為了保命,竇憲主動要求領軍出擊北匈奴,以贖自己犯下的罪行。

再怎麼說竇憲也是竇太后的親哥哥,竇太后雖然憤怒不已,但還是不忍心下殺手,加上現在有這麼個機會,也就同意了竇憲的請求。竇憲的運氣也是真不錯,就在這個時間段,南北匈奴之間矛盾加劇,南匈奴的單于主動派使者聯繫漢朝,願意與漢朝結好,共同出兵攻擊北匈奴。朝廷於是拜竇憲為車騎將軍,配金印紫綬,派執金吾耿秉做他的副手,率領大軍聯合南匈奴,出擊北匈奴。

這下,竇憲又囂張起來,先不急着帶兵出征,反而大規模修建起將軍府來。有看不下去的大臣如何敞等人聯名上書,要求制裁竇憲,但是都被竇太后擱置一邊不理不睬。

洋洋得意的竇憲抖足威風之後,率軍出擊北匈奴。

勒石燕然 | 81

公元 89 年，竇憲和耿秉各自率領四千騎兵，匯合南匈奴左谷蠡王師子率領的一萬騎兵，兵出朔方雞鹿塞；南匈奴單于親自率軍屯紮在屠河，派一萬騎兵出滿夷谷；漢軍度遼將軍鄧鴻率領八千羌族騎兵，和南匈奴的左賢王安國率領的一萬騎兵匯合後，兵出陽塞。三路大軍在涿邪山匯合，以近五萬人的兵力，向北匈奴進軍。

北匈奴組織人馬迎戰。雙方的主力部隊在稽落山展開一場大戰，北匈奴大敗。此時的匈奴，南北分裂加上長年內亂，實力已嚴重削弱，早已不復當年之勇。這次南匈奴又和漢朝聯合作戰，將北匈奴殺得“虜眾崩潰，單于遁走”。聯軍乘勝追擊，一直追殺到距離漢朝邊境三千里之遙的燕然山。此戰共斬殺北匈奴將士一萬三千人，繳獲牛羊馬匹百萬頭。眼見漢軍聲威赫赫，北匈奴共有 81 個部落，20 多萬人投降。

竇憲、耿秉登上燕然山，“刻石勒功，紀漢威德”，並命隨軍的中護軍班固作銘文。班固揮筆寫下《封燕然山銘》紀念此事。然後，竇憲率主力班師而還，同時派遣軍司馬吳汜、梁諷帶着金帛等禮物，追尋北匈奴單于，希望能説服北匈奴單于投降。此事在歷史上被稱為“燕然勒功”或者“勒石燕然”，是幾乎可以和當年霍去病“封狼居胥”並稱的漢民族武力的又一高峯。

不久，竇憲派出去尋找北匈奴殘餘人馬的吳汜、梁諷等人，還真的追上了北匈奴單于，並勸説他效仿當年的呼韓邪單于歸順漢朝。北匈奴被打得已經日暮途窮，單于不得不同意歸順漢朝，派自己的弟弟奉供入侍，就是去當人質。這下，竇憲的功勞更大。

竇憲班師回朝後，再沒人敢説起當初刺殺劉暢之事，竇憲及手下將領都受到高規格的封賞。皇帝下詔，拜竇憲為大將軍。本來大將軍這個職位的級別在三公（東漢以太尉、司徒、司空為三公）之下，但是因為竇憲威震朝廷，所以大臣向皇帝請求，將大將軍的級別提升到三公之上。同時，也提高了竇憲這個大將軍屬官的級別。竇家其餘人也因之得到封賞，竇篤為衛尉，竇景、竇瑰也都擔任侍中、奉車都尉、駙馬都尉等要職。竇家聲威更盛。這還沒完，到了公元 90 年，皇帝下旨同時給竇家四人封侯，其中竇憲為冠軍侯，封邑兩萬戶；竇篤為郾侯，竇景為汝陽侯，竇瑰為夏陽侯，各封邑六千戶。竇氏的威勢直追當年的霍氏一族。不過，竇憲拒絕封爵。

此後，竇憲再次將兵，出鎮涼州。因為竇憲一直不滿北匈奴單于只派弟弟入侍漢朝，而單于沒有親自前來，遂再次聯合南匈奴，於公元 91 年，在金微山又一次大敗北匈奴，北匈奴單于受傷逃走，不知所蹤，北匈奴被徹底消滅。這下，竇憲再次立下大功。

此時，大漢朝廷已經有一半姓竇了。刺史、守令之級別的官員，多出自竇憲門下。竇憲更是秉持着順我者昌，逆我者亡的霸道風格，哪怕是朝中重臣，只要違逆了他的意思，也或殺或貶。一時間群臣震懾，望風承旨。竇憲則將自己的幾個弟弟提拔到更高的位置，竇篤為特進，地位等同三公，竇景為執金吾，竇瑰為光祿勛（九卿之一）。從此，竇氏一族更加強橫霸道，無視國法，在京城之中橫行無忌，商賈百姓見到他們就躲，如避寇仇；主管官員皆畏之如虎，根本不敢向上舉奏。

眼見又一個王莽式的人物再次崛起，忠於漢室的臣子們憂心忡忡，但是因為內有竇太后臨朝稱制，外有竇憲等人把持朝廷，大家只能長吁短歎，無計可施。到了公元 92 年，也就是漢和帝即位後的第四年，竇氏一族篡逆謀反的跡象已經越來越明顯了。

小皇帝的逆襲 | 82

　　竇氏家族的囂張無忌和橫行不法引起了漢和帝的忌憚和注意。別看小皇帝只有 14 歲，但他無論是膽識還是心機都頗為不凡。想要在明爭暗鬥、錯綜複雜的皇宮中生存下來，想要在竇太后和竇氏一族的掌控中奪回本屬於皇帝的權力，沒點能力是無論如何沒希望的。

　　漢和帝明白，自己雖然貴為皇帝，但是可以信賴和依靠的力量並不多。一方面，滿朝文武中，除了司徒丁鴻、司空任隗、尚書韓稜等少數幾個人能確定是忠臣之外，其餘人等多是趨炎附勢之徒，魚龍混雜，難以分辨。另一方面，即使自己能確定忠於自己之人，想要瞞過竇太后和竇氏的耳目，聯繫這些人，難度也很大。而自己的舉動一旦洩露，被竇氏一族知曉，等待自己的一定是悲慘的結局。

　　思前想後，小皇帝將目光轉向了自己身邊的宦官。要想在宦官中尋找合適的人選也不容易，畢竟皇宮中同樣是竇太后的主場，即使是自己的貼身內侍，也不乏太后的眼線。經過仔細觀察，漢和帝選中了中常侍，鉤盾令鄭眾。所謂中常侍，西漢時，本來是皇帝給自己身邊近臣封賞的一種加官，是個虛銜。到東漢時，這個職位已經成了有具體執掌的正式官職，多以宦者擔任。到東漢後期，這個職位的權力越來越大，甚至到了能左右朝局的程度。鉤盾令是負責管理皇家花園的官職。鄭眾為人機敏、謹慎，很有心計。最讓漢和帝看重的，是在皇宮中竇太后一手遮天，朝野上下竇氏一族橫行的時刻，鄭眾卻一心一意忠於皇室，從不向竇氏示好，與竇家沒有絲毫牽連。

　　漢和帝將鄭眾召到身邊，將自己的想法向他合盤托出。鄭眾當然是非常贊同。鄭眾建議，要麼不做，要做就要將竇氏一族及其黨羽一網打盡，其中最關鍵的就是大將軍竇憲。因為竇憲現在領軍在外，必須先想辦法將他調回，然後才能動手剷除竇家。否則真要是竇憲發覺危險，起兵發動叛亂，那大漢朝可就徹底亂了。

漢和帝當即採納了鄭眾的建議，派人給竇憲下詔書，先是稱讚大將軍勞苦功高，又表示現在邊境平靜，自己急切希望大將軍能回到朝廷，輔助自己治理國家。竇憲對這封詔書絲毫沒懷疑，得意洋洋地帶着親信將領及大軍，啟程返回京師洛陽。

小皇帝這邊還在積極準備。光有宦官的輔助絕對不夠，必須得到朝中重臣的協力配合才行。但小皇帝又不能親自出面去聯絡他們，讓誰來當這個聯繫人呢？這次，小皇帝選中了自己同父異母的哥哥，就是那個廢太子，被封為清河王的劉慶。

劉慶雖然被廢了太子之位，但實際上這事和劉肇沒甚麼直接關係，都是竇太后在中間搗鬼，所以劉慶和劉肇之間並沒有太多的仇怨，反而因為兩人的母親都是被竇太后害死的，還頗有點共同語言，至少在對付竇家一事上，二人是天生的同盟軍。而且，本來這兄弟二人平時因為關係不錯，就時不時的有些走動，所以現在漢和帝將劉慶召來，沒有引起其他人的絲毫懷疑。漢和帝將自己的打算向劉慶一說，劉慶當即應允。就這樣，在鄭眾和劉慶的居中聯絡下，漢和帝總算是將朝中和宮中自己能動用的力量都聯合起來，張網以待。

當竇憲率領大軍到達京師城郊的時候，漢和帝派使者隆重接待了他們，並犒賞三軍。一番繁複的儀式下來，天已經快黑了，於是竇憲將大軍駐紮在城外，自己帶着幾個心腹重將進城，回到自己家中安歇，準備明天早晨進宮見駕。

就在這天夜裏，漢和帝安排鄭眾協助司徒丁鴻將能夠動用的人手全部出動，先封閉城門及城中主要街道，然後將竇憲的親信黨羽一一抓獲，這些人毫無防範，束手就擒。第二天早晨，迷迷糊糊的竇憲還沒起牀，漢和帝已經最後收網了。在大軍圍住將軍府後，他派使者向竇憲傳達旨意，免去其大將軍的職務，勒令他立刻交出大將軍印綬，並限期離開京城，返回封地。

竇憲徹底傻眼了。不明白怎麼一夜間局勢就變成了這樣？與此同時，竇憲的那幾個弟弟，竇篤、竇景、竇瑰也都被免去職務，收繳官印，勒令返回封地。而昨夜被抓起來的那幾個替竇憲掌握軍權的心腹，現在已經人頭落地了。

漢和帝轉瞬間掌握了大權，竇家勢力一夜間土崩瓦解。竇憲將最後一線希望寄託在竇太后身上，希望竇太后能扭轉竇家的危局，於是用向太后辭行的藉口，希望能見太后一面，和太后商量個辦法。他的想法落空了，漢和帝籌劃已久，是不會給他這個機會的。

說起來，漢和帝對竇太后的感情很複雜。漢和帝能有今天，和竇太后有直接的關係。沒有竇太后害死宋貴人，鼓動漢章帝廢掉劉慶的太子之位，就輪不到他劉肇來當這個皇帝，可以說，是竇太后一手將他捧到皇帝的寶座上的。竇太后對他的撫養也很盡心，算是對他有撫養之恩，這是恩情。但是同時，竇太后又是害死他親生母親的兇手，並且在他當上皇帝後，臨朝稱制，指手畫腳，重用竇氏一族，將他置於隨時有可能被篡位身死的危局之中，這是仇怨。不管怎麼說，現在的漢和帝斷然沒有再放任竇太后繼續掌權的可能，而是將她軟禁在皇宮之中，隔絕了她和竇氏一族之人的聯繫。

大勢去矣，竇憲兄弟等人只得黯然離開京師，返回封地。之後不久，竇憲和他的幾個兄弟就先後被逼自殺。公元 97 年，竇太后也在孤寂中死去。強盛一時，幾乎要代替劉氏江山的竇家，就這麼幾近煙消雲散了。

班固與《漢書》｜83

　　漢和帝真正掌握權力之後，當然是論功封賞。其中，鄭眾功居於首位。從此以後，漢和帝對他是信任有加，朝中大事小情都會與他商議一番。鄭眾也充分表現出自己對漢和帝的忠誠，毫不計較個人的地位，對於漢和帝的賞賜，也是辭多受少。雖然鄭眾本人沒有任何大的問題及劣跡，但是漢和帝倚重宦官，鄭眾受寵信的最大惡果，就是自此之後宦官開始掌權，"中官用權，自眾始焉"，最終釀成日後"十常侍亂政"的局面。

　　賞功的同時，當然還要罰過，對於那些黨附竇憲之人，漢和帝痛下殺手，該殺的殺，該貶的貶。其中大部分算是罪有應得，但也不乏令人惋惜之人，他們或者只是被動捲入其中，或者只是因為那時竇憲等人掌權，這些人想要有點作為，不得不參與其中而已。班固就是其中之一。

　　班固，就是那個在西域苦苦經營的班超的哥哥。班固少時聰慧，"年九歲，能屬文誦詩賦。"受父親班彪的影響，班固從少年時期就非常關注歷史方面知識的累積。公元 58 年前後，班固開始着手撰寫《漢書》，結果因此被人告發"私修國史"。這個罪名在當時可是很嚴重的，甚至可能會被處死。為此，班超特意趕赴洛陽，向漢明帝上書，替哥哥申冤。漢明帝明白原委後，又讀了班固的書稿，欣賞其才華，不但下令予以釋放，還將他召進京城，拜為蘭台令史，也就是皇家圖書館的管理員，負責掌管和校訂皇家圖書。這個職位級別並不高，俸祿也不豐厚，卻讓班固可以接觸到大量的藏書，極大豐富了班固的知識儲備。

　　不久後，班固事業的轉機終於來了。他參與了漢明帝組織的對漢光武帝劉秀"世祖本紀"的撰寫，又撰寫了二十八篇關於光武帝手下大臣的事跡等列傳、載記之類的文章。漢明帝對於班固的才華和文筆都非常欣賞，正式讓班固完成《漢書》的撰寫。班固終於可以名正言順地撰寫《漢書》了。到了公元 82 年，經過父子兩代人的努力，班固終於基本上完成了《漢書》的撰寫。可以說，班固將自己一生中最好的年華，都花在了《漢書》的撰寫上。當班超在西域出生入死的時候，班固一直在專注撰寫《漢書》。兄弟二人一文一武，都為這個民族立下了不朽的功勳。

《漢書》從漢高祖劉邦寫起，到王莽篡漢被滅，共記述了 12 代帝王，230 年間的事跡，"綜其行事，傍貫五經，上下洽通，為春秋考紀、表、志、傳凡百篇。"《漢書》從寫完的那天就引起了轟動，學者們爭相閱讀，先睹為快。不過班固並沒有將《漢書》徹底寫完，還差了一點點。漢和帝時期，班固的妹妹班昭補寫了"八表"，馬續補寫了"天文志"。

《漢書》的完成，雖然讓班固得到了皇帝及學者們的交口稱讚，但是班固一直以來官運不旺，擔任的都是蘭台令史、校書郎、玄武司馬之類的小官。班固也有一腔的雄心，希望通過自己的才華和本領，能紫袍金帶，叱吒朝堂。將《漢書》這個大目標基本完成之後，班固開始尋找機會，希望能像弟弟班超那樣，殺敵立功，獲取功名。

公元 89 年，班固得知竇憲領軍攻打北匈奴的消息後，覺得這是一個好機會，於是主動投附竇憲，希望能隨大軍出征立功。當時的班固，已經是名滿天下的大家，這樣的人主動投附，竇憲當然欣喜異常，於是任命班固為中護軍。竇憲對班固頗為信任，讓他參與軍中的各種謀劃。當漢軍和南匈奴的聯軍大獲全勝，竇憲等人勒石燕然的時候，由班固撰寫了《封燕然山銘》。之後，班固更得竇憲器重，與竇憲的關係也更為緊密。可惜，公元 92 年，竇氏一族被漢和帝一網打盡，班固也受到牽連，先是被免職，然後又受誣入獄，同年瘐死獄中，年 61 歲。

漢和帝也很欣賞班固的才華，而且班固畢竟只是竇憲的一個幕僚而已，不可能跟隨竇家行謀逆之事，所以，漢和帝並沒打算將班固怎麼樣。可惜等漢和帝想起來過問班固之事的時候，才得知班固已經死去的消息。漢和帝特意下詔譴責了陷害班固的官員，並將害死班固的獄吏處死，算是替班固報了仇。

班超徹底平定西域 | 84

在大漢朝廷發生一系列變動的時候，西域的形勢也一直沒有安定下來。不過，總體而言，在班超等人的努力下，還是在向有利於漢朝的方向發展。

公元 90 年，和漢朝亦敵亦友的月氏國因為想求娶漢朝公主遭到拒絕，心懷不滿，派出七萬大軍攻打班超。班超能組織起來的軍隊遠不及此，他的部下都非常緊張，班超倒是很鎮定。

班超認為，敵人雖然兵多，但是遠道而來，糧草接濟必然困難，我們只需要堅壁清野，堅守不出，用不了幾十天，敵人就會因為缺糧而不戰自潰。事情的發展果然如同班超預料，月氏國大軍到達後，一番猛攻，沒有攻下班超嚴密防守的堅城，只得開始圍困。但是七萬大軍，需要大量糧草補給。從國內運糧，路途遙遠，運輸困難，供應不上大軍的消耗。想從四周搶一些補給，又甚麼也搶不到。很快，月氏士卒只能饑一頓飽一頓地過日子，士氣低落。

班超估計月氏國的糧草快要用盡了，他們如果不甘心退兵的話，唯一的辦法就是向龜茲國求救。於是，班超派遣心腹將領帶着幾百名士卒，埋伏在通往龜茲國的必經之路上，要截殺月氏國求援的使者，切斷他們和龜茲國的聯繫。果然，沒過多久，月氏國使者帶着金銀珠寶去龜茲國求救，被班超的伏兵一網打盡。班超派人將使者的人頭送給他們的主帥，極大震懾了對手。彷徨無計的月氏國主帥遣使向班超請罪。自此，月氏國也被班超降服，歲奉貢獻。

在竇憲率領大軍徹底平滅掉北匈奴之後，被北匈奴控制的西域諸國也紛紛得以解脫。此時，西域之地，漢朝一家獨大，基本上再沒有哪個國家敢於向班超挑釁。實際上，班超此時繼續經營西域，已經失去了原來聯合西域，共同對付北匈奴的戰略目的，但是僅僅是西域本身，也值得漢朝花費大力氣來經營，不管從政治上、地理上、經濟上、軍事上哪個角度來看，西域之地對漢朝而言都意義重大。

公元 91 年，龜茲、姑墨、溫宿等一直和漢朝作對的國家，因為失去了北匈奴這個靠山，不得不向漢朝投降。西域大部被班超收服，大漢朝廷也沒有吝惜獎賞，封班超為西域都護，徐幹為長史。自公元 75 年，焉耆等國殺死西域都護陳睦之後，漢朝終於又重建西域都護府，恢復了對這一帶的統治。

接下來，為了更有效地統治龜茲國，在班超的主持下，廢掉了原來的龜茲王，立曾經在漢朝當過人質，對漢朝比較親善的白霸為新的龜茲王。至此，除了當年參與過殺害西域都護陳睦的焉耆、危須、尉犁三個國家外，西域其餘國家全部平定。公元 94 年，班超調集屬國七萬多人馬，一面發兵威懾，殺掉不願臣服的焉耆國國王等人；一面好言安撫，終於平定了最後這三個國家。至此，西域五十餘國都歸附了漢朝，班超終於徹底平定西域。公元 95 年，朝廷封班超為定遠侯。因此，後人皆尊稱其為“班定遠”。

徹底平定西域之後，班超並沒有停下前進的腳步，而是繼續向四方探索。公元 97 年，班超曾率軍到達今天的歐亞交界處的裏海，然後派使者甘英出使大秦國。這個大秦國，是古代中國對羅馬帝國及近東地區的統稱。不過，甘英在到達波斯灣附近時，被壟斷了羅馬和漢朝貿易的安息人所騙，未能到達羅馬。安息人告訴甘英，渡海到羅馬，順利的話需要三個月，不順利的話需要兩三年，而且海裏有能誘惑人的怪物。甘英最終放棄了行程。

　　此時的班超，已經是將近七十的老人了，常年軍旅生涯，使得班超越來越思念自己的家鄉。公元 100 年，感覺自己的身體越來越不行了的班超，不希望埋骨異域，於是向漢和帝上書，希望能返回祖國，哪怕不能返回故土，"但願生入玉門關"。此時，班超的妹妹班昭也給漢和帝上書，希望皇帝能讓自己的哥哥回國。漢和帝被感動了，下旨派校尉任尚接替班超西域都護的職位，讓班超回國。

　　公元 102 年八月，經營西域長達 31 年的班超終於回到了闊別已久的洛陽。回來後僅僅一個月的時間，就在這年九月，班超就去世了，享年 71 歲。漢和帝並沒忘記班超這些年辛辛苦苦為國操勞的功績，特意派使者弔唁，賞賜也極為豐厚。

　　班超的妹妹班昭，一生遭際也是不凡。班昭 14 歲的時候，嫁給同郡人曹世書，生下一個兒子曹成。可惜丈夫早年去世，留下班昭一個人帶着兒子生活。班固死後，因為《漢書》還沒有徹底完成，於是漢和帝下詔讓班昭入東觀藏書閣，將《漢書》續寫完成。好容易遇到一個德才兼備的才女，漢和帝非常高興，讓自己的皇后和貴人們都跟隨班昭學點知識。她們視班昭為師，尊稱她為"曹大家"。漢和帝死後，鄧太后臨朝稱制。因為班昭才情卓著，鄧太后特意讓她參與政事，對她十分倚重。班昭死後，鄧太后還特意穿素服表示哀悼。

權力的誘惑 | 85

　　漢和帝剷除掉外戚竇氏，掌握朝政大權以後，別看年紀不大，卻是頗有作為，不論是民生、律法，還是軍事，都有所建樹。可惜的是，公元 105 年，年僅 27 歲的漢和帝病死。

　　漢和帝死後，由他剛剛出生一百多天的小兒子劉隆即位，史稱漢殤帝。因為皇帝幼小，於是再次由太后臨朝稱制，和帝的鄧皇后（東漢開國功臣鄧禹的孫女）就成了這個國家的主宰者。為了掌握朝政大權，鄧太后必須得提拔自己的親信和心腹。朝堂之上的那些大臣跟自己非親非故，不可靠。誰最可靠呢？當然是娘家人。於是鄧太后提拔自己的哥哥鄧騭為車騎將軍，外戚再次執掌大權。

皇權與外戚

從西漢開國初年的呂家，到中間的霍家，後期的王家，加上剛剛過去的竇家等等，外戚數次危及皇權，王家更是一度顛覆了劉家的天下，外戚這麼翻來覆去地折騰，漢朝的皇帝們怎麼就不反思？怎麼就不防範呢？

歸根結底，只要還存在皇帝這種家天下的制度，外戚專權的事情就無法避免。因為繼承人必須從老皇帝的直系後代中選擇，如果新即位的皇帝年紀幼小，不讓太后代替他掌權，還能依靠誰呢？又有誰能讓皇帝完全信任呢？靠老皇帝所器重的大臣嗎？誰又能保證他們受命執掌朝政之後能繼續忠心？難道能靠後宮的宦官嗎？顯然也不行。因而，讓太后臨朝也是不得已而為之，是無奈之下的選擇。畢竟她是皇帝母親，不論是不是生母，都有這層血緣關係。與其讓朝堂上的那些大臣將小皇帝當傀儡，還不如讓原來的皇后或者小皇帝的媽媽去臨朝，至少和老皇帝的關係更緊密一些，相對的，得到的信任也就多一些。

專權至死的鄧太后

漢和帝的人生雖然短暫，但也生育了十幾個兒子，只不過大多出生不久就夭折了。漢和帝認為是宦官和外戚在謀害自己的兒子，於是將剩下的兩個兒子劉勝和劉隆留在民間撫養。不過，劉勝和劉隆都不是鄧皇后所生。

漢和帝死後，本來應該由哥哥劉勝繼承皇位，但是因為劉勝從小生有怪病，一直沒有痊癒，鄧皇后就選擇將剛剛出生一百多天的劉隆立為皇帝，然後將劉勝封為平原王。歷史上的小皇帝雖然不少，但是像這樣剛剛出生百天的嬰兒就繼位的，還是非常稀奇的。更加讓人鬱悶的是，這個小家伙當了二百多天的皇帝，剛剛一歲的時候就病死了。因為小家伙的特殊經歷，成為中國歷史上即位年齡最小的皇帝和壽命最短的皇帝。

皇帝的寶座又空了，還得找個人坐上去。這次，鄧太后選擇了清河王劉慶的兒子劉祜。公元 106 年，13 歲的劉祜即位做了皇帝，史稱漢安帝。雖然也是個孩子，但畢竟比百天的嬰兒大多了。劉慶的經歷前面的故事裏面講過，曾是太子，無端被廢，做了清河王。現在，皇位又落回他這一脈，由他兒子坐了上去。劉慶是在劉祜繼位後數月才去世的，也算是親眼見着自己的孩子登上大寶了。

對於鄧太后立劉祜為帝卻不讓劉勝即位的做法，還是很有一些大臣不滿的。其中的激進者甚至密謀發動政變，廢黜掉鄧太后和漢安帝，立劉勝為帝。可惜，事機不密，實力不足，被鄧太后先發制人收拾掉了。其實換個角度來看，即使真的讓劉勝繼位，意義也不大。因為劉勝在公元 114 年也病死了，而且沒有留下後代。

不知是吸取了前車之鑑，還是明白過猶不及的道理，總之，鄧太后臨朝稱制時期，鄧氏家族相對而言比較收斂，並沒有過分的獨霸朝堂、飛揚跋扈。而且，鄧太后和鄧騭在治國方面也算是有些才幹。這段時期，雖然天下水旱災害頻頻，且不時有叛亂事件發生，西域各國也紛紛反叛且兵戎相見，羌族各部也不時進攻，但對於大漢朝廷來說，這些畢竟算不上生死危機，整個國家還在正常運轉。

漢安帝成年後，大權還是被鄧太后緊緊抓在手中，絲毫不放鬆。到了公元 120 年，漢安帝已經 26 歲了，皇帝也已經做了 15 年了，大臣們見鄧太后還是絲毫沒有讓安帝親政的意思，感到非常不滿。於是郎中杜根上書，認為皇帝早就成年，完全可以獨立處理政務了，希望太后早日還政。鄧太后大怒，當即命人將杜根用布袋套住頭臉，就在大殿上用棍棒活活打死，然後拋屍荒野。幸好執行命令的人感念杜根忠義，暗中手下留情，杜根最終才算是逃得一命，但是此後也不得不隱姓埋名長達 15 年之久。即使是鄧太后的堂弟鄧康勸她退居後宮，也被她毫不客氣地罷官，並開除族籍。

不管鄧太后將權力抓得多麼牢固，當死亡降臨時，也不得不撒手離去。公元 121 年，鄧太后去世，漢安帝終於親政了。

蔡倫造紙 | 86

鄧太后臨朝稱制期間，除了任用鄧氏族人之外，也非常倚重宦官的力量，她最為信任和器重的宦官是鄭眾和蔡倫。

鄭眾就是當初幫助漢和帝剷除竇氏家族的那位。蔡倫際遇更是不凡，他是在漢明帝晚年，也就是公元 75 年前後入宮當宦官的。那時候的蔡倫，已經是 18 歲以上的成年人了。

進宮之前，蔡倫讀過很多書，頗有才華。入宮之後，情商、智商都很高的蔡倫，沒用幾年時間，就嶄露頭角，慢慢從最底層爬了上來。此時，已經是漢章帝在位，後宮之中，正上演着竇皇后和宋貴人之間的宮鬥大戲。竇皇后非常受漢章帝寵愛，而宋貴人因為生下了太子劉慶，母憑子貴，地位也很特殊。二人鬥得是你死我活。結果，宋貴人遭竇皇后陷害，被抓捕入獄，太子的人選也換成了漢章帝的另一個兒子劉肇，也就是後來的漢和帝。

宋貴人被抓起來之後，章帝派人查證事情的真偽，負責查證的審案人員就是蔡倫。按照最後宋貴人自盡的結果來看，蔡倫不管出於甚麼考慮，應該是投靠了竇皇后，並沒有公平地查證此案。

漢和帝即位之後，蔡倫已經升到了中常侍的高位，並且能不時參與朝政。此時的蔡倫的表現，按照《後漢書・宦者列傳》記載，“倫有才學，盡心敦慎，數犯嚴顏，匡弼得失。每至休沐，輒閉門絕賓，暴體田野。”也即是說，蔡倫既有才學，工作又認真，為人還敦厚謹慎。遇到皇帝犯錯誤的時候，能直言指出錯誤之處，並不懼怕得罪皇帝。而每到休息的日子，都閉門謝客，不給其他人私下溝通串聯的機會。這表現，別說是個宦官，就是那些飽讀詩書的儒者當官，又有幾人能做到？當漢和帝剷除竇氏一族，重用鄭眾的時候，史書上並沒有寫蔡倫的立場和態度，但是從後來漢和帝繼續對蔡倫的重用來看，蔡倫忠心的應該是皇帝。

蔡倫良好的表現，使他不久又被提升，做了尚方署的負責人。所謂尚方署，是古代掌管製造宮廷御用器物的官署，包括飲食器物及刀劍兵器等。常在演義、戲劇中聽到的“尚方寶劍”，實際上就是由尚方署製造的，專門供皇室使用的寶劍。寶劍的製作工藝不一定特別先進，寶劍也不一定鋒利無比，它珍貴的地方主要在於是特製的，專供皇室使用，因而被賦予了特殊的地位，有時皇帝賜給大臣暫時使用，就有了“如朕親臨”的說法。在蔡倫的管理下，尚方署製造的寶劍和其他器械，都工藝精湛、堅固耐用，成為了後世的標準。

到了漢代，雖然紙張已經出現，但因為粗糙不堪，並不能作為正常的文字載體，一般只能做包裝用。因此，當時的文字主要還是寫在竹簡或縑帛（一種細密的絲織品）上，但是它們都有非常明顯的缺點，竹簡太重，大臣給皇帝上疏，稍微長一點，重達十幾斤、幾十斤的事常見；縑帛太貴，要知道，很多時候縑帛是可以直接代替錢來使用的。

蔡倫有感於此，花費了大量精力和心血，用樹皮、麻頭、碎布、破漁網等物品為原料，製造出了優質的紙張。因為原料極其便宜，工藝也不是很複雜，所以這種紙的價格比較低廉，大大降低了使用者的門檻。這種紙紙面平整光滑，完全符合書寫及繪畫的需要，而且保存時間也相對較長。公元 105 年，蔡倫向漢和帝上奏造紙一事，漢和帝大為讚賞。自此之後，蔡倫所造的紙很快流傳開來。因為蔡倫後來被封為龍亭侯，因而大家都尊稱蔡倫所造的紙為"蔡侯紙"。

漢安帝正式掌權後，開始追究當年宋貴人被陷害一事，蔡倫難脫干系，被迫接受廷尉的調查。已經年過花甲的蔡倫不願受辱，沐浴更衣後飲藥而死。

張衡與惹禍的地動儀 | 87

比蔡倫略晚一些，南陽出了個了不起的人物 —— 張衡。按照現在的説法，張衡屬於全面型人才，既是文學家，又是天文學家，還是發明家、數學家，而且，他做過很長時間的官，在史學方面也有所建樹……

張衡少年時，就以文章揚名於當時，曾前後花費十年時間寫成《二京賦》，諷刺貴族、官吏貪圖享受、奢侈成風，引起轟動。大將軍鄧騭非常欣賞他的才華，多次徵召他出來當官，張衡都沒有應召。

張衡善機巧，尤致思於天文、陰陽、曆算。名聲一直傳入漢安帝的耳朵裏，於是漢安帝特意招張衡到洛陽做官。雖然只是太史令，也算是對張衡學問、本領的一種肯定吧。

在洛陽為官期間，張衡繼續研究數學、天文曆法等，並製作出了渾天儀。然後張衡寫了《靈憲》、《算罔論》兩本書。其中，《靈憲》是關於天文學方面的著作，《算罔論》是關於數學方面的著作。

到了漢順帝陽嘉元年（公元 132 年），張衡製造出了地動儀，稱為候風地動儀。也就是這個地動儀，時至今日，仍能引起很多爭議和懷疑。因為很多人想要復原地動儀而不得，轉而懷疑其真實性。《後漢書・張衡列傳》全文共 7000 多字，但其中超過 85% 的文字是張衡的文學作品、給皇帝的上疏等，去掉這些文字，再去掉與張衡的生平相關的文字，剩下的不足 900 字，其中和地動儀相關的只有 164 個字。關於地動儀的文字如下：

> 以精銅鑄成，員徑八尺，合蓋隆起，形似酒尊，飾以篆文山龜鳥獸之形。中有都柱，傍行八道，施關發機。外有八龍，首銜銅丸，下有蟾蜍，張口承之。其牙機巧製，皆隱在尊中，覆蓋周密無際。如有地動，尊則振龍機發吐丸，而蟾蜍啣之。振聲激揚，伺者因此覺知。雖一龍發機，而七首不動，尋其方面，乃知震之所在。驗之以事，合契若神。自書典所記，未之有也。嘗一龍機發而地不覺動，京師學者咸怪其無徵，後數日驛至，果地震隴西。

憑藉着這 164 個字，想要復原出如此複雜的儀器，談何容易？實際上，即使是這 164 個字，還包括了一次地震監測報告以及各方的評價等等，真正介紹地動儀構造的只有 118 個字。即使是這 118 個字，還絕大部分寫的是地動儀的外表，真正涉及到內部的，只有"其牙機巧製，皆隱在尊中，覆蓋周密無際"這 16 個字，而介紹地動儀內部具體構造的，可以說一個字都沒有。沒辦法，史書的寫作風格就是這樣，重視思想、文學，輕視發明創造。能有 196 個字記載地動儀，已經算是相當不錯了。君不見渾天儀除了名字之外，一個介紹的文字都沒有。

那麼，地動儀到底有沒有效果呢？當然有。文字清楚明白地記載了地動儀的一次準確預測：某一天，一條龍嘴裏叼着的銅丸掉落下來，證明這個方向有地震發生了。但是京城中沒有任何感覺，別的學者從其他各方面也沒有找到任何與地震相關的徵兆。就在大家半信半疑時，幾天後，地方上派出的使者匯報，隴西發生了地震。於是大家皆服其妙。自此以後，乃令史官記地動所從方起。

東漢朝廷的亂象 | 88

　　漢安帝是個昏庸無能的皇帝，既無德又無才。公元 121 年他掌權後，朝政更加混亂。公元 125 年，32 歲的漢安帝病死在巡遊的路上了。

　　漢安帝的皇后是閻皇后，她並沒有給漢安帝生下兒子。漢安帝生前曾經立獨生子劉保為太子，但是在閻皇后的不斷挑唆下，又將其廢掉了。所以，在漢安帝死時，是沒有太子的。按照傳統規矩，應該立嫡立長，但閻皇后為了自己能把持朝政，在哥哥閻顯的支持下，並沒有讓劉保即位，而是從漢章帝的孫子中選了個小孩劉懿繼位，史稱前少帝。可是就在這年冬天，僅僅做了七個月皇帝的劉懿就病死了。就在閻太后等人亂作一團，準備重新找個小家伙當皇帝的時候，早就不滿閻氏專權的宦官孫程等人發動宮廷政變，誅殺了部分閻太后的心腹，擁立原太子劉保即位，這就是漢順帝。

　　漢順帝即位後，孫程等人以皇帝的名義，將閻太后的族人、心腹全部誅殺，閻太后也被軟禁，不久病死。漢順帝的皇位是靠宦官得來的，況且當時的他也只有 11 歲，所以也就順理成章地將大權交給了擁立自己上位的宦官。大漢朝廷的實際權力，從外戚手中轉移到宦官手裏。宦官勢力雖大，但畢竟他們這類人更適宜在內廷活動，對外朝的掌控能力一般，必須扶立代言人。而且，雖然漢順帝性格軟弱，便於控制，但是他的皇后梁氏可不是個簡單人物。於是，宦官們就和梁氏一族聯合起來共同把持朝政。這下可好，宦官與外戚沆瀣一氣了，內有皇后和宦官，外有以皇后的哥哥大將軍梁冀為首的梁氏一族，牢牢地將朝政大權把持在手中。至於朝臣，點綴而已。

漢順帝做了 19 年皇帝，公元 144 年去世，年 29 歲。不到 2 歲的皇太子劉炳即位，是為漢沖帝。皇帝年幼，梁皇后成了梁太后，直接臨朝稱制，徹底掌控了朝政大權。漢沖帝在位不到一年就死了。因為漢安帝這一脈已經絕嗣，往上數漢和帝這一脈也早就絕嗣，只得再往上數，從漢章帝的其他子孫中選繼承人了。於是，梁太后和梁冀等人選中了漢章帝的玄孫，8 歲的劉纘繼位，是為漢質帝。按照輩分來看，劉纘比漢順帝晚一輩，和漢沖帝平輩。

皇帝年幼，梁太后和梁冀等人繼續執掌朝政大權，但是讓他們沒想到的是，漢質帝雖然年紀不大，卻非常聰明，對於梁冀等人飛揚跋扈的行為非常不滿。一次，在大朝會上，當着滿朝文武的面，斥責梁冀為"跋扈將軍"。這可把梁冀嚇了一跳。小小年紀就這樣難糊弄，長大了還了得？於是，梁冀讓人毒死了質帝。公元 146 年，年僅 9 歲的劉纘就死於非命了。此時的梁冀，已經儼然是第二個王莽了。

漢質帝在位的時候，梁太后曾經將蠡吾侯劉志召到京師，想將自己的妹妹嫁給他。劉志也是漢章帝的後代，和漢順帝、梁太后平輩，當時 15 歲。就在這時，梁冀毒死了漢質帝。皇位又空了，還得找人坐上去啊。於是，梁太后和梁冀等人就準備順勢將劉志扶上皇位。很多大臣反對這個選擇，他們推舉劉纘的哥哥，清河王劉蒜即位，但是架不住梁氏一手遮天，劉志最終登基，是為漢桓帝。

梁氏一族繼續把持朝政。即使在梁太后死後，因為劉志的皇后是梁太后的妹妹，依然是梁氏女子，加上"跋扈將軍"梁冀，梁氏一族依然大權在握。直到公元 159 年，桓帝的梁皇后也病死後，梁家失去在宮中的內應，漢桓帝才利用宦官的力量，將梁氏一族徹底剷除。當然，此後的權力又被宦官把持。

漢桓帝是個非常典型的昏君，親小人，遠賢臣，荒淫無道，賣官鬻爵，奢侈墮落，對百姓橫徵暴斂。公元 167 年，漢桓帝病死。因為漢桓帝也沒有活下來的兒子，於是由他的皇后竇氏等人決定，立解瀆亭侯劉宏為帝，是為漢靈帝。漢靈帝在胡作非為和禍國殃民上和漢桓帝是如出一轍。據《後漢書》記載，漢靈帝曾問侍中楊琦：“朕和桓帝比怎麼樣？”楊琦説：“陛下要和桓帝比，就像虞舜和唐堯比德一樣。”楊琦這是很委婉地説，你們兩位都不怎麼樣，沒甚麼可比的。

就這樣，在一代代皇帝、外戚、宦官及朝臣持續不斷的折騰下，東漢政治日益敗壞，百姓生活越來越艱難，最後，活不下去的人們不得不奮起反抗。公元 184 年，黃巾起義爆發，東漢王朝大踏步向着滅亡的深淵衝去。